우리가 꼭 알아야 할

아름다운
우리말 사전

우리가 꼭 알아야 할

아름다운
우리말 사전

인   쇄 | 초판 1쇄 2025년 10월 3일
발   행 | 초판 1쇄 2025년 10월 9일

엮은이 | 고정욱
펴낸곳 | 자유로운상상
펴낸이 | 하광석
디자인 | 김현수(이로)

등   록 | 2002년 9월 11일(제 13-786호)
주   소 | 경기도 하남시 미사강변중앙로 204번길 11 1103호
전   화 | 02 392 1950
팩   스 | 02 363 1950
이메일 | hks33@hanmail.net

ISBN 979-11-983735-8-8 (03700)

© 고정욱

우리가 꼭 알아야 할

아 름 다 운
우리말 사전

엮은이
고 정 욱

자유로운 상상

🌀 머리말

요즘 나는 신문이나 방송을 보고 싶지 않다. 우리말과 글이 심하게 훼손되고 있는 현실을 마주하는 일이 너무나 속상하기 때문이다. 수많은 예능 프로그램에서 연예인들은 몇 개 되지 않는 어휘를 돌려 막으며 과장된 추임새를 넣는다. 우리말에 아름다운 형용사가 지천임에도 멋지거나 훌륭하거나 아름다운 것에 대해선 그저 "대박" 한마디로 단세포적인 반응을 하는 게 단적인 예다. "대박"이라는 말 하나가 모든 형용사를 집어삼킨 형국이다. 그뿐만이 아니다. "쩐다", "소름" 같은 단편적이고 자극적인 표현이 우리말의 품격을 떨어뜨리고 있다.

여기에 시간이 갈수록 더 강해지는 외국어 열풍까지 나를 무기력하게 만든다. 어떻게든 외국 문화를 익히고 내 것으로 만들겠다고 했지만, 그 명분 아래 우리는 점점 우리 것을 잃어버리고 있다. 세계화, 개혁, 개방, 자유무역 같은 이름 아래 우리 고유의 언어가 끝없이 상처 입고 있다. 셀카, 인싸, 갑분싸, 꾸안꾸…. 난무하는 국적 불명의 신조어들은 차마 귀를 열고 들을 수가 없다.

하지만 위안거리도 있다. 한국에 한 번도 와보지 않은 이들이 한국어를 배우고, 한국 드라마를 통해 우리 낱말을 익히는 모습을 본다. 이럴 때일수록, 더욱 아름답고 다양한 우리말을 널리 알릴 필요가 있다. 그야말로 한국의 문화적 우수성을 세계에 알리는 길이며, 세계 문화에 기여하는 방법이라 믿는다.

세상은 이제 세계화를 지나 자국의 문화를 지키려는 국수주의 시대로 접어들고 있다. 자유무역주의가 약해지고, 자국의 이익을 지키기 위한 보호 장벽을 높이는 상황에서, 문화의 힘은 그 무엇보다 중요해졌다. 문화야말로 높은 벽을 넘나드는 새나 나비가 될 수 있기 때문이다. 우리 문화를 지키고 가다듬는 노력을 더 해야 하는 시기가 왔다. 각자의 이익을 우선하는 시대 속에서도, 한국 문화의 정신과 가치는 널리 퍼뜨릴 수 있다. 우리의 자긍심도 키울 수 있다.

또 다른 긍정적인 변화도 있다. 예전보다 글쓰기나 책 출판의 진입 장벽이 많이 낮아진 것이 그것이다. 인공지능 기술 덕분에 누구나 좋은 콘텐츠를 만들 수 있는 시대가 되었다. 이럴 때일수록 작가를 빛내주는 것이 바로 어휘의 선택이다.

가장 빛나고 아름다운 어휘는 바로 순수한 우리말이다. 우리가 그 말들을 발굴하고 자유롭게 활용할 수 있다면 얼마나 멋진 일인가. 필자의 젊은 시절을 아로새긴 이 미약한 책이 오랫동안 누군가에게 도움이 되었으면 하는 바람이 작은 희망이다. 이 책을 선택한 독자들도 아름다운 우리말을 살려내어 자유롭게 쓰면서 자신의 글쓰기 능력을 키워가기를 바란다.

어려운 출판 환경 속에서도 우리말을 지켜나가는 〈자유로운 상상〉 출판사에 감사한다.

2025년 여름 소나기 쏟아지는 북한산 기슭에서

고정욱

사고의 주된 수단으로 말을 사용하는 우리에게 그것은 우리들의
생각과 느낌을 나누는 수단인 동시에 정신적 일치를 이루는 기초
가 되는 것이다. 이 우리말이라는 것은 또한 우리 민족문화의 근간
을 이루는 총결정체라 할 수 있다. 그렇기에 우리말은 어느 특정인
의 소유물이 아니라 우리 모두의 것이다. 그런데 우리말은 그 대부
분이 한자어로 이루어져 있고 순수한 우리말은 얼마 되지 않는다.
게다가 그 역시도 우리말의 대개는 사전에만 있을 뿐 점점 사장되
고 잊혀져 가고 있다.

이 같은 우리말에 다시금 생명력을 불어 넣으려는 시도는 간간이
몇몇 작가들에 의해 시도되었다. 그러나 일반 대중이 이처럼 사라져
가는 우리말을 찾아내 적절히 구사한다는 것은 어려운 일이다. 아니
거의 불가능하다. 그 이유는 우리말만을 체계적으로 정리한 작업이
아직 이렇다 하게 나타나지 않았기 때문이다.

설령 있다손 치더라도 그것은 아직 우리가 쉽게 구할 수 있을 만
큼 가까운 거리에 있는 것 같지 않다. 이는 모두 우리말을 연구하고
찾아내고 살찌워야 할 입장에 서 있는, 지은이를 포함한 우리 모두
의 책임이 아닐 수 없다.

결국 우리들의 이러한 나태함은 밀치고 올라오는 젊은이들에 의
해 깨질 수밖에 없었다. 서클은 동아리, 신입생은 새내기, M.T.는 모
꼬지 등 지금은 오히려 우리말에 더욱 익숙한 단어들이다. 이렇듯
학생들이 시작한 우리말에 대한 관심이 바로 그것이다. 우리 것에의

젊은이들의 관심은 이 정도 선까지 도달한 것이지만 그들을 가르치는 입장에 있는 지은이가 그들에게 정작 해준 것이 없음을 깨달은 자책감의 산물이 바로 이 책이라고 생각해 주기 바란다.

"나의 언어의 한계는 나의 세계의 한계다"라고 말한 루트비히 비트겐슈타인의 말이 드러내듯 이 책은 우리말을 쓰는 사람들의 어휘력을 키우고 그리하여 그들의 인식세계의 폭을 넓히고자 하는 의도에서 사전에 있는 낱말들 가운데 순수한 우리말을 가려 뽑아 그중에서도 꼭 살려서 쓸만한, 아름다운 우리말 그리고 우리도 잘 몰랐던 말들을, 엮은이의 시각에서 체계를 잡아 정리한 것이다.

그러므로 사전의 의미라기보다는 낱말집의 의미가 더 강하다고 할 수밖에 없는데 사실 그것이 엮은이의 의도에 더 부합하는 것이다.

필요할 때만 들쳐 보고 내던져두는 사전보다는 수시로 손 가까이 두고 읽으면서 익히는 낱말집이길 원하는 것이다. 이는 마치 외국어를 우리가 배울 때 사전을 통째로 들고 외우는 것과 자신이 필요로 하는 것만 골라 단어장을 만들어 외우는 것의 차이라고 할까.

개인적인 우리말에의 관심을 한 단계 뛰어넘어, 이 책을 엮는 작업에는 많은 주위 사람들의 협조가 있었다. 그렇지만 우리말을 다루는 데 완성이란 있을수 없는 것이기에 정작 중요한 것인데도 이 책에서 빠진 우리말도 분명히 많이 있다. 그 원인은 단어를 찾는 작업, 분류하는 작업, 취사 선택하는 작업에서 얼마든지 기인할 수 있겠지만 그로 인해 발생하는 이 책의 모든 문제는 전적으로 엮은이 본인의 책임이다.

그러나 동시에 그 같은 문제점은 시간을 두고 보충해 나갈 것이고 그럼으로써 사장되었던 우리말을 살려 쓰려는 노력은 지속될 것임을 믿어주길 바란다. 독자들의 많은 질정 바랄 뿐이다.

차
례

일러두기

1. 이 책은 우리말을 쓰는 사람들의 어휘력을 늘리고 그들 인식 세계의 폭을 넓히고자 하는 의도 에서 만들어졌다.

2. 사전에 있는 낱말 가운데 순수한 우리말을 가려 뽑아 그중에서도 살려 쓸 만한 말, 일반인들 이 잘 몰랐던 말을 체계를 잡아 정리한 낱말집이다.

3. 각 낱말 개개의 뜻을 밝히고, 특정 단어군을 제외하고는 재미있고 살아 있는 예문을 실어 각 낱말의 뜻 이해에 도움이 되게 하였다.

4. 이 책을 이용함에 있어 그 효용 가치를 보다 높이기 위해, 관련 항목끼리 구분하여 고유명사 활용의 정보 가치가 있게 하였다.

5. 각 낱말은 이희승 편 『국어대사전』(민중서림)과 남광우, 이응백, 이을환 편 『한국어사전』(현문사) 을 참고하였다.

6. 각 항목의 살려 쓸 우리말은 알아보기 쉽게 **고딕, 명조 등으로** 두드러지게 표시하여 실었다.

8. 예문은 대부분 창작이며, 고사나 일화에 얽힌 내용을 예로 든 경우도 있음을 밝혀 둔다.

9. 우리글 맞춤법 띄어쓰기 원칙은 1989년 3월 1일부터 시행되고 있는 '한글 맞춤법'과 '표준어 규정'을 따랐다.

10. 각 낱말의 풀이는 추상에 흐르지 않고 정확한 개념을 잡아 쉽고 분명하게 하였다.

11. 한 낱말의 뜻이 여럿인 경우에는 원칙적으로 어원에 가까운 것 또는 일반적인 것부터 ① ② ③ 번호를 붙여 실었다.

12. 각 낱말의 어법 약호는 따로 표시하지 않았다.

13. 기호는 예문의 경우 예)로 표시하였고, 참고 표시에는 * 모양을 넣었으며, 각 항목 중 같은 뜻 의 낱말로 표준어·비표준어, 준말과 원말 관계 등으로 두 낱말이 같이 실릴 경우는 / 로 구 분하였다.

14. 부록에는 우리 현대 문학 작품에 나타난 살려 쓸 우리말을 작가명, 작품과 함께 실었고, 북한 에서 쓰는 말 중 살려 쓸 우리말을 『민중의 바다』와 『소설 대동여지도』를 중심으로 가려 뽑 아 실었으며, 순화 대상 일본어 및 일본식 어휘를 정리하여 실었다.

날것

갈색뚝나비 범눈나비 과의 곤충. 날개 길이는 수컷 4cm, 암컷 7cm. 날개 빛은 회흑갈색. 댓잎을 먹음.

구름불나방 불나방 과에 속하는 나방. 한쪽 날개의 길이 44~53mm. 몸빛은 황갈색.

구리풍뎅이 풍뎅이 과의 갑충.

귀매미 귀매미 과의 매미. 길이 약 2cm. 몸빛은 흑갈색이고, 날개는 반투명. 흉배에 귀 모양의 돌기가 있음. 활엽수의 해충.

대나방 솔나방 과의 곤충.

동에등에 동에등에 과의 곤충. 불결한 곳에 삶. 길이 1~3cm. 빛은 흑색. 날 때 다른 것에 부딪치는 습관이 있음.

모시나비 모시나비 아과의 곤충. 편 날개 길이는 7cm이며, 반투명 백색 바탕에 담흑색 얼룩무늬가 있음.

물결부전나비 부전나비 과의 곤충. 길이 1cm, 날개 3cm. 수컷의 몸빛은 청람색, 암컷은 암갈색이며, 뒷날개에 미상돌기가 있음. 콩, 완두의 해충.

물벌 물벌 과의 곤충. 산에 있는 호수에 삶. 암컷의 몸은 7mm 정도이며, 대체로 흑갈색. 온몸에 황갈색 털이 있고 흉배에는 가시 모양의 돌기가 있음. 날도래류의 유충에 한 개씩의 알을 낳음.

물여우나비 물도래. 몸길이 2cm, 편 날개 6cm로 모기와 비슷함. 완전 변태함.

물잠자리 물잠자리 과의 곤충. 복부의 길이 4cm. 몸빛은 금록색이며, 암컷의 앞 날개는 담갈색, 뒷날개는 농갈색. 여름에 연못, 산골, 물속에 들어가 돌, 나무 등 에 산란함.

밀잠자리 수컷은 회색 바탕에 등에 흰 가루가 덮이고 배의 끝마디는 검음. 암컷 은 누런색이고 배의 등 쪽에 검은 줄무늬가 있음.

쇠똥구리 풍뎅이 과의 갑충. 길이 1.8cm. 빛은 검고 광택이 있음. 짐승의 똥을 굴려 흙 속에 묻고 그 속에 산란함. 말똥구리라고도 함.

쇠바더리 말벌 과의 벌. 나무나 처마 부근에 집을 지음. 검은 쌍말벌과 비슷함. 길이 1.5cm, 빛은 흑갈색.

쇠잠자리 잠자리 과의 곤충. 길이 3.6cm. 수컷은 붉고 암컷은 누런색. 초여름부 터 가을까지 나타남.

좁쌀메뚜기 좁쌀메뚜기 과의 작은 곤충. 습한 곳에 살며 몸길이 5mm. 빛은 검 고 광택이 남.

철써기 여치 과의 곤충. 여치 비슷하나 날개가 크고 넓음.

물과 관계되는 곤충

물노린재 물노린재 과의 곤충. 길이 3mm. 날개가 없고, 빛은 선록색. 수초가 많 은 물 위를 질주함.

물둥구리 물둥구리 과의 곤충. 계류에 삶. 물빈대와 비슷하며 길이 1cm. 몸은 원반상이며 납작하고 암황색에 암갈색 얼룩무늬가 있음.

물매암이 물매암이 과의 곤충. 민물에 삶. 물방개와 비슷하며 길이 7mm의 달걀 꼴이고 빛은 검음.

물진디 물진디 과의 곤충. 연못 따위에 삶. 길이 3.5mm. 몸빛은 암황색 또는 황 갈색으로 광택이 나며, 수염이 길고 뒷발이 헤엄치기에 적당함. 곤충을 포식함.

선두리 물방개. 꼬마 물방개.

해충

고자리 오이 돼지벌레의 유충.

느치 거저리 과의 작은 갑충. 쌀, 보리, 곡식 가루의 해충. 몸은 편평하고 긴 네모꼴로 흑갈색 또는 적갈색.

동글수시렁이 수시렁이 과의 곤충. 길이 3mm로 둥그스름하며 흑색 바탕에 희고 누른 털이 났음. 동물 표본의 해충.

뮙독 메뚜기.

물것 사람의 살을 무는 모기, 빈대, 벼룩의 총칭.

반대좀 반대좀 과의 곤충. 가옥의 어둡고 습기 있는 곳에 삶. 책, 의류 등을 해침.

불벼룩 굶어서 몹시 무는 벼룩.

빈대붙이 노린재 과의 곤충. 빈대와 비슷하며, 몸은 6mm이고 암갈색. 미나리 과 식물의 해충.

삼벌레 삼하늘소의 유충. 나무굼벵이의 하나로 삼의 줄기를 해치는데, 한방에서 경풍의 약으로 씀. 마두충.

서캐 이의 알.

소이 짐승이 과의 곤충. 소에 기생하며 몸길이는 3mm 정도.

쇠등에 등에 과의 곤충. 몸길이 24~29mm. 빛은 회흑색 내지 회갈색. 소, 말 등의 가축에 덤벼 피를 빨아먹음.

쇠수시렁이 딱정벌레 과에 속하는 수시렁이 과의 곤충. 길이 약 4mm. 빛은 흑갈색. 초여름에 성충은 여러 꽃에 모임. 누에고치를 해치며 모직물에 구멍을 냄.

자벌레 자벌레나방의 유충. 목본과 초본을 갉아먹고 사는 해충.

좀날개바퀴 바퀴 과의 곤충. 밤색에 누렇고 큰 하나의 눈이 있음.

기타 곤충

그리마 절지동물의 일종. 마디가 많고 다리는 15쌍. 음습한 곳에 삶.

멧돼지거미 멧돼지거미 과의 절지동물. 산이나 밭의 돌 밑 이끼 사이에서 서식함.

소바구미 소바구미 과의 곤충. 나뭇등걸에 살며 길이는 약 8mm. 흑갈색 내지 암갈색.

알개미 아주 작은 개미.

인누에 허물을 벗고 난 누에.

톡토기 톡토기 목의 원시적인 하등 곤충의 총칭. 해안 습지에 삶. 몸은 납작한 원통형에 황갈색을 띠고 잘 뜀.

하늘가재 애사슴벌레. 사슴벌레 과의 갑충.

하늘밥도둑 땅강아지. 벼나 보리의 해충. 누고. 토구.

가톨 세톨박이 밤의 양쪽 가에 박힌 밤톨.

예) 세톨박이 밤은 가운데 부분보다 **가톨**이 훨씬 더 맛있다.

고추감 작은 뾰주리 감.

예) **고추감** 같은 것은 재배 기술이 발달한 요즘 감 축에도 못 끼지만 작은 고추가 맵다고 맛은 그런대로 괜찮다.

대접감 매우 굵은 종류의 납작한 감.

예) 집 옆에 큰 **대접감**나무가 있는데 가을이면 익은 그 감을 떨어뜨리겠다고 조무래기들이 던지는 신발짝이 종종 우리 울 안으로 넘어 들어왔다.

도사리 저절로 떨어진 풋실과. 못자리에 난 작은 잡초라는 뜻도 있음.

예) 시골집 앞마당에는 복숭아나무에서 떨어진 **도사리**가 많이 있지만 할머니는 그걸 먹으면 배탈이 난다시며 못 먹게 하셨다.

도톨밤 도토리같이 동그랗고 작은 밤.

예) 누군가 대문을 부술 듯 두드리기에 열어 보니 **도톨밤** 같이 생긴 사람이 딱 버티고 서서 분기를 참지 못하고 있었다.

두톨박이 밤알이 두 톨만 생겨서 여문 밤송이.

예) 시골 외할머니가 가져오신 그 자루 안에는 **두톨박이** 알밤이 가득 들어 있었다.

똘기 채 익지 않은 과일.

예) 로빈슨 크루소는 너무 배가 고파서 산에 있는 이름 모를 **똘기**까지 마구 따 먹었다.

묵이배 배의 하나로 딸 때에는 맛이 떫고 빡빡하나 오래 묵힐수록 맛이 좋아짐.

예) 군에서 휴가 나온 삼촌은 우리 과수원에 오자마자 막 딴 **묵이배**를 집어 들어 한 입 베어 먹고는 이내 인상을 찡그렸다.

문배 문배나무의 열매. 모양은 고살래와 비슷하며, 단단하므로 익혀서 식용함. 문향리. 돌배.

예) 토속주로 유명한 **문배**주는 얼핏 보기엔 문배로 담근 술 같지만 전혀 그렇지 않다고 한다. 잘 익었을 때의 향이 문배의 그것과 비슷할 뿐이다.

물외 '참외'에 대하여 '오이'를 구별하는 말.

예) 어머니가 큰댁에서 가져온 참외는 장마가 끝난 뒤라서 그런지 **물외**와 별로 다르지 않게 단맛이 없었다.

불밤송이 채 익기 전에 말라 떨어진 밤송이.

예) 우리 과가 단체 수련회를 갔을 때 슬리퍼 바람으로 숲길을 걸었던 병호는 **불밤송이** 가시에 발을 찔려서 그 상처가 나중에 곪기 시작했다.

빈대밤 알이 작고 납작하게 생긴 밤.

예) 서울에서 오신 이모는 **빈대밤**이 까는 품만 들고 먹을 건 없다며 더 이상 드시지 않았다.

세톨박이 세 톨의 알이 든 밤송이.

예) 창천초등학교 뒷산에는 **세톨박이** 밤나무가 많아 가을이면 장대 들고 온 아이들로 발 디딜 틈도 없었다.

쇠뿔참외 쇠뿔처럼 생긴 참외.

예) 모양 좋은 참외만 늘 찾던 아줌마가 임신까지 했는데 **쇠뿔참외**를 좋아하시겠어요?

아람 밤이나 상수리 따위가 충분히 익은 상태. 또는 그 열매. 알밤.

예) 창수가 학교 뒷산에 **아람** 벌어진 밤나무가 많다기에 거기에 갔다가 이렇게 늦었어요.

왜골참외 골이 움푹움푹 들어간 참외.

예) **왜골참외**는 깎아 먹다 보면 버리는 부분이 더 많아서 사람들이 좋아하지 않아.

좀복숭아 자질구레한 열매가 열리는 복숭아나무의 일종.

예) 외진 숲 속에 **좀복숭아**나무가 우거져 있었으나 손보는 사람이 없어 열매들이 땅에 떨어져 썩고 있었다.

감흙 사금광에서 파낸 금이 섞인 흙.

예) 양손에 **감흙**을 거머쥔 금동의 얼굴에는 모든 것을 가진 듯한 기쁨과 만족의 빛이 흐르고 있었다.

강목 채광할 때 소득이 없는 작업.

예) 요즘 들어 거의 매일 **강목**을 치는 날이 많아서 김 씨의 축 처진 어깨가 더욱 처량맞게 내려앉아 있었다.

괠다 광맥의 성분이 치밀하지 못하여 금가루가 적은 듯하다.

예) 집 팔고 논 팔아 산 광산이었지만 거기서 나온 광석은 **괠기** 때문에 욕심 많은 김 첨지는 중병이 들어 앓아 누웠다.

구새 광석 사이에 끼어 있는 산화된 다른 광물질의 알맹이.

예) **구새**를 완전히 제거해야만 순수한 광석을 얻을 수 있는데 그 비용이 너무 많이 들면 오히려 손해 볼 수도 있다.

난장 굴이나 구덩이 속에 들어가서 하는 허드렛일. 굴 밖에서 석탄이나 광석을 캐는 일.

예) 돈벌이가 이렇게 없으니 내일부터 탄광에 가서 **난장**일이라도 해야겠다.

날강목 치다 광물을 채굴하는데 조금도 얻는 바가 없이 헛일이 되다.

예) 철수 아버지네 일금탄좌 금광은 매일 **날강목만 쳐서** 파산의 위기까지 닥쳤다.

낮대거리 광산에서 광부가 밤낮으로 패를 지어 교대하는데, 낮에 들어가 일하는 대거리.

*대거리 교대.

예) 다행히 오늘은 내가 **낮대거리**니까 저녁에 잠시 만날 수 있을 거야. 읍내 일억다방에서 좀 기다려.

막장꾼 광산에서 직접 구멍을 뚫거나 땅을 파는 광부.

예) **막장꾼** 생활 30년에 얻은 건 지긋지긋한 가난과 규폐증뿐이니 이제 나이 50에 무엇을 할 수 있을지 막연하기만 하네.

맞부패 분광할 때 두 사람이 동업하는 조직.

예) 우묵배미의 금광은 **맞부패**로 캤기 때문에 언제나 이익 분배로 인한 분쟁이 끊이질 않았다.

모작패 금광에서 광부 몇 사람이 한패가 되어 채광하여 광주에게 정한 분철을 주고, 남은 광석을 제련하여 비용 등을 제하고 이익을 덕대와 광부들이 분배하는 일.

예) 상열이네 동광은 매우 질 좋은 것이어서 **모작패**로 채굴하는 인부들이 모두 큰 이익을 보았지만 노름판에 섣불리 끼었다가 대개는 빈털터리가 되고 말았다.

못동 광산에서 파 들어가는 구덩이에 갑자기 나타난 딱딱한 부분.

예) 폭약을 가져와라! **못동**이 나왔으니 터뜨려야겠다.

방틀굿 땅속으로 곧게 내려간 '井' 자 모양의 틀로 만든 구덩이.

예) 할아버지가 내게 **방틀굿**에 대해 설명해 주셨는데, 그런 수직 광산에서는 안전에 특히 유의해야 한다는 것이었다.

복대기 광석을 빻아 금을 골라낸 뒤 남은 돌가루.

예) 생각지도 못한 노다지 발견으로 우리 음촌리 논밭 곳곳에 **복대기**가 산을 이루고 있었다.

비지 광맥과 모암이 단층으로 인해 서로 마찰되어 그 사이에 광석 및 모암의 가루가 섞여서 된 물건.

예) 차를 타고 고속도로를 가다 보면 길을 내기 위해 깎은 길옆 벼랑에 **비지**가 형성되어 있는 것이 보인다.

상장 광 구덩이의 동바리 사이와 빗장 사이에 끼어 천판과 좌우 쪽에서 돌이나 흙이 떨어지지 못하게 막는 나무.

예) 갱 속의 썩은 **상장**이 부러져 그 안에 있던 광부가 다섯 명 갇히는 사고가 발생했어도 사무소 측은 아무런 대책 마련에 서두르지 않아 많은 사람의 분노를 샀다.

생동 아직 채굴하지 않은 광맥.

예) 일제시대부터 파먹은 대모산이지만 분명히 아직도 찾지 못한 금의 **생동**이 산 어딘가에 있을 거라는 신념으로 나는 산에 올랐다.

서마구리 동서맥 구덩이의 서쪽 마구리. ⇔ 동마구리.

예) 은성탄좌 **서마구리**에서 일하는 한훈은 알고 보니 수배 중인 시국사범이었다.

선줄 세로로 박혀 있는 광맥.

예) **선줄**로 광맥이 이루어지는 이유는 지층의 변화에 의해서라고 지구과학 시간에 배운 기억이 난다.

소구멍 광산에서 천장으로 향해 뚫는 남포 구멍.

예) **소구멍**에 장치한 폭약이 터지자 요란한 폭음과 함께 갱도에는 순식간에 뿌얀 흙먼지가 폭풍처럼 휘날렸다.

쌍맹이/쌍망이 광산에서 돌에 구멍을 뚫을 때 정을 때리는 쇠망치.

예) **쌍맹이**가 좋지 않은 거냐? 그렇지 않으면 네가 힘이 없는 거냐? 죽어라고 정을 때리는데 정이 왜 안 들어가?

자박 사금광에서 캐낸 생금의 큰 덩어리.

예) 일제시대에 많은 농민들이 **자박**을 건지는 일에 강제 동원되었을 뿐만 아니라 작업이 끝나면 금덩이를 반출할까 봐 샅샅이 몸수색을 당했다.

재바닥 ① 광맥의 윗부분에 있던 광석이 중단되고 다시 아랫부분에서 광석이 나올 때에 그 광맥의 아랫부분. ② 사금을 캘 때 잿빛을 띤 바닥.

예) **재바닥**이 있는 줄 모르고 김 진사는 그 금광을 헐값에 내게 팔았다. 나는 그 덕에 재미를 쏠쏠히 보았으니 그는 얼마나 배가 아팠을까.

주레장 갱도의 천장이 너무 높아 위험할 때, 안전을 위하여 따로 만든 천장.

예) 이 갱도는 너무 높으니까 **주레장**을 만들어야겠다.

탁동 광맥에서 직각으로 장벽을 향할 때 그 모암을 일컫는 말.

예) 그 **탁동**에 받침대를 세워라.

한동 넘기다 끊어진 광맥을 파 들어가서 다시 광맥을 찾아내다.

예) 광부들은 열흘간의 고된 작업 끝에 **한동을 넘기고** 나서 함성을 질렀다.

행탕이 광산 구덩이 속에 괸 물 밑에 가라앉은 철분, 흙, 모래 등이 엉긴 것.

예) 들어오는 햇빛에 반짝이는 **행탕이**를 보자 광부들은 금인 줄 알고 삽을 팽개치고 달려들었다.

흙격지 지층과 지층 사이.

예) 사장이 손을 들어 **흙격지**를 누르자 부식된 흙이 어깨로 후두둑 떨어졌다.

무당과 관계되는 말

계면놀이 무당이 새 신을 위해 단골집이나 일반 가정을 찾아 다니며 쌀이나 돈을 구걸하는 것. 무당이 계면돌며 하는 굿.

예) **계면놀이**가 우리 집 쪽으로 가까이 올수록 나의 두려움은 극에 달했고 급기야 도망가자고 떼를 썼지만 엄마는 들은 척도 하지 않았다.

고수레 무당이 굿할 때나, 들에서 음식을 먹을 때에 귀신에게 먼저 바친다고 하여 음식을 조금씩 떼어 던지며 부르는 소리. 또는 그 일.

예) 아버지께서 "**고수레!**" 하시면서 밥을 풀밭 저쪽으로 던지자 어느새 누렁개가 받아먹으려고 달려왔다.

공수 무당이 죽은 사람의 뜻이라며 전하는 말.

예) 건넛마을 박수무당은 **공수**를 주는 것에 있어서는 이 지방에서 최고다. 죽은 사람의 말을 듣고 싶은 사람은 누구나 그를 찾아갔다.

공징이 귀신 소리라는 휘파람 소리를 내면서 점을 치는 여자 점쟁이.

예) 미아리의 처녀 학사 **공징이**는 신묘한 점괘로 입시, 관운은 물론 관상, 사주, 팔자까지 족집게처럼 맞히는 것으로 유명했다.

귀살쩍다 ① 물건이 얽히고 흩어져 뒤숭숭하다. ② 일이 복잡하게 뒤얽혀 처리하기에 정신이 산란하다.

예) 그렇게 **귀살쩍은** 일은 좀 멀리 밀쳐 두고 여행이라도 다녀와라. 그러다가 병나겠다.

노구메 ① 산천의 신령에게 제사하기 위하여 노구솥에 지은 메밥. ② 산삼을 캐는 사람들이 제삿밥을 일컫는 말.

예) 형은 다 미신이라며 주발에 수북이 담긴 **노구메**를 마당 가운데에 엎어 버렸다.

예) 간난이는 **노구메**를 퍼서 쟁반에 받쳐 들고 치성드리는 곳으로 갔다.

동티 ① 흙을 잘못 다루어 지신을 놀라게 하여 받는 재앙. ② 공연히 건드려서 스스로 걱정이나 해를 입음을 비유하는 말.

예) 말썽꾸러기 골목대장 현수가 또 무슨 **동티**를 내려고 저렇게 허둥대며 마을을 돌아다니는지 모르겠다.

멧굿 농악으로 하는 굿.

예) 이 지방에서는 인간문화재 김 노인이 기능을 보유하고 있는 **멧굿**이 유명해서 전국 각지의 민속학자들이 자주 드나든다.

무꾸리 무당, 판수 그 밖의 신령을 모신다는 사람에게 길흉을 점치는 일. 은어로는 노처녀.

예) 어머니는 집 나간 지 1년이 다 되어 가는 누나 때문에 한 달에 두 번씩 **무꾸리**를 하셨다.

물밥 굿을 하거나 물릴 때에, 귀신에게 준다고 물에 말아 던지는 밥.

예) 무당은 **물밥**을 준비해 던지고는 푸닥거리를 시작했다.

뱅니 무당의 넋두리에서, 죽은 이의 넋이 그 배우자를 부르는 말.

예) 기골이 장대한 박수무당 오 씨는 신이 오르자 "여보, 여보!" 하면서 요염한 **뱅니** 소리를 내는 것이었다.

부리세다 그 집의 귀신이 드세다.

예) 우리 옆집은 **부리센** 집인지 비명에 간 사람이 모두 셋이나 되어 푸닥거리라도 할 모양이었다.

북떡 유행병이 돌 때 미신으로 집안 식구 수효대로 베틀의 북으로 쌀을 떠서 만든 흰무리떡.

예) 마을에 괴질이 돌아서 우리 집은 **북떡**을 만들었는데, 동생은 한사코 먹으려 하지 않았다.

비손 신에게 손을 비비면서 소원을 비는 일.

예) 머나먼 타국 땅에서 고생하시는 아버님의 건강을 위하여 매일 밤 **비손** 하시는 어머님을 보고 나는 콧날이 찡해 옴을 느꼈다.

사지 제사나 잔치 때 쓰는 누름적, 산적의 꼬챙이 끝에 감아 늘어뜨린 가늘고 긴 종이오라기. 제사 때는 오색지를 사용한다.

예) 전주댁 둘째 아들 녀석이 **사지**로 쓸 창호지를 몽땅 찢어 버렸네.

삼마누라 무당굿의 열두 거리 중 셋째 거리.

예) 무당굿이 시작되면서 울기 시작한 젖먹이 진수는 **삼마누라**가 시작되었을 때 비로소 울음을 그쳤다.

서낭에 나다 ① 어떠한 물건의 진퇴로 재앙이 생기다. ② 어떤 물건의 값이 어처구니없이 쌀 때 이르는 말.

* 서낭 서낭신이 붙었다는 나무.

예) 풍년이 들었는데도 쌀이 **서낭에 나서** 가뜩이나 부채에 시달리는 농민들은 어렵게 됐다.

굿과 관계되는 말

샘굿 마을의 공동 우물에 물 잘 나오라고 치성드리는 굿.

예) 마을에 아파트가 들어서고 난 후부터 박우물에 물이 나오지 않자, **샘굿**을 해야 한다고 동네 노인들은 주장했다.

성주받이 집을 새로 짓거나 옮긴 뒤에, 성주를 받아들이는 굿.

예) 박 진사는 **성주받이**가 있을 내일을 위해 하인들에게 여러 가지를 단단히 일러 두었다.

성주풀이 무당이 성주받이를 할 때나 복을 빌며 부르는 노래. 또는 그 굿.

예) 임이네는 어느 무당보다도 **성주풀이**를 잘해서 어떤 집이나 성주받이 때 그녀를 불렀다.

소지(를) 올리다 신령 앞에서 비는 뜻으로 종이를 불살라서 공중으로 올리다.

예) 아이들은 제사 흉내를 낸다고 **소지를 올리다가** 애꿎은 눈썹이나 머리카락만 태워 먹었다.

앉은굿 장구와 춤이 없는 굿의 한 가지.

예) 복채를 많이 낼 수 없다고 하자 소화는 혼자 와서 짧게 **앉은굿**을 해 주고 가 버렸다.

재묻은떡 무당이 굿할 때 쓰고 남은 떡.

예) 우리는 **재묻은떡**만 눈 빠지게 기다렸지만 굿은 밤새도록 계속되어 떡은 구경도 못

하고 잠들어 버렸다.

젖빌다 젖이 모자라는 산모가 삼신한테 젖이 많아지라고 빌다.

예) 옛날의 아낙들은 가끔 **젖빌기**를 했는데 요즘의 여성들은 아예 그 말이 무슨 뜻인지

도 모른다. 분유를 먹이면 되기 때문일까?

태주 마마를 앓다가 죽은 어린 계집아이의 귀신.

예) 얘기하는 것마다 모두 들어맞는 그녀를 보고 사람들은 지난 여름 죽은 딸이 **태주**가

되어 붙은 것이라고 쑥덕거렸다.

태주할미 태주를 부리는 여자.

예) 이상하게도 상미는 뒷집 **태주할미**만 보면 그악스럽게 울다가 정신을 잃곤 하였다.

터줏상 굿할 때 터주에게 차려 놓는 상.

예) **터줏상**을 차려 놓고 비손 하시는 할머니를 은주는 빤히 바라봤다.

귀신과 관계되는 말

구눙 열두거리 굿 중 아홉 번째에 나오는 무당이 위하는 귀신의 하나.

예) 갑자기 춘화는 하던 굿을 멈추고 **구눙**이 굿을 멈추라 했다며 돌아가려 했다.

귓것 이름 없는 잡귀를 낮게 이르는 무당의 말.

예) **귓것**들이 너희 집 안에 가득하니 하루빨리 푸닥거리를 해야겠구나.

날망제 사람이 죽은 뒤 지노귀새남을 하지 못한 혼령을 무당이 이르는 말.

예) 눈에 광기가 서린 노파가 초상집에 와서는 죽은 아들이 **날망제**가 되었으니 굿을 한

판 해야 그 원한이 풀려 고이 저승으로 갈 거라고 말했다.

목두기 ① 나무를 다듬을 때 잘라 버린 나뭇가지. ② 무엇인지 모르는 귀신의

이름.

예) **목두기**에 홀려서 정신이 나간 춘심이는 1년 뒤 영험한 무당이 되어서 우리 마을로 돌아왔다.

성주 집을 지키는 신령. 상량신. 한 변이 10cm 되게 모지게 여러 겹으로 접은 흰 종이에 왕돈 한 푼을 넣고 물에 흠씬 적셔서 안방 쪽으로 향한 대들보에 붙이고 쌀을 뿌려 붙게 한 것을 그 표상으로 함.

예) 서울에서 온 예수쟁이 손주며느리 때문에 **성주**님이 노하셨다며 할머니는 노발대발 하셨다.

손대 내리다 귀신이 내림대에 내리다.

예) 드디어, **손대 내리는** 시간이 다가왔다. 병국이가 잡고 있던 솟대는 저도 모르게 부르르 떨기 시작했다.

손말명 처녀귀신. ⇔ 몽달귀.

예) 수진이가 죽은 그 묘소에 가끔 때도 없이 **손말명**이 나타난다는 소문에 여름밤이면 냇가에서 밤새도록 술추렴하던 동네 총각들은 공동묘지 부근에 얼씬도 하지 않았다.

주당 뒷간을 지키는 귀신.

예) 할머니로부터 **주당** 이야기를 들은 조카는 낮에도 화장실에 가는 것을 두려워했다.

청계 사람에게 씌어서 몹시 앓게 한다는 잡귀의 하나.

예) 아니 얼굴이 왜 이러냐. **청계**라도 씌었던 거야? 왜 이리 핼쑥해?

그릇의 종류

귀박 나무를 직사각형으로 네 귀가 지게 파서 만든 함지박.

예) 저 **귀박**에 담아 둔 밤은 작은댁에 보낼 거니까 손대지 마라.

대고리 대오리로 엮어 만든 고리.

예) 그는 부업으로 **대고리**를 만들어 파는데 플라스틱의 유해성이 알려지면서부터 눈코 뜰 새 없이 바빠졌다.

댕댕이바구니 댕댕이덩굴의 줄기로 엮어 만든 바구니.

예) 길녀는 그 사내를 보자 **댕댕이바구니**를 내팽개친 채 도망치기 시작했다.

동고리 둥글납작한 작은 버들고리.

예) 30년 넘게 쓴 어머니의 반짇고리는 시집오실 때 가져오신 **동고리**였다.

동방구리 동이보다 배가 부른 질그릇.

예) **동방구리**에 쌀을 가득 담아 두었는데 장마가 지니까 바구미가 득실거렸다.

멱서리 짚으로 날을 촘촘히 결어서 만든 그릇. 곡식을 담음.

예) 계모가 마당에 흩어 버린 쌀알을 **멱서리**에 쓸어 담으며 언례는 흐느껴 울기 시작했다.

밀박 큰 바가지.

예) 어른 하나가 들어가도 충분할 그 큰 독의 물도 **밀박**으로 몇 번 퍼내니 바닥이 나 버렸다.

바리기 음식을 담는 조그마한 사기그릇.

예) 깨진 **바리기**를 치우면서 손을 약간 다쳤지만 그리 걱정하실 일은 아닙니다.

바탱이 오지그릇의 하나. 중두리보다 배가 더 나왔고 아가리는 좁음.

* **중두리** 독보다 조금 작고 배가 부른 오지그릇.

예) 나는 시골집에서 할머니가 고추장을 담아 두신 **바탱이**라는 것을 처음 보았는데, 그 전까지는 질그릇에도 그처럼 종류별로 많은 이름이 있는 줄 몰랐다.

박구기 작은 박으로 만든 구기.

* **구기** 국자 비슷한 물건.

예) 우리 학교 앞 판문점 술집은 민속주를 시키면 니스 칠한 **박구기**를 술독에 띄워 내온다.

박쌈 남의 집에 보내려고 음식을 담고 보자기로 싼 함지박.

예) 어머님은 고사떡이 많이 든 **박쌈**을 들고 웃뜸의 영철이네 집으로 바삐 가셨다.

받침박 음식 그릇 같은 것을 앉혀 놓거나 받쳐 놓는 함지박.

예) 조상들의 생활의 지혜는 음식을 나를 때 **받침박**을 사용하는 것만 보아도 알 수 있다.

밥소라 밥, 떡국, 국수 등을 담는 큰 놋그릇.

예) 요즘은 깨지지 않고 가벼우면서 씻기 편리한 플라스틱 그릇들이 많아서 **밥소라** 같은 그릇은 사용하지 않는다.

밥자배기 밥을 담아 두는 자배기.

* **자배기** 둥글넓적하고 아가리가 큰 그릇.

예) 어머니께서 **밥자배기**를 한 세트 사 오셨는데 그날로 내가 한 개 깨는 바람에 짝이 맞지 않게 되었다.

방구리 물을 긷는 질그릇. 동이와 비슷하나 좀 작음.

예) 향단이가 머리에 **방구리**를 이고 우물가에 물을 긷기 위해 왔다가 이 도령의 서신을 품은 방자를 만났다.

버치 자배기보다 좀 깊고 크게 만든 질그릇.

예) 어머니께서는 서울에 올라오시면서 **버치**에 김치를 담아 오셨다. 자취 생활 두 달 만에 처음 먹어 보는 맛있는 김치였다.

벙거지골 전골 지지는 그릇.

예) 우리는 문산식당에서 **벙거지골**에다 궁중전골을 끓여 먹었는데, 맛은 좋았지만 양이 적은 게 흠이었다.

보시기 김치, 깍두기 등을 담는 작은 사발.

예) **보시기**에 예쁘게 담은 여러 종류의 김치들은 보기만 해도 군침이 넘어가게 했다.

석자 철사를 그물처럼 엮어 바가지처럼 만든 긴 자루 달린 그릇.

예) 어머니, 새우튀김 타겠어요. 어서 **석자**로 건져내세요!

설구이 ① 유약을 안 바르고 저열로 구운 질그릇. ② 자기를 만들 때, 마침구이를 하기 전에 구워서 굳히는 일. 애벌구이.

예) **설구이** 과정을 꼭 거쳐야 맑은 소리가 나는 좋은 그릇을 만들 수 있다.

설기 싸리채나 버들채 따위로 만든 직사각형 모양의 상자.

예) 통풍이 잘 되는 **설기**는 상하기 쉬운 물건의 보관 상자로 유용하게 사용된다.

세존단지 영남 · 호남 지방에서 농신에게 바치는 뜻으로, 햇곡을 넣어 모시는 단지.

예) 나는 어릴 때 **세존단지** 속에 있는 밤, 대추를 꺼내 먹다가 어머님께 무척 혼났다.

소용 ① 기다랗고 자그마하게 생긴 병. ② 옛 기름병.

예) 옛 할머니들은 조그마한 **소용**도 아껴서 오랫동안 쓰셨다. 요즘은 어디 물건 아까운 줄 아나?

소쪽박 나무를 깎아 파서 만든 바가지.

예) 그 **소쪽박**은 너무 오래 써서 손잡이에 까맣게 손때가 앉아 반들거렸다.

손그릇 가까이 두고 쓰는 작은 세간(반짇고리 따위).

예) 바늘은 굴러다니면 위험하니 **손그릇**에 꼭 넣어 두어라.

쇠소댕 쇠로 만든 소댕.

* 소댕 솥뚜껑.

예) 그 작고 나이 어린 며느리는 **쇠소댕** 하나 드는 것도 힘겨워했다.

왕기 사기로 만든 큰 대접.

예) 막걸리는 역시 김치 안주 놓고 **왕기**에 벌컥벌컥 마셔야 제 맛이 난단 말이야.

용가마 큰 가마솥.

예) 요즘 전기밥솥의 밥이 옛날 **용가마**에 하던 밥맛을 따라갈 수 없음을 알고 일본의 밥통 제조업체 사람들이 와서 **용가마**를 몇 개 구해 갔다.

자루바가지 나무를 파서 자루를 낸 바가지.

예) **자루바가지**에 퍼서 벌컥벌컥 들이키는 물은 꿀물과도 같다.

자배기 둥글넓적하고 아가리가 쫙 벌어진 질그릇. 소래기보다 약간 높음.

예) 김치 담게 **자배기** 좀 가져오너라.

조침보 김칫보보다 조금 크고 운두가 낮은, 조치를 담는 데 쓰는 그릇.

* 조치 국물을 바특하게 잘 끓여 만든 찌개나 찜.

예) 전자레인지를 살 때 서비스로 받은 유리 그릇은 **조침보**로 안성맞춤이었다.

종구라기 조그마한 바가지. 종구락.

예) 음주로 밤새도록 갈증에 시달린 그는 아침에 일어나자마자 **종구라기**로 여관 마당의 우물물을 떠 들이켰다.

종굴박 작은 표주박.

예) 참깨를 볶아야겠다는 어머님 말씀에 광에 가서 **종굴박**에 참깨를 조금 담아 왔다.

진동항아리 ① 무당이 자기 집에 모셔 놓는 신위. ② 한 집안에서 평안을 위하여 돈과 쌀을 담아 두고 정한 곳에 모셔 놓은 항아리.

예) 나는 민속촌에서 **진동항아리**를 보았는데, 일반 항아리와 크게 다른 것 같지 않았다.

초롱 석유를 담는 양철통.

예) 철수네 집은 석유가 가득 담긴 **초롱**을 술 취한 아버지가 걷어차서 하마터면 불이 날 뻔했다.

그 밖의 그릇과 관계되는 말

구적 돌, 질그릇 등이 삭아 겉에 일어나는 얇은 조각.

예) 엄마, 저 그릇 좀 이제 버려요. **구적**이 덕지덕지 일잖아요.

들손 그릇 따위의 옆에 달린 반달 모양의 손잡이.

예) 물단지를 들어 올리는데 뚝 하더니 **들손**이 떨어지면서 물단지가 박살났다.

마침구이 자기를 만들 때, 애벌구이, 설구이 한 것을 유약을 발라서 아주 구워 내는 공정.

예) 질그릇 부문 인간문화재인 황필성 옹은 필생의 역작을 **마침구이** 하는 동안 쓰러져 서 다시는 일어나지 못했다.

설꼭지 질그릇 따위의 넓죽한 꼭지.

예) **설꼭지**가 떨어지지 않도록 조심해서 다루어라.

솥귀 솥의 운두 위로 두 귀처럼 뾰족하게 돋은 부분.

* 운두 그릇, 신 따위의 둘레의 높이.

예) 요즘 솥들은 얄팍한 상혼을 반영해서인지 **솥귀**가 매우 얇고 작은 것 같다.

솥전 솥이 부뚜막에 걸리도록 솥 몸의 바깥 중턱에 둘러댄 전.

예) 솥이 뜨거우니 **솥전**에 행주를 두텁게 대고 솥을 들거라.

쌍홍장 부엌에서 쓰는 그릇을 넣어 두는 곳.

예) **쌍홍장** 안에 벌레들이 생겨서 그릇을 모두 꺼내 씻어야만 했다.

안올리다 그릇 같은 것의 속을 칠하다.

예) 겉을 예쁘게 칠한 것과 마찬가지로 속도 제대로 **안올린** 그릇이 좋은 그릇이다.

전두리 ① 둥근 그릇의 아가리에 둘려 있는 전의 둘레. ② 둥근 뚜껑 따위의 둘 레의 가장자리.

예) 우리 집에는 오래된 놋쇠 그릇이 있는데 오랫동안 사용하지 않아 **전두리**에 퍼런 녹 이 슬어 있었다.

족자리 옹기 등의 좌우에 달린 손잡이.

예) **족자리**가 부러졌으니 이 그릇은 쓸모가 없게 되었구나.

태 질그릇, 놋그릇의 깨진 금.

예) 시골 외삼촌 댁에 가 보면 **태**가 간 부분에 시멘트를 발라 때운 큰 독들을 볼 수 있었다.

나무의 이름

곱향나무 향나무 과의 상록수. 침엽 관목 선형의 세 잎이 돌려남. 봄에 꽃이 피고 구과는 이듬해 가을에 익음. 관상용.

괴불나무 인동 과에 속하는 낙엽 관목. 키는 2~3m가량.

괴좆나무 구기자나무.

굴거리나무 태극 과의 상록 활엽 교목. 잎은 어긋나고 타원형. 가지, 잎은 '란병초' 라 하여 약용함.

난티나무 느릅나무 과의 낙엽 활엽 교목.

닥나무 뽕나무 과의 낙엽 활엽 관목.

댕강나무 인동 과의 낙엽 활엽 관목. 산록 양지에 남. 늦봄에 담홍색 꽃이 가지 끝에 뭉쳐남. 관상용.

댕강목 고광나무 과의 낙엽 활엽 관목. 산중턱 이하의 바위틈에 남. 늦가을에 흰 꽃이 묵은 가지에 핌.

댕댕이나무 인동 과의 낙엽 관목. 높은 산의 습지에 남. 늦봄에 꽃꼭지가 거의 없는 담황색의 꽃이 핌.

멧대추나무 갈대나무 과의 낙엽 활엽 교목. 산록의 양지 및 촌락 부근에 나는데, 가시가 있으며 여름에 황록색 꽃이 피어남. 과실은 식용, 종자는 약으로 씀.

모새나무 석남 과의 상록 활엽 관목.

무늬버들 줄기와 가지가 꼬불꼬불하고 그 무늬도 아름다우며, 나무의 질도 매우 단단한 나무.

물갬나무 자작나무 과에 속하는 낙엽 활엽 교목. 물오리나무.

물참나무 너도밤나무 과의 낙엽 활엽 교목. 산중턱, 산봉우리에 나는데, 황갈색 꽃이 피며 열매는 가을에 익음.

박달나무 자낙나무 과의 낙엽 활엽 교목.

분디나무 운향 과의 낙엽 활엽 관목. 산초나무 비슷하나 잎에서 악취가 남. 늦봄에 담록색 꽃이 피고, 삭과는 가을에 익음.

분비나무 전나무 과의 상록 침엽 교목.

비쭈기나무 후피향나무 과의 작은 상록 활엽 교목.

빈추나무 앵도 과의 낙엽 활엽 관목. 산록에 나며 가시가 있음.

사람주나무 대극 과의 낙엽 활엽 교목. 잎은 어긋나고 거꾸로 된 달걀 모양 또는 타원형.

사옥 앵도 과의 낙엽 활엽 교목. 따뜻한 골짜기에 나는데 산벗나무와 비슷함. 봄에 연분홍 꽃이 핌. 정원수로 심음.

상수리나무 너도밤나무 과의 낙엽 교목. 열매는 식용하기도 하고 재목은 차륜, 가구 등의 재료로 씀.

서나무 자작나무 과의 낙엽 활엽 교목. 높이 5~10m. 잎은 길둥글며 가장자리에 잔 톱니가 있음. 늦봄에 잎에 앞서 2~8cm의 꽃이 핌. 건축재용.

선버들 버들 과의 낙엽 활엽 교목. 물가에 나며 초봄에 꽃이 핌. 우리나라 북부, 만주, 일본에 분포하는데, 주로 제방용이나 땔감으로 심음.

섬엄나무 섬엄나무 과의 상록 활엽 관목. 잎은 혁질, 초여름에 다섯잎꽃이 핌.

소사나무 자작나무 과의 작은 낙엽 활엽 교목. 해변, 산기슭에 나며 늦봄에 꽃이 핌. 견과는 가을에 익음.

순비기나무 마편초 과의 상록 활엽 관목. 해변에 나며 여름에 자색 꽃이 핌.

자귀나무 함수 과의 낙엽 활목 교목. 산기슭의 양지에 남. 잎이 밤에는 오므라짐. 산기슭에 나기 때문에 사방공사에 심는 나무로 쓰임.

전나무 전나무 과의 상록 침엽 교목. 산기슭이나 골짜기에 나며, 구과가 맺힘. 재목은 건축, 가구, 제지용.

정금나무 석남 과의 낙엽 활엽 관목. 산에 남. 늦봄에 홍백색의 꽃이 피고 열매는 식용함.

조팝나무 조팝나무 과의 낙엽 활엽 관목. 산기슭이나 밭둑에 나며, 고약한 냄새가 남. 봄에 흰 꽃이 피고 뿌리와 열매는 약용함.

조피 조피나무의 열매.

조피나무 산초나무. 은행 과에 속하는 낙엽 관목. 키는 3m가량. 줄기에 가시가 마구 나 있으며 잎은 5~9 쌍의 작은 잎으로 된 깃꼴 겹잎. 암수딴그루.

졸참나무 너도밤나무 과의 낙엽 활엽 교목. 암수한꽃이 봄에 피고 가을에 견과가 익음. 숯이나 땔나무로 쓰임.

피나무 피나무 과에 속하는 낙엽 활엽 교목. 담황색 다섯잎꽃이 피고 과실은 10월에 익음. 재목은 도구재, 수피는 섬유용, 선박의 밧줄, 망, 끈 등에 쓰임.

목재와 관계되는 말

가다귀 참나무 등의 잔가지로 된 땔나무.

예) 벽난로의 연료로 **가다귀**를 쓰니까 자꾸 넣어 줘야 하는 게 영 번거롭다.

갓나무 의자 뒷다리 맨 위에 가로질러 댄 나무.

예) 의자에 **갓나무**를 대지 않으면 아주 불안해 보일 뿐만 아니라 약간 무거운 사람이 앉으면 금방 부서질 위험이 있다.

강다리 ① 물건을 버틸 때 어긋맞게 괴는 나무. ② 도리 바깥쪽으로 내민 추녀 끝의 처짐을 막기 위해 추녀 안쪽의 끝 비녀장을 하는 단단한 나무. ③ 쪼갠 장작의 100개비를 이르는 말.

예) **강다리**를 튼튼하게 괴어야 그 위에 쌓는 물건이 안정성을 얻듯이 수학도 기초가 튼튼해야 그 뒤에 더 어려운 미 · 적분을 할 수 있는 거다.

거섶 ① 물이 둑에 스쳐서 개개지 못하게 둑의 가에 말뚝을 박고 가로 결은 나뭇가지. ② 삼굿 위에 덮는 풀. ③ 비빔밥에 섞는 나물.

예) 어머니는 **거섶**이 많아야 비빔밥이 맛있다고 조금씩 남은 무나물이며 취나물을 마저 넣고 비비셨다.

괴밋대 분쇄된 광석을 방아확에서 파낼 때 방앗공이를 받쳐 놓은 나무토막.

예) **괴밋대**가 부러져 할 수 없이 새것을 구해 올 때까지 손을 놓는 수밖에 없었다.

구새(가) 먹다 살아 있는 나무의 속이 썩어 구멍이 뚫리다.

예) 이 산의 나무들은 대부분 **구새가 먹어서** 계획조림으로 빨리 수종을 바꿔야겠다.

날단거리 풀이나 나뭇가지 따위를 베는 대로 곧 묶어 말린 땔나무.

예) 올겨울엔 땔감으로 **날단거리**를 많이 모아 두었으니 아무리 매서운 추위가 닥쳐도 걱정 없어.

날찌 배에 까는 엮은 나뭇가지.

예) 뱃간에 **날찌**가 없으니 물이 넘어 들어와 발이 다 젖었잖아.

닥채 껍질을 벗겨 낸 닥나무의 연한 가지.

예) 닥나무는 껍질이 한지 만드는 데에 쓰이기 때문에 **닥채**는 땔감으로나 쓰인다.

단거리 ① 단으로 묶어 말린 잎나무. ② 큰 단으로 흥정하는 팔 나무. ③ 오직 그것 하나뿐인 재료. ④ 단벌.

예) **단거리**는 부피도 중요하지만 얼마나 잘 말랐느냐에 따라 가격이 달라진다.

단나무 단으로 묶은 땔나무.

예) 내 어린 시절 살던 시골에서 아버지는 **단나무**를 시장에 내다 팔아 가용에 보태곤 하셨다.

대청 대 안에 붙은 얇고 흰 꺼풀.

예) 그 세모시는 너무 얇고 고와서 꼭 **대청**으로 만든 것 같았다.

도래솔 무덤가에 죽 둘러선 소나무.

예) 할머니 무덤 둘레에는 **도래솔**이 호위하는 무사들처럼 많이 서 있었다.

동나무 단으로 묶어 땔나무로 파는 잎나무.

예) **동나무**로 불을 지폈으나 젖어서 그런지 연기만 나고 불이 잘 붙지 않았다.

되내기 속임수로 손을 써서 많아 보이게 다시 묶은 땔나무.

예) 못된 삼룡이는 정직한 나무꾼의 나무를 사서 **되내기**로 만들어 다시 시장에 내다 파는 수법으로 많은 돈을 모았다.

마주나무 말이나 소를 매어 두는 나무.

예) 소를 **마주나무**에 매어 두고 잠시 밭을 둘러보는 사이에 트럭을 가지고 다니는 소도둑들이 눈 깜짝할 새에 우리 소를 실어 갔다.

문실문실 나무 등이 거침없이 죽죽 뻗어 자라는 모양.

예) 정원의 나무가 **문실문실** 잘 자라서 몇 년 만에 우리 마당은 깊은 숲처럼 되었다.

물거리 싸리 등 잡목의 잔가지로 된 땔나무. 도끼로 팰 필요 없이 뚝뚝 꺾어서 때게 되어 있음.

예) 뒤뜰에 가득 쌓아 놓은 마른 **물거리**는 너무 헤프게 써서 이번 달에도 부족할 것 같다.

뭇나무 한 뭇씩 묶은 땔나무.

예) **뭇나무**가 마당가에 수북이 쌓여 있었던 그때는 그나마 김 초시네 가세가 넉넉할 때였다.

받침두리 양복장 같은 것의 밑에 받침처럼 덧대어 괴게 된 나무.

예) **받침두리**가 오래되어서 옷장이 문을 여닫을 때마다 삐거덕거린다.

방걷기 재목의 끝을 깎아서 둥글게 한 것.

예) 화분 받침대로 아버지께서는 **방걷기**를 잘라 사용하셨다.

벋나다 새싹의 잔가지 같은 것이 바깥쪽으로 향하여 나다.

예) 쑥쑥 **벋나는** 나뭇잎들을 보니 나도 기운이 나는 것 같았다.

불땀머리 나무가 자랄 때 남쪽으로 향하여 햇볕을 받아 불땀이 좋게 된 부분.

예) 나무의 나이테는 **불땀머리** 쪽이 더 간격이 커서 쉽게 남북의 방향을 알 수 있다.

샛검불 잡풀이 섞인 새나무의 검불.

예) 어디에서 놀다가 왔는지 진수의 머리카락이며, 스웨터, 바지에는 **샛검불**이 여기저기 붙어 있었다.

설대 담배설대. 물부리와 담배통 사이에 끼워 맞추는 가느다란 대통.

예) 할아버님 장죽의 **설대**는 가끔 훌륭한 회초리 역할을 했다.

섶나무 잎나무, 풋나무, 물거리 등의 통칭.

예) 추운 겨울이 닥쳤어도 뒤뜰에 잔뜩 해다 놓은 **섶나무**를 생각하면 윤 생원은 온몸이 다 훈훈해지는 것 같았다.

자귀별 원목原木을 산판에서 자귀로 제재한 것.

예) **자귀별**은 옛날 같았으면 사람들이 지게에 지고 운반했겠지만 요즘은 아예 케이블카로 직접 산 아래 길에까지 운송해 내려온다.

적심 재목材木을 물에 띄워 내리는 일.

예) 두만강 상류에는 **적심**만 하루 종일 하는 벌목꾼들이 수십 명 움을 짓고 기거했다.

졸가리 ① 잎이 다 떨어진 가지. ② 지저분한 것은 다 떼어 놓은 나머지의 골자.

예) **졸가리**는 얘기하지 않고 변죽만 울리는 시어머니가 답답했어도 새 각시는 꾹 참고 들을 수밖에 없었다.

톳나무 큰 나무.

예) 속리산의 정이품송은 정말로 대단한 **톳나무**인데 요즘 늙어서 고사 직전에 있다는구나.

희나리 덜 마른 장작.

예) 논산댁은 **희나리**에서 나는 연기 때문에 그렇다며 돌아앉아 눈물을 훔쳤으나 나는 그녀의 속마음을 훤히 알 수 있었다.

구리터분하다 ① 냄새가 구리고 터분하다. ② 하는 짓이 더럽고 구역질이 나다.

예) 아랫목에서 청국장이 뜨는 **구리터분한** 냄새에 온 식구가 코를 싸쥐면서도 막상 상에 오른 청국장은 맛있게 먹었다.

구리텁텁하다 냄새가 구리고 텁텁하다.

예) 여름철의 하수구는 **구리텁텁한** 냄새가 가시질 않는다.

몰칵 냄새가 코를 찌를 듯이 갑자기 나는 모양.

예) 오랜만에 술잔을 드니 술내음이 **몰칵** 나는 게 싫지는 않았다.

문뱃내 술 취한 사람의 입에서 나는 술 냄새.

예) 길서의 입에서 아직도 **문뱃내**가 나는 걸 보니, 어제 술이 과했던 모양이구나.

물큰 냄새가 한꺼번에 확 끼치는 모양.

예) 나는 연탄 아궁이에서 가스가 **물큰** 올라와 얼른 코를 싸쥐었다.

새물내 빨래하여 갓 입은 옷에서 나는 냄새.

예) 오늘 입은 이 옷에서 **새물내**가 물씬 풍겨 기분이 좋았다.

자릿내 오랫동안 빨지 않은 빨랫감에서 나는 쉰 냄새.

예) 그의 방문을 열자마자 담뱃내와 **자릿내**가 물씬 풍겨 와 선뜻 들어갈 수가 없었다.

가귀 노름에서 다섯 끗을 일컬음.

예) 전 판에서 장땡을 잡았던 판돌은 이번 판에서 **가귀**를 가지고도 우리 판돈을 모두 휩쓸었다.

개걸뜨기 윷놀이에서 개나 걸 둘 중의 하나.

예) 자, 이제 **개걸뜨기**만 하면 앞의 말을 잡고 한 번 더 윷을 던져 이길 수 있을 거야.

날떠퀴 그날의 운수.

예) 오늘 따라 **날떠퀴**가 좋은 걸 보니 크게 한 판 따서 그간 잃은 것 다 벌충하겠다.

땡땡구리 골패나 투전에서 같은 짝을 뽑는 일.

예) 나는 운이 억세게 좋아 두 판 연속 삼땡 **땡땡구리**로 판돈을 먹을 수 있었다.

맞통 노름에서 물주와 물주를 상대로 노는 사람의 끗수가 같은 경우.

예) 이번 판은 충억이와 종혁이가 **맞통**이어서 죽었던 사람들은 모두 섰던 액수만큼의 돈을 더 내고 새 판에 들어올 수 있었다.

목대 두꺼운 엽전이나 당백전을 두세 겹으로 붙이고 구멍에 봉을 박고 가장자리를 상사친 물건.

예) 할아버님의 유품 속에는 70~80년은 되어 보이는 **목대** 하나가 들어 있었다. 언젠가 증조할아버님께서 주신 거라던 바로 그 목대였다.

사대 투전이나 골패에서 같은 짝을 모으는 일.

예) 진 사람이 **사대**하는 것을 원칙으로 하고 그들 패거리는 밤새 억대 도박판을 벌였다.

사망 장사에서 이익을 많이 보는 운수.

예) 아침부터 외상 손님이 연달아 찾아오는 걸 보니 오늘 내게 **사망**이 있기는 그른 것 같다.

생생이 노름판 등에서 속여서 돈을 빼앗는 짓.

예) 지금 세상은 완전히 도박판처럼 변해 버렸다. 부동산 투기에 비리가 횡행하는 이 세상에 **생생이** 짓을 하는 사람들이 호의호식하면서 살고 있으니 문제가 아닐 수 없다.

서시 노름판에서 여섯 끗을 이르는 말.

예) 섰다판에서도 이른바 포커페이스가 승부를 좌우한단다. 그러니까 내가 **서시**를 갖고도 땡을 든 사람의 배짱을 누를 수 있는 거야.

섰다 화투 두 장씩으로 하는 노름의 한 가지.

예) 여러 명이 노름을 하면서 빨리 승부를 내고 싶을 때는 **섰다**가 가장 간편하다.

쌍불쥐다 제비뽑다.

예) 우리는 수박서리 갈 때면 항상 **쌍불쥐기**로 순서를 정했고 나도 종종 선두에 서고는 했다.

야바위 그럴듯한 방법으로 남을 속여서 따먹는 노름.

예) 무작정 상경한 그는 서울 온 첫날 남대문 앞에서 **야바위**꾼에게 갖고 있던 돈을 몽땅 털렸다.

외동무니 윷놀이에서 한 동으로 가는 말. 외동.

예) **외동무니**로 가기보다는 말 하나 더 얹어서 한꺼번에 많이 나는 게 재미있다.

자사받기 윷을 치던져 손등으로 받아 가지고 다시 치던져 잡는 짓.

예) 그 녀석 **자사받기** 하는 것이 꼭 계집아이 공기놀이하는 것 같구나.

타짜꾼 노름판 같은 곳에서 속임수를 잘 부리는 사람.

예) 철환이는 뿔테 안경에 순진하게 생긴 것과는 다르게 화투패만 들었다 하면 귀신같은 속임수로 순식간에 판돈을 긁는, 알아주는 **타짜꾼**이다.

혼동 윷놀이에서 말이 하나만 감을 이름.

예) 우리는 벌써 세 개가 나고 하나만 더 나면 되는데 저쪽은 아직도 겨우 하나만 나고 또 **혼동**되어 있는 상태라 승부에 여유가 있었다.

씨름

동이배지기 씨름에서 상대편을 냉큼 배 위까지 들어 올리는 배지기.

예) 전 천하장사 강호동의 **동이배지기**는 언제 보아도 아주 시원스러웠다.

두꺼비씨름 끝내 승부가 나지 않음의 비유.

예) 철수와 영호는 **두꺼비씨름** 하듯 결판도 안 나는 싸움질을 했다.

들낚시 다리로 상대편을 달싹 채어 들면서 안낚시를 거는 씨름.

예) **들낚시** 기술이 일품인 상혁이가 이번 동네 씨름대회에서도 1등을 해, 작년부터 올해까지 소를 다섯 마리나 탔다.

모두걸기 유도에서 메치기 기술 중의 발기술. 상대를 옆으로 기울여 한 발로 상대의 발을 옮겨 가는 방향으로 후려 넘김.

예) 하형주 선수는 시합이 시작되자마자 그의 특기인 **모두걸기**를 성공시켜 한판승을 따냈다.

목무장 씨름이나 싸움을 할 때 상투와 턱을 잡아서 빙 돌려 넘기는 재주.

예) 시라소니의 박치기에 대비하여 임화룡은 **목무장**을 연습했으나 시라소니의 박치기는 듣기보다도 더 날쌔고 힘이 있었다.

밭번지기 씨름에서 상대편을 막는 자세로 왼쪽 다리를 상대편의 앞으로 가까이 내어 디디고 막는 기술. ⇔ 안번지기.

예) 이준희의 **밭번지기** 기술은 우리나라에서 이만기의 들배지기를 제외하고는 최고의 기술 중 하나다.

번지기 몸을 바로잡고 힘을 써서 공격을 막는 씨름 자세.

예) 상수는 성철이의 안다리 기술을 **번지기**로써 대처하였으나 그의 공격을 막기에는 역부족이었다.

상투잡이 씨름 재주의 하나. 샅바를 쥐지 않은 손으로 상대편의 꼭뒤를 짚어 누르고 넘어뜨림.

예) 홍샅바의 태석이가 청샅바의 경수를 **상투잡이** 기술로 이겨 한판 승리를 거뒀다.

소걸이 우등상인 소를 걸고 겨루는 씨름.

예) 이번 단오 **소걸이**에서는 돌쇠도 쉽게 나를 이길 수 없을 것이다.

안걸이 씨름에서 다리로 상대편의 오금을 안으로 걸고 당기거나 밀어 넘어뜨리는 재주.

예) 진서는 방심하고 얕잡아 보다가 상대의 **안걸이**에 힘없이 넘어지고 말았다.

연장걸이 씨름에서 오른 다리로 상대편의 오른 다리를 밖으로 꼬아 걸어 넘기는 기술.

예) 충희가 막판에 **연장걸이**로 만수를 이겼다고는 하지만 사실 실력 면에서 만수가 충희보다 한 수 위다.

외궁둥잡이 씨름에서 상대편의 한쪽 궁둥이를 손으로 잡아 앞으로 당겨 균형을 잃게 하는 기술.

예) 상대 선수의 생각지도 않은 **외궁둥잡이** 기술로 나는 잠시 당황했지만 곧 중심을 되찾을 수 있었다.

바둑, 장기

거드렁이 장기 둘 때 한 번 만진 장기짝은 꼭 써야 되는 규정.

예) 세 번 연속의 **거드렁이**로 곧 지게 된 삼촌은 급기야 한 번만 무르자고 사정하기 시작했다.

놀이와 관계되는 말

고자촛 바둑에서, 찌를 구멍이 있으나 찌르면 되잡히게 되므로 찌르지 못하는 말밭.

예) 저 **고자촛**을 어떻게 처리하느냐에 이 바둑의 승패가 달려 있다.

귀살이 바둑 둘 때 귀에서 삶.

예) 이 국수는 막판에 좌상귀에서 겨우 두 집이 나서 **귀살이**를 하였다.

둘잡이 장기에서, 말 하나로 상대의 말 두 개를 잡는 수.

예) 형은 **둘잡이**의 명수로 소문이 나 급기야 이웃 마을 챔피언과 막걸리 내기 장기를 두기에 이르렀다.

순장 바둑판의 네 변으로부터 각 넷째 줄을 6등분한 5개의 점.

예) **순장**을 잘 이용해서 이겨 보려는 나의 시도가 또 빗나가고 말았다.

홀떼기 장기 번연히 질 장기인데도 떼를 써 가며 질기게 두는 장기.

예) 나의 **홀떼기 장기**에 신물났다며 형은 더 이상 나와 장기를 두려 하지 않았다.

윷놀이

넉동무늬 윷놀이에서, 넉동을 한데 어울러 가지고 가는 말.

예) **넉동무늬**로 가던 우리 편 말이 막판에 상대편에게 잡혀서 다 이긴 판을 졌다.

단백사위 윷놀이의 마지막 판에 쓰이는 말.

예) 윷놀이에서 **단백사위**를 잘 쓰면 이길 수 있다.

밤윷 작은 밤톨만 하게 만든 윷짝.

예) 아버지께서 우리에게 윷놀이를 가르쳐 주시기 위해 우리 손에 맞는 **밤윷**을 만드셨다.

보리윷 법칙도 없이 아무렇게나 되는대로 노는 윷.

예) 다섯 살인 조카는 자기 또래의 친구들과 **보리윷**을 놀다가 싸움을 했다.

석동 윷놀이에서 세 번째 가는 동.

예) 나는 동생과의 윷놀이에서 먼저 **석동**이 나옴으로써 유리한 고지에 섰다.

석동무늬 윷놀이에서 석동을 한데 업쳐 업고 가는 말.

예) 내가 영식이의 **석동무늬**를 잡아서 이 판은 내가 이긴 거나 거의 다름없다.

속모 윷놀이에서 앞밭으로부터 다섯째 밭.

예) 이제 졌구나 하고 생각하고 있었는데, 어렵사리 **속모**까지 말이 오게 되어 한시름 놓을 수 있었다.

속윷 윷판의 앞밭에서부터 넷째 밭.

예) **속윷**까지 못 가게 하고 윷을 서너 번 연속으로 내 버려서 게임을 끝냈어.

민속놀이

가락 떼다 풍류를 치다. 신이 나는 일에 첫 번 동작을 시작하다.

예) 오늘은 내 생일이기도 하니까 먼저 **가락 떼라는** 삼촌의 말에 나는 힘차게 꽹과리를 두드리기 시작했다.

고갯놀이 농악무에서, 벙거지에 달린 상모를 돌리는 연기의 하나.

예) 농악 가운데서도 열두 발 상모를 능란하게 돌리는 **고갯놀이**만큼 신명나는 것은 없다.

들놀음 경남 동래 지방을 중심으로 발달한 오광대놀음의 하나. 정월 대보름날 줄다리기를 한 다음 얼굴에 가면을 쓰고 함.

예) 우리 고장 민속놀이 중 하나로 정월 대보름에 하는 **들놀음**이 있는데, 한자로는 야류 野流라고 하며 수영 지방의 것이 유명하다.

마당놀이 옥내 무대가 아닌 탁 트인 마당에서 벌이는 민속적인 연회.

예) 금잔디 광장에서 오늘 오후에 축제 프로그램으로 **마당놀이**를 한다는데, 같이 가서 구경하지 않을래?

마당밟이 섣달 그믐날 밤에 풍물을 치며 집집이 돌아다니며 노는 놀이.

예) 온 동네가 **마당밟이**로 흥겨운 잔치 분위기였지만 거기에서도 김 진사네 둘째 아들의 모습을 볼 수는 없었다.

산디 산대山臺. 큰 길가나 빈터에 놀이대를 쌓고 그 위에서 연극을 하는 일. 또는 그 무대.

예) 옛날에는 **산디**가 동네의 큰 구경거리였는데, 이제는 보기가 힘들어졌다.

산디판 산디놀음을 하는 곳.

예) 그 솟을대문 집의 강도 사건은 분명 동네 사람 모두가 **산디판**에 가서 동네가 한산할 때 일어났음이 분명했다.

샌님탈 산디놀음에 쓰이는 탈의 하나. 눈썹과 수염은 흰 털로 길게 만들어졌으며, 눈은 둥글고 지름은 한 치 두 푼이고, 상하좌우에 주름이 각각 세 줄 있음.

예) 산디놀음에서 **샌님탈**을 쓰고 있는 사람의 춤사위가 특히 뛰어나다고 사람들은 입을 모았다.

소고 농악기의 하나. 운두가 낮고 얇은 개가죽으로 메운 북자루가 딸림.

예) 농악대 중에는 **소고**를 들고 있는 사람이 많았는데, 내가 아는 사람은 하나도 없었다.

쇠머리대기 나무쇠 싸움의 딴 이름.

예) 어렸을 적에 **쇠머리대기**에 관한 전설을 들은 적이 있었는데, 좀 괴기스러운 것이었다.

취바리 산디놀음에 쓰이는 기괴한 모양의 사내의 탈.

예) 어둠 속에서 나타난 그 범인의 얼굴은 너무도 이상스럽고 무서워, 꼭 **취바리** 같은 느낌이었다.

그 밖의 놀이

가댁질 서로 피하고 잡고 하는 아이들의 장난.

예) 우린 여름이면 저녁을 먹고 널마당이라 불리는 마을 앞 공터에 모여 들어서 밤늦게까지 **가댁질**을 하며 놀았다.

각시놀음 계집아이들이 각시를 만들어 노는 장난.

예) 누나는 어렸을 때 했던 **각시놀음**이 제일 재미있었다고 한다.

고을모둠 글자의 범위를 한정하고 그 글자를 넣어 고을의 이름을 아는 대로 만들어서, 많고 적음으로 승부를 다투는 문자 유희.

예) 오늘 저녁에는 병호네 사랑방에서 친구들과 같이 천 자, 주 자 들어가는 **고을모둠**을 해 보아야겠다.

귀머거리장군 윗머리 양 귀퉁이에 검은 부등변 삼각형을 그린 연.

예) 아버님이 만들어 주신 내 **귀머거리장군** 연은 북서풍을 받고 하늘 높이 치솟았다.

대마루판 일이 되고 못 되는 것과 승패가 결정되는 마지막 판.

예) 내기 장기의 **대마루판**이 시작되자 복덕방 김 노인과 세탁소 박 노인은 신경을 곤두
세우며 장기판에 바싹 붙어 앉았다.

두럭 놀기 위해 여러 사람이 모인 떼.

예) 여름이면 주위에 먹을 것을 가지고 나선 **두럭**들이 흥겹게들 논다.

때꼭 술래잡기에서 잡히지 않고 제자리에 돌아오면서 술래를 놀리는 놀이.

예) 나는 술래잡기할 때 매번 1등으로 **때꼭**을 한다. 비결은 술래가 전혀 짐작하지 못할
곳에 숨는 것이다.

말놀음질 막대기나 동무들의 등을 말 삼아 타고 달리는 아이들의 장난.

예) **말놀음질**은 유래가 오랜 것인가 보다. 죽마지우라는 말이 바로 이걸 뜻하는 거니까.

말롱질 ① 아이들이 말 모양으로 서로 타고 노는 장난. ② 남녀가 말의 교미를
흉내 내어 하는 놀이.

예) 나약하게만 자라는 요새 아이들은 **말롱질** 같은 거친 놀이는 하지 않는다.

머릿달 종이 연의 머리에 붙인 대.

예) 종이 연을 만들 때 **머릿달**을 잘 붙여야 연이 수평을 유지하면서 잘 난다.

면먹다 여러 사람이 내기 등을 하는 자리에서, 어떤 두 사람 사이만은 서로 이기
고 짐을 따지지 않는다.

예) **면먹는** 사람 있으면 노래 세 곡을 하는 벌칙을 정하기로 하고 화투를 치니까 서로들
노래 부르지 않으려고 기를 쓰고 승부를 겨루었다.

모꼬지 놀이, 잔치 그 밖의 일로 여러 사람이 모임.

예) 무역학과 06학번의 **모꼬지**는 마석 새터에서 행하기로 결정했다.

물똥싸움 손이나 발로 물을 서로 끼얹는 아이들의 물장난. 물싸움.

예) **물똥싸움**으로 옷이 흠뻑 젖어서 집에 돌아갈 일이 걱정이었다.

물수제비뜨다 얇고 둥근 돌로 물 위를 담방담방 뛰어가게 팔매치다.

예) 종묵이가 **물수제비뜨면** 어떨 때는 열 번도 넘게 물 위를 돌멩이가 튀어갔다.

민줄 연싸움에 이기기 위해 부레풀에 사기 가루를 섞어 바르지 않은 연줄.

예) 세홍이는 **민줄**을 맨 연을 가지고 연싸움을 하다가 벌써 연을 세 개나 잃어버렸다.

밀치락달치락 일변 밀치며 일변 잡아당기며 서로 밀고 당기고 하는 모양.

예) 쌍둥이들이 **밀치락달치락**하며 다투는 모양이 오히려 재미있었다.

방구멍 연의 한복판에 뚫린 둥근 구멍.

예) 동생은 아무래도 **방구멍**이 작은 것 같다며 옆에서 자꾸 아는 체를 했다.

백장고누 우물고누에서, 먼저 두는 편이 첫수에 남의 말이 갈 길을 막는 짓.

* **우물고누** 가로세로 네 줄을 긋고 흰 돌, 검은 돌을 가지고 적을 한구석에 가두는 장난.

예) 이 세상 살아가다 보면, **백장고누** 같은 행동을 해서 남의 비난을 받을 때도 있는 것이다.

손잡손 자질구레하고 얄망궂은 손장난.

예) 기호는 교장 선생님 앞에서도 단정히 서 있지 못하고 **손잡손**이 심해 알밤 맞기가 일쑤였다.

양거지 여러 남자가 모여 노는데, 아이 밴 아내가 있는 남자가 있을 경우 덮어 놓고 한턱을 얻어먹고, 그 아이가 사내면 아이 아버지가 값을 치르고, 계집아이면 여러 사람이 분담하는 장난.

예) 딸을 갖고 싶어 했던 김 씨는 이번에는 틀림없이 딸일 거라며 **양거지**할 때 맘껏 먹고 돈들이나 준비해 두라고 큰소리쳤다.

열두밭고누 말밭이 열둘인 고누. 서로 번갈아 놓되 한편 말 셋이 나란히 놓이면 상대편 말 하나를 따냄.

예) 성철이와 **열두밭고누**를 해서 세 판 내리 이겼더니 다시는 고누 두지 않겠다며 박차고 일어섰다.

자치기 손에 알맞은 나무때기로 짤막한 나무때기를 쳐서 그 거리를 자질하여 승부를 겨루는 놀이.

예) **자치기**를 내 고향 경주에선 말때롱이라 한다.

장치기 양편의 사람들이 각각 공채를 가지고 장치기 공을 쳐서 서로 한정한 금

밖으로 먼저 내보내기를 다투는 경기.

예) 윗마을 친구들과 가진 내기 **장치기** 경기에서 이겨 우리는 공짜로 점심을 얻어 먹었다.

족장을 치다 혼례가 끝난 후 동상례를 받아 먹으려고 장난으로 신랑을 거꾸로 달고 발바닥을 때리다.

예) 형 결혼식 날 친구들이 너무 심하게 **족장 치는** 것을 보고 나이 어린 형수는 그만 울어 버렸다.

주머니떨이 주머니 돈을 있는 대로 다 내어, 술이나 과실을 사 먹는 장난.

예) 사람들만 모이면 **주머니떨이**하자고 주동하는 네 버릇은 여전하구나.

컷달 연의 네 귀에 X자형으로 얼러서 붙이는 대오리.

예) **컷달**이 가볍고 튼튼해야 연이 높이 뜨기 때문에 대나무를 잘 골라야 해.

농사일과 관계되는 말

가다루다 논밭을 갈아서 다루다.

예) 힘을 합쳐 온 동네 사람들이 서로 논밭을 **가다뤄 주니** 농사일이 얼마나 손쉽냐. 이걸 두레라고 한단다.

고지자리품 논을 마지기로 떼어 돈만 받고 농사지어 주는 일. 고지논. 고지먹다.

예) 그 많은 식구들을 **고지자리품**을 하여 먹여 살리는 일만도 힘에 겨워 그녀는 아이들 교육에 신경 쓸 여유가 없었다.

곱써레 갈아 놓은 논밭을 가로로 하여 다시 더 써는 일.

예) 아버님, 주중에 비가 온다는데 비 온 후에 **곱써레**하는 것이 더 수월하지 않을까요?

그냥고지 모내기나 초벌 김맬 때, 아침 곁두리와 점심만 얻어 먹고 하는 고지.

* **고지** 논 한 마지기당 얼마의 값을 정하여 모내기에서 김매기까지 일을 해 주기로 하고 미리 받아 쓰는 삯. 또는 그 일.

예) 어머니는 윗집 모내기에 **그냥고지**를 하고 오셔서 저녁을 서둘러 지으셨다.

그루갈이 곡식을 한 번 거두고 두 번째 짓는 농사.

예) 우리나라의 남부 지방에서는 가을에 벼를 거두고 난 뒤 보리를 파종하는 **그루갈이** 가 행해진다.

궁이 보리를 베기 전에 보리밭 사이 골에 목화, 콩, 조 따위를 심는 일.

예) 오늘은 **궁이**를 끝내야 하는데 선거철이라고 사람들이 다 그리로 일당 받고 가 버렸으니 일손이 달려 큰일이다.

대우 이른 봄에 보리나 밀을 심은 밭이랑에 콩이나 팥 같은 것을 간작^{間作}하는 일.

＊ **대우파다** 다른 식물을 심은 밭 사이의 이랑에 콩이나 팥 등을 심다.

예) 손 씨는 벼를 추수할 일손도 부족해서 **대우**판 것들을 거두어들인다는 일이 너무도 까마득하게 느껴졌다.

들놓다 끼니때가 되어 논밭의 일손을 떼고 쉬거나 집으로 헤어져 가다.

예) 정신없이 일하다 보니까 배가 고파 눈이 가물가물하기에 일을 **들놓고** 집으로 뛰어 갔다.

마질 곡식 등을 말로 되는 일.

예) 산더미같이 쌓인 가마니의 쌀을 되려니 까마득하다가 친구들이 도와주니까 금방 **마질**을 다 해 버렸다.

매갈이 벼를 매통에 갈아 매조미 쌀을 만드는 일.

예) 옛날에는 매통으로 **매갈이**를 했지만, 요즘은 거의 모든 일을 정미 기계가 알아서 하니 매통도 골동품이 될 판이다.

모찌기 모판에서 모를 뽑는 일.

예) 더 늦기 전에 **모찌기**를 해야 제때에 모내기를 할 수 있을 것 같으니 좀 서둘러라.

무텅이 거친 땅에 논밭을 일구어서 곡식을 심는 일.

예) 아랫마을 김 서방은 **무텅이**를 10년이나 해서 자영농이 된 훌륭한 농사꾼이다.

물갈이 논에 물을 넣고 가는 일. ⇔ 마른갈이.

예) 올해는 가뭄으로 **물갈이**를 못했는데 벼 수확이 예년만큼 될지 모르겠다.

밭뒤다 밭을 거듭 갈다.

예) 김 서방은 게으르게 놀기만 하더니 이제야 뒤늦게 **밭뒤느라** 동분서주 바빴다.

부룩 곡식, 채소를 심은 밭두둑 사이나 빈틈에 다른 농작물을 심는 일.

예) 먹을 것이 모자라던 옛날엔 **부룩**까지 하면서 농사를 지었는데, 요즘은 농수산물 수입의 여파 때문인지 아예 놀려 두고 잡초만 무성한 땅이 많아져서 큰일이다.

북주다 흙을 긁어 올려 식물의 뿌리를 덮어 주다.

예) 네가 **북주기**를 잘못해서 밭 저쪽은 담배나무 뿌리가 몽땅 땅 밖으로 드러났더구나.

비켜덩이 김맬 때 흙덩이를 옆으로 빼내는 일. 또는 그 흙덩이.

예) 김을 매고 나면 **비켜덩이**가 밭고랑을 따라 두둑히 쌓인다.

사래질 키에 곡식을 담아 흔들어서 뉘, 싸라기와 크고 작은 것을 따로 고르는 일.

예) 바람 부는 날 **사래질**을 하는 것이 다른 날 하는 것보다 더 편리하다.

사르다 ① 큰 키 등으로 사래질하여 쓸모없는 것을 떨어 버리다. ② 곡식을 까분 뒤에 싸라기를 따로 흔들어 떨어뜨리다.

예) 내일 중으로 마당에 쌓아 놓은 곡식을 다 **사르도록** 하라는 주인마님의 분부는 도저히 불가능한 것입니다요.

양글 소가 논밭을 갈거나 짐을 싣는 일. 한 해에 같은 논에서 두 번 수확함.

예) 이 소는 **양글**을 잘하니 우시장에 가면 좋은 값에 팔 수 있을 걸세.

자리개질 자리개로 곡식 단을 동여 타작하는 일.

* 자리개 짚으로 만든 굵은 줄.

예) **자리개질**은 매우 고달프고 힘이 많이 드는 일이니까 일꾼들이 시장하지 않도록 음식을 잘 준비해라.

진갈이 비 온 뒤, 그 물이 괴어 있는 동안에 논밭을 가는 일.

예) 오랜만에 단비가 왔으니 오늘은 **진갈이**를 해야겠지.

키내림 곡식에 섞인 티끌을 바람에 날려 고르려고 곡식을 키에 담아 높이 들고 천천히 쏟아 내는 일.

예) 바람의 방향을 잘못 잡아서인지 **키내림**이 생각처럼 잘 되지 않네요.

탯돌 타작할 때 태질에 쓰는 돌.

예) 타작할 때 쓰는 **탯돌**은 넓적하고 펑퍼짐해야 좋은 것 같다.

탯자리개 ① 타작할 때에 쓰는 자리개. ② 타작할 때에 벼나 보릿단을 묶는 새끼.

예) 윤 씨는 생활고를 견디지 못해 헛간에서 **탯자리개**로 목을 매고 말았다.

평미레질 곡식을 될 때 평미레를 쓰는 것.

예) 영천은 곡식을 될 때 **평미레질**을 푹 파이도록 약삭빠르게 해서 많은 돈을 벌었다고 한다.

평미리치다 고르게 하다. 평등하게 하다.

예) 곡식을 말릴 때는 잘 **평미리쳐서** 말려야 습기차는 것 없이 잘 마른다.

한그루 한 해에 한 땅에 농사를 한 번 짓는 일.

예) 냉대 기후 지역이나 척박한 땅에서는 **한그루** 짓기를 할 수밖에 없다.

홀태질 곡식을 훑어서 떠는 일.

예) 달래는 **홀태질**을 하면서도 자주 영태가 있는 쪽을 애타는 눈으로 바라보았다.

홍두깨생갈이 쟁기질이 서투른 사람이 잘 갈리지 않은 거웃 사이를 억지로 가는 일.

예) 고작 **홍두깨생갈이** 한 번 해 보고 그는 시골로 내려온 것을 크게 후회했다.

흙들이다 논밭의 땅을 걸게 하려고 다른 데의 좋은 흙을 섞어 넣다.

예) 황 씨는 자신의 밭에 **흙들이기** 위해 이 씨 밭의 흙을 야금야금 파다가 드디어 발각되고 말았다.

흙주접 한 가지 농작물만 잇달아 지어서 땅이 메마르는 현상.

예) **흙주접**을 몇 년 했더니 흙들이 바삭거리고 찰기가 없어지면서 지력이 떨어져 버렸다.

곡식과 관계되는 말

구렁찰 늦게 익은 찰벼.

예) 뒤늦은 태풍으로 우리 집 **구렁찰**이 모두 쓰러져 어머니는 크게 걱정하고 계셨다.

기장 포아풀 과의 한해살이풀. 유사 이전부터 경작한 곡식으로 수수와 비슷하다.

예) **기장**은 오곡 가운데 하나로 정월 대보름의 오곡밥을 지을 때 없어서는 안 되는 곡식이다.

낟 곡식의 알.

예) 밭에 떨어진 **낟**알갱이를 모두 주워 와. 지금도 지구 곳곳에서는 하루에 수백 명씩 굶어 죽어 간단 말이야.

낟가리 낟알이 붙은 채로 있는 곡식을 쌓은 더미.

예) 비가 많이 오니 **낟가리**가 떠내려가지 않도록 방수포로 덮고 돌로 잘 눌러 놔라.

낟알 껍질을 벗기지 않은 곡식의 알맹이.

예) 농부는 **낟알** 한 개라도 소중히 여기는 마음을 갖고 있는데 밥을 남긴단 말이냐?

녹쌀 찰목수수나 메밀 따위를 맷돌에 갈아서 만든 쌀.

예) 태어나서 **녹쌀**로 만든 밥을 먹어 보긴 이번이 처음이다.

늣그다 곡식의 껍질을 벗기다.

예) 탈곡을 마쳤으니 정미소에 가서 **늣그는** 일만 남았다.

도롱고리 조의 한 품종. 줄기와 열매가 회읍스름하고 까라기가 없음.

예) **도롱고리**를 조금씩 넣고 밥을 지으니까 매일 쌀밥만 먹던 식구들이 잘 먹어요.

맵쌀 찐 메밀을 약간 말려 찧어서 껍질을 벗긴 메밀.

예) **맵쌀**을 갈아 메밀묵을 만들면, 여름철 별미로 최고다.

목잠 곡식 이삭의 줄기가 말라 죽는 병.

예) 이상하게도 금년에 우리 지방에는 **목잠**이 돌아 대부분의 보리가 말라 죽었다.

몽글다 낟알이 까끄라기나 허섭스레기가 붙지 아니하고 깨끗하다.

예) 어떻게 했기에 너희 집 곡식 낟알들은 그렇게도 **몽그니**?

무지 완전하게 한 섬이 못 되는 곡식.

예) 1년 내내 머슴 살며 갖은 고생 다하고 농사지었더니 가을 추수에 얻은 것이 겨우 보리 **무지**뿐이다.

물계 찹쌀에 섞인 멥쌀 비슷한 나쁜 쌀알.

예) 한 가마의 쌀을 멍석에 너시면서 아버지께서 나에게 **물계**를 골라내라고 하셔서 나는 시험공부도 못하고 오전 내내 그 일에 매달렸다.

물보기 말리지 않은 벼.

예) 오늘 볕이 좋으니까 **물보기**를 내다 말립시다.

물알 아직 여물지 아니하여 물기 많고 말랑한 곡식알.

예) 가을 모꼬지를 가서 우택은 용문사 가는 길 옆의 보릿대를 뽑아 **물알**을 까서 씹더니 퉤하고 뱉었다.

밤콩 빛깔이 밤색이고 맛이 밤과 비슷한 굵은 콩.

예) 영화는 어릴 때 밤맛과 비슷한 **밤콩**도 밤나무에서 열리는 줄로 알았다.

배동 벼가 알을 밸 때, 대가 불룩해지는 현상.

예) 벼가 **배동**하는 시기에 멸구를 제거해 주지 않으면 한 해 농사를 망친다네.

배동바지 벼가 알을 밸 무렵.

예) 토지개혁 소문을 들은 김 진사 댁 소작인들은 **배동바지**부터 기미가 이상하더니 그 바쁜 추수 때는 아예 모든 일손을 놓고 사태의 추이를 관찰했다.

보릿겨 보리의 속겨.

예) 어머님이 어렸을 때는 **보릿겨**를 넣어 떡도 해 드셨다고 한다.

부등팥 여물었으나 덜 말라 부등부등한 대로 따 먹는 팥.

예) 옛날에는 **부등팥**도 마음대로 먹기 어려운 때가 있었지만, 먹을 게 지천인 요즘은 있어도 어디 먹는 사람이 있나요?

북받자 곡식 등을 말로 수북이 되어 받아들이는 일.

예) 풍년이 든 올해 추수가 끝나자 동네 아주머니들이 김 진사의 타작마당에서 **북받자**를 하면서 즐거운 웃음소리를 내고 있었다.

산올벼 올벼의 하나로, 쌀알이 잘다.

예) 올해는 **산올벼**를 경작한 사람들의 수확이 좋았다.

상수리쌀 상수리를 껍데기째 삶아 겨울 동안에 얼렸다가 봄에 녹은 것을 말려서 쓿은 뒤에, 알맹이를 다시 물을 쳐서 빻은 것.

예) **상수리쌀**이란 것도 알고 보면 옛날 춘궁기 때 먹을 게 워낙 없으니까 대체 식량으로 쓰던 것이다.

생동쌀 생동찰의 쌀. 청량미^{靑粱米}, 청정미^{靑精米}.

예) 시골 친정에서 **생동쌀**로 떡을 해 먹던 기억을 되살리며 언주댁은 눈물짓고 있었다.

생동찰 차조의 하나. 이삭에 털이 있고 알이 잘며 빛이 푸름.

예) 조는 그저 닭 사료로나 쓰고 FTA 협상으로 농산물 시장이 개방되려는 요즘 **생동찰** 이건 뭐건 경작해서 이익을 볼 수 있는 작물이라곤 아무것도 없다.

생동팥 팥의 종류. 음력 사오월경에 씨를 뿌림.

예) 동지 섣달 긴긴 밤에 **생동팥**으로 팥죽을 끓여 먹으려면 요즘 파종을 해서 잘 가꿔야 한다.

섬벼 섬에 넣은 벼.

예) 낟가리가 수북이 쌓여 있는 것을 보니 올해는 광에 **섬벼**가 모처럼 가득 차겠군.

소경수수 씨가 잔 수수의 하나.

예) 굉장한 구두쇠인 염 첨지는 **소경수수**라는 별명을 좁쌀영감이라는 별명과 함께 가지고 있다.

시게 장에서 매매하는 곡식. 또는 그 시세.

* 시겟금 장에서 파는 곡식의 금새.

* 시겟돈 장에서 판 곡식 값으로 받은 돈.

예) 입학철이라 요즘 **시겟금**은 별로 높지가 않으니 며칠 기다렸다 쌀을 파세요.

예) 이래서야 어디 농사짓겠어? 날로 **시겟돈**이 떨어지니 말이야.

시계전 장에서 곡식을 파는 노점.

예) 아직 우리 논의 벼는 베려면 멀었는데 벌써 읍내 **시계전**에는 햅쌀이 나와 있다.

시겟바리 장으로 가는 곡식을 실은 짐바리.

예) 이깟 이불 보따리가 정 무거우면 마침 장에 가는 삼덕이의 **시겟바리**에 좀 싣고 가거라.

시겟장수 곡식을 마소에 싣고 다니며 파는 장수.

예) **시겟장수**에게 콩과 쌀을 한 말씩 팔아 돈을 마련한 김 노파는 부랴부랴 읍내를 향해 바쁜 걸음을 재촉했다.

자마구 곡식의 꽃가루.

예) 벼의 **자마구**가 날릴 때쯤이면 고향 뒷산엔 산딸기가 익어 가고 있을 것이다.

종콩 주로 메주를 쑤는 빛이 희고 알이 잔 콩.

예) 집에서 어머니가 메주를 쑤신다고 **종콩**을 삶았는데, 곁에서 조금씩 지벌거리다 보니 배탈이 나 버렸다.

햇보리 그해에 처음 난 보리.

예) 농부는 **햇보리**를 수확하면서 보릿고개를 힘겹게 넘기고 거두기까지의 수고와 노력을 되새겼다.

그 밖의 농사와 관계되는 말

각담 논밭의 돌, 풀을 추려 한편에 나직이 쌓아 놓은 무더기.

예) 논두렁에 나직이 쌓여 있는 **각담**에는 봄이면 쑥, 냉이가 서로 다투어 싹을 틔운다.

고지 논 한 마지기당 값을 정하여 모내기로부터 마지막 김매기까지 일해 주기로 하고, 미리 받는 삯. 또는 그 일.

예) **고지**로 받은 돈을 미동이가 아파서 병원에 입원하는 바람에 벌써 다 썼으니 앞으로 어떻게 살아갈지 막막하구나.

고지논 고지로 내놓은 논.

예) 영감, 당신도 이제 늙었으니 우리 명의로 갖고 있는 논 몇 마지기를 **고지논**으로 내놓고 편하게 삽시다.

괴꼴 타작할 때 나오는 벼알이 섞인 짚북데기.

예) 대문가에 내놓은 **괴꼴**에 온 동네 닭들이 모여들어 낟알을 먹느라 난리였다.

깊드리 깊은 바닥에 박힌 논. 바닥이 깊은 논.

예) 애, 넌 가만히 보니까 **깊드리**는 땅이 걸다고 신경을 쓰지 않는 모양인데 오다가 보니까 피가 가득 찼더라.

낟가릿대 음력 정월 열사흗날, 농가에서 풍년을 비는 뜻으로 긴 소나무를 뜰에 꽂아 낟가리처럼 만든 것.

예) 오늘이 음력 정월 열이튿날이니까 산에 가서 **낟가릿대** 만들 소나무를 꺾어와야겠다.

내걸 냇가에 만든 기다란 논.

예) 이번 장마 때문에 작년에 마름에게 사정해서 겨우 얻은 **내걸**이 모두 물에 잠겨 버렸다.

뒷거름 곡식을 심은 뒤에 주는 거름.

예) 여름 내내 제 논에 **뒷거름** 한 번 주지 않는 게으름뱅이가 가을에 무슨 풍작을 바라냐?

떼전 ① 한 물꼬에 딸려 한 집에서 경작하게 된, 여러 배미로 떼지어 있는 논. ② 떼를 이룬 한 무리.

예) 가뭄이 너무 심해서 그 **떼전**에 모두 물을 채운다는 건 힘든 일이었다.

마냥모 늦게 심는 모.

예) 저희 고향에선 **마냥모**를 심기 때문에 유월이 다른 때보다 더 바쁩니다.

모춤 서너 움큼씩 되게 모를 묶은 단.

예) 모내는 날, 그는 **모춤**을 논 가운데 던지는 일이 쉽겠다며 시작했지만 곧 싫증을 냈다. 정확하게 제 위치에 똑바로 던지는 일이 쉽지만은 않았기 때문이다.

무넘기 알맞게 괸 나머지 물이 저절로 밑의 논으로 흘러 넘어가게, 논두렁의 한 곳을 낮춘 부분.

예) 욕심쟁이 황 영감은 비가 와서 논에 물이 충분히 찼는데도 밑의 논으로 물을 주기가 아까워 **무넘기**를 만들지 않아 논두렁이 무너져 버렸다.

묵정밭 오래 묵혀 거칠어진 밭. 묵밭.

예) 아버지에 의해 다니던 직장을 관두고 고향으로 내려온 형은 이내 서울 생활을 체념했는지 팔을 걷어붙이고 **묵정밭**부터 손보기 시작했다.

물거름 액체로 된 거름.

예) 묵힌 오줌도 **물거름**의 하나일 것이다. 제주도 출신이신 아버님은 그 오줌 허벅을 18세까지 지고 밭으로 다녔다고 지금도 얘기하신다.

물모 물속에서 자라는 어린 볏모.

예) 상진이네 오리 떼가 이번에도 우리 못자리에 들어와 **물모**를 모두 못 쓰게 만들었다.

뭇갈림 묶은 볏단을 지주와 소작인이 절반씩 갈라 가지는 일.

예) **뭇갈림**은 지주와 소작인이 서로 조금이라도 많이 차지하려고 애쓰기 때문에 급기야는 싸움질로 번지기 일쑤였다.

미래 못자리 골라 다듬는 농기구의 하나.

예) 일솜씨가 없다는 아버님의 말씀에 너무 화가 난 나는 **미래**를 가지고 논으로 오라는데 대답도 안 했다.

방아품 방아를 찧어 주고 품삯을 받는 품.

예) 신자의 미모에 반한 그 청년은 **방아품**도 받지 않고 쌀을 다 찧어 주었다.

방아확 방앗공이로 찧을 수 있게 땅에 묻어 놓은 절구.

예) 누군가 **방아확**에 흙을 한 줌 넣어 놓아 할머니는 머리끝까지 화가 나셨다.

배메기 지주와 소작인이 소출을 똑같이 나누는 제도. 반타작.

예) 황 영감은 그 고장에서 유일하게 **배메기** 때 소작인을 더 생각하는 사람이었다.

보릿동 햇보리가 날 때까지의 보릿고개를 넘기는 동안.

예) 할머니 말씀으로는 **보릿동**에는 허기가 져서 움직이는 것조차 힘들었다고 하신다.

부검지 짚의 잔 부스러기.

예) 그 여인은 머리에 **부검지**를 잔뜩 얹고 옷도 제멋대로 입고 있어 미친 여자로 취급받기 딱 좋았다.

부뚜 타작마당에서 곡식에 섞인 쭉정이나 티끌을 날리기 위해 바람을 일으키는 데 쓰는 돗자리. 풍석.

예) 아이들은 따뜻한 양지에 **부뚜**를 옮겨 놓고 그 위에서 소꿉놀이에 여념이 없었다.

북치 그루갈이로 열린 작은 오이.

예) **북치**를 잘 씻어서 고추장에 찍어 먹으면 별미 중의 별미가 아닐 수 없다.

사래 ① 묘지기나 마름이 보수를 얻어서 부쳐 먹는 논밭. ② 이랑.

예) 그는 마름질로 얻은 열 마지기의 **사래**에 크게 만족해서 벌어진 입이 다물어지지를 않았다.

사름 모낸 지 4~5일 후에 뿌리가 땅에 내려 모가 생생한 푸른빛을 띠게 되는 상태.

예) 이제 갓 **사름**된 모가 나로 하여금 자연의 무한한 생명력을 느끼게 한다.

샘받이 ① 논에 샘물을 끌어대는 곳. ② 샘물이 나는 논.

예) **샘받이**에 아예 양수기를 박은 일용이는 가뭄에 그 덕을 톡톡히 봤다.

성냥노리 대장장이가 외상으로 일해 준 값을 섣달에 농가로 다니며 거두는 일.

예) 김 씨는 대장장이가 **성냥노리**하려고 돌아다닐 때면 변소에 숨기 일쑤였다.

소수나다 그 땅의 농산물이 증가하다. 솟나다.

예) 요즘에는 **소수나는** 땅이 많지만 FTA 협상 때문에 농민들은 울상이다.

안개뿜이 분무기.

예) 어렸을 적엔 동생과 **안개뿜이**로 물장난을 하였는데, 금방 옷이 젖어 버리곤 했다.

용두레 낮은 곳의 물을 높은 곳으로 퍼 올리는 농기구.

예) 비록 현대적인 교육은 받지 못했어도 **용두레**를 보면 우리 조상들의 번뜩이는 지혜를 엿볼 수 있다.

자드락밭 자드락에 있는 밭.

* **자드락** 산기슭의 비탈진 땅.

예) 왠지 어머니는 아버지가 **자드락밭** 일을 하시는 날이면 다른 날보다 정성껏 새참을 준비하셨다.

전 갈퀴와 손으로 한 번에 껴안을 정도의 나무, 꼴 등의 분량.

예) 죽창을 만들기 위해 대나무 30개를 베어 한 **전** 분량을 만들어서 껴안으며 대치는 무언가 가슴 뿌듯함이 느껴졌다.

팃검불 짚, 풀 같은 것의 부스러기.

예) 어릴 때 산에서 하루 종일 놀다가 집에 들어갈 때는 공부했다고 거짓말했지만 등 뒤에 붙은 **팃검불** 때문에 들통이 나고 말았다.

평미레 말이나 되에 곡식을 담고 그 위를 밀어서 고르게 하는 방망이.

예) 쌀집을 하는 만수는 숙제를 하지 않고 놀다가 어머니에게 **평미레**로 엉덩이를 곧잘 맞곤 하였다.

피고개 추수기 전 피도 아직 패기 전의 곤궁한 시기.

예) 우리나라도 이젠 제법 발전하여 피고개 따위는 옛날 얘기로 듣고 있었는데 재개발이 된다는 낙골에 가 보니 완전히 현대판 **피고개** 넘어가는 것처럼 사람들이 굶주려 있었다.

하늘바라기논 물을 댈 시설이 없어 하늘에서 비 오기만을 바라야 하는 논. 천수답.

예) 농업의 발달로 근래에는 **하늘바라기논**을 거의 찾아볼 수 없게 되었다.

흰그루 지난 겨울에 곡식을 심었던 땅.

예) 지력 향상을 위해 **흰그루**에는 검은 콩을 심자.

흙밥 가래, 괭이, 호미 등으로 한 번 떠서 올리는 흙.

예) 덩치에 맞게 좀 놀아라. 이걸 **흙밥**이라고 떠 올렸냐?

갓 말린 식료품 등의 열 모숨을 한 줄로 엮은 단위.

* **모숨** 길고 가느다란 물건이 줌 안에 들 만한 수량.

예) 어머니께서 내가 오랜만에 집에 돌아오자 그 비싼 조기를 두 **갓**씩이나 사 오셔서 반

찬으로 내놓으셨다.

고팽이 ① 새끼줄을 사려 놓은 한 돌림. ② 어떤 거리의 한 왕복.

예) 새끼를 한 **고팽이**만 꼬라는 중대장님의 명령을 듣고 한 번도 새끼줄을 꼬아 본 적이

없었던 나는 당황할 수밖에 없었다.

끗 접쳐 파는 피륙의 접은 곱이를 세는 단위.

예) 저 비단 다섯 **끗**이면 우리 순이의 치마저고리 만드는 데 충분하겠지?

두름 물고기나 나물을 두 줄기로 길게 묶은 것.

예) 요즘은 물가가 비싼 데다가 잘 잡히지도 않아 굴비 한 **두름**에 수십만 원을 호가하고

있다.

마되 말과 되.

예) **마되** 단위에는 익숙하지 않아서 할머니의 심부름으로 쌀을 팔아 오면서도 내가 혹

시 속은 것이 아닐까 하는 생각이 들었다.

마장 10리가 못 되는 거리를 이를 때 '리' 대신 쓰는 말.

예) 한 **마장**만 더 가면 약수터가 있다는데, 나는 그게 어느 정도 더 가라는 말인지 알 수

없었다.

마투리 곡식의 분량을 섬을 단위로 하여 셀 때 남는 몇 말.

예) 얘, 이 쌀 **마투리**는 저기 저 김서방네 갖다줘라. 얼마 전에 그 집 안사람이 해산했다는데 가 보지도 못하고 미안하다고 전하고.

보지락 비가 온 분량을 헤아리는 말로 보습이 들어갈 만큼 빗물이 땅속에 스며 들어간 깊이를 말함.

예) 오랜 가뭄 끝에 어젯밤 드디어 한 **보지락** 정도의 비가 내렸다.

삼지놓이 손가락 셋의 폭만 한 넓이.

예) 우리 경성고등학교의 특징인 이 견장은 교복의 왼쪽 어깨선에다 **삼지놓이**의 폭을 떼고 다는 거다. 알겠나?

섬통 곡식을 담은 섬의 부피.

예) 저 쌀은 **섬통**이 꽤 큰 걸 보니 쌀장수가 후하게 담은 모양이구나.

소수 몇 말, 몇 냥, 몇 달에서 조금 넘음을 나타내는 말.

예) 이 엽전 꾸러미는 백 냥 **소수**니까 잘 간직해.

자래 쌍으로 된 생선의 알주머니를 세는 데 쓰는 말.

예) 억 개 가까운 알을 낳는다는 개복치의 **자래**는 얼마나 클까?

쾌 북어 스무 마리를 한 단위로 세는 말.

예) "북어는 꼭 **쾌**로만 파우?" 웬 중이 우리 가게 앞에 와서 북어 더미를 가리키며 묻는 것이었다.

타래 실, 고삐 같은 것을 감아 틀어 놓은 분량의 단위.

예) 어머니께서 털실 한 **타래**를 사 오시더니 나보고 손을 벌리라고 하시곤 손에 걸고 감아 두툼한 실공을 만드셨다.

돈과 관계되는 말

돈지랄 ① 분수없이 돈을 함부로 쓰는 짓. ② 돈을 가지고 야비하게 구는 짓.

예) **돈지랄**로 몇백 평짜리 호화주택을 짓는 일부 벼락부자들은 가난한 서민을 봐서라도 각성해야 한다.

돈질 노름판에서 현금을 주고받는 짓.

예) 삼돌이네 사랑방 노름판에서 벌어지는 너무 큰 액수의 **돈질**을 보고 그는 왈칵 겁이 났다.

돈짝만 하다 마음이 허황되게 부풀어, 세상이 조그마하게 보임을 이르는 말.

예) 63빌딩 전망대에 오르니 서울이 **돈짝만 하게** 보여도 내 집 하나 없다는 생각이 들자 갑자기 기가 죽어 버렸다.

뒷돈 장사판이나 노름판에서 뒤를 대어 주는 밑천.

예) 사업하는 윤부 형에게 이유없이 **뒷돈**을 대 주는 그 사람이 도대체 무슨 일을 하는 사람인지를 몰라 더욱 불안했다.

샐닢 쇠천 반 푼의 뜻으로 매우 적은 액수의 돈. 중국 청나라 때 쓰던 황동전 반 푼을 뜻한다.

예) 지금 내 수중에 **샐닢** 한 푼이 없어서 사장에게 가불해야 할 판인데 돈을 꿔 달라고?

서천 목수의 품삯.

예) **서천**이 하루에 10만 원이라고? 나도 당장 목수 일이나 배워야겠군.

쇠천 소전小錢.

예) **쇠천** 샐닢도 없다.

열쇠돈 흔히 열쇠를 꿰어 두는 데 사용했던, 별전을 일컫는 딴 이름.

*별전 조선시대 화폐를 주조할 때 만든 기념 화폐.

예) 경순이는 부모님이 애지중지하는 골동품 **열쇠돈**을 외상값 때문에 전당포에 맡기고
는 시치미를 떼었다.

제겨내다 돈치기를 할 때 지정한 돈을 꼭 맞혀 내다.

예) 돈치기에 귀신인 용팔이는 도저히 맞힐 수 없는 돈까지 벽에 튕겨서 **제겨내고야** 마
는 거였다.

재물이 느는 것과 관계되는 말

가멸다 재산이 많다. 살림이 넉넉하다.

예) 그는 겉보기에는 **가멸어** 보이지만 그것이 다 여자들을 유혹하려는 속임수야.

모투저기다 돈이나 물건을 아껴서 조금씩 모으다.

예) 오랫동안 **모투저긴** 돈을 데이트 비용으로 써 버리고 나니 왠지 허무해졌다.

밭다 ① 너무 알뜰히 아껴서 인색하게 보이다. ② 시간, 공간이 매우 가깝다.

예) 집 사고 땅 사는 것도 좋지만 나는 너무 **밭아서** 여유 없이 사는 삶은 싫다.

새수나다 ① 갑자기 좋은 수가 생기다. ② 뜻밖에 재물이 생기다.

예) 한참 동안 의자에 앉아 생각하던 그는 **새수라도 났는지** 벌떡 일어나 어디론가 막 뛰
어갔다.

세나다 ① 물건이 잘 팔려 자꾸 나가다. ② 질병, 상처, 부스럼 따위가 덧나다.

예) 김춘식은 자기 가게 상품들이 **세나서** 남들의 질투를 살까 봐 두려운지 오히려 장사
가 안 된다고 크게 엄살을 부렸다.

손끝에 물이 오르다 ① 구차하던 살림이 유복해지다. ② 점차 부유해지다.

예) 한 달, 두 달 세월이 가면서 윤 씨네 살림도 **손끝에 물이 오르기** 시작했다.

예) 무엇을 해서 돈을 벌어 부치는지 둘째 딸이 서울로 올라간 지 1년이 다 될 무렵 황 씨도 **손끝에 물이 오르기** 시작했다.

조리차하다 아껴서 알뜰히 쓰다.

예) 새 며느리가 **조리차하는** 덕에 점점 여유 있는 생활이 되자 이 씨 부인은 매우 만족스러웠다.

천량 살림살이에 드는 재물.

예) 갓 결혼한 부부에게 **천량**을 많이 줄 필요는 없다. 왜냐하면, 열심히 노력해서 얻는 것이 더 값지기 때문이다.

예) 요즘 많은 젊은이들은 **천량**을 많이 쓰지 않으며, 결혼 후에 하나씩 살림을 장만하는 재미를 모른다.

재물이 줄어드는 것과 관계되는 말

길미 빚돈에 덧붙어 느는 돈.

예) 아버지가 노름꾼인 우리 집은 **길미** 때문에 전세방에서 사글셋방으로 옮겨야 할 지경이었다.

방나다 집 안의 재물이 죄다 없어지다.

예) 어젯밤에 집에 큰 도둑이 들어 세간살이며, 패물 등을 훔쳐 가 우리 집은 **방나 버렸다**.

손까불다 재산을 날리다.

예) 아버지에게 물려받은 그 많던 재산을 젊은 시절에 **손까불어** 버린 강삼덕은 이제 쓸쓸한 노년을 걱정할 여유마저 남아 있지 않았다.

손뜨다 파는 물건이 잘 팔려 나가지 않다.

예) 장마철이라 그런지 레저 용품이 영 **손뜬다**.

예) 노인은 갑자기 추워진 날씨로 **손뜨는** 상점 문을 일찍 닫고 서서히 골목길을 빠져나갔다.

손맑다 재수가 없어 생기는 것이 없다.

예) 김 영감은 재산도 없는 사람이 **손맑아서** 하는 일마다 손해만 봤다.

손타다 물건의 일부가 없어지다.

예) 창고가 허술해서 **손탈까** 무섭다고 아버지는 늘 걱정하시더니 드디어 어젯밤 도둑이 들어 쌀가마니들을 몽땅 실어가 버렸다.

셈과 관계되는 말

각추렴 각 사람에게서 같은 액수의 돈이나 물건을 거둠.

예) 이번 학기 마지막 국어작문 시간에 돈을 **각추렴**해서 많은 음식을 준비하기로 계획했다.

그어주다 돈, 곡식 등에서 마땅히 줄 것을 떼어 주다.

예) 내 돈을 찾아 준 그 사람에게 얼마의 돈을 **그어주려** 했지만 끝내 받지 않았다.

금높다 물건 값이 비싸다.

예) 요즘은 모든 물건이 **금높아서** 어머니는 장에만 다녀오시면 늘 한숨만 푹푹 쉬셨다.

금뵈다 물건 값을 쳐 보게 하다.

예) 남대문 시장의 상인을 불러다 밀수품을 **금뵈던** 신상사파 일당이 일망타진되었다.

날아놓다 여러 사람이 낼 돈의 액수를 배정하다.

예) 문학의 밤 행사 찬조금을 누가 얼마 낼 것인지는 회장인 네가 알아서 **날아만 놔**. 우리가 모자라는 건 일일찻집을 열어서 메울 테니까.

바닥(이) 질기다 증권거래에서 바닥으로 보이는 시세가 더 내리지 아니하고 오래 버티다.

예) 김 부장, 이번엔 유난히 **바닥이 질겨** 주주들이 초조해하고 있는 것 같아요.

셈끌다 셈을 쳐서 갚을 돈을 갚지 않고 뒷날로 미루다.

예) 나는 누가 내게서 꿔 간 돈을 **셈끄는** 것이 가장 싫다.

셈속 ① 옥신각신한 일의 속 내용. ② 속셈의 실상. 이해타산.

예) 이번 거래에서는 그 누구도 자신의 **셈속**을 생각하지 않을 수 없었다.

셈질기다 남에게 셈하여 줄 돈이나 물건 따위를 끈질기게 끌며 주지 않다.

예) 너무 **셈질기계** 굴어 아무도 미장원 김씨 아줌마와 돈거래 같은 것을 하려 하지 않았다.

셈평 타산적 내용. 타산적인 생각.

* 셈평이 펴지다 생활이 좀 넉넉해져서 별로 부족하지 않게 되다.

예) 길호는 돈을 벌면 벌수록 **셈평**에 밝아 나는 점점 그가 정나미 떨어지기 시작했다.

굄돌 물건을 받쳐서 괴는 돌.

예) 쌓아 놓은 드럼통 밑의 **굄돌**이 삐져나와 버리는 바람에 드럼통이 굴러서 지나가던 사람이 크게 다쳤다.

굳은동 굳은 모암.

예) 요즘 돈 많은 놈들, **굳은동** 밑까지 파서 좋은 생수를 퍼마신다더라. 그놈들 참 오래도 살겠더라.

돋을새김 모양 형상을 도드라지게 새긴 조각.

예) 대부분의 부조 작품은 **돋을새김**이라고 해도 과언이 아닌데, 평면에 입체감을 내는 걸 보면 확실히 예술가들은 대단한 사람들이다.

동바릿돌 동바리를 괸 돌.

* **동바리** ① 툇마루나 좌판 밑에 받쳐 대는 짧은 기둥. ② 광산에서 구덩이 양쪽에 세워서 버티는 통나무 기둥.

예) **동바릿돌**이 넓적하고 튼튼해야 그 위에 놓은 물건들이 안정감을 얻을 수 있다.

들돌 역도에서 몸의 단련을 위해 들었다 놓았다 하는 돌덩이.

예) 내가 제대해서 돌아와 보니 마당 한편에 있던 **들돌**은 이미 치워져 있었다.

물갈음 광택이 나도록 석재의 표면을 물을 쳐 가며 가는 일.

예) 채석장에서 **물갈음**하는 기술자들의 정성은 이만저만이 아니었다.

뭉우리돌 모난 데가 없이 둥글둥글한 돌.

예) 모난 돌이 정 맞는다고 **뭉우리돌**처럼 사는 게 좋을 때가 있어.

밀돌 납작하고 반들반들한 작은 돌.

예) **밀돌**이 물수제비뜨는 데는 최고야. 많이 튕기면서 멀리까지 가거든.

서벅돌 단단하지 못하고 잘 부스러지는 돌.

예) 논리가 정연하지 못한 글은 **서벅돌**로 집을 짓는 것처럼 쉽게 반론에 의해 무너진다.

속돌 분출된 용암이 갑자기 식어서 된 다공질의 가벼운 돌.

예) 제주도에는 발 씻을 때 쓰는 **속돌**이 많은데, 이는 제주도 한라산이 화산이기 때문이다.

쇠차돌 산화철이 들어 있는 차돌.

예) 이 차돌은 같은 크기의 다른 돌보다 무거운데, 그 이유는 산화철이 많이 포함되어 있기 때문이다. 이런 차돌을 **쇠차돌**이라고 한다.

흙버더기 진흙이 튀어 올라 붙은 작은 조각들.

예) 넌 도대체 어떻게 걷기에 바지가 온통 **흙버더기**냐.

고추뿔 둘 다 곧게 선 쇠뿔.

예) 우리 소의 뿔은 동네에서 제일 잘생긴 **고추뿔**이다.

괭이갈매기 고양이의 울음소리와 비슷한 소리를 내는 갈매기.

예) 안개 낀 새벽 항구에, **괭이갈매기** 떼가 분주히 날아다녔고, 한 사나이가 담배에 불을 붙여 물었다.

구렁말 털이 밤빛인 말.

예) 제주도의 낮은 구릉으로 된 벌판에 수십 마리의 **구렁말**들이 뛰놀고 있었다.

구릅 마소의 아홉 살.

예) 아들은 새로 사 온 소가 **구릅**이니까 자기와 동갑이라고 좋아했다.

귀박쥐 박쥐의 하나. 귀가 토끼 모양이며, 몸빛은 회갈색이고 사나움.

예) 이 동굴은 사납기로 소문난 **귀박쥐**의 서식처로 유명하다.

댓닭 닭의 한 종류. 비교적 크고 뼈대가 튼튼하며 근육이 발달했음. 싸움은 잘하나 알을 많이 낳지 못함.

예) 우리 집 **댓닭**이 이번 닭싸움에서도 우승을 차지하여 또 상금을 받았다.

동부레기 뿔이 날 만한 나이의 송아지.

예) 소년에게 친구라고는 **동부레기** 하나뿐이어서 늘 다른 친구가 하나 있었으면 하고 원했다.

말버둥 말이 땅에 누워 네발로 버둥거리는 짓.

예) 그 말은 총을 맞더니 처절하게 **말버둥**을 치다가 곧 죽었다.

매치 매를 놓아 잡은 새나 짐승. ⇔ 불치.

예) 매가 **매치**를 먹지 않게 하려면 사냥꾼은 빨리 매가 내려앉은 곳으로 뛰어가야 한다.

멀험 마구. 마구간.

예) 예수님은 **멀험**의 구유에서 가난하게 태어나셨다.

멱부리 턱 밑에 털이 많은 닭.

예) 그 큰 **멱부리**는 자기가 모이를 먹을 때는 주위에 다른 닭들이 얼씬도 못하게 했다.

목매기/목매기송아지 아직 코를 뚫지 않고 목에 고삐를 맨 송아지.

예) **목매기** 바우가 코를 뚫던 날, 아직 어렸던 나는 괜히 불쌍해서 바우를 끌어안고 울었다.

목매아지/목매지 아직 굴레를 씌우지 않고 목을 고삐로 맨 망아지.

예) **목매아지**에게 가장 무서운 날은 아마 코를 뚫는 날일 것이다.

물어박지르다 짐승이 달려들어 물고 뜯으며 마구 몸부림치다.

예) 새로 사 온 강아지가 신발을 **물어박질러서** 쓸모없게 만들었다.

밀굽 말의 다리에 병이 나거나 굽에 편자를 박지 아니하여 절룩거려서 앞으로 밀려난 굽.

예) 경민이가 말의 **밀굽**을 치료해 주자, 말의 달리는 속도가 몰라보게 빨라졌다.

방둥구부렁이 방둥이가 구부러진 길짐승.

예) 길짐승 중에서 **방둥구부렁이**는 주로 암컷에 있다고 한다.

배내 남의 가축을 길러 다 자라거나 번식된 뒤에 주인과 나누어 갖는 일.

예) 우리 집에서는 많은 **배냇**돼지를 키우는데, 올여름 안 좋은 병이 돈다고 하니 걱정이다.

배냇닭 배내로 작정하고 기르는 닭.

예) 저 **배냇닭**이 낳는 알은 모두 우리 식구 몫으로 하기로 영식이 엄마와 얘기했다.

부룩소 작은 수소.

예) 선희네 **부룩소**는 성깔이 꽤 있어서 다루기 힘들겠더군.

부룩송아지 길들이지 않은 송아지.

예) 여자 애가 나무엘 다 올라가고 넌 어째 **부룩송아지**보다도 더 거치냐?

부사리 머리로 잘 받는 버릇이 있는 황소.

예) 사나운 **부사리**는 우사에 설치한 보온용 스티로폼을 머리로 받아 다 망가뜨렸다.

부영이 ① 선명하지 않은 부연 빛. ② 털빛이 부연 짐승.

예) 동굴 속에서 길을 찾아 헤매는데 갑자기 머리 위로 **부영이**가 비추었다.

불강아지 몸이 바싹 여윈 강아지.

예) 그 애완견은 **불강아지**여서 잘 먹여야겠구나.

불개 일식, 월식 때 달이나 해를 먹는다고 하던 상상의 짐승.

예) **불개**가 해와 달을 먹는다고 하니, 옛사람들에게는 얼마나 무서운 존재였을지 상상이 된다.

산멱통 살아 있는 동물의 목구멍.

예) 호랑이의 **산멱통**에 걸린 동물의 뼈를 꺼내 주고, 나무꾼은 살아났다.

삼천발이 삼천발이 과의 극피동물. 대한 해협 등지에 분포하며, 불가사리와 비슷함. 몸빛은 흑갈색, 길이는 약 12cm이며, 10갈래로 갈라짐.

예) 요즘 사람들은 몸에만 좋다면 아무거나 먹는데, **삼천발이**도 그렇게 되면 예외는 아니겠지.

새앙뿔 ① 생강 뿌리의 삐죽삐죽 돋아 있는 부분. ② 두 개가 모두 짧게 난 소의 뿔.

예) 삼돌이는 얼룩송아지가 어미 소의 목에 **새앙뿔**로 부벼 대고 있는 것을 보고 너무 신기해했다.

서라말 흰빛에 거뭇한 점이 섞인 말.

예) 인디언들은 핀토스라고도 불리는 **서라말**을 안장도 없이 귀신같이 탔다.

서리병아리 ① 이른 가을에 깬 병아리. ② 힘없이 추레한 꼴을 비유.

예) 새로 전학 온 아이는 도시에서 온 아이답지 않게 **서리병아리**처럼 우리 반 아이들과 섞이지 못하고 겉돌았다.

서산나귀 중국에서 나는 나귀의 하나. 보통 나귀보다 좀 큼.

예) 우리나라에서 나는 나귀는 마릿수에서는 적지만 **서산나귀**보다 더 우수하다.

센둥이 빛이 흰 동물. 특히 강아지를 이름.

예) 어미 개가 **센둥이**만 다섯 마리를 낳자 아이들은 똑같이 한 마리씩 나눠 가져갈 수 있게 되었다며 무척 기뻐했다.

셈가죽 양, 영양 등의 부드럽게 다룬 가죽.

예) 명호그룹 김 회장은 항상 셈가죽으로 만든 고급스런 구두를 신었다.

소겨리 겨리질을 할 수 있게 겨리에 두 마리의 겨릿소를 매어 짝을 묶는 일.

* **겨리** 소 두 마리가 끄는 큰 쟁기.

예) 농사일이라곤 해 본 적이 없는 나는 그 옆에서 **소겨리**나 거드는 수밖에 없었다.

소바리 소의 등에 짐을 실어 나르는 일. 또는 그 짐.

예) **소바리**가 너무 많은데도 김 첨지는 거기에다 자신의 딸까지 태우려고 하였다.

송치 암소 뱃속에 있는 새끼.

예) 소의 배가 유난히 부른 걸 보면 **송치**가 꽤 큰가 보다.

솥발이 한배에 난 세 마리의 강아지.

예) 우리 집 검둥이는 **솥발이**를 무척 아껴 똥을 싸도 다 먹어 치웠다.

쇠짚신 일할 때 소에게 신기는 짚신.

예) 논갈이를 마친 우리 누렁이가 **쇠짚신**을 철퍼덕거리며 논두렁으로 나왔다.

수냇소 송아지를 주고 그것을 기른 뒤에 소 값을 빼고 도지를 내는 소.

예) **수냇소**를 길러 봤자 소 값이 폭락하면 남는 이익금은 거의 없다.

씰개 털이 짧은 개.

예) 너희 집 개는 원래 **씰개**니, 아니면 네가 깎아 줘서 저렇게 털이 짧니?

알겯다 암탉이 발정할 때 수탉을 부르느라고 골골거리다.

예) 암탉 열 마리에 수탉이 두 마리니 우리 집 마당은 암탉들 **알겯는** 소리로 늘 시끄러웠다.

열릅 마소의 열 살.

예) 올해 우리 소가 **열릅**이구나. 송아지를 한 마리 새로 사야겠다.

익더귀 새매의 암컷. ⇔ 난추니.

예) 굶주린 **익더귀** 한 마리가 영희네 중병아리 한 마리를 낚아채 갔다.

자귀 ① 흔히 너무 먹어 생기는, 강아지, 돼지 새끼 등의 병. ② 배가 붓고 발목이 굽는 개의 병. ③ 짐승의 발자국.

예) 부잣집 개들은 많이 먹어서 **자귀**가 난다는 강남의 가축병원 원장의 말이 기억났다.

예) 새인봉 밑에서 이른 새벽에 늑대 **자귀**를 본 김 포수는 마음을 조이며 그 뒤를 밟기 시작했다.

자귀(가) 나다 개나 돼지가 너무 먹어서 배가 붓고 발목이 굽는 병이 생기다.

예) 집에서 기르는 돼지가 식욕이 너무 왕성해서 **자귀가 날까** 걱정이다.

자귀(를) 짚다 짐승의 발자국을 따라 찾아가다.

예) 복돌이와 나는 앞산에서 토끼 **자귀를 짚어** 가다가 구덩이에 빠져서 다리를 삐었다.

작바구리 위로 뻗은 뿔.

예) 아메리카 들소 중에는 백에 하나 **작바구리**를 가진 것들도 있다.

장치다 말이 누워서 등을 땅에 대고 비비다.

예) 제주도 신혼여행 갔다가 나는 말이 **장치는** 걸 처음 보았는데, 너무 재미있었다.

주사위뼈 주사위 한 개를 만들 만한 작은 뼈.

예) 토끼 고기를 먹는데, 고기 색깔이 검고, **주사위뼈**가 많았다.

총 ① 말의 갈기와 꼬리의 털. ② 짚신, 미투리 따위의 앞쪽에 박힌 낱낱의 신울.

예) 갓을 만드는 데에는 얇게 쪼갠 대오리와 **총**이 많이 필요하다.

태성 이마가 흰 망아지.

예) 아무리 찾아봐도 여기에서는 **태성**을 찾기 힘들겠어. 순전히 얼룩말뿐인 걸.

하늘다람쥐 날다람쥐 과에 속하는 동물. 몸길이 16cm, 꼬리 길이 13cm. 몸빛은 담황갈색이고, 산림에 해로움.

예) **하늘다람쥐**는 마치 박쥐처럼 몸에 막이 있어 이 나무에서 저 나무로 날아다닐 수는 있지만 박쥐처럼 멀리 그리고 오래 날지는 못한다.

거식하다 말하는 중에 형용사나 동사가 얼른 입에서 나오지 않을 때 그 형용사나 동사 대신으로 하는 말.

예) 그 옷의 색깔이 왠지 촌스러운 게 **거식하지** 않니.

곁말 바로 말하지 않고 빗대어 하는 말.

예) 그가 자꾸 **곁말**을 하기에 나는 결론만 말하라고 화를 내었다.

곽쥐 어린애가 울 때 위협해 달래는 말.

예) 아이가 울 때면 **곽쥐** 온다고 달래는 건 홍명희의 『임꺽정』을 읽어 보면 그 유래가 나온다.

들떼놓고 꼭 바로 집어 말하지 않고.

예) 그는 말을 빙빙 **들떼놓고** 하는 버릇이 있어 늘 주위 사람들을 답답하게 했다.

들온말 외래어.

예) **들온말**을 우리말로 바꿔 쓰는 노력을 계속해야 우리말이 살찔 수 있다.

들은귀 ① 들은 경험. ② 자기에게 이로운 말을 듣고 그 기회를 놓치지 않으려 함을 가리키는 말.

예) 마 서방이 나에게 자기 마누라 요즘 행실을 물어보는 것을 보니 그래도 꼴에 **들은귀**는 있었나 보다.

마기말로 실제라고 가정하는 말로.

예) **마기말로** 내가 국회의원에 출마했을 때의 예산집행 과정을 한번 연구해 보자꾸나.

말결 남이 말하는 결에서 덩달아 참견하는 말.

예) 운전면허증도 없는 너는 이 접촉 사고에 아무 상관도 없으니 **말결**하지 말아라.

말밑 ① 어원. ② 말 밑천.

예) 벌써 **말밑**이 떨어지는 걸 보니 넌 아직 말싸움에서는 그녀를 이길 수 없겠구나.

비사치다 똑바로 말하지 않고 돌려 말해 깨우치다.

예) 고대 철학자 소크라테스는 **비사치기** 기법으로 제자들에게 철학을 가르친 것으로 유명하다.

선소리 ① 대여섯이 둘러서서 주고받으며 부르는 속요의 하나. 입창. ⇔ 앉은소리. ② 경위에 닿지 않는 서툰 말.

예) 씨름장에 나온 명창들의 **선소리**가 선수들의 우람한 근육질과 섞여서 민속경기의 정겨움을 더해 준다.

예) 제발 그따위 **선소리** 좀 그만둘 수 없니?

성금 ① 말한 보람. ② 일의 효력. ③ 꼭 지켜야 할 명령.

예) **성금**도 없이 기어코 김 박사는 미국행 비행기를 타고 말았다.

신소리 상대방의 말을 슬쩍 농쳐서 받아넘기는 말.

예) 김 선배는 왜 그렇게 **신소리**를 잘하는지 몰라.

일 말로는 체언 밑에 붙어, '~일 것으로 말하고 보면'의 뜻을 나타내는 말.

예) 그 어린 학생이 의지가 굳은 녀석 **일 말로는** 그런 사소한 시련에 뜻을 굽히지 않을 걸세.

희고곰팡슨소리 희떱고 고리타분하게 하는 말.

예) 넌 도대체 몇 세기 사람이니? 왜 자꾸 **희고곰팡슨소리**만 하니?

물과 관계되는 말

가랑가랑 액체가 많이 괴어 가장자리까지 거의 찰 듯한 모양.

예) 석유가 통에 **가랑가랑**할 정도로 많이 들어 있어 살짝만 흔들려도 쏟아져 나왔다.

갈쭉하다 액체 속에 섞인 물건이 많아서 좀 걸다.

예) 그 식당 야채 수프는 **갈쭉한** 게 먹을 만하다.

고지랑물 더러운 것이 섞여 썩거나 깨끗하지 못한 물.

예) **고지랑물**에는 당연히 장구벌레가 살기 마련이다..

누렁우물 물이 맑지 못하여 못 먹는 우물.

예) 그 좋던 물이 **누렁우물** 된 지가 꽤 됐다우.

는지렁이 끈끈하고 는질거리는 액체.

예) 내 바지에 묻은 **는지렁이**는 지나가던 차에 탄 놈이 뱉은 가래임이 분명하다.

되다랗다 묽지 않고 매우 되다.

예) 누나가 해 놓은 밀가루 반죽은 너무 **되다랗다**.

마른침 음식물을 대하였을 때나 긴장 상태에서 무의식중에 삼키는 물기 적은 침.

예) **마른침**을 삼키는 걸 보니 너 꽤 긴장하고 있구나.

마중물 펌프에서 물이 안 나올 때에 이끌어 내기 위하여 붓는 물.

예) 집에 **마중물** 할 물조차 없다니, 그럼 경수네에 가서라도 받아 오렴.

먼물 먹을 수 있는 우물물.

예) 우리 동네 공동 우물은 이 근방의 **먼물**로는 단연 그 맛이 최고이다.

물굽 물이 흘러 빠지도록 만들어 놓은 작은 개천.

예) 농부들은 장마철에 대비해 **물굽**을 여러 곳에 만들어 두었다.

물기름 묽어서 물처럼 된 기름.

예) 비눗물에 기름을 조금 부으니 **물기름** 비슷하게 되었다.

물너울 바다같이 넓은 물에 크게 움직이는 물결.

예) 강물이 홍수로 **물너울**을 일으켰다.

물노릇 물을 다루는 일.

예) 댐의 수문을 관리하는 일은 큰 **물노릇**이다.

물마 비가 많이 와서 땅 위에 넘치는 물.

예) 나는 지난번에 **물마**로 인해 바지를 흠뻑 적셨다.

물마루 바닷물의 마루터기. 물이 높이 솟은 그 고비.

예) **물마루**를 찾아 바닷가를 휘젓고 다니는 카누 놀이가, 남태평양 주민들에겐 아주 즐거운 스포츠인 것 같았다.

물옴 수포. 물거품.

예) 강물에 돌을 던지면 그 돌이 가라앉으면서 **물옴**이 올라온다.

물찌똥 죽죽 내쏘는 묽은 똥. 튀겨서 일어나는 크고 작은 물덩이.

예) 나는 설사가 나서 **물찌똥**을 누었다.

물초 온통 물에 젖은 상태. 또는 그 모양.

예) 나는 갑자기 소나기를 맞아 온몸이 **물초**가 되었다.

바특하다 국물이 적어 톡톡하다.

* **톡톡하다** 국물이 바특하여 묽지 아니하다.

예) 생선조림은 국물이 **바특해야** 간이 생선에 배어서 맛있다.

박우물 바가지로 물을 뜰 수 있는 얕은 우물.

예) 한 낭자가 선비에게 **박우물**의 물을 떠 버들잎을 띄워 주었다.

밤잔물 밤을 지낸 자리끼.

예) 방 청소를 마치고 나니 대접의 **밤잔물**에 먼지가 뽀얗게 앉아 있었다.

밭다 ① 액체가 바싹 졸아서 말라붙다. ② 건더기와 액체가 섞인 것을 체 따위에 부어 액체만을 따로 받아 내다.

예) 커피 마신다고 물 올려놓고 웬 전화 통화가 그리 기냐? 물이 **밭아** 버려서 또 부어서 끓여야겠다.

예) 내일 아버님 회갑을 위해 **밭아** 놓은 술을 엎질러 버렸으니 어떡하나.

버캐 액체 속에 섞였던 염분이 엉겨 뭉쳐진 찌끼.

예) 너희들, 화장실 청소 좀 다시 해라. 오줌 **버캐**가 허연 게 안 보이냐?

번지럽다 기름기가 묻어서 미끄럽고 윤이 나다.

예) 부침이 **번지러우면** 보기에는 좋지만 먹기에는 안 좋으니 채반에 신문이나 두꺼운 휴지를 깔고 놓도록 해라.

부둑하다 물기가 거의 말라 좀 뻣뻣하다.

예) 가죽 점퍼에 물기가 있으면 그늘에 말려 **부둑하게** 해야 수명이 오래간다.

소쿠라지다 아주 빠른 물결이 굽이쳐 용솟음치다.

예) 지난번 홍수 때 물이 심하게 **소쿠라져서** 방둑이 무너져 버렸죠.

솥물 새 솥에서 우러나오는 물.

예) 새아가야, 그 솥은 한 번도 쓰지 않은 거니까 **솥물**을 퍼내고 밥을 짓도록 해라.

쇠지랑물 외양간 뒤에 괸 검붉은 쇠오줌.

예) "누구야" 하는 소리에 놀란 소도둑은 외양간 뒤의 **쇠지랑물**에 퍽 빠지는 소리를 내면서 허겁지겁 도망갔다.

쇠지랑탕 쇠지랑물을 받아서 삭히는 웅덩이.

예) 우리 목장은 우사에 톱밥을 깔아 주기 때문에 **쇠지랑탕**을 특별히 만들 필요가 없습니다. 톱밥이 소의 분뇨로 발효를 하면 그대로 비료로 쓸 수 있으니까요.

얄랑거리다 물에 뜬 작은 물건이 물결에 따라 이리저리 움직이다.

예) 저기 시냇물 위에서 **얄랑거리고** 있는 게 혹시 내가 띄워 보냈던 종이배가 아닐까?

위아랫물지다 ① 한 그릇에 든 두 가지 액체가 잘 섞이지 않고 위아래로 나뉘어지다. ② 연령이나 계급의 차이로 말미암아 서로 어울리지 아니하다.

예) 기름과 물을 한 시험관에 담았더니 **위아랫물졌다**.

예) 나와 우리 사촌 형은 가까운 친척임에도 불구하고 많은 나이 차이로 말미암아 **위아 랫물진** 것처럼 지낸다.

자란자란 ① 액체가 그릇의 가장자리에서 넘칠락 말락 하는 모양. ② 물건의 한 끝이 다른 물건에 그칠락 말락 하는 모양.

예) 큰길이 막히자 자동차들이 골목길을 **자란자란**하게 빠져나갔다.

자리끼 밤에 마시려고, 잘 자리의 머리맡에 두는 물.

예) 아버지께서 술 마시고 들어오시면 어머님은 꼭 **자리끼**를 준비해 두셨다.

자아올리다 기계의 힘으로 물을 빨아 올리다.

예) 우리 동네는 지대가 높아서 물을 **자아올려야만** 식수를 해결할 수 있다.

잦아들다 괴었던 물이 차차 말라 들어가다.

예) 논두렁의 물이 계속되는 봄가뭄에 많이 **잦아들었다**.

졸금 액체가 조금 쏟아지다 그치는 모양.

* **졸금거리다** 연해 졸금하다.

예) 은영이 엄마는 아기를 낳고 몸이 이상해졌는지 가끔씩 오줌을 **졸금거렸다**.

천덩대다 끈기 있는 액체가 뚝뚝 떨어져 내리다.

예) 자동차 밑에 들어가 보니 엔진오일이 **천덩대고** 있어 얼른 카센터로 몰고 갔다.

치런치런 액체가 가장자리의 전 위에서 넘칠락 말락 하는 모양.

예) 술은 **치런치런**하게 부어야 제 맛이 나는 법이지. 좀 더 부어 줘.

얼음과 관계되는 말

너테 얼음 위에 더끔더끔 덧얼어붙은 얼음.

예) 스케이트를 타다가 **너테**에 걸려 넘어져서 무릎을 다쳤다.

막사리 얼음이 얼기 바로 전의 조수.

예) **막사리**에 잘못 들어가면 위험하다.

석다 ① 쌓인 눈이 속으로 녹다. ② 빚어 담근 술이나 식혜 따위가 익을 때 괴는 물방울이 속으로 사라지다.

예) 따사로운 햇살로 인해 어젯밤에 쌓인 눈이 **석고** 있어서 눈장난을 하고 싶은 아이의 마음을 안타깝게 했다.

석얼음 ① 수정 속에 보이는 잔술. ② 물 위에 떠 있는 얼음. ③ 유리창에 붙은 얼음.

예) 강태공이 꽁꽁 얼어붙은 얼음을 깨고 **석얼음**이 떠 있는 강물 속으로 낚싯대를 넣었다.

성엣장 물 위에 떠서 흘러가는 얼음덩이.

예) 남극 탐사선이 점점 남하함에 따라 바닷물 위에는 **성엣장**들이 눈에 띄기 시작했고 간간이 빙산도 보였다.

물, 액체와 관계되는 말

갱까먹기 물건이 오래 견디지 못하고 금방 없어짐의 비유.

예) 노점 물건도 잘만 사면 **갱까먹지** 않을 수 있다고.

거적 짚을 두툼하게 엮거나, 새끼로 날을 하여 짚으로 쳐서 자리처럼 만든 물건.

예) 점쟁이 노인은 **거적**을 깔고 앉아서 지나가는 여대생들의 사주팔자를 봐 주고 있었다.

광자위 장롱의 마대 앞과 옆에 붙인 널빤지.

예) 장롱을 구입한 지 얼마 되지 않았는데 벌써 **광자위**가 떨어져 나가 버렸다.

기직 왕골 껍질이나 부들잎을 짚에 싸서 엮는 돗자리.

예) 화문석도 **기직**의 종류 중 한 가지다.

낱뜨기 낱개로 파는 물건.

예) 예쁜 머리핀이 있어서 사려고 하는데 **낱뜨기**로는 팔 수 없다고 해서 할 수 없이 한 쌍을 사 버렸다.

너스래미 ① 물건에 딸린 군나라미. ② 물건에 쓸데없이 너슬너슬 붙어 있는 거스러미나 털 따위.

예) 그는 온갖 **너스래미**를 붙여 물건을 다 팔려고 애쓰고 있었으나 생각만큼 되지 않았다.

늘옴치래기 늘었다 줄었다 하는 물건.

예) 김 씨의 재산은 돼먹지 못한 아들 때문에 **늘옴치래기** 같았다가 급기야는 바닥이 나 버렸다.

더껑이 걸쭉한 액체의 거죽에 엉겨 굳은 꺼풀.

예) 어머니가 또 식사를 안 하셔서 식은 죽에 **더껑이**만 졌다.

더께 덖어 찌든 물건에 앉은 거친 때.

예) 요즘은 화장실 변기의 **더께**를 깨끗하게 없애 주는 세척제가 나와 있더군.

더더기 ① 한 군데 더덕더덕 엉겨 붙은 것. ② 알을 더듬는 사람.

예) 껍질을 하나 벗기니 온통 진딧물이 **더더기**져서 나는 소스라치게 놀라 옥수수를 던져 버렸다.

더뎅이 부스럼 딱지나 때가 거듭 붙어 된 조각.

예) 부모 없는 그 아이는 얼굴이며 손에 검게 **더뎅이**가 앉아 있어서 더욱 불쌍해 보였다.

돼지떡 무엇인지 모를 물건이 지저분하기만 함의 비유.

예) 처음으로 그 친구의 하숙방을 들어가 보니 그 방의 꼬락서니가 **돼지떡** 같았다.

드러장이다 많은 물건이 가지런히 차곡차곡 쌓이다.

예) 옷장에는 옷이 **드러장이고** 신발장에는 신발이 **드러장인** 것이 재벌 2세의 아파트가 분명하다.

들무새 ① 뒷바라지에 쓰이는 물건. 무엇을 만드는 데 쓰이는 재료. ② 남의 막일을 힘껏 도움.

예) 그 일을 하는 데는 **들무새**가 많이 필요했다.

때꼽재기 엉겨 붙은 때의 조각이나 부스러기.

예) **때꼽재기**가 끼었지만 그 시골 아이의 눈망울만은 맑게 빛나고 있었다.

떨이 다 떨어 싸게 파는 나머지 물건.

예) 사과가 스무 개에 천 원, **떨이요 떨이**.

떔치 소의 길마 밑에 덮는 짚방석 같은 물건.

예) 그 소는 **떔치**를 덮어 주지 않아서인지 수레를 끄는 데 무척 힘들어 보였다.

떼적 무엇을 막으려고 치는 거적 같은 것.

예) 창문으로 바람이 너무 차게 들어와서 **떼적**으로 바람을 막아야 했다.

똬리 짐을 일 때 머리에 얹는 고리 모양의 물건.

예) 어머니는 **똬리**를 머리에 올리신 후 그 항아리를 머리에 이셨다.

마디다 써서 없어지는 물건이 오래 지탱하다.

예) 천 원 돈도 잘만 아껴 쓰면 **마디다**.

마병 ① 오래된 헌 물건. ② 넝마.

예) **마병**들은 이 자루에 넣어 두었다가 엿장수라도 오면 팔도록 해라.

막치 막잡이로 만든 물건.

예) 이 대발은 **막치**라 가시가 일어나고 해서 별로 좋지 못해요.

말짱구슬 중국에서 만든 갖가지 빛깔의 유리구슬.

예) 인수가 갖고 있는 구슬은 예쁜 **말짱구슬** 같아서 구슬치기할 때면 어느 아이나 욕심을 냈다.

모가치 제 앞에 돌아오는 한 몫의 물건.

예) 내 **모가치**는 딴 사람에 비해 너무나 적어서 나는 감독을 찾아가기로 마음먹었다.

모지라지다 물건의 끝이 닳아서 없어지다.

예) 이 붓 선물 정말 고맙네. 그렇지 않아도 내 붓끝이 **모지라져서** 하나 새것으로 사려고 했거든.

모지랑이 오래 써서 끝이 닳아 떨어진 물건.

예) 어머니는 다락에 온갖 **모지랑이**를 다 모아 두고 계셨다.

몽당이 뾰족한 끝이 닳아 거의 못 쓸 정도가 된 물건.

예) 중학교 졸업할 때 받은 만년필도 10년 넘게 쓰니 **몽당이**가 다 되었다.

몽동발이 딸려 붙었던 것이 다 떨어지고 몸뚱이만 남은 물건.

예) 인형을 어떻게 가지고 놀았기에 **몽동발이**가 되었냐?

묵이 오래된 묵은 일이나 물건.

예) 쓰지 않는 **묵이**는 빨리빨리 치우고 정리해야 상쾌한 기분으로 일할 수 있을 겁니다.

민패 아무 꾸밈새 없는 소박한 물건. 아무것도 새기지 않은 평평한 물건. 민짜.

예) 조상들의 문화 유산에는 화려한 귀중품도 있지만, 우리는 **민패**에서도 조상들의 훌륭한 생활을 엿볼 수 있다.

밀뚤레 ① 밀을 둥글넓적하게 뭉친 덩이. ② 길들어 윤이 나거나 살쪄서 윤택한 물건의 비유.

예) 할아버지 때부터 물려 내려온 참나무 앉은뱅이 책상이 이제는 **밀뚤레**가 되었다.

박이것 박아서 만든 물건의 총칭.

예) 어머니는 6 · 25때 마당 깊은 집으로 피난 오셔서 유일한 재산이라 할 수 있는 한 대의 재봉틀로 **박이것**을 만들며 생활하셨다.

반 얇게 펴서 만든 조각.

예) 많은 사람들이 방 안에서 솜으로 **반**을 만들었다.

반미주룩하다 물건의 민틋한 끝이 비어져 나오려고 조금 내밀어 있다.

예) 김 기사는 장롱의 **반미주룩한** 곳만 찾아다니며 망치로 쳐 넣었다.

방망이 ① 참고될 만한 사항을 간단히 추려 적은 책. ② 커닝을 하기 위해 글씨를 잘게 쓴 작은 종이 쪽지.

예) 영채는 버스에서 보려고 역사상의 인물에 관한 조그마한 **방망이**를 만들었다.

부루나가다 써서 없어질 때가 지난 물건이 조금 남아 있게 되다.

예) 그 소년이 가난한 살림 때문에 **부루나간** 몽당연필을 힘겹게 손에 쥐고 숙제를 했다.

부루퉁이 불룩하게 내밀거나 솟은 물건.

예) 저 빨간 텐트 밖으로 불룩하게 나온 **부루퉁이**가 네가 가져온 기타니?

비통 품질이 아주 낮은 백통.

* **백통** 주석이 함유된 철통.

예) 아버지 말씀대로 **비통**을 사 들고 집으로 가면서도 그걸 어디에 쓰실 건지 여전히 짐작할 수 없었다.

사그랑이 다 삭아서 못 쓰게 된 물건.

예) 쇠로 만든 지하실의 선반이 습기에 **사그랑이**가 되어서 곧 무너질 것 같았다.

사그랑주머니 '다 삭은 주머니'라는 뜻으로 겉모양만 있고 속은 다 삭아 버린 물건을 비유하는 말.

예) 자기 자랑에만 몰두하기 일쑤인 그가 오늘따라 **사그랑주머니**처럼 보였다.

사라지 쌈지의 담배가 마르지 않게 그 속에 끼는 유지 종이를 기름에 결어서 만든 담배 쌈지.

예) 할아버지는 **사라지**로 싼 담배를 꺼내 곰방대에 넣고 불을 붙이셨다.

서푼 아주 보잘것없는 것.

예) 그 오디오, 네가 애지중지하지만 실제로는 **서푼**어치도 안 된다고.

소금쩍 물건 거죽에 소금기가 내솟아 엉긴 조각.

예) 바닷가에서 돌아와 빨지 않은 수영복을 나중에 꺼내 보니 **소금쩍** 투성이였다.

소금버캐 소금이 엉겨서 굳은 덩이.

예) 오랜만에 바닷가 고향에 돌아와 바라본 염전 가득히 널려 있는 **소금버캐**는 왠지 낯설게만 느껴졌다.

속더께 덮어서 찌든 물건에 낀 속의 때.

예) 산 지 얼마 됐다고 이 가스레인지 주변에 이렇게 **속더께**가 더덕더덕 꼈냐. 좀 자주 닦지 그러니.

솟대 ① 과거급제자를 위해 마을 어귀에 세우던 붉은 장대. ② 큰 농가에서 다음 해에 풍년을 바라는 뜻으로 볍씨를 주머니에 얹어 높이 달아 매는 장대. ③ 솟대장이가 올라가 재주를 부리는 장대.

* **솟대장이** 탈을 쓰고 솟대 꼭대기에 올라가서 몸짓으로 온갖 재주를 부리는 사람.

예) 과거에 장원급제한 이 도령은 자기 마을에 **솟대** 오른 것을 볼 겨를도 없이 남원으로 내려갔다.

쇠똥 쇠를 달구어 불릴 때 튀는 부스러기. 철설. 철소.

예) 용접하는 사람은 **쇠똥**이 눈에 들어가지 않게 조심해야 한다.

승창 접어서 들고 다닐 수 있게 등받이 걸상처럼 만든 물건.

예) 우리는 낚시터에 갈 준비가 다 되었는데 아빠는 **승창**을 찾으시느라 시간이 늦어지는 것도 잊고 계셨다.

싼거리 물건을 싸게 사는 일. 또는 그 물건.

예) **싼거리**를 파는 알뜰장이 요즘 아파트 주변에서 성시를 이룬다고 한다.

아들바퀴 쳇불을 메우는 데 쓰는 두 개의 좁은 테.

* **쳇불** 쳇바퀴에 메워 액체나 가루 같은 것을 거르는 그물 모양의 물건.

예) 체를 너무 심하게 다루다 보니 **아들바퀴**가 떨어져 나갔다.

알천 ① 재물 가운데 가장 값나가는 물건. ② 음식 가운데 가장 맛있는 음식.

예) 이삿짐을 다룰 때 **알천**을 각별히 주의해서 직접 들고 가라.

얻은잠방이 남에게서 일껏 얻은 것으로 그리 신통하지 못한 물건.

예) 선배를 조르고 졸라서 휴대용 라디오를 하나 얻었는데, 며칠 지나서 보니 **얻은잠방이**였다.

왕얽이 굵은 새끼로 얽은 얽이.

예) 외갓집 한쪽 벽에 무거운 **왕얽이**가 걸려 있어 우리는 힘겹게 끌어내려 마당에 폈다.

왜뚜리 큰 물건.

예) 수박이나 참외, 귤 등 모든 과일이 **왜뚜리**라고 다 좋은 게 아니다.

왜배기 겉보기에 좋고 질적으로 짭짤한 물건.

예) 물건을 고를 때 **왜배기**로 잘 골라야 실속 있게 가계를 꾸릴 수 있단다.

조락노 조라기로 만든 노.

* 조라기 삼 껍질의 부스러진 오라기.

예) **조락노**는 질기고 튼튼하긴 한데 요즘은 비닐 끈에 밀려서 사라져 간다.

조리복소니 큰 물건을 깎고 저미어서 볼품이 없게 된 것.

예) 그는 나무를 조각하려다 항상 **조리복소니**를 만들어 버려 나를 보면 어쩔 줄 몰라 했다.

조자리 ① 지저분한 물건이 어지럽게 매달리거나 또는 한데 묶인 것을 이르는 말. ② 대문의 윗자리.

예) 어두운 광에는 쓸데없는 물건들이 **조자리조자리** 매달려서 내 얼굴을 때렸다.

천세나다 물건이 많이 쓰여서 매우 귀해지다. 굉장히 세나다.

예) 한때 극심한 건축 붐으로 아무리 돈을 많이 줘도 구하기 힘들 정도로 건자재가 **천세났었다.**

촉새부리 끝이 뾰족한 물건의 비유.

예) **촉새부리** 같은 물건은 아기 주변에 놓지 말아야 한다.

치런치런 ① 물건의 한 끝이 바닥에 좀 스칠락 말락 하는 모양. ② 그릇에 그득 담긴 액체가 전에서 넘칠 듯 말 듯한 모양.

예) 한복 치맛자락은 **치런치런** 늘어뜨려야 예쁜 것 같아.

콩켸팥켸 사물이 뒤섞여서 뒤죽박죽이 된 것을 가리키는 말.

예) 입 가벼운 그녀가 비밀을 폭로하는 바람에 내가 하는 모든 일이 **콩켸팥켸**가 되어 버

물건과 관계되는 말

렸다.

팃검불 짚, 풀 등의 부스러기.

예) 아들의 교통사고 소식에 달려온 그 어머니의 머리에 앉은 **팃검불**을 보고 강 박사는 그녀가 들일을 하다가 그대로 찾아온 자신의 어머니같이 느껴졌다.

핑구 위에 꼭지가 달린 팽이.

예) 기다란 줄을 **핑구**에 감아 줄이 잘 풀리는 방향으로 던지면 팽이가 잘 돌아간다.

홀태부리 홀쭉하게 생긴 물건의 앞부리.

예) 저 조각의 **홀태부리**가 오랜 세월 동안 닳고 닳아 뭉툭하게 변해 있는 걸 보고 난 격세지감을 느꼈다.

바닷물고기

객주리 쥐치복 과에 속하는 바닷물고기. 몸길이 60cm. 맛이 좋음. 우리나라 남해 안 및 세계 각지의 따뜻한 바닷가에 분포함. 몸은 둥근 꼴이며 몸빛은 옅은 회색.

괴도라치 황줄베도라치 과에 속하는 바닷물고기.

군평서니 하스돔 과의 온대성 바닷물고기. 길이 20cm. 곱새돔과 비슷하나 아가 미에 센 가시가 있고 비늘이 적음.

굴뚝청어 덜 자란 어린 청어.

날가지숭어 날가지숭어 과의 온해성 연안어.

도루묵 양도루묵 과의 바닷물고기. 길이 15~26cm. 등은 황갈색.

도치 도치 과의 바닷물고기. 몸은 타원형이며, 두 눈 사이에 혹 모양 돌기가 있음.

돛새치 돛새치 과의 바닷물고기.

매리복 참복 과의 복. 몸길이 18cm 내외. 한국 동서해 및 일본 중부 이남 분포.

멸치고래 큰고래 과의 고래. 등이 검푸르고 흰 점이 있으며 배 쪽은 흰빛에 가깝 고 등지느러미는 낫 모양.

모쟁이 숭어의 새끼.

모조리상어 곱상어 과의 바닷물고기.

물치 고등어 과의 바닷물고기. 길이 30cm. 납작하며 등은 남색, 배는 은백색.

배불뚝치 배불뚝 과의 바닷물고기. 길이 20cm. 배가 불뚝하며 비늘이 없음.

밴댕이 청어 과의 바닷물고기. 몸길이 15cm로, 전어와 비슷함. 우리나라 서남 연안, 일본에서 많이 남. 반초어.

복섬 참복 과에 속하는 바닷물고기. 몸길이 10cm가량.

샛돔 샛돔 과의 온해성 바닷물고기. 등은 20cm의 타원형으로 벗겨지기 쉬운 둥근 비늘로 덮임. 몸에서 점액粘液을 많이 내며 맛이 좋음. 우리나라 서해에 분포.

샛멸 샛멸 과의 심해성 바닷물고기. 배는 흰색, 등은 은청색. 부레가 크며 혀 위에는 이가 있고 비늘이 잘 벗겨짐. 몸은 23cm가량. 부산에서 포항에 이르는 우리나라 동남 해안에 분포.

샛비늘치 샛비늘치 과의 바닷물고기. 온몸에 발광기가 발달되어 있는 고기로 우리나라 남부 연해와 일본, 인도양, 대서양 등지에 분포.

샛줄멸 눈퉁멸 과의 바닷물고기. 눈퉁멸과 비슷한 생김새에 길이는 8~10cm. 빛은 청갈색이며, 폭 넓은 은백색 가로띠가 있음. 다도해, 제주도 연안에서 많이 잡힘.

섣달받이 음력 섣달 초순에 함경도 해안으로 몰려오는 명태 떼 또는 그때 잡힌 명태.

설치 괴도라치의 새끼.

손꽁치 그물에 의하지 않고, 산란기의 꽁치를 손으로 떠서 잡는 고기잡이.

쇠고래 쇠고래 과의 고래. 길이는 12m 안팎. 등지느러미가 있음. 담흑색으로 몸이 비대함.

슬치 알을 낳아서 뱃속에 알이 없는 뱅어.

시끈가오리 시끈가오리 과의 난해성 바닷물고기. 몸은 둥글고 눈은 작으며 적갈색 바탕에 흑색 점이 있음. 비늘은 없고, 한 쌍의 발전 기관이 있어 외적을 막음.

양미리 양미리 과의 바닷물고기. 몸길이 15cm가량. 한국의 동해와 일본에 분포.

자리돔 점자돔 과의 바닷물고기. 몸길이 18cm가량. 제주도에 많이 나고 맛이 좋으며 자리젓으로 담그기도 함.

조피볼락 양볼락 과의 바닷물고기. 몸길이 30cm로 체형이 볼락과 비슷함. 우리나라와 일본의 연안 서식.

주둥치 주둥치 과의 바닷물고기. 몸길이 7cm. 때때로 하천으로 올라오기도 함.

통구뱅이 통구멍 과의 물고기. 몸길이 27cm. 달걀꼴로 납작하며 둥근 비늘로 덮임. 몸은 암회색.

민물고기

날피리 급히 쫓길 때 물 위로 뛰어오르며 도망가는 피라미.

동사리 구물무치 과의 물고기. 민물고기. 몸길이가 15~30cm이며, 빛은 흑갈색. 맛이 좋음.

동자개 동자개 과의 민물고기. 몸길이 15~50cm로 가늘고 길며, 회갈색 바탕에 암갈색 무늬가 있고, 입에 4쌍의 수염이 있음.

둑중개 둑중개 과의 민물고기. 몸길이 5cm가량. 비늘이 없음.

모샘치 잉어 과의 민물고기.

모캐 대구 과의 민물고기. 길이 60cm 내외로 머리 부분만 측편하여 길쭉함.

자가사리 동자개 과의 민물고기. 맑은 냇가의 돌 밑에 숨어 살며 남부 하천에 분포.

추라치 굵고 큰 송사리.

그 밖의 물고기와 관계되는 말

구슬찌 작은 구형의 낚시찌.

예) 이 강은 물살이 세니까 낚싯대에 **구슬찌**를 다는 게 좋을 것 같다.

물거리 물고기가 가장 잘 낚이는 때.

예) 낚시꾼들은 **물거리**를 잘 알아야 한다.

배흘림낚시 배를 물에 띄워 흘러가게 하여 하는 낚시.

예) 며칠 전 홍천강으로 다녀온 **배흘림낚시**는 정말 낭만적이었다.

서덜 ① 냇가나 강가의 돌이 많은 곳. ② 생선의 살을 발라낸 나머지.

예) 식탁에서 나온 도미의 **서덜**을 귀여운 강아지 몫으로 던져 주었더니 아주 좋아했다.

소경낚시 바늘이 없는 낚시.

예) 옛날 강태공은 **소경낚시**를 하면서 물고기 대신 세월을 낚았다고 한다.

신후리 고등어잡이 하는 후릿그물을 강원도 통천 지방에서 일컫는 말.

예) 오늘은 날씨가 좋지 않으니 그만 **신후리**를 걷고 돌아가자.

앉힐낚시 물 밑바닥에 미끼를 가라앉혀 낚는 낚시.

예) **앉힐낚시**의 장점은 보통 낚시로 잡을 수 없는 종류의 고기를 잡을 수 있다는 점이다.

알배기 ① 알이 들어 통통한 생선. ② 겉보다 속이 야무진 상태.

예) 겉보기에는 보잘것없었지만 유비는 조금 얘기하다 보니까 방통이 생선으로 치면 진짜 **알배기**라는 걸 알았다.

홀태 뱃속에 알이나 이리가 들지 않고 홀쭉한 생선.

예) 시장의 생선이 모두 물이 안 좋거나 **홀태**여서 그냥 야채만 사 가지고 왔다.

다시 살려 쓸 우리말

노아가다 ① 배가 빨리 가다. ② 말이 빨리 가다.

예) 배가 폭풍우에도 불구하고 **노아가서** 우리들은 너무 불안했다.

두대박이 두 개의 돛을 세운 배.

예) 올림픽을 맞아 황포 돛을 단 **두대박이**가 한강에 떴는데, 모양에만 치중하느라 정작 자신의 힘으로 바람만 받아서는 달리지 못해 엔진을 다시 다는 해프닝을 연출했다.

마룻줄 배의 돛을 달아 올리고 내리는 줄. 용총줄.

예) **마룻줄**이 태풍에 끊어지면서 퀸메리호는 격랑에 무방비 상태로 휩싸이기 시작했다.

마상이 ① 거루 같은 작은 배. ② 통나무를 파서 만든 배.

* **거루** 돛 없는 작은 배.

예) 이 **마상이**가 이렇게 다 낡아서 곧 가라앉을 것 같지만 내 밥줄이오. 우습게 보지 마쇼.

물윗배 강물에 다니는 몸이 낮고 바닥이 평평한 배. 상류선. 수상선.

예) 〈한강수타령〉에 나오는 수상선이 바로 **물윗배**다.

배쌈 배의 양쪽 또는 그 전.

예) **배쌈**을 꽉 잡아라. 파도가 매우 세다.

뱃밥 물이 들어오지 못하게 배의 나무 틈을 메우는 물건. 댓잎이 많이 사용되었다.

예) 다큐멘터리 영화를 보니까 아프리카 토인들은 **뱃밥**으로 우리가 댓잎을 사용하는 것과는 다르게 솜에 기름을 적셔 사용하였다.

사지 배의 멍에 두 끝에 세우는 짤막한 나무.

예) 외국 배들은 앞쪽 **사지**에 어신의 상반신을 조각해 새겨 넣곤 해서 나중엔 그 조각품이 예술품 내지는 골동품의 가치를 지니게 되었다.

세대박이 돛대 셋을 세운 큰 배. 삼대선.

예) 나의 꿈은 큰 **세대박이** 요트의 선장이 되어 해상 여행을 하는 것이다.

아딧줄 풍향에 맞춰 돛을 다루는 데 쓰는 줄. 돛에 매어서 씀.

예) 이 풍랑에 **아딧줄**이 끊어지는 날이면 저 배는 끝장이다.

야거리 돛대가 하나 달린 작은 배.

예) 그는 **야거리**를 타고 새벽에 고기잡이를 나갔다.

외대박이 ① 돛대가 하나인 배. ② 애꾸눈이. ③ 배추나 무의 한 포기로 한 뭇을 만든 것.

예) 절벽을 뒤로한 잔잔한 호수에 뜬 **외대박이**는 한 폭의 그림 같았다.

용총줄 돛대에 매어 놓은 줄. 이 줄로 돛을 올렸다 내렸다 함. 마룻줄. 이어줄.

예) 바람을 잘 살펴 **용총줄**을 알맞게 조정해야 배가 잘 나아갈 수 있다.

다시 살려 쓸 우리말

괄다 ① 화력이 세다. ② 성질이 세고 급하다.

예) 고기가 타는 걸 보니 숯불이 너무 **괄구나**.

벗닿다 나뭇조각이나 숯이 여럿이 한데 닿아서 불이 일어나게 되다.

예) 옛날 원시인들은 불을 피우기 위해서 나무와 나무를 **벗닿게 했다**.

부싯깃 부시를 치는데 불똥이 박혀서 불이 붙는 물건. 쑥잎, 수리치 따위를 볶아서 비벼 만듦.

예) 눅눅한 날씨 탓인지 수십 번 부싯돌을 부딪친 다음에야 **부싯깃**에 불이 붙었다.

불깃 산불이 번지는 것을 막기 위해 타고 있는 삼림으로부터 조금 떨어진 주위에 미리 불을 놓아 사르는 일.

예) 장정들 몇 명은 벌써 **불깃**을 놓기 위해 더 높은 산등성이에 오르고 있었다.

불꾸러미 불을 옮기려고 불씨를 잎나무 등에 옮기어 당긴 불.

예) 등산하다가 야영장에서 **불꾸러미**를 빌린 인연으로 우리 부부는 결혼을 했죠.

불당그래 아궁이의 불을 밀어 넣거나 그러내는 데 쓰는 작은 고무래.

예) 포천댁은 얄궂은 도둑고양이를 **불당그래**로 쫓아내려다 항아리만 깨고 말았다.

불등걸 불이 이글이글 핀 숯등걸.

예) 화로에서 **불등걸** 하나를 조심스레 꺼냈다.

불땀 화력의 세고 약한 정도.

예) **불땀**이 약하다고 생각했는지 그는 불씨에 입을 가까이 대고 불기 시작했다.

불뚝심지 불뚝 솟은 심지.

예) 아버지는 **불뚝심지**에서 담뱃불을 붙이시다가 머리카락을 조금 태우셨다.

삼불 해산 후에 태를 태우는 불.

예) **삼불** 냄새 때문에 울렁거리는 속을 겨우 진정시키고 이번에야말로 또 딸을 낳았다고 쳐다보지도 않는 할머니에게 뭔가를 말하리라 다짐했다.

성냥하다 쇠를 불에 불리다.

예) **성냥한** 칼을 든 그의 눈은 번쩍였으며 이마와 등에선 연신 땀이 흘러내렸다.

나쁜 사람

가납사니 쓸데없는 말을 잘하는 사람.

예) 저 사람은 **가납사니**니까 가까이 하지 않는 게 좋아.

감발저뀌 이익을 노리고 눈치 빠르게 달라붙는 사람.

예) 넌 어디서라도 심지 굳게 행동해라. **감발저뀌**같이 밉게 굴지 말고.

거지발싸개 몹시 추저분하고 더러워 꼴답지 못한 물건이나 사람을 욕하며 이르는 말.

예) 막돼먹은 **거지발싸개** 같은 것이 누구 보고 이래라저래라 하는지 모르겠네.

걸레부정 걸레같이 너절한 물건, 사람.

예) 이익이 있는 일엔 달라붙고, 손해나는 일은 죽어도 안 하려는 네 친구 동생은 **걸레부정** 같은 놈이다.

구나방 언행이 모질고 사나운 사람의 별명.

예) 그 사람 **구나방** 같아서 더 이상 마음이 돌아서지 않을 거야.

날파람둥이 주책없이 싸다니는 사람.

예) 믿을 사람을 믿어야지. 그런 **날파람둥이** 같고 입 싼 놈에게 그 말을 했단 말이야?

놋보 사람됨이 천하고 더러운 사람.

예) 아무리 선한 사람도 돈에 눈이 어두워지면 **놋보**가 되는 거야.

되모시 이혼하고 처녀 행세하는 여자.

예) 그 여자 아무리 젊게 몸치장을 하지만 **되모시**라는 건 이 동네 사람들이 다 안다.

떼꾸러기 늘 떼를 쓰는 버릇이 있는 사람.

예) 그는 어릴 때나 순하고 착했지, 다 자란 후에는 **떼꾸러기**가 되었다.

뚱딴지 ① 우둔하고 무뚝뚝한 사람. ② 전기 절연체로 쓰는 사기로 만든 통.

예) 박사 학위까지 받은 그는 가끔 **뚱딴지**같은 소리를 하곤 한다.

말꾸러기 잔말이 많은 사람. 말썽꾼.

예) 김 변호사 집안 사람들은 하나같이 **말꾸러기**다.

말재기 쓸데없는 말을 꾸며 내는 사람.

예) 상호는 소문난 **말재기**라 사람들은 이제 그가 하는 말은 모두 농담으로 알아들었다.

말쟁이 ① 말수가 많은 사람. ② 품삯을 받고 마질을 해 주는 사람.

예) **말쟁이**들은 대부분 속으로만 어떤 고민을 하기가 일쑤다.

멧괴새끼 성행이 거친 사람을 들고양이 같다는 뜻으로 얕잡아 부르는 별명.

예) 저 **멧괴새끼** 같은 놈은 그렇게 맞고도 물고 늘어지면서 안 놔주는 거야.

모주망태 술을 늘 대중없이 많이 먹는 사람.

예) 그 사람은 소문난 **모주망태**인데 아들도 닮아서 늘 술에 절어 있었다.

무따래기 함부로 훼방 놓는 사람들.

예) 어릴 때 우리 동네엔 **무따래기** 아이들이 많아서 꽤나 시끄러웠다.

뭇따래기 연속적으로 나타나서 남을 괴롭게 하는 각색의 사람들.

예) 여기에 오는 동안 시장통의 **뭇따래기**들에게 몹시 시달렸다.

박쥐오입쟁이 행세를 잘하는 체하면서 오입질을 하는 사람. 밤에 놀러 다니는 사람.

예) 그의 첫인상이 **박쥐오입쟁이**처럼 보여 처다보기도 싫었으나 내색하지는 않았다.

방망이꾼 남의 일에 간섭, 방해하는 사람.

예) 반항심이 가득했던 어릴 때 아버지의 말씀은 모두 **방망이꾼**이 하는 잔소리로만 들렸다.

부지꾼 심술궂고 실없는 짓을 잘하는 사람.

예) **부지꾼**인 우리 삼촌은 악의가 없어서 미움을 받지는 않았다.

분대꾼 남에게 분대질을 하는 사람.

* **분대질** 남을 괴롭게 하여 분란을 일으키는 짓. 말썽 부리는 짓.

예) 너 같은 **분대꾼**은 잘 되어서 결혼한다 해도 여자가 견디지 못하고 금방 도망갈걸.

불땔꾼 심사가 비뚤어져 하는 것이 사납고 남의 일에 훼살을 놓는 사람.

예) 야, 저기 **불땔꾼**이 온다. 여기 장난감을 모두 감춰라.

불뚱이 걸핏하면 불끈 성을 내는 성질. 또는 그런 사람.

예) 그 애는 우리들 사이에서 **불뚱이**라고 이미 소문났으니까, 화가 나더라도 네가 참아라.

사복개천 거리낌 없이 상말을 마구 하는, 입이 더러운 사람.

예) 언니, 난 일단 그 남자의 **사복개천** 같은 모습이 너무너무 싫어.

새퉁이 밉살스럽고 경망한 짓. 또는 그런 짓을 하는 사람.

예) 이번 등산에 **새퉁이** 기호가 빠지니까 좀 심심한걸.

샘바리 샘이 많아 안달하는 성질이 강한 사람.

예) 그렇게 매사에 느긋한 총각이 그런 **샘바리** 처녀와 잘 맞을지 몰라.

서울깍쟁이 시골 사람이 서울 사람의 까다롭고 인색한 모양을 꼬집어 하는 말.

예) 어휴, 이런 **서울깍쟁이**. 그래 쌀 한 톨도 못 주겠단 말이냐?

알깍쟁이 ① 성질이 다부지고 모진 아이. ② 아이 깍쟁이. 어려서부터 깍쟁이인 사람.

예) 어려서부터 자기가 쓰던 장난감은 하나도 빠뜨리지 않고 모으는 쟤는 누굴 닮아서 저렇게 **알깍쟁이**일까?

앵두장수 잘못을 저지르고 어디론지 자취를 감춘 사람을 두고 이르는 말.

예) 어리석게 내가 믿고 돈이고 집문서고 모두 맡겼던 대화 부동산 김 영감은 다름 아닌 **앵두장수**였다.

얄개 야살스러운 짓을 하는 사람.

예) 그 사람 어렸을 때 별명이 **얄개**야. 『**얄개**전』에 나오는 **얄개** 말이야.

얌심꾸러기 얌심이 많은 사람.

* **얌심** 몹시 샤막스럽고 샘을 잘 내며 시기하는 마음.

예) 너는 사내 녀석이 왜 그리 **얌심꾸러기** 같냐?

얌심데기 얌심을 부리는 사람.

예) 저 여학생 무리는 하나같이 **얌심데기**뿐이야.

왜골 허우대가 크고 언행이 얌전하지 않은 사람.

예) 그 사람은 겉보기엔 **왜골** 같지만 속마음은 착하니 다시 마음 고쳐먹고 살아 보렴.

잔말쟁이 잔말하는 버릇이 있는 사람.

예) 평소에 말 없는 김 과장은 술이 취하면 **잔말쟁이**가 된다.

좀녕 좀스러운 사람을 낮추어 이르는 말.

예) 자재과장은 점심 한 번 안 사면서 만날 돈 없다고 엄살 부리는 **좀녕**이다.

촐랑이 촐랑거리는 사람.

예) 뭐니 뭐니 해도 **촐랑이** 김 대리가 이 자리에 있어야 야유회 분위기가 살아난다고.

흔들비쭉이 변덕스럽고 심술을 잘 부리는 사람.

예) 그 **흔들비쭉이**는 무얼 해 줘도 만족한 적이 없다.

희뜩머룩이 희떱게 굴어 돈, 물건 등을 주책없이 써 버리는 사람.

예) **희뜩머룩이**보다는 조금 인색해 보여도 실속 있는 사람이 좋지 않니?

일거리, 직업과 관계되는 사람

거랑꾼 거랑 작업을 하는 사람.

* 거랑 일정한 광구나 구덩이를 가지지 못하고 남의 광구나 구덩이의 버력탕 같은 데서 감돌을 고르거나 사금을 채취하여 조금씩 버는 일.

예) 재방이는 **거랑꾼**이 되었으나 벌이가 시원치 않아 또 다른 직업을 생각하고 있다.

곁꾼 곁에서 남의 일을 거들어 주는 이.

예) 그는 직접 나설 생각은 않고 **곁꾼** 노릇이나 하고 있었다.

교지기 학교를 지키는 사람.

예) 백발의 수위 아저씨는 30여 년 동안 **교지기** 생활을 해서 이 학교에 대한 애정이 누구보다도 깊다.

난장꾼 굴이나 구덩이에 들어가 허드렛일을 하는 이.

예) 아무리 **난장꾼**이라도 노동은 신성한 것이다. 자신의 일에 긍지를 가져야 한다.

도림장이 도림질을 업으로 삼는 사람.

* 도림질 실톱을 가지고 널빤지를 오리고 새겨서 여러 가지 형상을 만드는 일.

예) 그 **도림장이**는 하루 종일 일했으나 완성된 작품은 하나도 없었다.

도막이 시골의 지주나 늙은이.

예) 이 마을 **도막이** 김 씨는 자린고비로 소문이 나서 친한 사람이 없다.

동산바치 원예사.

예) 큰 뜰이 있는 작은댁에는 **동산바치**까지 있다.

동자아치 밥을 짓는 일을 하는 여자 하인.

예) 옛날 부잣집에는 **동자아치**만 해도 열 명이 넘었기 때문에 거기에 들어가는 식량 또한 대단했다.

되깎이 환속하였다가 다시 중이 됨. 또는 그 중.

예) 아무리 생각해 봐도 **되깎이**는 올바른 불도를 닦았다고 생각되지 않는다.

두리하님 혼행 때 새색시를 따라가는 계집 하인.

예) 삼월이는 **두리하님**으로 아가씨를 따라갈 수밖에 없게 되자 저녁에 강수를 잡고 흐느껴 울었다.

들때밑 권세 있는 집의 고약한 하인.

예) 마을의 인심은 더욱 흉흉해져 **들때밑**이 거드름을 피우며 지나가도 소작인들은 거들떠보지 않았다.

마도위 말을 사고 팔 때 흥정을 붙이는 사람.

예) 그 사람은 **마도위**인데 말들도 그 사람의 직업을 아는지 그를 싫어했다.

마장수 물건을 말에다 싣고 다니면서 파는 사람.

예) 그 **마장수**는 말에다 물건을 싣는 것이 아니라, 그가 사랑하는 여인을 태우고 다녀서, 마을 사람들은 한심스럽게 생각했다.

매부리 사냥에 쓰는 매를 맡아 기르고 부리는 사람.

예) **매부리**들은 매를 꼭 사람 다루듯 능숙하게 다룬다.

먹중 ① 먹장삼을 입은 중. ② 산디놀음에 쓰이는 탈의 하나.

예) 어둑한 저녁, 처마 밑에는 **먹중**이 조용히 비를 피하고 있었다.

목대잡이 목대를 잡아 일을 시키는 사람.

* **목대** 멍에 양쪽 끝의 구멍에 꿰어서 소의 목 양쪽에 대는 나무.

예) **목대잡이**는 어디 가고 소가 저렇게 오래 놀고 있습니까?

무두장이 무두질을 업으로 삼는 사람.

* **무두질** 모피의 털과 기름을 뽑고 가죽을 부드럽게 다루는 일.

예) 그의 조상은 **무두장이**였는데 그는 그것을 매우 부끄럽게 여겼다.

물아범 물을 긷는 남자 하인.

예) 마님은 **물아범**에게 물을 길어 오라고 명하였다. 그러나 그가 길어 온 물은 낙동강의 폐수였다.

물어미 물을 긷는 여자 하인.

예) 마님은 **물어미**가 너무 늙어서 일을 하기가 힘들어지고 바느질 솜씨가 좋은 것을 알자 당신의 침모로 들어앉히셨다.

뭇지위 여러 목수.

예) 분당의 아파트 단지 건설 현장 **뭇지위**들은 한 달에 한 번씩 정기적인 모임을 가졌다.

뭉구리 ① 바싹 깎은 머리. ② ‘중’ 을 가리키는 말.

예) 지하철에서 낯익은 **뭉구리**가 보여 나는 그가 휴가 나온 친구임을 금방 알 수 있었다.

예) **뭉구리**들이 절 아래 채소밭에서 일하고 있다.

민며느리 장래에 며느리로 삼으려고 민머리인 채로 데려다가 기르는 계집아이.

* **민머리** 쪽지지 않은 머리.

예) 어려운 집안 형편 때문에 거의 팔리다시피 하여 김 진사 댁에 들어온 순이는, 고된 **민며느리**의 처지가 서러워서 오늘도 남몰래 눈물을 흘렸다.

박배장이 박배의 일을 전문으로 하는 목수.

* **박배** 문짝에 돌쩌귀, 고리 등을 박아서 문틀에 끼워 맞추는 일.

예) 나의 숙부는 **박배장이**였는데, 그는 친척들 모임에 잘 나오지 않는다.

보자기 바닷물 속에 들어가서 조개, 미역 같은 해물을 채취하는 사람. 해인.

예) 제주엔 **보자기**들이 유난히 많은데, 이들의 수영 실력은 누구 못지않다.

불목하니 절에서 밥 짓고 물 긷는 일을 하는 사람.

예) 그는 절에서 3년간이나 **불목하니** 생활을 했으나 불도에 대해서는 전혀 관심이 없었다.

비바리 바닷물에서 해산물을 채취하는 처녀.

예) 그 섬에서 오랫동안 실종되었던 한 **비바리**가 변사체로 발견되었다.

삼부리 포교의 두목.

예) **삼부리**는 30여 명의 포졸을 풀어 염탐꾼을 찾게 했다.

설장구 두레패, 걸립패, 농악대 따위에서 장구를 잘 치는 사람.

예) 한 사내가 **설장구**인 정희를 뚫어지게 쳐다보는 것을 나는 알아챌 수 있었다.

소고잡이 농악에서 소고를 맡아 치는 사람.

예) 이번에도 김 노인이 **소고잡이**를 맡았는데 우리 농악패에서는 그가 제일 고령이다.

쇠살쭈 소의 흥정을 붙이는 사람.

예) **쇠살쭈**를 잘 꾀어야 좋은 값을 받을 수 있다고 소문이 났지만 이것은 곧 헛소문임이 판명되었다.

쇠잡이 농악에서 꽹과리나 징을 잡는 일. 또는 그런 일을 하는 사람.

예) 농악에서 **쇠잡이**는 가장 중요한 역할을 한다.

신중 여승. 비구니.

예) 그 절에는 **신중**이 몇 있었으나 모두 공부하는 스님들이라 좀체로 밖에 나오지 않았다.

싸울아비 무사武士.

예) 이순신 장군은 뛰어난 **싸울아비**였고, 효자였으며, 성웅이었다.

안저지 어린아이를 안아 주고 보살피는 여자 하인.

예) 저 여자가 그 집의 **안저지**이나 아이를 보살피지는 않고 잠만 자고 있다.

알롱 지방 관아의 전령을 맡은 엄지머리총각.

예) 사또가 **알롱**에게 빨리 서한을 남원골 사또에게 전해 주고 오라고 말했다.

열두하님 혼인 때 신부를 따르는 열두 명의 계집종.

예) 서희 아씨의 **열두하님** 중 유월이는 빼어나게 예뻐서 모든 총각들이 넋을 잃고 바라봤다.

자개일꾼 금조개를 썰어 여러 가지 물건을 만드는 것을 업으로 삼는 사람.

* 금조개 자개를 만드는 전복의 껍데기.

예) 내 비록 **자개일꾼**으로 평생을 살아왔다만 너에게나 다른 사람에게 추호도 부끄러운

일을 하지 않았다고 자부한다.

재리 ① 나이 어린 땅꾼. ② 몹시 인색한 사람을 낮게 이르는 말.

예) 나는 그가 **재리**인 줄 모르고 사귀었다가 낭패 본 적이 한두 번이 아니었다.

족두리하님 혼행 때 신부를 따라가는 하인의 하나. 계집아이에게는 향꽂이를

들고 당의를 입히고 족두리를 씌움.

예) 순심이는 **족두리하님**이 되어 당의와 족두리를 쓰고 싶었으나 이번 둘째 아씨 혼례

때도 제외되었다.

주릅 구전을 받고 흥정을 붙여 주는 일을 업으로 하는 사람.

예) 작은아버지는 직업이 **주릅**이어서 그런지 싸움을 중재하는 일도 잘했다.

초라니 나자^{儺者}의 하나. 기괴한 계집 형상의 탈을 쓰고, 붉은 저고리에 푸른 치

마를 입고, 긴 대의 깃발을 가졌음.

예) 네 하나뿐인 딸은 어찌 저리 **초라니** 방정을 떠는지 모르겠다.

코머리 고을 관아에 속했던 우두머리 기생.

예) **코머리**는 미모뿐 아니라 학식에 나름대로 지조까지 갖추어야 했다.

톱장이 톱질로 업을 삼는 사람.

예) 이를 잘 닦는 아이는 커서 굴뚝 청소부가 되고 연필을 잘 깎는 아이는 **톱장이**가 된다

는 우스운 얘기가 있다.

편놈 산대놀음을 하는 사람을 낮게 부르는 말.

예) 저놈은 **편놈**으로 공부하는 네겐 도움될 일이 없으니 사귀지 마라.

편수 공장의 두목.

예) 삼돌이는 **편수** 어른의 딸 옥분이를 좋아하지만 감히 말을 꺼내지 못했다.

하님 계집종들이 서로 존중하여 부르는 말.

예) 존대법이나 존칭이 우리말처럼 발달한 데는 없다는데, 이러한 사실은 우리 조상들

이 얼마나 서로를 존중하며 살았는가를 밝혀 준다. **하님**이라는 말까지 있다니 더욱 놀라울 뿐이다.

어리석은 사람

가르친사위 독창성이 없고 시키는 대로만 하는 어리석은 사람.

예) 창조력이 부족하면서 의타심이 강한 최 부자네 셋째 아들은 말 그대로 **가르친사위**다.

가마리 항상 매를 맞거나, 욕을 얻어 먹거나, 걱정거리가 되는 사람.

예) 자네는 이렇게 커서까지 **가마리**가 되어 늙으신 부모님 속을 상하게 해 드릴 참인가?

구경가마리 하는 짓이 우스워 남의 구경감이 되는 사람.

예) 평강공주는 **구경가마리**였던 바보 온달을 남편으로 맞아 훌륭한 장수로 만들었다.

내미손 물건 흥정하러 온, 만만하고 어수룩하게 생긴 사람.

예) 아무리 **내미손**이라도 결코 바가지를 씌우는 법이 없는 광덕상회 주인의 성실한 장사 태도가 그를 가장 신용 있는 상인으로서 큰 성공을 거두게 하였다.

맛장수 싱거운 사람.

예) 일껏 급하게 가는 사람 세워 놓고 빙긋이 웃으며 진지 잡수셨냐고 하는 충억은 그리 밉지 않은 **맛장수**였다.

멧부엉이 깊은 산의 부엉이 같이 메부수수하게 생긴 시골뜨기.

*메부수수하다 말과 행동이 어울리지 않고 촌스럽게.

예) 갓 전학 온 진호는 **멧부엉이** 같지만 첫 시험에서 1등을 해 우리를 놀라게 했다.

반거들충이 무엇을 배우다가 다 이루지 못한 사람.

예) 어떤 학문이든지 그것을 완벽하게 다 배운다는 것은 불가능하며 우리는 모두 **반거들충이**가 될 수밖에 없다.

벗장이 익숙하지 못한 장색이나 무엇을 배우다 그만둔 사람.

*장색 손으로 물건을 만드는 일을 업으로 삼는 사람. 장인.

예) 사나이가 **벗장이**처럼 일을 하다 그만두면 쓰겠느냐.

산건이 언행이 싱거운 사람의 별명.

예) 저런 **산건이** 같으니라고.

선떡부스러기 어중이떠중이의 실속 없는 무리.

예) 내 크게 한턱내고 싶지만, 그놈의 **선떡부스러기** 꼴 보기 싫어서 다 그만둔란다.

솔봉이 촌스러운 때를 벗지 못한 사람.

예) 나는 시골에서 올라온 창훈이의 **솔봉이** 같은 모습을 좋아하지만, 정작 그는 시골티를 벗으려고 무진 노력을 했다.

시골고라리 어리석고 고집 센 시골 사람.

예) 저 위대한 김 선생님도 처음엔 **시골고라리**로 서울 사람들에게 놀림당했었다.

아둔패기 아둔한 사람을 낮춰 부르는 말.

예) 그런 **아둔패기**를 시키느니 네가 직접 다녀오는 게 낫겠다.

알나리 벼슬한 어리고 키 작은 사람에 대한 농.

예) 저기 김 진사 댁 **알나리**가 말 타고 오시는군.

어리보기 얼뜬 사람. 둔한 사람.

예) 텔레비전의 코미디언 심 씨를 **어리보기**라 하지만, 실제로는 진지하고 평범한 사람이다.

어정뱅이 갑자기 잘된 사람. 일을 제대로 하지 않고 어정대는 사람. 일을 하나 실적이 없는 사람.

예) **어정뱅이**가 선심 쓰는 것은 뭔가 부정한 일이 배후에 있기 때문일 것이다.

인숭무레기 어리석어서 사리를 분간할 줄 모르는 사람.

예) 입지도 못할 옷을 5만 원이나 주고 산 네가 바로 **인숭무레기**지, 누굴 탓하는 거니?

치룽구니 어리석어서 쓸모가 적은 사람.

예) **치룽구니** 같은 사람이 되지 않으려면 정말 열심히 공부해야겠다.

코납작이 핀잔을 들어 기가 꺾인 사람.

예) 우리는 남들이 이미 꾸짖은 **코납작이**를 가지고 너무 빈정거리고, 구박했던 것을 반성해야 한다.

코푸렁이 줏대없이 흐리멍텅하고 어리석은 이.

예) 현명한 우리 사장님도 가끔 **코푸렁이** 같을 때가 있었는데, 그게 더욱 그분을 친근하게 느끼도록 만드는 매력이었다.

콧벽쟁이 콧구멍이 너무 좁아서 숨을 잘 쉬지 못하는 사람의 별명.

예) 우리 반에서 **콧벽쟁이**인 재천이는 항상 열등감과 수치심으로 가득 차 있다.

털찝 돈을 주책없이 함부로 쓰는 방탕한 사람을 돈 먹는 편에서 일컫는 변말.

* **변말** 변으로 쓰는 말. 은어.

예) 벼락부자의 자녀들 중에는 **털찝** 소리를 들으면서도 풍부한 경제적 여유를 이용해 친구들에게 선심을 사려고 하는 사람들이 있다.

혀짤배기 혀가 짧아서 'ㄹ' 받침 소리를 똑똑하게 내지 못하는 사람. 혀짜래기.

예) 어제 미팅에서 만난 여자 애가 놀랍게도 내가 싫어하는 **혀짤배기** 소리를 했다.

질병을 가진 사람

구들더께 늙고 병들어 방 안에만 붙어 있는 이를 농으로 일컫는 말.

예) 넌 어째 젊은 애가 **구들더께**처럼 방에서만 지내냐?

굴젓눈이 한쪽 눈에 백태가 끼어서 보지 못하는 사람을 놀리는 말.

예) 콘택트렌즈를 잘못 사용할 경우 **굴젓눈이**가 되는 일이 발생하기도 하는데, 빠른 치료만이 이런 불행한 일을 막을 수 있다.

밤소경 야맹증. 야맹증이 있는 사람.

예) 소라는 비타민 A가 부족해서 **밤소경**에 시달려 영화를 보러 가지 못했다.

버커리 늙고 병들거나 또는 고생살이로 살이 빠지고 쭈그러진 여자.

예) 아름다웠던 한 여인은 결혼 생활의 시달림으로 어느새 **버커리**가 되었다.

설늙은이 그다지 늙지 않았지만 기질이 매우 노쇠한 사람.

예) 꼭 **설늙은이**처럼 왜 이렇게 힘이 없니?

알금뱅이 얼굴이 알금알금 얽은 사람. 또는 그 사람의 별명.

예) 제너의 '종두법' 덕택으로 지금은 **알금뱅이**가 되는 사람이 거의 없다.

외고리눈 눈의 한쪽이 고리눈인 사람이나 짐승.

* 고리눈 눈동자의 둘레에 흰 테가 둘린 눈.

예) 흉측하게도 서희의 인력거를 끄는 사람은 **외고리눈**이었다.

코찡찡이 콧병 같은 것으로 코맹맹이 소리를 하는 사람의 별명.

예) **코찡찡이**가 하는 소리보다 더 듣기 싫은 소리는 없을 것이다.

콜록쟁이 오랫동안 기침병을 앓는 이.

예) 그는 작은 키에다 야윈 몸을 가졌고, 게다가 수년 동안 시름시름 앓아 온 **콜록쟁이**였다.

그 밖의 사람

건깡깡이 ① 일을 하는데 아무 기술이나 기구 없이 매나니로 함. 또는 그렇게 하는 사람. ② 아무런 뜻도 재주도 없이 살아가는 사람.

* 매나니 맨손으로.

예) 그 남자는 일생을 **건깡깡이**로 보냈다.

걸짜 우스꽝스럽거나 유별나서 주목을 끄는 사람.

예) 교수님께 한 시간 이상 야단맞고도 연구실을 나오면서 농담을 할 수 있는 철수는 보기 드문 **걸짜**였다.

글구멍 글을 잘하는 사람을 농으로 이르는 말.

예) 그 사람, 글 짓는 걸 보니 확실히 **글구멍**이야!

길꾼 노름 따위에 길이 익어 잘하는 사람.

예) 승철이는 화투에 **길꾼**이어서 앉은자리에서 돈 10만 원 따는 건 문제도 아니었다.

날탕 아무것도 없는 사람.

예) 왜 하필이면 좋은 사람 다 놔두고 그런 **날탕**한테 시집가겠다는 거냐?

날피 가난하고 허랑한 사람.

예) 영수는 부잣집 아이가 꼭 **날피**처럼 보인다.

노틀 늙은이.

예) 얼굴은 **노틀**이지만 마음만은 청년인 게 김 노인이다.

듬쑥하다 사람의 됨됨이가 가볍지 아니하여 속이 깊고 차 있는 모양.

예) 덕연은 워낙 고생을 많이 하고 자라서인지 나이에 비해 **듬쑥해** 보인다.

떡심 ① 억세고 질긴 심줄. ② 성질이 검질긴 사람의 비유.

예) 나는 아무리 어려운 일도 해낼 **떡심**을 가진 사람이다.

떨기둥이 의지하던 곳에서 쫓겨난 사람.

예) 아무리 능력이 없어도 건실하기만 하면, 결코 **떨기둥이**는 되지 않을 것이다.

막대잡이 ① 소경에게 말할 때, 그의 오른쪽을 이르는 말. ② 인도하여 주는 사람.

예) 우리 젊은이들은 이 험한 세상을 바르게 이끌어 갈 **막대잡이**가 될 수 있도록 스스로를 다듬는 노력이 필요하다.

망석중이 남의 용춤에 잘 노는 사람.

* **용춤** 남이 추어 주는 바람에 기분이 좋아서 시키는 대로 하는 짓.

예) 우리 동창회장인 김도식은 항상 실속 없이 남의 장단에 춤추는 **망석중이**이다.

맞잡이 서로 힘이 대등한 사람.

예) 권투계에서 **맞잡이**인 두 선수는 참으로 오랜만에 시합을 갖게 되었다.

맷가마리 매 맞아 마땅한 사람.

예) 그가 아무리 **맷가마리**라고 할지라도 멍석에 말아서 두들겨 팼다는 건 너무 심한 처사였다.

모도리 조금도 빈틈이 없는 아주 야무진 사람.

예) 남대문 우성상가 박 사장은 아주 당찬 **모도리**여서 남에게 사기를 당한다는 건 있을 수 없는 일이다.

목곧이 목곧은 사람.

* **목곧다** 억거지가 세어 좀처럼 굽히지 않다.

예) 성수가 아무리 야무진 **목곧이**라도 뇌물로 받은 돈이 있으니 이번만큼은 꺾이지 않을 수 없을 것이다.

바닥쇠 그 지방에서 오래전부터 사는 사람.

예) 우리 마을에서는 저 파란 수건 두른 노인이 **바닥쇠**라 할 수 있겠지요.

밥빼기 아우 타느라고 밥을 많이 먹는 아이.

* 아우 타다 어머니가 아기를 배었거나 해산한 뒤에 젖먹이 아이가 여위다.

예) 어머니가 아기를 낳았기 때문에 어린 민수는 졸지에 **밥떼기**가 되었다.

밥주머니 밥만 먹고 아무 일도 않는 사람.

예) 나는 세상에서 제일 쓸모없는 사람 중의 하나가 대학원까지 나오고 빈둥거리는 동현이 같은 **밥주머니**라고 생각한다.

밥풀눈이 밥풀눈을 가진 사람.

* 밥풀눈 눈의 윗꺼풀에 밥알 같은 군살이 붙어 있는 눈.

예) **밥풀눈이** 이웃집 아저씨만 보면 아이들은 "밥풀, 밥풀" 하며 소곤거리고 키득거렸다.

밭어버이 아버지. ⇔ 안어버이.

예) 네 **밭어버이**가 누구기에 이렇게 버릇 없게 교육시켰느냐?

범털 ① 호랑이의 털. ② 돈 많은 사람. 죄수들의 은어.

예) 저 **범털** 형님에게 첫 번째로 잘 보여야 이곳 형무소 생활이 편하게 된다.

벗바리 뒷배를 보아 주는 사람.

예) 어떤 막강한 **벗바리**가 있으니까 김 상사 그 작자가 뚝심 좋게 그 일을 해치웠겠지.

복의배 복처럼 배가 부르다는 뜻으로, 부자를 놀리는 말.

예) 학예회 놀부 역을 맡은 나는 **복의배**처럼 보이게 하기 위해 베개를 하나 옷 속에 집어넣었다.

사자어금니 힘쓰는 데에 없어서 안 될 사람이나 물건의 비유.

예) 창수는 우리의 의견을 교장 선생님께 말씀드리는 데 있어 **사자어금니** 같은 존재라고 할 수 있다.

서울까투리 수줍어 하는 기색이 없는 사람.

예) 요즘엔 맞선 보는 자리에서 목젖이 보이도록 웃는 **서울까투리** 같은 여자가 많다.

손대기 잔심부름을 할 만한 아이.

예) 이제 우리도 **손대기** 하나는 있어야 할 것 같아. 웬 잔일이 이리도 많은지.

억척보두 속마음이 완악하고 굳은 사람을 가리키는 말.

* 완악하다 성질이 모지락스럽고 악독함.

예) 칠성은 자기 어머니가 죽었는데 눈물 한 방울 흘리지 않은 **억척보두** 같은 놈이다.

언년 어린 계집아이를 귀엽게 부르는 말.

예) 내가 30년 정도 일찍 태어났었다면 동네 어른들께서 나를 '**언년**'이라고 부르시지 않았을까?

외대머리 정식 혼례를 치르지 않고 머리를 쪽 진 여자.

예) 50년 가까이 **외대머리**로 살아오신 우리 할머니는 지금도 혼례를 치르는 새색시를 보게 되면 눈물을 흘리곤 하신다.

용꼬투리 담배를 많이 피우는 사람.

예) 요즘 **용꼬투리**는 어디에 가나 대접을 못 받고, 특히 여성들에게는 인기가 없다.

예) 과장은 '금연의 날' 홍보지를 들고 들어오며 연신 뭐라 투덜대는 **용꼬투리**였다.

자춤발이 걸음을 자춤거리며 걷는 사람.

예) 그녀의 걷는 모습을 보면 **자춤발이**이지만 미모는 눈부셨다.

졸대기 규모가 작은 일. 지위가 변변찮은 사람.

예) 개업한 일거리가 **졸대기**라 오시라고 하기에 너무 번거로울 것 같습니다.

좁쌀과녁 얼굴이 매우 큰 사람.

예) 숙희는 **좁쌀과녁**이라 대담하게 커트 머리를 해 보라는 내 권유를 들은 척도 안 했다.

총냥이 여우나 이리 따위처럼 눈이 툭 불거지고 입이 뾰족하며 얼굴이 마른 사람의 비유.

예) 너무 말라 **총냥이** 같은 그녀의 모습을 어머니가 도저히 좋아하실 것 같지 않아 걱정이었다.

터줏대감 한동네, 단체 같은 데서 그 구성원 중 가장 오래되어 터주 격인 사람을 농으로 일컫는 말.

예) 동네 **터줏대감**인 할머니께 말을 거는 사람이 너무 많아 큰길에서 집까지 오는 데 무려 40분이나 걸렸다.

흙감태기 흙을 온몸에 뒤집어쓴 사람이나 물건.

예) 아이들은 **흙감태기**가 되도록 뒹굴고 뛰며 놀아야 건강해.

갈지개 한 살 된 매.

고지새 참새 과의 새. 참새보다 크고 몸은 회갈색. 부리는 황색. 봄부터 여름 사이에 고운 소리로 울고 사육함.

굴뚝새 굴뚝새 과의 작은 새. 여름에는 산지에, 겨울에는 인가의 굴뚝 부근에 산다.

댓두러기 늙은 매.

댕기흰죽지 기러기 과의 새. 수컷은 머리에 우관이 있고 대체로 검은빛.

댕기물떼새 물떼새 과의 새. 날개 길이 22cm. 머리에 5~7cm의 긴 우관이 있으며, 등은 금록색, 가슴은 흼. 50마리씩 떼를 지어 다님. 금렵조.

매찌 매의 똥.

멧새 ① 멧새 속에 속하는 새. 참새와 비슷하며 빛은 붉은 밤색. ② '산새' 의 예스러운 말.

멧종다리 바위종다리 과의 새. 머리는 흑갈색이고 등은 밤색, 날개는 어두운 갈색, 배는 연한 황색. 날개 길이 7cm.

명매기 칼새 과에 속하는 철새.

물레새 할미새 과의 새. 날개 8cm, 꼬리 6cm. 등은 감람녹색, 배는 황백색. 꽁지깃을 좌우로 흔들고 높은 나무에 집을 둠.

박새 박새 과의 새. 숲 속에 살며 참새만 함. 머리는 흑백색, 뺨과 배는 백색, 등은 황록색이며, 날개는 흑색에 흰 띠가 있음.

부등깃 갓난 날짐승 새끼의 다 자라지 못한 깃.

비오 솔개 우는 소리.

비오리 오리 과의 물새. 항만, 연못에 살며, 쇠오리 비슷하되 좀 크고 날개는 자줏빛이 많아 찬란함. 암수가 항상 함께 놂.

사다새 사다새 과의 큰 물고기. 날개 길이 65~80cm, 꼬리 20cm, 부리는 40cm.

서리병아리 이른 가을에 깬 병아리. 힘없이 추레한 것의 비유.

섬멧새 참새 과에 속하는 멧새의 하나.

쇠기러기 오리 과의 기러기. 무논, 호수, 초원 등에 떼지어 살며, 날개 길이 37~45cm, 꼬리 15cm 내외. 가슴과 배에 불규칙한 흑색 반문이 있음.

쇠딱따구리 딱따구리 과의 새. 깊은 산림에 살며, 날개 길이 8cm, 부리 1.5cm. 몸은 회갈색이며, 등에 흰 가로 얼룩무늬가 있음.

쇠물닭 뜸부기 과의 새. 연못 풀 사이나 논에 살고, 날개 16cm 내외. 등은 감람 갈색이고, 얼굴, 목, 배는 회흑색. 헤엄을 잘 침.

쇠솔딱새 딱새 과의 하나. 야산 지대 나무 위에 집을 지음. 동박새보다 작으며, 등은 회갈색, 배는 백색. 눈이 크고 검음.

쇠종다리새 종다리 과의 새. 몸이 작고 담황백색이며 엷은 무늬가 듬성듬성 있음.

열보라 비교적 흰빛을 띤 보라매.

열쭝이 ① 겨우 날기 시작한 새 새끼. ② 작고 겁약한 자.

초고리 작은 매.

촉새 참새 과의 새. 야산 숲에 삶. 크기는 참새 정도. 등은 갈색을 띤 황록색, 배는 황색. 곤충, 잡초의 씨를 먹음.

티티새 ① 지빠귀. ② 개똥지빠귀.

* 개똥지빠귀 날개 길이 12~14cm, 꼬리 길이 8~10cm. 암수가 같은 몸 빛깔로 등 쪽은 암갈색이고 가슴은 담갈색이며, 날갯죽지 밑으로 얼룩무늬가 있음.

피리새 참새 과에 속하는 새. 날개 길이 8~8.7cm, 꼬리 6cm. 꽁지깃은 암회갈색, 모가지와 뺨이 장미색으로 아름다움. 피리 부는 듯이 곱게 울며 노랫가락을 외는 일도 있어 농조籠鳥로 기름. 멋쟁이새.

난질 계집의 오입.

예) 그런 **난질**꾼을 누가 시집보내겠느냐?

낮거리 낮에 하는 성교.

예) 김 대리, 점심 먹으러 집에 갔다가 **낮거리** 했나 봐. 왜 이리 맥이 풀려 있어!

는실난실 충동을 받아 야릇하고 잡스럽게 구는 모양.

예) 저 계집, 숨이 거칠어지면서 온몸이 **는실난실**하는 꼴을 보니 천하의 화냥년이로고.

도지기 기생과 세 번째 상관하는 일.

예) 춘향이, 네 이년! 사또께서 정분을 **도지기**까지 잇자는 것도 아니고 단 하룻밤 수청을 들라는 건데도 기생년 주제에 절개가 웬 말이며 여필종부가 가당하냐?

밭팔다 여자가 정조를 팔아 생활하다.

예) 매춘이라는 건 바로 우리말로 **밭판다**는 것이다.

보쟁이다 부부가 아닌 남녀가 몰래 친밀한 관계를 연하여 맺다.

예) 그는 자신의 아내가 국숫집 황 가와 **보쟁이는** 걸 알았지만 특유의 냉소로 일관하고 마는 것이었다.

비역 사내끼리 성교하듯 하는 짓.

예) 호모섹스는 외국에서만 있어 온 것이 최근에 우리나라에 전해진 것인 줄 알았는데, 예전부터 **비역**이라는 말이 있었던 걸 보니 우리에게도 그런 짓을 하는 사람이 있어 왔다는 것이고 이는 더 나아가 인간의 본능적 행동은 문화적 차이를 뛰어넘는 것임을 알 수 있다.

흘레 짐승의 암컷과 수컷이 교접함.

예) 어려서부터 봄만 되면 **흘레**하는 개 등을 보아 온 점순이에게는 그런 음담들이 아무렇지도 않게 들렸다.

성적性的인 것과 관계되는 말

좋은 성격과 관계되는 말

거쿨지다 ① 언행이 씩씩하다. ② 몸집이 크고, 언행이 시원시원하다.

예) 아! 그 학생, 말 한번 **거쿨지게** 하더구만. 젊은 사람이 그래야지.

걱실거리다 성질이 너그러워 언행을 활발하게 하다.

예) 옆집 아주머니는 좀 주책스럽지만 **걱실거리는** 편으로 동네 사람 모두에게 호감을 산다.

몬존하다 성질이 가라앉아 있다.

예) **몬존한** 용칠이도 아내가 외간 남자와 부정을 저지르는 것에는 참지 못하고 낫을 들고 뛰쳐나갔다.

반죽좋다 언죽번죽하여 노여움이나 부끄럼 타는 일이 없다.

예) 우리 과 대표는 **반죽이 좋아** 교수님마다 쫓아다니며 리포트 제출 시한을 늦춘다거나 휴강을 하자고 잘 졸랐다.

서그러지다 마음이 너그럽고 서글서글하다.

예) 우리 동네 세탁소 아저씨는 **서그러진** 성격이어서 우리가 그 앞에서 축구를 하고 시끄럽게 놀아도 쫓아내는 법이 없다.

서그럽다 마음이 너그럽고 서글서글하다.

예) 봉숙이는 **서그러운** 마음씨가 일품인 여자인데 그 미모까지 눈부신 것이어서 늘 남자들이 따라다니다시피 했다.

서분서분하다 성격이 부드럽고 친절하다.

예) 줄리엣은 로미오의 **서분서분한** 성격에 매력을 느끼지 않을 수 없었다.

슬겁다 ① 겉으로 보기보다 속이 넓다. ② 마음이 너그럽고 미덥다.

예) 우리 성당의 테레사는 외모는 몰라도 마음이 **슬거워서** 맏며느릿감이다.

슬금하다 속으로 슬기롭고 너그럽다.

예) 알고 보니 그녀는 꽤 **슬금한** 여자여서 따르는 남자들이 많았다.

습습하다 사내답게 활발하다.

예) **습습한** 동민에게 많은 여학생들이 몰표를 던져 결국 학생회장이 되었다.

안차다 겁 없고 깜찍하다.

예) 나는 처음 만나자마자 말을 놓는 그녀가 싫지 않고 **안차** 보여 내 결혼 상대자로 점찍었다.

자깝스럽다 어린 것이 짐짓 성숙한 체하여 깜찍하다.

예) 조카는 내 귀걸이를 하고는 "이모, 나 이뻐?" 하며 **자깝스럽게** 물었다.

자분자분 ① 성질이 온순하고 침착한 모양. ② 짓궂은 말이나 행동으로 남을 자꾸 귀찮게 하는 모양. ③ 음식에 섞인 잔모래 따위가 자주 씹히는 모양.

예) 말괄량이처럼 보이던 신입사원 김은정 씨는 외모와는 달리 일하는 모습이 **자분자분**한 게 여간 잘하는 것이 아니었다.

틀수하다 성질이 넓고 깊다.

예) 어제 맞선 본 그 남자는 아마 마음도 틀림없이 **틀수할 거야**.

좋지 않은 성격과 관계되는 말

가시세다 앙칼스럽고 고집이 세다.

예) 미스 강은 너무 **가시세서** 상대방 회사의 간부를 만나 영업상담을 하는 일에는 부적합할 것 같습니다.

강밭다 몹시 야박하고 인색하다.

예) '놀부가 **강밭다**'라고 생각하는 것이 일반적이지만, 반론을 펴는 사람들의 의견도 무시할 수는 없다.

괘달머리적다(괘다리적다) ① 사람됨이 멋없고 통명스럽다. ② 성미가 무뚝뚝하고 거칠고 뻔뻔스럽다.

예) 그는 너무 **괘다리적어서** 그편에서 먼저 무언가를 하자고 말하는 법이 없었다.

예) 같은 회사에 근무하는 미스터 김은 입사 때부터 지금까지 **괘달머리적은** 성격으로 사람들에게 인기가 없다.

괴까다롭다/괴까닭스럽다 괴상하고 까탈스럽다.

예) 고 선생님은 **괴까다로워** 보이기는 하나 확실한 신념이 엿보여서 신뢰감이 있다.

군던지럽다 마음, 행실이 아주 비루하고 추저분하다.

예) 그 사람의 행동은 **군던지럽다**.

되통스럽다 찬찬하지 못해 일을 잘 저지른다.

예) 그는 모든 일을 하는 데 있어서 너무 **되통스러워** 야단맞기 일쑤다.

말살스럽다 ① 모질고 쌀쌀하다. ② 매몰스럽다.

예) 잡상인에게는 **말살스럽게** 대해야 원치 않는 물건을 사는 불상사를 막을 수 있다.

매욱하다 어리석고 둔하다.

예) 저 아이는 좀 **매욱한** 구석이 있어서 심부름을 시키면 몇 번이고 확인을 해야 해.

메꿎다 고집이 세고 심술궂다.

예) 할아버지, 할머니 밑에서 자란 많은 아이들은 오냐오냐하며 자라기 때문에 **메꿎은** 성격이 되기 쉽다.

모지락스럽다 억세거나 거세어 매우 모질다.

예) 그 녀석, 저보다 나이 많은 아이들과 맞먹는 걸 보니 매우 **모지락스럽구나**.

몽니 심술궂게 욕심 부리는 성질.

예) 오빠는 인창 씨가 아무리 자신의 친구지만 **몽니**가 있으니까 다시는 만나지 말라고 내게 엄포를 놓았다.

몽총하다 ① 푸접하고 아랑곳함이 없이 냉정하다. ② (길이나 부피 따위가) 조금 모자라다.

* 푸접 인정미나 붙임성.

예) 여자 애들에게 **몽총한** 지창이는 어렸을 때 분명히 여자에 관계되는 안 좋은 기억이 있을 것이다.

민춤하다 미련하고 덜 되다.

예) 원기는 나이를 그만큼이나 먹고도 아직도 일처리가 **민춤해서** 부모님께 야단을 많이 맞는다.

바냐위다 반지럽고 매우 인색하다.

예) 저 가게 주인양반은 몹시 **바냐위니까** 덤 같은 건 바라지도 마슈.

바자위다 성질이 너무 깐깐하여 너그러운 맛이 없다.

예) A대 여학생 기숙사 사감인 기숙은 너무나 **바자위기** 때문에 그는 자주 "우리 좀 여유를 가지고 살자"고 말하곤 했다.

보추없다 ① 진취성이 없다. ② 제힘으로 일을 다잡아 하려는 태도가 아니다.

예) 의복 유통업에 뛰어든 철수는 **보추없이** 현상 유지에 급급하다가 사업에 실패하였다.

사날 ① 제가 하고 싶은 대로 하는 태도나 성미. ② 비위 좋게 남의 일에 참견을 잘하는 일.

예) 부인의 종교까지 간섭하고 막는 걸 보면 김 사장은 **사날**이 대단한 사람인 모양이지?

샘바르다 시샘하는 마음이 많다.

예) 새로 동생을 본 아이는 정도의 차는 있지만 누구나 **샘바르게** 되기 마련이다.

쇠양배양하다 앞일을 짐작하고 사물을 분별하는 지혜가 적다.

예) 나는 **쇠양배양해서** 항상 일이 닥치면 허둥지둥하기 때문에 걱정이었다.

악지 잘 안 될 일을 무리하게 해내려는 고집.

예) 실력도 없으면서 4년제 대학에 꼭 가겠다는 내 동생의 **악지**는 정말 온 식구를 피곤하게 한다.

왈왈하다 ① 성질이 괄괄하다. ② 성질이 급하다.

예) 겉보기엔 그녀가 퍽 **왈왈해서**, 내 말에 그렇게 상처받을 정도로 마음이 여릴 줄은 생각지도 못했다.

융퉁하다 소견머리가 없고 매우 미련하다.

예) 눈앞의 상황만 보고 멀리 내다볼 줄 모르는, 우물 안의 개구리 같은 사람이야말로 **음통한** 사람이다.

예) 그가 혹시 여동생이라도 만나는 건지 모르잖아. 왜 그리 이해심 없이 **음통하니**?

음충맞다 성질이 매우 음충하다.

* 음충하다 마음이 검고 내흉스럽고 불량하다.

예) 그 선배는 말쑥하고 예의 바르지만 그 뒤엔 **음충맞은** 면이 있어서 사귀라고 권하고 싶지 않아.

이물스럽다 성질이 음험하여 속을 헤아리기 어렵다.

예) 언니, 우리 애가 고등학교 가더니만 왜 이렇게 반죽 좋고 **이물스럽게** 변했수?

자발머리없다 자발없다.

예) 네가 **자발머리없게** 입을 놀리지만 않았어도 이번 일은 이렇게 커지지 않았을 거야.

자발없다 참을성이 없고 경솔하다.

예) 그 집 사위, 덩치에 비해서 좀 **자발없어** 보이지 않아요?

타끈하다 단작스럽고 인색하고 욕심이 많다.

* 단작스럽다 보기에 더러운 태도가 있다.

예) 지금 돌이켜 보면 나는 어릴 때 너무도 **타끈해서** 언제나 형이 양보하고 이해해 주는 일이 거의 대부분이었다.

고양이소리 살살 발라 맞추는 말의 비유.

예) 비겁한 김 과장은 상사 앞에서는 **고양이소리**를 잘 내면서 부하 직원 앞에서는 하늘 높은 줄 모르고 올라가 군림하려 들었다.

고추먹은 소리 ① 못마땅하게 여겨 씁쓸해하는 말. ② 불만스러운 투로 하는 말.

예) 비싼 중국요리 혼자 다 먹어 놓고 뭐가 또 모자라서 **고추먹은 소리**를 하니?

메나리 농부들이 논일하면서 부르는 농가의 하나.

예) 농부들이 **메나리** 부르며 흥겹게 일을 하는 논길로 폐포파립의 이몽룡이 지나간다.

밭은자리 사성부四聲部에 있어서 베이스를 제외한 소프라노, 테너, 알토의 삼성 부가 한 옥타브 안에 배치됨을 말함.

예) 이 셋째 소절은 **밭은자리**이기 때문에 각자 자기 파트의 음을 정확히 내 주셔야 깨끗한 화음이 나옵니다. 아셨죠?

배각 작고 단단한 물건끼리 서로 닿아서 갈리어 나는 소리.

예) 아파트 베란다가 좁아서 장독대를 옮기려니까 여기저기서 부딪쳐 **배각**거리는 소리가 났다.

버썩거리다/뻐석대다 버썩 소리가 계속적으로 나다. 또 그런 소리를 연하여 나게 하다.

예) 고양이 한 마리가 비닐 봉지 속의 생선 가시를 먹으려고 계속 **버썩거리는** 통에 잠을 제대로 못 잤다.

부걱 술 따위가 괼 때에 거품이 생기면서 나는 소리.

예) 사방이 조용한 이 시간, 나는 글을 쓰다가 갈증에 맥주를 한 병 따서 잔에 부었다. **부걱**거리며 피어오르는 거품이 입맛을 당겼다.

부라 대장간에서 풀무질을 하는데 불을 불라고 시키는 소리.

예) "**부라!**" 이 한마디에 소년 길상은 졸음에서 퍼뜩 깨 비지땀이 나도록 풀무를 밀었다 당겼다 하면서 바람을 불어넣었다.

산소리 어려운 가운데서도 속이 살아 남에게 굽죄이지 않으려고 하는 큰소리.

예) 저 녀석 **산소리**하는 걸 보니 지금은 비록 소년 가장으로 어려운 처지지만 크면 한가락 하겠다.

삼박 잘 드는 칼에 쉽게 베어지는 모양. 또는 그 소리.

예) 태산거사의 신묘한 칼놀림에 **삼박**하고 연이어 잘리는 무 조각이 마치 낙엽이 나는 듯했다.

새되다 목소리가 높고 날카롭다.

예) **새된** 목소리를 갖고 있는 그녀는 자신의 목소리가 하이 소프라노인 줄 착각하고 있지만 천만의 말씀이다. 그런 소리는 화음을 중시하는 합창에 어울리지 않는 것이다.

새청 ① 날카로운 목소리. ② 새된 목소리.

예) 그 아주머니는 꽃밭을 망가뜨린다고 **새청**으로 소리 질러 아이들을 내쫓았다.

서벅거리다 ① 연한 배, 사과 등의 씹는 것 같은 소리가 나다. 또는 그런 소리를 자꾸 내다. ② 모래밭을 걷는 것 같은 소리가 나다.

예) 사랑하는 그녀와 경포대 해변을 말없이 걸었다. 모래가 발밑에서 **서벅거렸다**.

선소리 ① 대여섯이 둘러서서 주고받으며 부르는 속요의 하나로 입창이라고도 한다. ② 이치에 맞지 않는 서툰 말.

예) 천하장사 씨름 대회의 결승을 앞두고 김뻐꾹 씨를 비롯한 국악인 대여섯 명이 축하 공연으로 **선소리**를 흥겹게 불렀다.

쌀캉거리다 설익은 콩이나 쌀을 씹을 때 소리가 나다. 쌀캉대다.

예) 밥이 **쌀캉거리는** 걸 보니 뜸이 덜 든 모양이구나.

얄라차 ① 잘못됨을 이상야릇하게 또는 신기하게 생각해서 내는 소리. ② 경쾌한 동작 또는 경쾌한 느낌을 나타낼 때 내는 소리.

예) **얄라차**! 내가 왜 그걸 잊어먹고 이 난리지.

왕배야덕배야 여기저기서 시달림을 받아 괴로움에 견딜 수 없을 때 부르짖는 소리.

예) "**왕배야덕배야**, 이젠 더 이상 못 살겠다"는 백성의 한탄이 높아져만 갔으나 나라에서는 아무런 대책이 없는 듯했다.

왜뚜 피리나 뿔나팔 같은 것을 부는 소리.

예) 빈 배에 달빛만 싣고 오는 것도 서글픈데, 저 멀리서 들려오는 **왜뚜**에 내 마음 나 몰라라!

위낮은청 '바리톤'의 순 우리말.

예) 성악가 오현명의 **위낮은청**은 내게 언제나 깊은 향수를 불러일으킨다.

자냥스럽다 재잘거리는 소리가 듣기에 똑똑한 데가 있다.

예) 고 계집애들 떠드는 소리가 아주 **자냥스럽게** 여기까지 들려오는구나.

자르랑거리다 얇은 쇠붙이 조각들이 부딪쳐 나는 소리.

예) 강철 밴드는 레이저 광선으로 끊길 때마다 하나씩 땅바닥에 떨어져 **자르랑거렸다**

머리와 관계되는 말

머리꼭지 머리의 맨 위의 가운데.

예) 어렸을 적 내 모습을 사진 속에서 찾아보았더니, 머리댕기를 **머리꼭지**부터 치렁치렁 매달고, 어느 동화의 주인공이라도 된 듯이 자랑스럽게 웃고 있었다.

머리끄덩이 머리를 한데 뭉친 끝.

예) 장수는 코를 벌렁거리며 그의 아내 순복의 **머리끄덩이**를 우악스러운 두 손으로 잡고 이 방 저 방 끌고 다녔다.

머리민놈 대머리.

예) 말쑥한 양복의 신사가 보기 좋다고 생각하는 순간, 바람이 모자를 날리고 썰렁한 **머리민놈**이 드러났다.

머리채 길게 늘어진 머리털.

예) 슈퍼마켓 앞에서 **머리채**를 휘어잡고 싸우는 여자들을 보았는데 대단하더군.

머릿살 머릿속에 있는 신경의 살.

예) 발소리가 저쪽 복도에서 이쪽으로 가까워지자 나는 온 **머릿살**이 팽팽히 잡아당겨지는 느낌에 몸을 부르르 떨었다.

수족과 관계되는 말

거스러미 손톱 뒤의 살 껍질이나 나뭇결 등이 가시처럼 얇게 터져 일어나는 부분.

예) 진영이는 손톱깎이를 가지고 **거스러미**를 잘라 버렸다.

곱장다리 무릎뼈는 밖을 향하여 벌어지고 정강이는 안을 향하여 휜 다리.

예) 그 소녀는 누가 봐도 반할 만한 예쁜 얼굴이었으나 **곱장다리**라는 신체적 결함이 있었다.

복사뼈 발회목 부근에 안팎으로 둥글게 나온 뼈.

예) 의사는 내게 **복사뼈** 주변이 크게 손상되었지만 걷는 데는 지장 없을 것이라고 했다.

손샅 손가락 사이.

예) **손샅**을 모기가 물면 아무리 긁어도 시원한 느낌이 없어 아주 곤란하다.

손회목 손목의 잘록하게 들어간 곳.

예) 빙판에서 미끄러져 **손회목**이 심하게 부어올랐으나, 할머니께서는 우리들이 걱정할까 봐 숨기기로 하셨다.

윗아귀 ① 엄지손가락과 집게손가락의 뿌리가 서로 닿은 곳. ② 활의 줌통. ⇔ 아랫아귀.

예) 나는 **윗아귀**에 콩알만 한 사마귀가 있는데 여간 성가시고 불편한 것이 아니다.

자개미 겨드랑이나 오금 양쪽의 오목한 곳.

예) 여름철이면 **자개미**에서 냄새가 심해 그녀는 무척 고민하고 있었다.

조막손 손가락이 오그라져 펴지 못하는 손.

예) 미국 프로야구 대표팀의 톰 선수는 **조막손**이라는 장애를 극복한 훌륭한 투수였다.

흙뒤 발뒤축의 위쪽에 있는 근육.

예) **흙뒤**가 늘어났나 봐. 걸음을 못 걷겠어.

몸통과 관계되는 말

곁가리 갈빗대 아래쪽의 짧고 가는 뼈.

예) 너의 짓궂은 날개꺾기 장난으로 내 **곁가리**가 아직도 욱신거린다.

미주알 항문을 이루는 창자의 끝 부분.

예) 성우는 갑자기 얻은 치질로 **미주알**이 화끈거려서 사흘째 고생을 하고 있다.

뱃구레 사람, 짐승의 배의 통.

예) 주막집 황 씨 **뱃구레**를 보니까 힘이 장사겠던걸.

불 ① 불알을 싸고 있는 살로 된 주머니. ② 불알.

예) 혁태와 싸움을 하는 도중에 그의 **불**을 걷어찼는데, 녀석은 비명을 지르며 그 자리에
푹 고꾸라졌다.

불거웃 불두덩에 난 털.

예) 사람들은 사춘기가 되면 남자건 여자건 성기 주변에 **불거웃**이 나기 시작한다.

샘창자 십이지장.

예) 엄마가 병원에서 안 돌아오시는 걸 보니 아직은 잘 모르겠지만 아마 **샘창자**에 염증
이 생겼나 봐.

자라눈 젖먹이의 엉덩이 양쪽으로 오목 들어간 자국.

예) 기저귀를 갈아 줄 때면 볼 수 있는 은비의 **자라눈**은 참으로 귀엽기 짝이 없다.

자라자지 양기가 동하지 않아 자라목처럼 바싹 움츠러드는 성기.

예) 이 녀석 추운가 보군. 고추가 **자라자지**가 됐네.

젖꽃판 젖꼭지 둘레에 있는 가뭇하고 동그란 자리.

예) 영희의 **젖꽃판**은 불그스름해서 혜경의 까만 그것과는 차이가 있었다.

얼굴과 관계되는 말

송곳눈 날카롭게 쏘아보는 눈초리.

예) 나는 지금도 그 날카롭던 **송곳눈**의 검은 양복 신사를 기억한다. 그는 일주일간 내 뒤
를 미행했었다.

아늠 볼을 이루고 있는 살.

예) 엄마 등에 착 달라붙는 그 아기의 하얀 **아늠**을 살짝 쓰다듬어 주었더니 애 엄마는 왠지 몹시 부끄럼을 탔다.

양냥이뼈 턱뼈.

예) 사내에게 **양냥이뼈**를 심하게 걷어차인 태수는 다행히 큰 부상은 없었으나 곧이어 입에서 피가 흘러나왔다.

주부코 비사증으로 붉은 점이 생긴 코.

예) 아이들은 철수에게 술을 좋아하는 아버지가 **주부코**니까 너도 주부코가 될 거라며 마구 놀려 댔다.

신체 부위와 관계되는 말

불안하거나 초조한 상태와 관계되는 말

그닐거리다 ① 살갗에 벌레가 살살 기는 듯이 자릿자릿한 느낌이 나다. ② 보기에 매우 위태롭거나 치사하고 더러워 마음에 저릿한 느낌이 자주 들다.

예) 범준이가 베란다 창살에 매달려서 노는 모습이 **그닐거려서** 못 견디겠다.

뒤가꿀리다 자신의 약점 때문에 떳떳하지 못하고 마음이 켕기다.

예) 기호의 시험 답안지를 훔쳐보고 성적이 올랐기 때문에 나는 녀석만 보면 **뒤가꿀려서** 자주 피하게 되었다.

바잡다 조마조마하고 두렵고 염려스럽다.

예) 담임 선생님께서 곧 들어오셔서 성적표를 주실 것이므로 나의 마음은 **바잡을** 수밖에 없었다.

신청부 ① 근심 걱정이 많아 사소한 말은 좀처럼 돌아볼 틈이 없다. ② 사물이 너무 작거나 부족하여 마음에 차지 않음.

예) 지겹도록 계속된 **신청부** 같은 생활에 지칠 대로 지친 박승호는 어느 날 아무 말도 없이 회사에 나가지 않았다.

자글거리다 무슨 일에 걱정이 되어 마음을 몹시 졸이다.

예) 어머니는 부도 위기에 빠진 아버지의 사업 때문에 하루 종일 **자글거리시면서** 전화 오기만 기다리셨다.

코털이 센다 일이 하도 뜻대로 안 되어 몹시 애가 탄다.

예) 어음은 계속 돌아오지, 은행에서 대출은 안 해 주지, **코털이 셀** 지경이야.

한포국하다 흐뭇하게 가지다.

예) 아버님은 선행상을 타 온 훈이를 보시고 마음을 **한포국하시며**, 어디선가 군밤을 한 봉지 사 오셔서 녀석에게 안겼다.

미움과 관계되는 말

강샘 질투, 투기.

예) 수진은 나를 보자 **강샘**이 극에 달해 제 성에 못 이겨 그 자리에 쓰러졌다.

견련(을) 보다 ① 양편이 서로 엇갈려 켕김을 받고 있다. ② 서로 엇갈려 원수같이 미워하다.

예) 나는 그렇게 친했던 경애와 미령이 **견련 보는** 것을 더 이상 참을 수 없어서 중재자로 나서기로 결정했다.

민주대다 몹시 귀찮고 미워서 싫어하다.

예) 철수는 어제 있었던 커닝 사건 때문에 오해가 생겨, 오늘도 영희에게 **민주댔다**.

밉광스럽다 지나치게 밉살스럽다.

예) 계집애처럼 미주알고주알 선생님께 죄다 일러바치는 저 자식 **밉광스러워서** 학교에 나오기도 싫을 정도다.

암상 남을 미워하고 샘을 잘 내는 잔망스러운 심술.

예) 별당 아씨, 첩인 주제에 마님께 **암상**궂게 구는 태도라니, 참 가관이더라고!

얌심 ① 암상스럽고 사막스럽게 샘하는 마음. ② 샘바르고 시기하는 마음.

예) 여자들은 선천적으로 **얌심**이 남자보다 강한 것 같아. 그까짓 옷 하나 예쁘게 입었다고 상희가 순영이를 샘내는 것 좀 봐.

용골때질 심술을 부려 남을 부아나게 하는 짓.

예) 너 같으면 돈도 못 받지, 뺨까지 맞은 그 상황에서 **용골때질**하지 않고 가만히 있을 수 있었겠니?

잔밉다 몹시 얄밉다.

예) 미팅 나가는데 좋으면서 안 그런 척하는 그녀가 너무도 **잔미워서** 뭐라고 한마디 쏘아 주고 싶었다.

칙살맞다 하는 짓이 얄밉고 칙살하다.

예) 세진이가 하는 행동 하나하나가 하도 **칙살맞아서** 골탕을 먹여 주고 싶었을 뿐이었는데, 그렇게 많이 다칠 줄은 몰랐다.

칙살하다 하는 짓이 잘고 더럽다.

예) 행동이 **칙살하면** 남들에게 따돌림당하니까 객지 생활이 더 어려워질 거야.

미안함, 부끄러움과 관계되는 말

밑구리다 숨기고 있는 범죄나 과실 때문에 떳떳하지 못하다.

예) 저 국회의원 **밑구린** 게 있으니까 사람들에게 저렇게 물품 선심을 쓰는 거라고.

바끄럽다 ① 양심에 꺼려 남을 대할 면목이 없다. ② 스스러움을 느껴 수줍다.

예) 내가 먼저 좋아서 쫓아다니고 이번엔 또 먼저 이별을 고하니 그녀에게 너무 **바끄러워서** 더 이상 다방에 앉아 있을 수가 없었다.

서머하다 미안하여 대할 낯이 없다.

예) 어제 금경이와 여의도에서 만나기로 했는데 내가 깜빡 잊고 약속을 어겨서 오늘 **서머했다**.

얌치 마음이 깨끗하며 부끄러움을 아는 태도.

예) 왕거지도 **얌치**가 있는지 밥 달라고 사흘은 연속으로 못 오는구나.

코떼다 무안하도록 핀잔을 맞다.

예) 쟤가 좀 어른이라고 따지러 갔다가 오히려 야무진 어린애에게 **코떼이고** 왔다는군요.

그 밖의 심리 상태와 관계되는 말

감빨리다 ① 입맛이 당기다. ② 이익이 탐나서 욕심이 생기다.

예) 갓 삶아 낸 국수에 멸치국물을 부어 놓으니 그 냄새가 정말 **감빨리게** 한다.

감질나다 먹고 싶거나 가지고 싶어 애타는 마음이 생기다.

예) 애들이 **감질나** 하니까 아예 사탕을 봉지째 주세요.

감치다 잊히지 아니하고 늘 마음에 감돌다.

예) 잉그리드는 그 옛날 달콤한 상류사회 생활이 늘 **감쳐서** 하녀라는 제 처지를 잊기가 일쑤였다.

검쓰다 ① 비위에 거슬리도록 거세고 쓰다. ② 마음에 언짢고 섭섭하다.

예) 내 애인 앞에서 그녀가 한 거침없는 행동 때문에 난 참 **검써서** 혼났다.

구쁘다 먹고 싶어 입맛이 당기다.

예) 춥고 배고픈 상태에서 구수한 된장 찌개 냄새를 맡으니 나는 **구뻐서** 미칠 지경이었다.

귀중중하다 ① 더럽고 지저분한 느낌이 있다. ② 인격이 비루한 느낌이 있다.

예) 경상대 식당 음식은 왠지 **귀중중해서** 먹고 나오면서도 꺼림칙했다.

끌끔하다 마음이나 솜씨가 끌끌하고 미끈하다.

예) 저 남자는 마음 씀씀이가 **끌끔해서** 주위에서 좋은 사람이라는 평판이 자자하다.

도스르다 무슨 일을 하려고 별러서 마음을 가다듬다.

예) 그 청년은 어젯밤의 강도 사건에 충격을 받았으나 마음을 추스르고 **도스렸다**.

두텁다 아주 미덥다.

예) 그 소년은 나이는 어렸지만 동지들은 그를 **두텁게** 느껴 제법 큰 일도 곧잘 맡겼다.

들썽하다 들뜬 마음이 가라앉지 않다.

예) 어제 그와 나눈 첫 입맞춤으로 **들썽한** 마음은 오늘까지 이어졌다.

맥적다 심심하고 무릎하다.

예) 비 오는 휴일은 너무 **맥적어서** 별로 즐겁지 못하다.

불뚝성 갑자기 불끈 내는 성.

예) 우리 물건을 납품 받기로 한 오 씨가 이유 없이 **불뚝성**을 낼 때마다 나의 가슴은 죄 지은 사람처럼 뛰었다.

비쌔다 마음은 있으면서 안 그런 체하다.

예) 이제 그만 **비쌔고** 용기를 내서 그녀에게 사랑을 고백하는 게 어때?

사랑옵다 마음에 꼭 들도록 귀엽다.

예) 아빠가 얻어 온 푸들 강아지가 너무 **사랑옵다**.

서름서름하다 매우 서름하다.

예) 초년생으로 대학에 오니 모든 것이 매우 **서름서름하다**.

서릇하다 무슨 일에 물려서 싫증이 나다.

예) 이젠 너를 보는 것도 **서릇하니** 그만 만나자.

섯 서슬에 불끈 일어나는 감정.

예) 그의 열띤 반박론에 반민특위 위원들은 **섯**을 느꼈지만 꾹 참고 앉아 있었다.

섯삭다 ① 서슬에 불쑥 일어난 노여움이 풀어지다. ② 의심하는 마음이 풀어지다.

예) 울며 사과하는 그녀를 보자, 가만두지 않겠다던 마음은 사라지고 나는 곧 **섯삭음**을 느꼈다.

수꿀하다 무서워서 몸이 으쓱하다.

예) 영화 〈드라큐라〉에서 흡혈귀가 한 여자의 피를 빼는 장면을 보며 **수꿀한** 마음이 들었다.

아령칙하다 기억이 또렷하지 않다.

예) 밤새 술을 마셔 **아령칙한** 상태여서 그는 자신의 심정을 솔직히 토로할 수 있었다.

알심 ① 은근히 동정하는 마음. ② 보기보다는 야무진 힘.

예) 결혼은 **알심**을 가지고 하면 안 되고 어디까지나 사랑으로 해야 한다.

암암하다 잊히지 않고 가물가물 보이는 듯하다.

예) 그녀가 **암암하게** 나의 마음에 오래 남아 있는 것은 대학로의 곳곳에 그간의 추억이 서려 있기 때문이다.

앵하다 손해를 보았을 때 마음이 분하고 아깝다.

예) 다 이긴 경기에서 대타로 들어온 선수에게 홈런을 맞아 역전패를 당하고 나니 정말 **앵해서** 못 살겠다. 술이나 한잔하러 가야지.

얄나다 야살스럽게 신바람이 나다.

예) 계속 스트라이크를 기록한 그는 뭐가 그리도 **얄나는지** 연신 휘파람을 불고 있었다.

어령칙하다 기억이 분명하지 않다.

예) 오줌을 싸서 소금 얻으러 다닌 때가 다섯 살 때인지 여섯 살 때인지 **어령칙하다**.

왜퉁스럽다 ① 엄청나게 새퉁스럽다. ② 보통 상태와는 달리 아주 엉뚱한 데가 있다.

예) 영철이는 자주 **왜퉁스러운** 데가 있어서 진심을 헤아리기가 무척 어렵다.

주니 몹시 지리함을 느끼는 싫증.

예) 네가 전자부품 끼우는 생산 라인에서 **주니**가 나서 오래 있겠니?

심리 상태와 관계되는 말

가벼운 것과 관계되는 말

가든하다 가볍고 단출한 느낌이 있다.

예) 이 라면 박스로 하나 정도의 책이야 **가든하게** 들 수 있을 거야.

거든하다 생각보다 가볍고 단출한 느낌이 있다.

예) 오랜만에 잠을 푹 잤더니 오늘 아침에는 몸이 **거든하구나**.

거분하다 ① 마음에 짐이 되지 아니하고 편안하다. ② 들기 좋을 만큼 가볍다.

예) 나는 그의 사랑이 **거분해서** 그게 좋아.

부프다 물건의 부피는 크나 무게는 가볍다.

예) 창고에 쌓여 있는 솜덩이가 보기에만 **부픈** 것 같아서 대수롭지 않게 생각했는데 들어 보니 꽤 무거웠다.

서붓 발을 얼른 내딛는 모양이나 소리.

예) 주무시는 할아버지를 깨우지 않으려고 **서붓** 방을 빠져나오려는데 재떨이를 차는 바람에 할아버지께서 깨셨다.

서푼서푼 발소리가 나지 않도록 연해 가볍고 빠르게 내걷는 모양.

예) 영철이는 어머니 몰래 안방에 있는 곶감을 먹기 위해서 **서푼서푼** 걸어 들어갔다.

서붓서붓 소리가 나지 않도록 발을 가볍게 빨리 내딛는 모양. 소리가 나지 않도록 가볍게 급히 걷는 모양.

예) 외출 금지령이 내려진 성희는 그래도 또 **서붓서붓** 문밖으로 나가기 시작했다.

욜랑욜랑 ① 가볍게 움직이는 모양. ② 촐싹거리는 모양.

예) 녀석은 다 큰 놈이 어린애처럼 **욜랑욜랑** 행동한다.

홀보드르르하다 피륙 등이 퍽 가볍고 보들보들하다.

예) 어머니가 사 오신 가죽 점퍼는 인조가죽이긴 했지만 **홀보드르르한** 게 내 맘에 꼭 들었다.

격한 것, 강한 것과 관계되는 말

댕댕하다 ① 힘이 세다. ② 켕기어서 팽팽하다. ③ 속이 옹골차다.

예) 내 친구 영철이는 겉보기엔 허약해 보이지만 꽤 **댕댕해서** 쉽게 얕볼 수 없는 아이다.

댕돌같다 돌과 같이 썩 단단하다.

예) 영숙이는 여자답지 않게 **댕돌같아서** 모든 동네 청년들에게 따돌림을 받는다.

들차다 뜻이 굳세고 몸이 튼튼하다.

예) "저를 밀어 주신 유권자 여러분께 깊은 감사를 드리며, 지역 주민들의 하인으로서 **들찬** 사람이 되겠습니다"라고 이 지역 당선자가 소감을 밝혔다.

듬직하다 경솔하지 않고 묵중하여 믿을 만하다.

예) 네 친구는 **듬직하던데** 너는 왜 그리 성품이 가볍냐.

생동생동하다 기운이 꺾이지 아니하고 본래의 기운이 그대로 남아 있다.

예) 똑같이 산엘 다녀왔는데 왜 너만 그리 **생동생동하냐**.

싱둥싱둥하다 기운이 줄지 않고 본디대로 아직 남아 있다.

예) 너 참 체력이 대단하구나. 그렇게 뛰고도 아직 **싱둥싱둥한** 걸 보니.

악패듯 사정없이 마구 협박하는 모양.

예) 불량배들이 어린 학생을 **악패듯** 중국집 담벼락으로 몰아세웠다.

튼실하다 튼튼하고 실하다.

예) 고 녀석, 모유를 먹어서인지 아주 **튼실한** 것이 예쁘구나.

헌걸차다 ① 기운이 매우 장하다. ② 키가 매우 크다. ③ 매우 헌거롭다.

* 헌거 풍채가 좋고 의기가 당당함.

예) 이순신 장군은 정신없이 도망치는 왜군의 함선을 바라보며 **헌걸차게** 외쳤다. "자, 적들은 지금 도망치기에 급급하다. 모두 쫓아가 왜적들을 섬멸하라."

기울거나 비뚤어진 것과 관계되는 말

거우듬하다 조금 기울어진 듯하다.

예) 이탈리아에 있는 피사의 사탑은 **거우듬한** 건물로 세계적으로 유명하다.

기우듬하다 조금 기웃하다.

예) 그 큰 덤프트럭은 매우 무겁고 단단했기 때문에 큰 충격에도 **기우듬할** 뿐이다.

민틋하다 울퉁불퉁하지 않고 평평하며 비스듬하다.

예) 새로 닦은 마을 앞 오르막길이 **민틋해서** 마을 사람들의 생활이 훨씬 더 편리해졌다.

배딱하다 한쪽으로 조금 기울어져 있다.

예) 장애인인 그가 사회를 보는 시각은 항상 **배딱한** 게 불만에 가득 차 있다.

배뚜름하다 조금 배뚤어져 있다.

예) 벽에 걸린 수채화 액자가 오른쪽으로 **배뚜름해** 보이지 않아요?

배뚤다 바르지 못하고 한쪽으로 기울어지거나 쏠려 있다. 〈 비뚤다.

예) 그의 성격은 어딘지 모르게 **배뚤해서** 가까이 하기가 퍽 어렵다.

배리배리 배틀어지고 야윈 모양.

예) 너는 사내자식이 그렇게 **배리배리해서** 어디에 써먹겠니. 운동도 좀 하고 규칙적인 생활을 하도록 하여라.

배슥거리다 ① 이쪽저쪽으로 쓰러질 듯 비틀비틀하다. ② 무슨 일을 마음먹고 하지 않다.

예) 남편이 술에 취해서 **배슥거리는** 모습은 결혼 후에 더 자주 볼 수 있었다.

배슥하다 한쪽으로 좀 기울어져 있다.

예) 저는 소아마비를 앓아서 왼쪽 다리가 좀 짧기 때문에 어깨도 왼쪽으로 **배슥할** 수밖에 없답니다.

비꾸러지다 ① 몹시 비뚤어지다. ② 그릇된 방향으로 벗어나다. ③ 일이 낭패하다.

예) 아침 조회 시간에 선생님은 학생들에게 줄을 맞추라고 하였으나 계속 **비꾸러지기만**

하는 줄을 어쩔 수 없었다.

비스러지다 둥글거나 네모 반듯하지 못하고 비뚤어지다.

예) 그 집 방에 들어서자마자 걸려 있는 **비스러진** 메주를 보니 문득 고향의 어머니 생각

에 향수가 치밀어 올랐다.

샐그러지다 물체가 한쪽으로 배뚤어지거나 기울어지다.

예) 어머님 초상화의 균형을 맞추려 했으나 한쪽이 무거운 탓인지 자꾸 **샐그러지기만**

했다.

샐긋하다 물건이 한쪽으로 배뚤어져 있다.

예) 그녀의 사진첩에서 발견한 공통점은 그녀가 사진마다 고개를 **샐긋하며** 포즈를 취하

고 있다는 점이었다.

쌀긋거리다/쌀긋대다 한쪽으로 배뚤어지거나 기울어지게 자꾸 움직이다. 또는

그리 되게 하다.

예) 물통에 물이 너무 많아 들고 가기 어려우니 **쌀긋거려** 조금 버려라.

쌀긋하다 바르게 되었던 물건이 한쪽으로 일그러지다.

예) 조심하지 않고! 네가 깔고 앉는 바람에 선물하려던 케이크가 **쌀긋해졌잖아.**

쌜긋하다 물건이 한쪽으로 빼뚤어져 있다.

예) **쌜긋한** 피사의 사탑을 한국에서 관광 온 박 노인은 이상한 듯 보았다.

얄긋하다 한쪽으로 조금 쏠리어 비뚤어지다.

예) 범준이의 세발자전거가 한 번 계단에서 구르고 나더니 앞바퀴가 **얄긋해져** 버렸구나.

잦바듬하다 ① 뒤로 자빠질 듯이 비스듬하다. ② 덤비지 않고 물러날 듯하다.

예) 우리 집 강아지 뽀삐는 한 번 나에게 발로 차인 이후로 나만 보면 **잦바듬하게** 뒷걸음

만 친다.

틀어지다 ① 어느 한쪽으로 배배 꼬이다. ② 제 갈 자리에서 옆으로 굽어 나가

다. ③ 새끼 모양으로 꾀어 틀리다. ④ 사귀는 사이가 서로 벌어지다. ⑤ 꾀하는

일이 어그러지다.

예) 그쪽 줄을 꽉 잡아. 잘못하면 **틀어지니까** 말이야.

많고 적음과 관계되는 말

경성드뭇하다 많은 수효가 듬성듬성 흩어져 있다.

예) 금잔디밭에서 학생들이 **경성드뭇하게** 흩어져서 노래도 부르고 게임도 하고 있는데, 모두 즐거운 표정들이었다.

나우 좀 많게. 정도가 좀 낫게.

예) 어머니, 배가 고프니까 밥 좀 **나우** 담아 주세요.

늘채다 예정한 수효보다 많이 더하다.

예) 야유회 참가 예상 인원보다 실제 참여한 수가 훨씬 **늘챘다**.

능준하다 표준에 차고도 남아 넉넉하다.

예) 오늘 일이 바쁠 줄 알았는데 생각보다 시간이 **능준해서** 맥줏집에서 생맥주 한잔 할 시간도 생겼다.

들꾀다 여럿이 많이 모여들다.

예) 여러 분야의 학자들이 그 학술대회에 **들꾀어서** 열띤 토론을 벌였다.

모춤하다 길이나 분량이 어떤 한도에 차고 조금 남다.

예) 김포상회에서 사는 쌀은 언제나 집에 와서 되어 보면 **모춤했다**.

무드럭지다 두두룩하게 많이 쌓여 있다.

예) 보물섬에는 보물이 **무드럭지게** 숨겨져 있겠지?

박작거리다 ① 많은 사람이 좁은 곳에 모여 뒤끓어 움직이다. ② 물 같은 것이 작은 그릇에서 바글바글 끓어오르다.

예) 많은 사람들이 인기 가수의 콘서트를 보려고 몇 시간 전부터 체육관 앞에서 **박작거리고** 있었다.

벅신거리다/벅신대다 사람, 짐승 등이 한곳에 많이 모여 활발하게 움직이다.

예) 공작이 꼬리 펴는 것을 보려고 많은 사람들이 우리 앞에서 **벅신거렸다**.

부썩 ① 외곬으로 우기는 모양. ② 사물이 갑자기 많이 늘거나 주는 모양.

예) 성민이가 가겠다고 **부썩** 우기는 바람에 시간이 지체되었지.

수북하다 ① 물건이 많이 놓이거나 쌓여 있다. ② 살이 부어 두드러져 있다.

예) 자갈밭에 잔돌들이 **수북해서** 콘크리트 골재로 안성맞춤이다.

안다미로 담은 것이 그릇에 넘치도록 많이.

예) 할머니께서 오랜만에 왔다며 떡국을 **안다미로** 주셨다.

어지빠르다 정도가 넘고 처져서 어느 쪽에도 맞지 않다.

예) 술을 마실 때 **어지빠르게** 취해서는 곤란하다. 많이 취해도 곤란하지만, 자꾸 사양만

해도 분위기를 모르는 사람이 되기 때문이다.

왁실덕실 많은 사람이나 동물이 들끓어 변화가 많고 어지럽게 움직이는 모양.

예) 시위하던 학생들이 갑자기 **왁실덕실** 움직이기 시작했다.

인성만성 ① 여러 사람이 복작거려 떠들썩한 모양. ② 정신이 혼미하여 눈앞이

어른어른한 모양.

예) 요즘은 방학 때라서 극장가가 **인성만성**이다.

작차다 가득차다.

예) 벗이여! 내 술잔에 술을 **작차게** 따라라.

졸막졸막 여러 개의 크고 작은 물건이 뒤섞여서 차이가 두드러진 모양.

예) 아파트 주차장엔 대형 버스에서 소형 승용차까지 여러 종류의 차들이 **졸막졸막** 주

차해 있었다.

훗훗하다 딸린 사람이 적어서 아주 홀가분하다.

예) 사람들이 술에 취해 하나 둘씩 빠져나가자 시끌거리던 술좌석이 **훗훗해서** 참 좋았다.

물컹거리며 부드러운 것과 관계되는 말

난작거리다/난작대다 썩거나 삭아서 힘없이 처지다.

예) 오랫동안 광에 넣어 두었던 침대 다리가 썩어서 **난작거린다**.

난지락대다/난지작거리다 속은 조금 굳고 겉은 징그럽게 물크러지다.

예) 썩은 복숭아가 **난지락댄다**.

난질거리다 물크러져 흐늘거리다.

예) 오늘 가져왔다는 딸기가 왜 이렇게 **난질거려요**?

날캉거리다/날캉대다 흠씬 물러서 저절로 축축 처지게 되다.

예) 어떻게 풀 먹인 호창이 **날캉거릴** 수 있담.

날큰거리다/날큰대다 물러서 늘어지는 느낌이 있다.

예) 후배가 준 가지무침은 냉장고에 며칠 넣어 두니 **날큰거렸다**.

누그름하다 ① 약간 누글누글하다. ② 좀 묽다.

예) 울다 지쳐 그녀의 성질은 곧 **누그름해졌다**.

누글누글하다 ① 무르녹게 누긋누긋하다. ② 마음이 퍽 유순하다. ③ 몸이 뼈가 없이 부들부들하다.

예) 혁준이는 성격이 참 **누글누글해서** 좋아.

누긋하다 물건이나 성질이 메마르지 않고 여유 있게 부드럽다.

예) 찰떡이 따뜻하고 **누긋해져서** 꿀을 찍어 참 맛있게 먹었다.

는지럭거리다/는지럭대다 속은 굳고 겉은 징그럽게 뭉클뭉클하다.

예) 우리 큰 녀석은 고등학교 들어가더니 무척 **는지럭거리고** 반죽이 좋아졌어요.

는질거리다/는질대다 물러서 물크러질 듯한 느낌을 주다.

예) 어제 술을 많이 마셨더니, 아침부터 몸이 **는질거려서** 목욕이라도 해야 할까 보다.

말씬하다 삶거나 쪄서 익힌 것이 파삭하게 무르다.

예) **말씬하게** 찐 감자를 보니 고향에서 지금쯤 감자를 캐실 어머니 생각이 났다.

몬닥 썩거나 질척질척하게 무른 물건이 덩이로 똑 떨어지는 모양.

예) 지붕 위에 굳어 있던 진흙이 비가 오자 **몬닥몬닥** 땅 위로 떨어졌다.

몬탁 썩거나 질척질척하게 무른 물건이 덩이로 뚝 떨어지는 모양.

예) 방금 바른 시멘트가 갑자기 내린 소나기에 **몬탁몬탁** 흘러내렸다.

몰랑하다 감이나 복숭아 같은 것이 익어서 물기가 있고 야들야들하게 보드라워

말신말신하다.

예) 그 꼬마의 볼은 **몰랑해서** 자꾸만 만지고 싶다.

몰씬하다 잘 익거나 물러서 좀 포삭포삭하다.

예) 미향이네 집에 할머니가 계셔서 **몰씬한** 홍시로 사귈 잘했다는 생각이 들었다.

문덕문덕 썩거나 문드러진 물건이 덩이로 뚝뚝 떨어지는 모양.

예) 깜깜한 어둠 속에서 어디선가 **문덕문덕** 진흙 덩이가 떨어진다.

문문하다 ① 부드럽고 무르다. ② 우습게 보다.

예) 감자를 **문문하게** 쪄야 할머님께서 드시기 좋단다.

문적 얇고 약하거나 썩은 물건이 힘없이 끊어지거나 문드러지는 모양.

예) 찰흙으로 만든 끈이 아직 마르지 않아 **문적문적** 끊어졌다.

물썽하다 체질, 성질이 물러서 보기에 만만하다.

예) **물썽한** 사람은 남에게 만만하게 보이지만 그것이 바로 그런 사람들이 갖는 외유내강이다.

물쩍지근하다 어떠한 상태가 더하지도 덜하지도 않아 지루한 느낌이 있다.

예) 요즈음 내 생활이 **물쩍지근해서** 어디론가 여행을 떠나고 싶다.

물크러지다 썩거나 너무 풀려서 제 모양이 없을 정도로 헤어지다.

예) 딸기가 **물크러지지** 않도록 조심해서 사 와라.

묽숙하다 알맞게 묽다.

예) 맥주가 너무 **묽숙하면** 맛이 떨어지니까 물을 많이 타면 절대 안 된다.

묽스그레하다 조금 묽은 듯하다. 〉 맑스그레하다.

예) 어머니! 잣죽을 조금 **묽스그레하게** 쑤어 주세요.

버슬버슬 덩이가 된 가루 등이 말라서 쉽게 부스러지는 모양.

예) 고사떡의 떡고물이 **버슬버슬**해서 오래된 것 같아 구미가 당기지 않았다.

부둑부둑 물기가 있는 물건의 거죽이 거의 말라서 좀 뻣뻣한 모양.

예) 설거지 후 손이 **부둑부둑**해지자 신문을 펼쳐 든 그녀는 소스라치게 놀랐다.

비근거리다 물건의 상태가 느스러져 이리저리 흔들리다.

예) 누렇게 익은 들판을 지키는 외로운 파수꾼 허수아비는 가을바람에 못 이겨 **비근거**

양태와 관계되는 말

리고 있다.

삼박삼박 ① 연해서 칼에 잘 베어지는 모양. 또는 그 소리. ② 조금 단단하고 물기가 많은 것이 가볍게 잘 씹히는 모양. 또는 그 소리.

예) 이 아기는 두 살밖에 안 됐는데도 오이를 **삼박삼박** 잘 씹어 먹더군요.

삼빡삼빡 조금 단단하고 물기가 많은 것이 가볍게 잘 씹히는 모양. 또는 그 소리.

예) 저 조그만 토끼가 저렇게 큰 당근을 **삼빡삼빡** 잘도 베어 먹네.

하분하분 물기가 있고 매우 연하고 무른 모양.

예) 말린 표고버섯을 요리할 때는 따뜻한 물에 담가 두었다가 **하분하분**하게 된 후에 사용해야 한다.

흠실흠실 너무 삶아져서 물크러질 정도로 된 모양. 〉함실함실.

예) 너, 시금치를 몇 시간이나 삶았니? 얼마나 오래 끓여 이렇게 **흠실흠실**해?

아름다움, 추함과 관계되는 말

간동하다 잘 정돈되어 단출하다.

예) 사람은 어렸을 때부터 주변을 **간동하게** 하는 습관을 들여야 한다.

거덕치다 모양이 상스럽거나 거칠어 어울리지 않다.

예) 내가 입은 반바지는 **거덕친데**, 네가 입은 반바지는 잘 어울리는구나.

건드러지다 목소리나 맵시 따위가 아름다우며 멋들어지게 부드럽고 가늘다.

예) 연변에서 왔다는 그 여가수의 노랫소리는 **건드러져서** 노인들의 심금을 울렸다.

곱다래지다 곱다랗게 되다.

* **곱다랗다** 아주 곱다. 축나거나 변하지 않고 온전하다.

예) 시냇가의 진달래가 제법 **곱다래지는** 걸 보니 봄은 봄이구나.

괴발개발 글씨를 함부로 써 놓은 모양.

예) 그 녀석은 편지 한 장 쓰는데도 글씨가 **괴발개발**이다.

구저분하다 거칠고 더럽다.

예) 주인을 잃은 개들이 모여 있는 그 우리에는 아무리 예쁜 애완용 강아지라도 금방 **구저분해지지** 않을 수 없었다.

구접스럽다 ① 너절하고 더럽다. ② 하는 짓이 더럽다.

예) 이 방은 너무 **구접스러워** 단 하루도 있기가 역겹다.

구중중하다 깨끗하지 못하며 축축하다.

예) 불도 좀 넣어 보송보송하게 하고 도배도 새로 했더니 그 **구중중했던** 방이 확 달라 보였다.

너볏하다 아주 떳떳하고 의젓하다.

예) 강의 시간에 늦었으면서도 과 대표는 **너볏이** 걸어 들어와 교수님의 실소를 자아냈다.

맵자하다 모양이 꼭 제격에 어울려서 맞다.

예) 그 모자는 그 옷에 꼭 **맵자해서** 얼핏 보면 한 벌인 줄 알겠다.

면바르다 거죽이 반듯하다.

예) 요즘은 **면바른** 놈들이 더 나쁜 짓을 많이 하죠.

미추룸하다 매우 젊고 건강하며 기름기가 돌고 아름다운 태가 있다.

예) 나와 헤어진 지 10년 만에 만나게 된 희수는 이제 **미추룸하게** 커서 아주 예뻤다.

벌그데데하다 곱지 않고 조금 천하게 벌그스름하다.

예) 그녀는 뙤약볕 아래에서의 잡일 때문에 곱던 얼굴이 **벌그데데해졌다.**

부듯하다 꼭 맞아서 헐렁거리지 아니하다.

예) 이번에 산 스타킹은 아주 **부듯해서** 다리도 더 예뻐 보이는 것 같다.

사뜻하다 모양이나 마음씨가 깨끗하고 말끔하다.

예) 오늘따라 그가 유난히 **사뜻해** 보이는 이유는 새 양복 때문인가?

삼사하다 어울리지 아니하다.

예) 경망스럽게 아무나 붙잡고 떠드는 네 행동은 이런 분위기에는 **삼사하니** 자제하도록 해라.

새뜻하다 새롭고 산뜻하다.

예) 계절이 바뀌니 거리 여인들의 옷이 **새뜻한** 게 보기 좋다.

섬서하다 ① 어울리지 아니하다. ② 친절하지 않다.

예) 저기 벤치 위의 연인들은 나이 차가 너무 나서 그런지 좀 **섬서해** 보인다.

예) 그 지방 사람들의 **섬서함** 때문에 효도관광 여행이 굉장히 힘들었다.

야지러지다 ① 한쪽이 줄어들다. ② 한 귀퉁이가 떨어지다.

예) 내가 이틀간을 밤새워 만든 토루소 작품이 운반 도중에 **야지러졌는데** 화 안 나게 생겼니?

어루러기지다 얼룩얼룩하게 되다. 얼룩지다.

예) 치마에 쏟아진 커피는 금세 **어루러기지면서** 지워지지 않아 나는 어쩔 줄 몰라 했다.

일매지다 ① 죄다 가지런하다. ② 모두가 고르고 비슷하다.

예) 내무반 관물대는 모두 **일매지게** 정리가 됐으나 내 옆의 김 이병이 보이지 않아 걱정이 되었다.

추접지근하다 깨끗하지 않고 좀 추저분한 듯하다.

예) 대학생으로서 유치하다 싶은 그런 **추접지근한** 낙서는 삼가야만 한다.

출무성하다 ① 위와 아래가 굵거나 가늘지 않고 비스름하다. ② 물건의 대가리가 일매지게 가지런하다.

예) 새로 이사 간 집에서 고사를 지내는데 돼지머리가 필요하여 어머니를 따라 시장에 갔다. 돼지머리 파는 가게에 가 보니 그야말로 하나의 흐트러짐 없이 돼지머리가 **출무성하였다.**

치신사납다 몸을 잘못 가져 꼴이 매우 사납다.

예) 저 여가수는 노래는 잘 부르는데 너무 **치신사납게** 굴어서 스캔들이 끊일 날이 없다.

흠지러기 ① 깨끗하고 윤이 번들번들하게 나다. ② 살코기에 달린 잡살뱅이 주저리 고기.

예) 네 구두는 정말 **흠지러기**해. 어지간히 닦고 다녀라. 금방 닳겠다.

어긋난 것과 관계되는 말

배끗 ① 맞추어 끼울 물건이 어긋나서 맞지 않는 모양. ② 잘못해서 일이 어긋나는 모양.

예) 그녀와는 이제 **배끗**해져서 예전처럼 그 사이좋던 관계를 회복하기 어렵다.

버스름하다 버스러져 사이가 버름하다.

* 버스러지다 ① 겉에 있는 것이 뭉그러져 헤어지다. ② 벗겨져서 헤어지다. ③ 어떤 범위 안에 들지 못하고 벗어나다.

예) 네 책상과 내 책상이 **버스름하니까** 그 사이로 자꾸 볼펜이나 지우개가 빠져 버리는구나.

벋벋버스름하다/벋벋버스레하다 두 사람의 사이가 서로 맞지 않아 잔뜩 버름하다.

* 버름하다 ① 틈이 좀 벌어져 있다. ② 마음이 서로 맞지 않다.

예) 그와 나는 사이가 **벋벋버스름해서** 만났다 하면 싸우기만 한다.

어긋어긋 물건의 각 조각이 이가 안 맞아 조금씩 어긋나 있는 모양.

예) 지난 일요일 뒤뜰의 담을 벽돌로 새로 쌓았는데, 벽돌공을 부르지 않고 아버지가 직접 쌓으셨기 때문에 **어긋어긋**한 것이 모양새가 좋지 않았다.

왜나가다 빗나가다. 엇가다.

예) 한 번 **왜나간** 화살은 돌이킬 수 없듯이 한 번 내뱉은 말은 주워 담을 수 없으니까 항상 입 조심해라.

자뿌룩하다 조금 어긋나다.

예) 형준이 앞니 두 개의 **자뿌룩한** 모양은 볼 때마다 귀여운 느낌을 준다.

티격나다 서로 뜻이 안 맞아 사이가 벌어지다.

예) 사이가 그렇게 좋던 은숙이와 정희는 시험 문제 하나 때문에 **티격났다**.

엉성하고 느슨한 것과 관계되는 말

거듬거듬 대강대강 모으는 모양.

예) 성냥팔이 만용이는 손님이 집어 던져 쏟아진 성냥을 **거듬거듬** 줍더니만 휙 나가 버렸다.

날쌍하다 짜이거나 엮인 것의 사이가 좀 뜨다.

예) 네가 짠 베는 시어머니가 짠 것과 달리 왜 이렇게 **날쌍하냐**?

너스르르하다 조금 굵고 길고 부드러운 풀이나 털 따위가 성기고 어설퍼 보이다.

예) 지난달 어머니께서 꽃병에 꽂아 둔 갈대가 **너스르르해** 뽑아 버렸다.

너슬너슬하다 굵고 길고 부드러운 풀이나 털 따위가 거칠게 성기다.

예) 할머니께서 뒷산에서 뜯어 오신 나물들이 **너슬너슬한** 채 바구니에 그대로 있었다.

듬성듬성 드물고 성긴 모양.

예) 마당의 잔디가 빛을 받은 곳만 **듬성듬성**하게 자랐다.

맥맥하다 ① 코가 막혀 답답하다. ② 생각이 잘 돌지 아니하다.

예) 코가 **맥맥해서** 정신 집중이 안 되니 감기약을 먹고 일찍 쉬어야겠어요.

비적비적 싸 놓은 물건이 군데군데 비어져 나오는 모양.

예) 대충 쌓아 둔 책들이 **비적비적**한 게 곧 쓰러질 모양새였다.

서부렁하다 묶거나 쌓은 물건이 꼭 다 붙지 아니하고 느슨하거나 버름하다.

예) 범준이가 높이 쌓은 레고 블록이 **서부렁해서** 곧 무너질 것 같았다.

설피다 짜거나 엮은 것이 거칠고 성기다. 〉 살피다.

예) 이 광주리는 왜 이리 **설피게** 짰니? 도저히 내다 팔 수가 없겠다.

성깃하다 조금 성긴 듯하다.

예) 연인 관계는 **성깃할** 때 조심하지 않으면 헤어지기 십상이다.

얄긋거리다/얄긋대다 짜인 물건의 네모가 서로 맞지 않고 느슨하며 연해 움직이다. 〈 일긋거리다.

예) 그 의자는 너무 **얄긋거려서** 가만히 앉아 있자니 너무 불안했다.

일긋거리다 꼭 짜인 물건이 사개가 느슨하여 이리저리 움직이다.

예) **일긋거리는** 사다리 위에 올라갔다가 그녀는 어쩔 줄 몰라 했다.

콜랑거리다 무엇이 착 달라붙지 않고 부풀어서 들썩들썩하다.

예) 날씨는 무덥고 등에 진 배낭은 오늘따라 왜 이리 **콜랑거리는지**, 나는 자꾸만 대오에서 처졌다.

탄명스럽다 보기에 똑똑하지 못하고 흐리멍텅한 데가 있다.

예) 그는 **탄명스러운** 데다가 말까지 심하게 더듬어서 우리를 난감하게 했다.

흘미죽죽 일을 야무지게 빨리 끝맺지 못하고 흐리멍텅하게 질질 끄는 모양.

예) 얼굴은 야무지게 생겨 가지고 어쩜 하는 일이 그리 **흘미죽죽**하니?

웃는 모양과 관계되는 말

방시레 소리를 내지 않고 입을 약간 벌려 평화스럽고 예쁘게 웃는 모양.

예) 두 살 난 지희는 솜사탕을 주면 **방시레** 웃곤 한다.

벙시레 소리없이 입을 약간 벌려 평화스럽게 웃는 모양.

예) 자지러지게 울던 아기를 내가 안아 주니 **벙시레** 웃었다.

샐샐 새실새실.

예) 얄밉게 나를 곤경에 빠뜨리고 **샐샐** 웃는 녀석의 얼굴에 나는 침을 뱉어 주고 싶었다.

생끗생끗 생끗거리며 빵끗거리는 모양.

예) 나는 아마도 그녀의 **생끗생끗**거리는 모습에 홀딱 반해 버린 건지도 모른다.

성글거리다/성글대다 천연한 태도로 연해 눈웃음치다.

예) **성글거리며** 우리 사무실로 들어오는 사기꾼 김 가를 보며 또 무슨 함정이 있구나 싶었다.

성글벙글 성글거리며 벙글벙글하는 모양.

예) 그는 파트너가 마음에 들었는지 미팅에서 시종일관 **성글벙글**하였다.

성긋 천연스럽게 얼핏 가벼운 눈웃음을 짓는 모양.

예) 그는 나의 등을 가볍게 치고는 **성긋** 눈웃음을 웃었다.

성긋벙긋 성긋거리며 가벼운 눈웃음을 짓는 모양.

예) 그 여자도 계속 **성긋벙긋**하면서 상대방인 지호의 용모가 마음에 드는 눈치였다.

성긋이 천연스럽게 지그시 눈웃음치는 모양.

예) 땀을 흘리며 다방으로 뛰어든 그녀의 **성긋이** 웃는 모습을 보자 나는 기다리느라 쌓였던 모든 화가 단숨에 풀리는 느낌이었다.

성끗 다정하게 얼핏 눈웃음치는 모양.

예) 과 대표인 태욱이는 뒤늦게 도착한 나를 보자 **성끗**거리면서 뛰어왔다.

쌔물거리다 이가 빠진 노인이 입을 연방 움직여 힘없이 웃다.

예) 병상에 누워 있던 김 노인이 10년 만에 고향을 찾은 나를 향해 **쌔물거렸다**.

쌕 웃기를 꺼리어 한 번 얼핏 눈웃음치고 그만두는 모양.

예) 우리가 다방에서 대화하는 걸 보고는 **쌕** 웃고 돌아앉는 그에게서 찬바람이 일었다.

쌩끗거리다 다정한 얼굴로 계속해서 다정히 눈웃음치다.

예) 그녀는 **쌩끗거리는** 늙은 구혼자를 향해 콧방귀를 뀔 뿐이다.

일이 되어 가는 양상과 관계되는 말

공칙스럽다 공교롭게 잘못된 듯하다.

예) 교양 과목 신청을 하고 출석을 하지 않았더니 성적 관리가 **공칙스럽게** 될 것 같다.

공칙하다 공교롭게 잘못되다.

예) 집을 팔고 전세로 가는 일이 **공칙하게** 되기 전에 미리미리 신경을 써야 하는 건데.

먹차다 더 들어갈 수 없이 한도가 차다. 일이 끝나다. 완전히 다 되다.

예) 택시는 **먹차서** 더 사람이 탈 수 없는데도 기사는 갈 생각을 안 했다.

모짝모짝 ① 한쪽에서부터 차례대로 모조리 뽑아 버리는 모양. ② 차차 조금씩 개먹어 들어가는 모양.

예) 값이 폭락한 배추를 **모짝모짝** 다 뽑아 버려도 답답한 내 가슴은 풀리질 않는구나.

무쩍 있는 대로 한 번에 죄다 몰아서.

예) 시험 공부를 할 때는 하룻밤에 **무쩍** 해서는 안 된다.

무쩍무쩍 ① 한쪽에서 죄다 차례대로 몰아서. ② 조금씩 차차 개먹어 들어가는 모양.

예) 토끼가 점점 커 감에 따라 큰 배춧잎도 **무쩍무쩍** 금방 먹어 치웠다.

반둥건둥 일을 다 마치지 못하고 그만두는 모양.

예) 미애는 **반둥건둥**해서 큰일이야. 지점토 공예도 다 배우지 않고 다시 등공예를 시작했다잖아.

어숭그러하다 일이 제법 잘 되다. 그리 까다롭지 않다.

예) 나는 목요일부터 한 카페에서 아르바이트를 시작했는데, 처음 해 보는 일이어서 **어숭그러했지만**, 주스 만들기, 파르페 만들기, 아이스크림 만들기 등은 재미있고 신났다.

졸딱졸딱 규모가 작아 옹졸한 모양. 일을 단박에 못하고 조금씩 하는 모양.

예) 서림이는 일을 맡기면 **졸딱졸딱** 했지만 머리 쓰는 것 하나는 마을에서 따를 자가 없었다.

하리(가) 들다 되어 가는 일의 중간에 장애가 생기다.

예) 자신이 하던 일에 **하리가 든다**고 생각되면 그는 지체 없이 포기하길 잘했다.

지치고 힘든 것과 관계되는 말

각다분하다 일을 해 나가기가 매우 힘들고 고되다.

예) 이 일이 이렇게 **각다분한** 줄은 정말 몰랐다.

예) 누군가의 마음을 사로잡는 일은 무척이나 **각다분한** 일이다.

갱신못하다 기진맥진해서 더 꼼짝 못하다.

예) 도전자는 챔피언에게 **갱신못할** 정도로 카운터 펀치를 허용하고는 링 바닥에 벌렁 눕고 말았다.

나부라지다 힘없이 바닥에 까부라져 늘어지다.

예) 빨간 유니폼의 선수가 검은 팬티의 선수에게 복부를 맞고 링 위에 **나부라졌다**.

예) 1등으로 들어온 마라톤 주자는 뛸 때와는 달리 결승 테이프를 끊자마자 그대로 **나부라졌다**.

날연하다 노곤하고 기운이 없다.

예) 봄이 오니 몸이 **날연한** 게 자꾸 졸립다.

날짝지근하다 몹시 나른하다. 늘쩍지근하다.

예) 봄인 데다 점심까지 먹었더니 이거 **날짝지근한데**.

맛문하다 몹시 지치다.

예) 하루 종일 제대로 먹지도 못하고 여기저기 돌아다녔더니 온몸이 **맛문하구나**.

물내리다 기운이 빠져서 사람이 풀기가 없어지다.

예) 장장 6개월을 준비한 작품의 공연이 끝나자 연출자는 **물내렸는지** 학교에 모습을 나타내지 않았다.

새근발딱 숨이 차서 새근거리며 할딱이는 모양.

예) 그 아이는 무슨 급한 일로 뛰어온 모양인데, 계속 **새근발딱**거리느라고 말을 제대로 못했다.

속바람 몹시 지쳤을 때 숨이 고르지 않고 몸이 떨리는 현상.

예) 여동생이 남자 친구에게 실연을 당해 몹시 나돌아다니더니 집에 와서 그만 **속바람**을 일으켰다.

시드럽다 고달프다.

예) 시집살이가 너무 **시드러워서** 못 살겠어요.

아름차다 힘에 벅차다.

예) 그러게 왜 그렇게 500명의 식사를 준비하는 **아름찬** 일을 맡아서 고생이니?

알짝지근하다 살이 알알하게 아프다.

예) 층계에서 넘어졌는데 상처가 났는지 종아리가 **알짝지근했다**.

일쩝다 일거리가 되어 귀찮다.

예) 연탄불을 갈아 넣는 일도 한겨울에는 제법 **일쩝다니까요**.

파근하다 다리 힘이 지치어 팍팍하다.

예) 체육대회 때 너무 많이 걷고 뛰었더니 며칠 동안 다리가 **파근했다**.

희끈거리다 현기증이 나서 어뜩어뜩해지다.

예) 빈혈이 심한 성희는 여름이 되어 가니까 땀을 많이 흘려서인지 **희끈거림이** 더 많아졌다.

태도와 관계되는 말

가살 언행이 얄망궂고 되바라져서 잘 어울리지 않는 태도.

예) 제 할아버지 앞에서조차 **가살**스럽게 구는 녀석을 나는 힘껏 때려 주고 싶었다.

가즈럽다 아무것도 없으면서 다 갖춘 듯이 뻐기는 태도가 있다.

예) 내가 보기엔 심청의 아버지 심학규는 어느 정도 **가즈러운** 데가 있어 지키지도 못할 공양미 300석 약속으로 심청이를 죽게 했던 것 같다.

냉갈령 몰인정하고 쌀쌀한 태도.

예) 상희는 남학생들에게 괜히 **냉갈령**을 부리는데, 그게 오히려 관심 있는 태도를 가장한 것 같아 좀 밉살스럽다.

누굿누굿 매우 누굿한 모양.

예) 날씨가 더워 고무 찰흙이 **누굿누굿**한 게 작업이 수월해졌다.

물덤벙술덤벙 아무 생각 없이 아무 일에나 함부로 날뛰는 모양.

예) 지난번 일은 **물덤벙술덤벙**하는 창수 형만 빠졌어도 잘 되었을 거야.

부드레하다 아주 부드러운 태도가 있다.

예) 길가에 서 있던 밍크코트의 여자는 내게 **부드레한** 모습으로 말을 걸었다.

선드러지다 태도가 맵시 있고 경쾌하다.

예) 그녀의 **선드러진** 태도가 모든 사람들의 시선을 끌지만 무슨 일이건 금방 싫증을 내는 게 그녀의 단점이었다.

승접들다 ① 힘들이지 않고 저절로 이루다. ② 몸달아 하지 않고 천연스럽다.

예) 모든 일에 대해 완벽한 준비를 갖춘 사람은 어떠한 일도 **승접들게** 할 수 있다.

아리잠직하다 키가 작고 외양이 얌전하며 어린 태도가 있다.

예) 아직 이 아이가 **아리잠직한** 면이 있지만 사회생활을 많이 하면 점차 활발해질 거예요.

어귀어귀 욕심 사납게 음식을 물어 씹는 모양.

예) 남자들이 음식을 잘 먹는 것은 좋지만 점잖은 좌석에서 **어귀어귀** 먹는 것은 정말 싫다.

잔생이 ① 지긋지긋하게 말을 듣지 않는 모양. ② 애걸복걸하는 모양.

예) 전철 안에서 **잔생이**질 하며 떼쓰는 아이들을 달래는 젊은 엄마들을 보면 내가 대신해서 아이들을 호되게 야단치고 싶다.

천산지산 이 말 저 말을 하며 여러 가지 핑계를 늘어놓는 모양.

예) 선거에 참패한 보수야당의 총재 두 명은 서로 **천산지산**하며 정치 노선에서 떠나겠다는 둥 말만 늘어놓다가, 다시 잠잠해지자 책임을 회피하였다.

초근초근 착 달라붙어서 남을 깐깐하게 조르는 모양.

예) 학생들 사이에 K대 남학생들은 미팅에서 상대편 여자에게 **초근초근**하다는 평이 있다.

틀스럽다 틀거지가 있어 보인다.

예) 새로 전학 온 애는 약간 **틀스러워** 남자답게 보인다.

핼금 경망스럽게, 살짝 곁눈질하여 쳐다보는 모양.

예) 펴 든 신문 사이로 그가 자꾸 **핼금**거리며 훔쳐보자 그녀는 자기도 모르게 몸을 움츠렸다.

흘기죽죽 흘겨보는 눈에 못마땅한 빛이 드러나는 모양.

예) 버스에서 뒷문으로 탄 승객을 운전사가 **흘기죽죽** 쳐다보자 승객은 오히려 큰소리를 지르며 운전이나 하지 왜 노려보냐고 시비 걸기 시작했다.

흠뚱항뚱 어떤 일에 정신을 온전히 쓰지 않고 꾀를 부리며 들뜬 모양.

예) 선거철이 닥치자 젊은 사람들이 일들은 하지 않고 **흠뚱항뚱** 선거판을 기웃거리기 시작했다.

흠치르르하다 깨끗하고 윤이 번들번들하게 나다.

예) 파출부가 다녀가자 온 집안이 눈에 띄게 **흠치르르했다**.

흠칫 놀라거나 겁이 나서 어깨나 목을 움츠리는 모양.

예) 그 부인은 죄수를 볼 적마다 놀라는 듯 몸을 **흠칫**하면서도 누구를 찾는 듯이 그들의 얼굴을 자세히 보려 애를 썼다.

흥감 실제보다 지나치게 떠벌리는 태도.

예) 새 여당의 창당일 행사를 보니 마치 자기들이 나라를 세운 듯한 **흥감**에 젖어 있는 듯 보였다.

흔들리는 것과 관계되는 말

근뎅거리다 가늘게 붙은 물체가 좁은 진폭으로 천천히 자꾸 움직이다.

예) 어린이대공원에 있는 놀이 기구 다람쥐통은 **근뎅거려서** 보기에는 매우 위험하게 돌아가지만 그 원리는 매우 훌륭하다.

나달거리다 여러 가닥이 늘어져 흔들거리다.

예) 아무리 걸레로 쓴다지만 그 **나달거리는** 천은 이제 좀 버려도 되지 않니?

낭창거리다/낭창대다 가는 막대기나 줄 같은 것이 튀기듯 또는 나불거리듯 자꾸 휘어 흔들리다.

예) **낭창거리는** 고무줄을 사이에 두고 이리저리 팔딱거리며 뛰노는 여자 아이들이 참 사랑스럽게 보였다.

되롱거리다 가벼운 물건이 매달려서 느리게 연달아 흔들리다.

예) 아기들을 위해 천장에 매달아 놓은 작은 종이 나비들이 미풍에 **되롱거린다**.

드레드레 물건이 매달려 흔들리는 모양.

예) 앞에 가는 여대생 머리끝의 **드레드레** 흔들리는 리본을 한 번 잡아당겨 보고 싶었다.

한닥이다 박혀 있거나 끼인 물건이 이리저리 흔들리다. 또는 그렇게 되게 하다.

예) 조카는 이빨이 계속 **한닥이는데도** 빼는 게 무서워서 실을 든 채 아빠를 계속 피해 다녔다.

한댕거리다 매달린 물건이 자꾸 가볍게 이리저리 흔들거리다.

예) 3개월 된 우리 아기는 천장에서 **한댕거리는** 나비 모빌을 보고 혼자서 웃곤 한다.

흔덕이다 가볍게 이리저리 흔들리다.

예) 지하철에서 졸고 있는 아저씨의 머리가 **흔덕일** 때마다 마주 앉은 아기가 그것을 보고 까르륵 소리 내며 웃었다.

흔뎅이다 매달린 물건 따위가 가볍게 이리저리 흔들리다.

예) 하늘을 찌를 듯 자란 감나무에 빨간 홍시 하나가 외로이 **흔뎅이고** 있다.

흔드렁거리다 매달린 물건이 좁은 폭으로 자꾸 이리저리 천천히 움직이다.

예) **흔드렁거리는** 빨랫줄에서 고추잠자리들이 서로 자리 다툼을 하는 평화로운 모습에 나는 행복을 느낀다.

흔드적거리다 조금 무겁고도 천천히 자꾸 이리저리 흔들다.

예) 춘향이가 탄 그네는 저토록 흔뎅이는데, 어째서 향단이가 탄 그네는 **흔드적거리며** 높이 솟지 못할까?

그 밖의 양태와 관계되는 말

가년스럽다 몹시 궁상스러워 보인다.

예) 오늘 같은 결혼식 날 그런 구식 양복을 입고 나가시면 사람들이 **가년스럽게** 볼 거예요.

가량없다 ① 어림이 없다. 대중함이 없다. ② 어림이나 짐작을 못하다.

예) 그 아이의 마음은 **가량없어서** 도대체 무슨 생각을 하고 있는지 모르겠다.

가뭇없다 ① 눈에 띄지 아니하다. ② 간 곳을 알 수 없다. ③ 소식(흔적)이 없다.

예) 어제까지 보이던 애가 갑자기 **가뭇없으니** 무척 걱정이 되는구나.

가작하다 거리가 좀 가깝다.

예) 홍은동에서는 연희동이 **가작하니** 지금 갔다 오도록 해라.

가칫거리다 촉각에 조금씩 거칠게 느껴지다.

예) 모래사장에 한참 누워 있으려니까 굵은 모래가 등 밑에서 **가칫거려** 그만 일어났다.

갈씬거리다 겨우 닿을락 말락 하다.

예) 내 손이 그녀의 손 위를 **갈씬거리는** 찰나, 그녀는 잠에서 깨어 나를 노려보았다.

갑시다 물이나 바람 따위가 갑자기 목구멍으로 들어갈 때 숨이 막히다.

예) 목이 마르다고 급하게 물을 마시게 되면 **갑시게** 되어 위험할 수도 있다.

강동하다 아랫도리가 너무 드러날 정도로, 입은 옷이 짧다.

예) 면접시험 보러 가는 옷차림치고는 치마가 너무 **강동하지** 않니?

갭직갭직 여럿이 다 갭직한 모양.

* 갭직하다 조금 가볍다.

예) 이것들은 보기에는 무거워 보였는데, 들어 보니 **갭직갭직**해서 혼자 차에 실을 수 있겠다.

걀쭉하다 매우 길다.

예) 이 막대는 꽤 **걀쭉하여**, 저 지붕에 있는 신발을 내릴 수 있을 것 같다.

걸까리지다 ① 걸때가 크다. ② 몸이 크고 실팍하다.

예) 고3이 된 동생이 **걸까리져서** 두 형의 옷을 물려 입을 수가 없다고 하더라고요.

겨리반나다 결판나다의 변한 말.

예) 늦어도 3월 말까지는 우리 국문과 방 확보에 대해서 기획실과 **겨리반내야겠다**.

예) 엄마는 내가 극구 말렸으나 주차 문제를 **겨리반내야** 다리 뻗고 주무시겠다며 이웃집엘 가셨다.

겨트로이 한가로이. 겨를 있게.

예) 나는 동료와 함께 점심 식사 후에 담배를 피우면서 **겨트로이** 차를 한 잔 하는 것이 큰 취미가 되었다.

겯다 ① 기름기가 흠뻑 묻어 배다. ② 한 일을 오래 하여 손에 익다. ③ 물건을 기름에 담그거나 발라 흠뻑 묻어 배게 하다.

예) 오랜만에 어머니 대신 전을 부치다 보니 입었던 옷에 기름이 **겯어** 빨아야 했다.

결곡하다 생김새나 마음씨가 깨끗하고 야무져서 빈틈없다.

예) 우리 과 부대표 미영이는 매우 **결곡**해서 남학생들에게 인기가 대단하다.

고양이 낯짝만 하다 매우 좁음의 비유.

예) 도심지에 있는 그 초등학교의 운동장은 **고양이 낯짝만 하였다**.

곰비임비 ① 일이나 물건이 거듭 모이는 모양. ② 물건이 거듭 쌓이거나 일이 겹치는 모양.

예) 재활용 쓰레기 모으기 대회가 열리자 생각보다 많은 신문지, 캔류, 병류가 **곰비임비** 모아졌다.

괭하다 물체가 맑고 투명해서 환히 비치어 보이다.

예) 녀석이 유리창을 어찌나 **괭하게** 닦아 놓았는지 우리 마누라는 유리가 깨져서 없는 줄 알았다나.

구김새 구김살이 진 정도나 모양.

예) 친구 교복의 **구김새**는 말로 표현할 수 없이 엉망이었다.

예) 할머님께서 내 실크 블라우스를 뜨거운 물에 빠서서 **구김새**는 말할 것도 없고 쪼글쪼글해져 버렸다.

구드러지다 말라서 뻣뻣하게 굳어지다.

예) 어제 만든 만두가 벌써 **구드러져서** 한 번 더 쪄야겠다.

구순하다 의좋아 화목하다.

예) 우리 형제들은 사이가 **구순하여** 이제까지 별 탈이 없이 잘 지내 왔는데 큰형이 형수를 맞으면서부터 달라졌다.

군것지다 없어도 좋을 것이 쓸데없이 있다.

예) 이 오래된 잡지, 팸플릿, 광고지들은 **군것지다** 보니 서재의 공간만 차지한다.

그루되다 서너 살 안짝의 어린이가 늦되다.

* 늦되다 나이에 비해 철이 늦게 들다.

예) 그 아이는 어머니가 나이가 들어 낳아 그런지 퍽 **그루되어서** 학교도 1년 늦게 들어갔다.

길래 오래도록. 길게 내쳐서.

예) 세 살 버릇 여든까지 간다고 나쁜 버릇은 **길래** 갖지 말고 어린 시절에 빨리 고쳐야 한다.

나쎄 어느 정도로 먹은 나이.

예) 그 **나쎄**에 그 정도로밖에 처신할 수 없니?

너두룩하다 ① 떠들썩하던 것이 잠시 조용하다. ② 심하던 병세가 잠시 가라앉다.

예) 선생님께서 들어오시자 교실 안은 **너두룩해졌으나** 나가시자 또다시 북새통이 되었다.

노량 천천히. 느릿느릿.

예) 시간 좀 있다고 마냥 **노량** 걷는 모양인데, 지금 파업으로 지하철이 끊겼으니까 빨리 다른 교통편을 강구해.

노박이로 줄곧 한 가지에만 붙박이로.

예) 농부는 거머리가 **노박이로** 종아리에 달라붙어 피를 빨고 있는 것을 모르고 있다.

대모한 대체의 줄거리가 되는 중요한.

예) 변죽만 울리지 말고 답답하니 **대모한** 것부터 차근차근 말해 봐.

더덜뭇하다 결단성이나 단속하는 힘이 부족하다.

예) 자취를 하겠다고 내가 우겨서 집을 나오긴 했지만 어머니는 나의 **더딜못함** 때문에 조바심이 더하셨다.

돈가이 도탑게. 인정이나 사랑이 많고 깊게.

예) 우정을 **돈가이** 하기 위해서라는 명목으로 우리는 거의 매일 술을 마셨다.

동끊기다 ① 동안이 끊기다. ② 뒤가 계속되지 못하고 끊어지다.

예) 형님 결혼식날 찍은 필름을 감는 동안 갑자기 **동끊기는** 느낌이 들어 겁이 덜컥 났다.

동닿다 ① 끊이지 않고 이어지다. ② 조리가 맞다.

예) 조문객의 발길이 **동닿아** 돌아가신 분의 살아생전 명성을 알 만했다.

동뜨다 ① 다른 것보다 훨씬 뛰어나다. ② 동안 뜨다.

예) 철수는 3년 내내 반에서 성적이 특히 **동떠서** 서울대학교에 진학할 수 있으리라 생각했지만 낙방했다.

되뜨다 이치에 어긋나다.

예) 여자가 남자들과 함께 밤늦게까지 돌아다니는 것은 **되뜨는** 짓이라고 생각한다.

두수없다 달리 주선이나 변통할 여지가 없다.

예) 진퇴양난에 빠진 그는 **두수없으면서** 큰소리만 쳐서 허풍선이라는 별명을 갖게 되었다.

드리없다 경우에 따라 변하여 일정하지 않다.

예) 집권당이 바뀔 때마다 **드리없이** 이 당 저 당으로 옮기는 행동을 했던 인사들을 난 더 이상 존경하지 않는다.

듣그럽다 떠드는 소리가 듣기 싫다.

예) 교실 안의 떠드는 소리가 **듣그러워** 나는 숙제거리를 들고 밖으로 나갔다.

듣잘것 없다 듣고자 할 만한 것이 못 된다.

예) 장인 될 그 어른은 내가 과거에 결혼을 한 번 했었다니까 더 이상 볼 것도 **듣잘것도 없다**며 홱 돌아앉았다.

들부드레하다 좀 들큼하다.

* 들큼하다 맛깔스럽지 않게 조금 달다.

예) 이 포도주에 설탕을 괜히 넣었나 봐. **들부드레한데**.

들음들음 가끔 조금씩 들음.

예) 그동안 내 너의 소식을 **들음들음**했지만 모두 반갑지 않은 소식뿐이었지.

또바기 언제나. 한결같이. 꼭 그렇게.

예) 학생은 선생님을 만나면 항상 **또바기** 인사를 잘해야 한다.

예) 아침에 그는 **또바기** 같은 전철을 타고 같은 자리에 앉았기 때문에 나는 유심히 보게 되었다.

마침가락 우연히 딱 들어맞음.

예) 동창회에서 우리들 모두는 재호의 안부를 궁금해하고 있었는데, 그가 **마침가락**으로 식당으로 들어섰다.

매고르다 ① 모두 비슷하다. ② 모두 가지런하다.

예) 고만고만하게 **매고른** 아이들이 쏟아져 나오는 교문 앞에서 내 손자를 찾는 일은 쉽지 않았다.

매지매지 좀 작은 물건을 여럿으로 따로따로 나누는 모양.

예) 그 많은 핀들을 조금씩 **매지매지** 나누어서 각 조마다 나눠 주었다.

머슬머슬하다 탐탁스럽게 사귀지 아니하여 어색하다.

예) 나는 호텔에서 만난 여자 때문에 아내와 오랫동안 **머슬머슬했기** 때문에 몹시 지쳐 있었다.

머의외다 나쁘다. 궂다.

예) 너의 **머의원** 행동을 꾸짖자는 게 아냐. 반성할 여지를 주자는 거지.

머츰하다 잠깐 그치다.

예) 인숙이의 잔소리가 **머츰해지더니** 문제의 원인이 된 진석이를 보자 다시 시작되었다.

모다기모다기 여러 무더기가 있는 모양.

예) 산 위에서 바라보면 우리 동네 집들은 **모다기모다기** 모여 있다.

몰큰 연기나 냄새가 갑자기 나는 모양.

예) 불이라도 났는지 옆집 창문에서 **몰큰몰큰** 연기가 나고 있다.

몽개몽개 연기, 구름 같은 것이 둥근 형상을 이루어 자꾸 나오는 모양. < 뭉게뭉게.

예) 밥솥에서 김이 **몽개몽개** 피어오르는 걸 보고 아내는 갑자기 솟는 식욕에 서둘러 밥상을 차리기 시작했다.

무뚝무뚝 음식을 이로 뚝뚝 떼어 먹는 모양. 말을 이따금 사리에 맞게 하는 모양.

예) 개들이 생선뼈를 **무뚝무뚝** 깨물어서 먹었다.

물물이 채소, 해산물이 때를 따라 한목 한목 무리로 나오는 모양.

예) 복숭아와 포도가 **물물이** 나오는 계절이라 나는 신났다.

바둑하다 ① 꼭 맞아서 헐렁거리지 아니하다. ② 간신히 정도에 미치다.

예) 시간이 너무 **바둑해서** 이번 일은 몹시 힘들었죠?

바투 ① 두 물체의 사이가 썩 가깝게. ② 길이가 매우 짧게.

예) 뒷머리를 너무 **바투** 깎지 마세요. 요즘은 긴 머리가 유행이니까요.

바특이 ① 조금 바투. ② 바특하게.

예) 나는 손톱을 **바특이** 깎았는데, 순이가 그건 건강에 좋지 않다고 했다.

배릿배릿 남에게 무엇을 요구할 때 스스로 다랍고 아니꼬움을 느끼는 모양.

예) 나는 **배릿배릿**했지만 달리 방도가 없어 그에게 원서 번역을 부탁할 수밖에 없었다.

배스름하다 거의 비슷한 듯하다.

예) 철수와 영철이는 성격이 **배스름한데** 하루가 멀다 하고 다툰다.

배쓱 대수롭지 않은 일에도 곧잘 틀어지는 모양.

예) 사내 녀석이 그깟 일로 **배쓱**거리기는, 좀 의연해 봐라.

배젊다 나이가 썩 젊다.

예) 신문사에 다니는 사촌 형은 보기와는 다르게 **배젊어** 어른 대접을 못 받기가 일쑤였다.

배좁다 ① 어떤 장소나 사이가 퍽 좁다. ② 여럿이 촘촘히 들어 있어 자리가 몹시 좁다.

예) 학교 앞 라면집은 **배좁은데도** 맛 좋고 친절해서 줄을 서서 기다릴 정도로 사람이 많았다.

배주룩이 솟아 나오는 물건의 끝이 조금 내밀려 있는.

예) 송곳이 주머니 밖으로 **배주룩이** 나와 있어서 그 애가 보기에는 내가 무슨 흉기라도 가진 줄 알았나 봐.

버슷버슷하다 여러 사람의 사이가 모두 버슷하다.

양태와 관계되는 말

예) 학기 초에 학생들은 서로 **버슷버슷해서** 특별히 친한 학생들이 없지만 시간이 지나면 끼리끼리 친구가 된다.

버슷하다 두 사람 사이가 버스러져 잘 어울리지 않는다.

*버스러지다 어떤 범위 안에 들지 못하고 벗어나다.

예) 만난 지 1년이 가까워지는데도 둘 사이는 아직도 **버슷했다**.

버지다 ① 베이거나 조금 긁히다. ② 가장자리가 닳아서 찢어지게 되다.

예) 결혼 기념 반지에 손등이 약간 **버지었는데**, 시어머니가 그걸 가지고 나무라셨다.

벅벅이 틀림없이 그러하리라고 미루어서 헤아리는 뜻으로 나타내는 말.

예) 나는 부분은 전체에 봉사한다는 이론을 **벅벅이** 우겼는데, 알고 봤더니 그게 아니었어.

번드기 환하게. 뚜렷이.

예) 어둑한 때였지만 나는 나를 찌른 그의 얼굴을 **번드기** 기억하고 있다.

벌룩하다 틈이 조금 크게 벌어져 있다.

예) 부실공사한 우리 아파트 벽의 **벌룩한** 부분으로 원인을 알 수 없는 물이 계속 새어 나오고 있다.

벌쭉하다 좁고 길게 벌어져서 쳐들려 있다.

예) 그 못질해 박아 놓은 합판은 비를 한 번 맞더니 **벌쭉해져** 버렸다.

벗나가다 테 밖으로 벗어져 나가다.

예) 책임감 없는 해룡이가 하는 일마다 매번 **벗나가니** 도대체 누가 그를 믿을 수 있겠어?

보암보암 이모저모로 보아서 짐작할 수 있는 겉모양.

예) 저 대바구니는 **보암보암**이 꽤 튼튼하겠군. 여보, 저걸로 삽시다.

부픗하다 ① 물건이 부프고도 두껍다. ② 말이 과장되다.

예) 새로 산 **부픗한** 솜이불을 덮고 눕자니 곧 좋은 꿈을 꿀 수 있을 것 같았다.

붙웅키다 부둥키다.

예) 나는 출옥한 지 무려 5년 만에 보게 되는 칼치 녀석을 힘껏 **붙웅켰다**.

비금비금하다 견주어 보아 서로 비슷비슷하다.

예) 영심이와 일심이의 키는 **비금비금한데**, 둘은 매일 재 보고서 서로 크다고 싸웠다.

비주룩이 솟아 나온 물건의 끝이 조금 내밀어 있는 모양.

예) 전철 안에서 시달리다 내려 보니 주머니에 꽂아 놓은 연필이 어느새 **비주룩이** 나와 있었다.

비주룩하다 솟아 나온 물건의 끝이 조금 내밀려 있다.

예) 바게트 빵이 너무 길어서 제일 큰 봉지에 담아 달랬는데도 끝이 **비주룩하게** 나왔다.

비틈하다 말뜻이 바로 드러나지 않고 짐작해 알 만큼 그럴듯하다.

예) 시험 시간에 상수는 3번 답을 손짓으로 **비틈하게** 말해 줬다.

빈미주룩하다 끝이 비어져 나오려고 조금 내밀어 있다.

예) 낡고 더러워진 이불 끝의 솜이 **빈미주룩하게** 있었다.

사느랗다 온도나 기후가 찬 정도에 가깝다. 갑자기 놀라서 마음에 좀 찬 기운이 도는 것 같다.

예) 날씨가 차가우니 마음까지 **사느란** 게 영 기운이 나지 않는다.

사들사들 약간 시드는 모양. 또는 시든 모양.

예) 약혼녀가 한 번 결혼한 경력이 있다는 사실에 크게 충격을 받았기 때문인지 **사들사들**해진 영진이가 무척 애처로워 보였다.

사리사리 연기가 가늘게 올라가는 모양.

예) 여대생들은 카페의 구석에서 연기를 **사리사리** 피워 올리면서 담배를 피워 댔다.

사막하다 ① 심히 악하다. ② 가혹하여 조금도 용서가 없다.

예) 무슨 죄를 지었든 사람을 불태워 죽인다는 것은 **사막한** 행위라 하지 않을 수 없다.

산득 갑자기 놀라거나 찬 느낌을 받는 모양.

예) 어디선가 나는 고양이의 음흉한 울음소리에 그녀는 **산득**해지고 얼굴이 새파랗게 되었다.

샐룩 근육의 일부분을 갑자기 움직이는 모양.

예) 그녀는 흥분을 했는지 눈 밑이 **샐룩**거리며 파르르 떨렸다.

새퉁스럽다 어처구니없이 새삼스럽다.

예) 길을 걷다가 만난 초등학교 동창 재희는 나를 보더니 너무 오랜만이어서인지 **새퉁스러워했다**.

서부렁섭적 힘들이지 않고 선뜻 건너뛰거나 올라서는 모양.

예) 일지매는 한 진사 집의 그 높은 담장 위로 **서부렁섭적** 뛰어올랐다.

선겁다 ① 놀랍다. ② 재미가 없다.

예) 그 애가 저렇게 예뻐지다니 정말 **선거운** 사실이다.

설명설명 설명한 다리로 걷는 모양.

* 설명하다 아랫도리가 가늘고 길어 어울리지 아니하다.

예) 그의 **설명설명**한 걸음걸이는 때마침 불어온 겨울바람과 함께 나를 더욱 춥게 만들었다.

설면하다 ① 자주 만나지 못하며 좀 설다. ② 정답지 아니하다.

예) 한동안 과 방에 가지 않았더니 오랜만에 만나는 선배들 얼굴이 **설면했다**.

섬마섬마 따로따로.

예) 전국강사노동조합의 정기총회를 갖는데 모두들 행동이 **섬마섬마**하니 회의 진행이 잘 되지 않았다.

소곳하다 ① 고개를 약간 숙인 듯하다. ② 흥분이 좀 가라앉는 듯하다.

예) 흥분한 사람들이 **소곳해지면** 이야기를 다시 시작하기로 하지요.

손 넘기다 ① 때를 놓치다. ② 잘못 세어 넘기는 번수를 더하거나 혹은 덜하다.

예) 이번 계절에 **손을 넘기면** 또 한 해를 보내게 되니 그 남자와의 결혼 문제를 잘 생각해라.

수굿하다 ① 좀 숙인 듯하다. ② 흥분이 좀 누그러진 듯하다.

예) 한참을 교수와 열띤 토론을 한 영수는 시간이 점차 지나자 가쁜 숨을 가라앉히며 많이 **수굿해져** 갔다.

수득수득 뿌리 따위가 심한 정도로 시들어 마른 모양.

예) 콩나물 사 온 뒤 오랜 시간 동안 냉장고에 뒀더니 **수득수득**해졌다.

숙지근하다 불꽃같이 맹렬하던 형세가 점차 누그러진 듯하다.

예) 각종 비리 규탄이 학생, 재야에서 활발하더니 이제는 훨씬 **숙지근해졌다**.

숙지다 어떤 현상이나 기세 따위가 차차 누그러지다.

예) 자정이 넘으면서 기차 고장으로 요금 환불을 요구하던 사람들의 항의가 **숙지자** 매표원은 한숨을 크게 내쉬었다.

시거에 ① 우선 급한 대로. ② 머뭇거리지 말고, 곧.

예) 네가 무사히 졸업하는 데에는 딴 방법이 없으니 **시거에** 교수님을 찾아뵙도록 해라.

신신하다 과일, 채소 등이 새롭고 생기가 돌다.

예) 이 채소는 **신신하지도** 못한데 값만 비싸더라고요.

싱경싱경하다 방이 차고 써늘하다.

예) 방이 **싱경싱경해서** 감기에 들지 모르니 이불 꼭 덮고 자거라.

싸목싸목 천천히 조금씩 나아가는 모양.

예) 도로 위에 내린 눈이 얼어서 차들이 **싸목싸목**거린다.

싹독싹독하다 글의 뜻이 토막토막 끊어져 문맥이 안 통하다.

예) 네가 써낸 글의 큰 단점은 **싹독싹독한** 부분이 많다는 것이다.

쌍그렇다 찬 바람이 불 때 베옷 등을 입은 모양이 매우 쓸쓸하다.

예) 오늘은 쓸쓸해서인지 비 오는 창밖의 지나가는 사람들이 하나같이 **쌍그렇게** 보이는 구나.

쌍되다 언행이 예의를 잃고 불순하여 천하게 보이다.

예) 대학생인 너는 어떻게 된 애가 그렇게 **쌍되냐**? 그러니 모두들 싫어하잖아.

아긋하다 목적하는 점에 겨우 이르다.

예) 그 선수는 2루에 도루했으나 **아긋하기** 전에 아웃이 되어 버렸다.

아닥치다 매우 심하게 말다툼하는 모양.

예) 너희들은 평소에도 서로 그렇게 **아닥치듯** 이야기하니?

안다미씌우다 자기가 담당할 책임을 남에게 지우다.

예) 과 대표는 교무과에 가서 수강신청할 책임을 억울하게도 내게 **안다미씌웠다**.

예) 삼녀가 주인마님의 노리개를 훔쳤으나 교묘하게도 매우 얌전한 기월에게 **안다미씌워서** 더 크게 노하셨다.

안반같다 매우 두껍고 넓다.

예) 코끼리의 엉덩이는 **안반같아서** 아마도 포유류의 그것 가운데에서 가장 클 것이다.

알짝지근하다 술이 알맞게 취하다.

예) 모두들 **알짝지근하게** 되자 술자리는 어느새 노래판으로 변했다.

야경스럽다 밤중에 떠들다.

예) 저녁에 수업을 마치고 집에 돌아갈 때 학교 주변을 보면 술 취한 사람들로 **야경스럽다**.

얄망궂다 괴이쩍고 요망하여 까다롭다.

예) 우리 사무실의 김 계장은 성격이 **얄망궂어서** 누구도 그 사람과 친하게 지내려 하지 않았다.

얕추 얕게.

예) 김학신 군이 옷을 허름하게 입고, 멍청한 인상을 주더라도 누구든 **얕추** 보아서는 안 된다. 그는 하버드 대학 출신이니까.

어금지금하다 서로 비슷하고 대소장단의 차가 적다.

예) 수정이와 수경이는 신체적으로 여러 가지 면에서 **어금지금하지만** 성격은 판이하게 다르다.

어연간하다 정도가 표준에 가깝다.

예) 표준 오차가 0.005밀리터니까 그 정도면 **어연간하니** 욕심을 그만 부려라.

어웅하다 굴이나 구멍 등이 속이 비어 침침하다.

예) 집 앞의 하수구 뚜껑이 열려서 살짝 엿보았는데 **어웅해서** 조금은 겁났다.

언틀먼틀 바닥이 들쭉날쭉해 요철이 심한 모양.

예) 육교 앞의 그 넓지도 않은 길을 다 파헤쳐서 길이 모두 **언틀먼틀**하였다.

열쌔다 매우 재빠르다. 날래다.

예) 챔피언은 **열쌘** 동작으로 도전자를 감돌면서 날카로운 잽을 날렸다.

왈딱 ① 먹은 것을 다 게워 내는 모양. ② 별안간 통째로 뒤집히는 모양. ③ 물이 끓어 그릇 밖으로 갑자기 넘치는 모양.

예) 따뜻한 난롯가에서 꾸벅꾸벅 졸고 있는데, 주전자의 물이 **왈딱** 넘는 소리에 퍼뜩 잠에서 깼다.

왕배덕배 이러니저러니 하고 시비를 가리는 모양.

예) 같이 과수원에 들어갔다 들킨 주제에 누가 먼저 충동질했다고 **왕배덕배** 가릴 것 없잖아.

왕청되다 차이가 엄청나다.

예) 그와 나의 비슷한 체력에 비해 해 놓은 일의 차이에 있어선 너무도 **왕청되게** 그의 우세로 나타나 놀랐다.

왜각대각 그릇 따위가 부딪치거나 깨어져 요란스럽게 나는 소리.

예) 화가 나신 어머니는 부엌에서 **왜각대각** 소리를 내며 설거지를 하셨다.

왜그르르 ① 된밥 등이 흐슬부슬 한꺼번에 헤어지는 모양. ② 단단한 물건이 우수수 떨어지는 모양.

예) 물구나무선 철이의 주머니에서 구슬이 **왜그르르** 떨어지니까 동네 아이들이 몰려들어 주웠다.

왝왝 비밀을 함부로 사실대로 말하는 모양.

예) 친구 간의 은밀한 비밀을 **왝왝** 말하는 사람과는 사귀지 마라.

옹등그러지다 춥거나 겁이 나서 몸이 움츠러지다.

예) 추운데 조회 시간에 너무 오래 서 있어서인지 근육이 **옹등그러졌다.**

자긋자긋 연해 슬그머니 당기거나 밀거나 닫는 모양.

예) 나는 어머니의 어깨를 **자긋자긋** 주물러 드렸다.

자긋자긋하다 ① 보기에 몹시 잔인하다. ② 괴로운 느낌이 아주 대단하다.

예) 우리나라 사람들이 여름철이면 보신탕을 먹을 때 나는 **자긋자긋한** 것을 느낀다.

자닝스럽다 자닝하게 보이다.

예) **자닝스러운** 패잔병의 모습에서 전쟁의 참혹함을 실감할 수 있었다.

자닝하다 약자의 참혹한 모양이 불쌍해 차마 보기 어렵다.

예) 모든 운동 경기에서 승자는 모든 영광과 기쁨이 그의 것이지만 패자는 정말 **자닝하다.**

잔작하다 나이보다 늦되고 용렬하다.

예) 사촌 동생 성희는 좀 **잔작한** 듯해서 유급 제도가 있었으면 분명히 졸업을 못했을 것이다.

잗젊다 나이보다 젊다.

예) 아내는 백화점 점원이 자기보고 **잗젊다고** 했다며 쓸데없는 물건을 충동구매하는 것이었다.

잠뿍 꽉 차도록 가득.

예) 화물을 **잠뿍** 실은 트럭이 좁은 도로에서 과속을 하는 것이 너무나 위험해서 그 아주머니는 아이 단속하기에 바빴다.

잴잴 몸에 지닌 것을 자꾸 빠뜨리거나 흘리는 모양.

예) 영민의 장난감은 유치원에서 돌아오는 중에 호주머니 밖으로 **잴잴** 빠져나와, 하루라도 잃어버리지 않은 물건이 없을 정도다.

적바르다 어느 한도에 겨우 자라다.

예) 운전학원에 다니지 않은 나는 면허 시험에서 필기는 합격선 점수에 **적바르게** 통과했지만 코스와 주행 시험엔 자신없었다.

조만하다 작지도 크지도, 더하지도 덜하지도 않다.

예) 바다를 메우기 위해 둑을 쌓는 일의 진척이 어제와 오늘, 변함없이 **조만하였다**.

조붓하다 조금 좁은 듯하다.

예) 우리가 회의할 그 장소는 **조붓했지만** 그런대로 가족적인 분위기가 되었다.

좀상좀상하다 여럿이 다 좀스럽다.

예) 돈 몇 푼 놓고 티격태격하는 그들이 내가 보기에는 **좀상좀상해서** 상대할 사람들이 못 되는 것 같았다.

종요롭다 없으면 안 될 만큼 요긴하다.

예) 연극이란 원래 공동 작업인데 자기만 **종요롭다고** 생각하는 것은 매우 이기적인 생각이지. 그런 생각을 깨야 해.

콩팔칠팔 갈피를 잡을 수 없어 함부로 지껄이는 모양.

예) 무대에만 서면 얼굴이 붉어지고 온몸이 굳으며, **콩팔칠팔**하는 사람도 많다.

쾨쾨하다 상하고 찌들어 비위가 상할 정도로 고리다.

예) 간장을 달이고 나니 집 안에서 **쾨쾨한** 냄새가 너무 나 온 식구들은 얼굴을 찡그렸다.

톡배다 피륙 같은 것이 톡톡하고 배다.

예) 춘향이가 입은 비단 치마는 천이 너무 촘촘해서 **톡배었다**.

톡톡하다 ① 국물이 바특하여 묽지 아니하다. ② 피륙이 고르고 단단한 올로 촘촘하게 짜여 도톰하다.

예) 처음 수제비를 만들었더니 물이 너무 적어 **톡톡해져서** 먹을 사람이 없었다.

예) 무슨 일을 하든지 옛날 어머님들께서는 베를 짤 때 **툭툭하게** 하는 것처럼 일을 성실하게 해 나가셨다.

티격나다 서로 뜻이 맞지 아니하여 사이가 벌어지다.

예) 철수와 며칠 전만 하더라도 친하게 지냈는데 언제부턴가 **티격난** 사이가 되었다.

핑핑하다 ① 잔뜩 켕겨 있다. ② 서로 어슷비슷하다. ③ 한껏 팽창해 있다.

예) 어제 다툰 일로 동생은 아직도 **핑핑해** 있었는지 내가 하는 일, 하는 말마다 시비를 건다.

예) 쌍둥이들은 너무 **핑핑해서** 따로따로 보면 구별하기가 힘들지만, 나란히 세워 놓고 자세히 살펴보면 차이점을 알 수 있다.

예) 고무풍선이 **핑핑해** 있을 때는 바늘 끝이 살짝만 닿아도 곧 펑 소리를 내면서 터져 버린다.

한소끔 한 번 끓어오르는 모양.

예) 밥을 할 때에는 **한소끔** 끓어 오른 뒤에 불을 낮추어야 뜸이 잘 들고 밥맛이 좋다.

할갑다 끼울 물건보다 끼울 자리가 크다.

예) 늘어난 양말이 매우 **할가워서** 이런 상태로는 외출할 수 없다고요.

할기족족 흘겨보는 눈에 못마땅해하거나 성난 빛이 드러나는 모양.

예) 상미와 다툰 후 눈이 마주칠 때마다 나 역시 **할기족족** 쏘아보게 되었다.

희치희치 물건의 반드러운 면이 스쳐서 드문드문 벗어진 모양.

예) 바꾼 지 얼마 되지 않은 책상의 칠이 **희치희치** 벗겨졌다.

농사와 관계되는 말

괴통 삽, 괭이, 쇠스랑, 창 같은 것의 자루를 박기 위해 날의 다른 끝이 둥글게 목을 이룬 부분.

예) 삽자루를 잘 깎는다는 것은 **괴통**과 자루 끝이 꼭 맞게 깎는다는 것이다.

군두 가래의 날을 맞춰 끼우는 넓적한 판.

예) 아저씨는 낡아서 못 쓰게 된 **군두**를 다시 만드시느라고 무척 바쁘셨다.

글겅이 말이나 소의 털을 빗기는 쇠로 만든 빗 모양의 기구.

예) **글겅이**를 가지고 우리집 소를 긁어 주니까 이놈이 아주 시원하다는 듯이 눈을 꿈벅거렸다.

길마 짐을 실으려고 소의 등에 얹는 안장.

예) **길마** 무거워 소 눕는 거 봤어? 구두가 무거워 봐야 얼마나 무겁다고 그래?

낫갱이 낫자루에 휘어 감은 쇠.

예) 창고에서 꺼낸 낫은 오랫동안 쓰지 않아 **낫갱이**가 삭아 있었다.

낫놀 낫자루에 놀구멍을 꿰어 박은 쇠못.

* **놀구멍** 낫의 슴베 끝의 구멍.

* **슴베** 호미, 낫 따위의 자루 속에 들어 박히는 부분.

예) 이 낫은 너무 오랫동안 사용해서 **낫놀**이 다 녹슬어 버렸다.

넉가래 곡식, 눈 따위를 한곳에 밀어 모으는 데 쓰는 기구.

예) 깨를 골고루 말리기 위해서는 **너가래**를 가지고 수시로 잘 펴 주어야 한다.

도롱태 ① 나무로 된 간단한 수레. ② 수리 과의 매.

예) 눈이 조금밖에 오지 않았으니 한 **도롱태**만 실어 내면 깨끗해질 것 같다.

도리깻열 도리깨장부에 달려 곡식 이삭을 후려치는 곧고 가느다란 나뭇가지.

* **휘추리** ① 나무의 가늘고 긴 가지. ② 가늘게 만든 매.

예) 아저씨는 **도래깻열**을 휘두르다가 뒤에서 구경하던 꼬마의 얼굴에 큰 상처를 입혔다.

동발 ① 지게 몸체의 아랫부분. ② 동바리.

* **동바리** 툇마루나 좌판 밑을 받치는 짧은 기둥.

예) 지게에 실은 물건이 무거워 뒤로 벌렁 넘어지면서 **동발**이 부러져 버렸다.

들나무 마소의 편자를 신기는 곳에 세운 기둥.

* **편자** 말굽에 붙이는 쇳조각.

예) 성산동 과수원 앞길의 **들나무**가 서 있는 곳에서 김 영감은 자신의 소에게 편자를 신기고 있었다.

떡메 떡을 치는 메.

예) 상쇠가 웃통을 벗고 이마에 땀을 흘리며 **떡메**질을 하자 계집종들은 아무도 마당으로 나오지 않았다.

매부리징 신 뒤축에 박는 징.

예) 옛날에는 구두를 오래 신으려고 **매부리징**을 박았지만 지금은 튼튼한 신발이 많아 그럴 필요가 없다.

매암쇠 맷돌 위짝의 한가운데 박힌 쇠.

예) **매암쇠**가 바로 맷돌을 돌리는 중심축이 되는 거니까 잘 관리해야 해.

매통 벼를 갈아 겉겨를 벗기는 나무 매.

예) 쌀이 다 떨어졌는데 **매통**이 고장 났으니 이 일을 어쩐담.

맷방석 맷돌 밑에 까는 방석.

예) 맷돌을 돌릴 때 맷돌이 움직이는 것을 방지하기 위해서는 **맷방석**을 깔아야 한다.

모탕 ① 나무를 베거나 쪼개거나 자를 때 받치는 나무토막. ② 곡식이나 물건을 땅바닥에 쌓을 때 밑에 괴는 나무토막.

예) 송광사의 마당 한구석에 있는 오래된 **모탕**은 한 아름 되는 고목을 그대로 잘라서 만든 것인데, 그 연륜만큼이나 많은 도끼 자국이 나 있었다.

예) **모탕**을 괴는 이유는 아마도 땅바닥으로부터 올라오는 습기와 그 밖의 먼지 등에서 물건을 보호하려는 의도에서일 것이다.

목대 멍에 양쪽 끝의 구멍에 꿰어, 소의 목 양쪽에 대는 가는 나무.

예) 가래질을 할 때는 소가 풀을 먹는 데 신경 쓰지 못하도록 **목대**에 멍에를 튼튼히 매야 한다.

목사리 소 굴레의 한 부분. 목 위로 두른 가는 줄과 밑으로 두른 가는 줄.

예) 이 소는 하도 힘이 세어서 **목사리**를 묶어 놓아도 그것을 끊고 뛰쳐나간 경우가 있었다.

밀낫 풀을 밀어 깎는 낫. 모양은 낫과 같으나 등이 날이 되고 자루가 길다.

예) 민수는 처음으로 **밀낫**을 가지고 풀을 베다가, 서툴러 그만 손을 베고 말았다.

밀방망이 가루 반죽을 밀어서 얇고 넓게 펴는 데 쓰는 방망이.

예) 어머니께서 손수 **밀방망이**로 밀어서 만드신 칼국수가 그 어떤 음식보다도 맛있다.

밀치 안장이나 길마에서 마소의 꼬리 밑에 거는 막대기.

예) 연탄 수레를 끄는 말은 **밀치** 위로 꼬리를 치켜들고 주먹만 한 똥을 뚝뚝 쌌다.

바람총 대통이나 나무통 속에 화살처럼 만든 것을 넣어 입으로 불어서 쏘는 총.

예) 남미의 아마존 강 유역에 사는 원주민들은 **바람총**으로 적을 소리없이 쏘아 쓰러뜨릴 수 있었는데, 그 정확도와 위력은 대단한 것이었다.

바지게 ① 발채를 얹는 지게. ② 못 접게 만든 발채.

* **발채** 지게에 얹어서 짐을 싣는 제구.

예) 지게에 배추 같은 것을 실으려면 **바지게**를 써야 한다.

보습 쟁기나 곡괭이의 술바닥에 맞추는 삽 모양의 쇳조각.

예) 겨우내 놀았던 밭을 갈기 위해서는 **보습**을 끼운 쟁기를 써야 한다.

보쟁기 보습을 낀 쟁기.

예) **보쟁기**와 소가 있으면 몇 년째 묵혀 둔 우리 밭을 갈 수 있을 텐데……

비겨미 쟁기 따위의 봇줄이 소의 뒷다리에 걸리지 않도록, 두 끝이 턱이 지게 하여 봇줄에 꿰는 막대.

예) 밭을 갈아엎을 때 **비겨미**가 없을 때는 줄을 손으로 붙잡고 하는 수밖에 없다.

비잡이 쟁기의 성에와 물추리막대를 연결하는 끈.

* 성에 쟁기의 술의 윗머리에서 앞으로 길게 뻗은 나무.

* 물추리막대 쟁기의 성에 앞 끝에 가로 박은 막대기.

예) **비잡이**는 소가 쟁기를 끄는 힘을 전달하는 것이기에 튼튼한 줄로 만드는 게 통례다.

새고자리 지게의 윗세장 위의 가장 좁은 사이.

예) 풀물이 잔뜩 든 목장갑을 빨아서 **새고자리**에 널어 놓았는데 누가 집어 갔는지 보이질 않는다.

세장 지게나 걸채 따위의 두 짝이 짜이게 가로질러 박은 나무.

예) 지게에 나뭇단 하나를 얹은 후 줄을 세게 당겨 **세장**에 묶었다.

솔따비 솔뿌리 따위를 캐는 따비.

* 따비 풀뿌리를 뽑거나 밭을 가는 기구의 한 가지.

예) 칡뿌리를 캐기 위해 우리 동네 아이들은 학교만 파하면 **솔따비**를 하나씩 들고 삼삼오오 산으로 올라갔다.

쇠가래 가랫바닥이 쇠로 된 가래.

예) 영수네가 이번에 논두렁 밭두렁을 대대적으로 보수하려고 **쇠가래**를 새로 장만했다고 하더군요.

쇠발고무래 쇠로 만든 발고무래.

* 발고무래 고무래에 발이 달린 물건.

예) **쇠발고무래**는 너무 무거워서 힘이 웬만큼 센 장정들이 아니면 잘 쓰지도 못한다.

알구지 지겟작대기의 아귀진 곳.

예) 세 살배기 범준이는 지겟작대기의 **알구지**를 보고는 새총을 만들어 달라고 졸라 댔다.

일곱목한카래 장부잡이 한 사람과 줄꾼 여섯 사람이 다루는 가래.

예) 동네 하수도 공사하는 데 나갔더니, 여러 사람이 **일곱목한카래**를 들고 힘을 합쳐 땅을 파고 있었다.

좀생이구멍 쟁기에 좀생이막대를 끼게 된 구멍.

예) 아버님께 물려받은 이 쟁기의 **좀생이구멍**은 이제 너무 닳아서 헐거워졌다.

종가래 한 손으로도 쓸 수 있는 작은 가래.

예) 쓸데없이 큰 가래를 사용할 필요가 없을 때는 **종가래**를 쓰면 된다.

큰가래 세 사람이나 네 사람이 줄을 당기어 흙을 파내는 가래의 하나.

예) 저 흙을 다 파내기 위해서는 일일이 삽으로 파내는 것보다 **큰가래**를 이용하는 것이 좋겠어요.

태 농작물에 해를 끼치는 새를 쫓는 물건. 짚, 삼, 실 따위로 머리는 굵게 꼬리는 가늘고 부드럽게 꼬아 머리를 잡고 꼬리를 휘휘 두르다가 거꾸로 잡아채면 '딱' 소리가 남.

예) 이제는 참새를 쫓으려면 허수아비와 **태** 같은 걸로는 안 되고 그물이나 총이 있어야 한다.

편자 소나 말 등의 발굽에 대어 붙이는 둥근 쇳조각.

예) 우리 동네에는 10년 전만 해도 소가 벽돌 같은 것을 날랐기 때문에 그 발굽에 쇠못으로 **편자**를 대는 장면을 가끔 볼 수 있었다.

고기잡이와 관계되는 말

가리 ① 통발 비슷하게 대로 엮어 만든 고기 잡는 기구. ② 곡식, 땔나무 같은 것을 높이 쌓는 더미.

예) 얘야, **가리** 가져오너라. 어제 밤새 물이 불었으니 냇가에서 고기나 잡아 와야겠다.

구럭 새끼를 그물처럼 드물게 떠서 만든 물건으로, 오쟁이나 섬처럼 뜸.

예) 미아댁은 자기네 나무에서 땄다며 큰 배를 **구럭**에 잔뜩 담아 가지고 왔다.

구멍봉 가운데에 구멍이 맞뚫려 있어 낚싯줄을 꿰어 쓸 수 있게 된 낚싯봉.

예) 무거운 **구멍봉**은 격류에서 낚싯바늘을 떠내려가지 않게 하기 위한 낚시꾼들의 필수 용품이다.

막대찌 막대기 모양으로 밋밋한 낚시찌.

예) 밤낚시는 안 할 거니까 야광찌는 관두고 **막대찌**만 두어 개 챙겨도 오릿골 저수지에서는 충분할 거야.

미늘 낚시 끝의 안쪽에 있는, 거스러미처럼 되어 고기가 물면 빠지지 않게 된 작은 갈고리.

예) 그 큰 물고기가 하도 펄떡거려 잡아서 보니 **미늘**에 꿰인 주둥이가 크게 찢어져 있었다.

반두 두 끝에 막대기를 대어 두 사람이 맞잡고 고기를 몰아 잡도록 된 그물.

예) 두 아이가 **반두**를 가지고 개울에서 고기를 잡고 있었다.

사내끼 물고기를 잡을 때 물에 뜬 고기를 건지는 기구. 긴 자루 끝에 철사나 끈으로 망처럼 얽었음.

예) **사내끼**로 고기를 건지는 구릿빛 피부의 건장한 어부의 모습에서 역시 어부였던 내 아버지를 느낀다.

사둘 손잡이가 길고 국자처럼 생긴 고기 잡는 그물.

예) **사둘**을 사용할 줄 모르는 나로서는 그들이 능숙하게 수초 사이를 헤치고 다니며 고기 잡는 걸 지켜볼 뿐이다.

산대 고기 잡는 그물의 하나. 대나 쇠로 만든 틀에 삼각형 또는 둥근 그물을 주머니처럼 붙임.

예) 바닷가에서 어부가 **산대**로 고기를 잡고 있는데, 영 신통치 않아 보이니 경험 있는 사람은 아닌 것 같다.

설동 위로부터 내려오는 물고기를 잡으려고 거꾸로 놓은 통발.

예) 오늘 밤 상류에 폭우가 쏟아진다니까 내일 아침거리를 위해 오늘 밤에 개천에 **설동**을 놓아야겠다.

쳉이 원뿔형으로 된 그물. 위에 긴 벼리가 있고 아래에 납, 쇠 등의 추가 달렸음. 펴서 물에 던져 물고기를 잡음.

예) 이 강에는 낚시보다도 투망으로도 불리는 **쳉이**로 잡을 때 고기가 더 많이 잡힌다.

주대 낚싯줄과 낚싯대. 즉, 줄과 대.

예) 낚시하러 가는 녀석이 **주대**를 빠뜨리고 가니? 전쟁터에 총 없이 나가는 것과 똑같지.

길쌈과 관계되는 말

괴머리기둥(괴머리) 물레의 왼쪽 가장자리의 끝에 가락을 꽂으려고 만든 부분.

예) 순식간에 실패에 감기는 실들을 보니 **괴머리기둥**에 엉킨 실을 풀어 가며 한 올 한 올 옷감을 짜던 옛 여인의 모습이 생각난다.

예) 곧 열릴 읍내의 피류장에 내갈 베를 짜야 하는데 물레의 **괴머리**가 고장 나서 어머니는 난처해하셨다.

도투마리 베를 짤 때 날을 감는 틀.

예) 새 며느리가 베를 짜는데 갑자기 **도투마리**가 고장 나는 걸 보니 기계도 사람을 알아보나 봐.

물렛돌 물레가 움직이지 않도록 물레 바닥의 가로장나무를 누르는 넓적한 돌.

예) 저기 시냇가에 보이는 넓적한 돌을 **물렛돌**로 쓰면 안성맞춤이겠는걸.

배빗대 베틀에 딸린 기구의 하나. 도투마리에 베실을 감을 때, 그 사이에 대는 나뭇가지.

예) 서희는 **배빗대**에 엉킨 실을 푸느라 거의 반나절을 소비해서 저녁때 계모의 꾸지람을 면할 길이 없었다.

뱁댕이 베를 짤 때에 날이 서로 붙지 못하게 사이사이에 지르는 막대.

예) 영진이와 태욱이, 저 녀석 둘은 한 여자를 두고 매일 싸우다시피 하니까 내가 항상 **뱁댕이**처럼 지켜 서 있어야 해.

북바늘 베틀의 북 속에 실꾸리를 넣은 뒤, 그것이 솟아 나오지 못하도록 눌러 놓는 대오리.

예) 실꾸리가 솟아 나오지 못하도록 어서 가서 **북바늘**을 찾아보아라. 없으면 비슷한 거라도 만들어 오고.

쇠꼬리채 베틀에 딸린 기구의 하나. 잡아당겨서 날과 씨를 서로 오르내리게 함.

예) 베를 짜는 데 있어 **쇠꼬리채**를 올리고 내리는 횟수만큼 베의 길이는 길어진다.

앉을깨 ① 베 짜는 사람이 앉는 자리. ② 걸터앉는 데 쓰이는 물건의 통칭.

예) 수원댁, **앉을깨**는 왜 망가뜨리고 사과 상자에 앉아서 베를 짜고 있수?

젖을개 길쌈할 때 마른 실에 물을 축이는 제구.

예) **젖을개**는 몽당빗자루처럼 생겼지만 마른 실을 축축히 적셔 주는 기구이므로 소홀히 할 수 없다.

최활 베를 짜 나갈 때 그 폭이 좁아지지 않게 가로 넓이를 버티는 가는 나무오리.

예) **최활**이 없으면 일정한 폭의 균질한 베를 짤 수가 없는 법이다.

목공과 관계되는 말

날귀 대패나 끌 따위의 날 끝의 양쪽 모.

예) 김 목수가 점심식사를 하는 동안 말썽꾸러기 손자놈은 대패 **날귀**로 널빤지를 죄다 찍어 놓았지만 노인은 웃기만 했다.

날밑 칼과 칼자루 사이에 끼워서 손을 보호하는 테.

예) 철혈광인의 청룡 비월도는 과연 소문난 명검답게 수 합 만에 용비검의 **날밑**을 떨어져 나가게 만들었다.

날붙이 칼, 낫, 도끼 따위의, 날이 서 있는 연장의 총칭.

예) 나무를 해 오려고 해도 도대체 집 안에 **날붙이**라고는 구경도 할 수 없으니 원, 맨손으로 꺾어 오라는 건지.

대갈마치 ① 대갈을 박는 작은 마치. ② 세파를 겪어 아주 야무진 사람.

예) 그는 **대갈마치**로 대갈못을 나무 판자에다 일매지게 박았다. 가끔은 손가락도 때려 가면서.

대갈못 대가리가 큰 못.

예) 우리 과 현준이를 보면 몸통보다 머리가 더 커 보여 **대갈못**을 보는 듯했지만, 녀석이 공부는 참 잘한다.

대패아가리 대팻밥이 나오는 구멍.

예) **대패아가리**가 대팻밥으로 막히는 바람에, 다리 하나만 만들면 완성할 수 있는 책상 만들기를 뒤로 미룰 수밖에 없었다.

대팻손 대팻집 위쪽에 가로 댄 손잡이.

예) **대팻손**을 잡은 팔에 그렇게 힘이 없어서 어떻게 이 큰 나무를 대패질하겠니?

댐나무 나무로 만든 기구에 마치질을 할 때 마치 자국이 안 나도록 두드리는 곳에 덧대는 나무토막.

예) 오래도록 사용한 **댐나무**는 망치자국이 가득했다.

도래송곳 ① 붓두껍의 반쪽같이 생긴 송곳. ② 나사송곳.

예) **도래송곳**은 요즘 전기 드릴이 생기면서 눈에 띄지 않게 되었다.

도리깨장부 도리깨의 자루인 장대.

예) 지붕 위에 있는 배드민턴 공을 **도리깨장부**로 꺼내 보려 하였으나 길이가 짧았는지 허사였다.

막대패 재목을 애벌 깎는 대패.

* 애벌 같은 일을 여러 차례 거듭해야 할 때의 첫 번째 차례. 초벌.

예) 중고등학교 공부를 잘해야 좋은 대학에 갈 수 있는 것처럼 처음 **막대패**질을 잘해야 좋은 장롱을 만들 수 있다.

물림쇠 여러 나무를 겹쳐 붙일 때, 양쪽에 꼭 끼게 물려서 조이는 쇠.

예) 공사장에서 인부들이 땀을 흘려 가며 **물림쇠**로 나무를 배접하였다.

물몽둥이 철공, 석수가 쓰는 자루가 길며 둥글고 큰 쇠메.

예) 이름은 안 그럴 것 같지만 **물몽둥이**는 벽돌담을 헐거나 할 때 쓰는 위험한 도구이니 함부로 만지지 마라.

민날 칼집 따위 속에 들어 있지 않고, 날카롭게 드러나 있는 창 같은 것의 날.

예) 저 칼을 **민날** 채로 배낭에 넣지 말고 무엇에든지 좀 싸서 넣도록 해라.

박이끌 때려 박아서 자국만을 내는 끌.

예) 이제까지 내가 **박이끌**처럼 너무나 많은 여자들의 마음에 상처를 내 왔다는 장호의 말에 우리 과 아이들은 배를 잡고 웃었다.

배둥근끌 날이 반원을 이룬 끌. 조각하는 데 쓰임.

예) 미술 시간에 **배둥근끌**을 쓸 줄 몰라 당황했던 것이 생각이 난다.

배척 쇠로 만든 지레의 끝을 노루발, 장도리 끝같이 만든 연장.

예) **배척**을 휘두르며 인부들은 공사장의 처우 개선을 요구하는 항의를 계속했다.

상사밀이 문살 따위에 골을 치는 대패.

예) **상사밀이**는 문살에 골을 치는 정교한 대패이기 때문에 사용할 때는 정신을 바짝 차리고 써야 한다.

서슬 ① 칼날이나 다른 물건의 날카로운 곳. ② 언행의 날카로운 기세, 등등한 기세.

예) 병국이는 자신의 아내가 서울행 기차를 타려고 역으로 나갔다는 말을 듣고 **서슬**이 시퍼레져 문을 박차고 정신없이 뛰어나갔다.

선자귀 서서 나무를 깎을 때에 쓰는 큰 자귀.

예) 기계를 사용하지 않고 아직 **선자귀**를 사용하는 내장산 큰스님의 무쇠 같은 팔뚝은 도저히 일흔 노인의 그것으로 여겨지지 않았다.

속내다 대패나 끌 등을 갈아서 새로 날카로운 날이 서게 하다.

예) 무형문화재 기능 보유자이신 아버지께서는 새로운 장롱을 제작하시기 전에 언제나 모든 연장들을 **속내셨다**.

자귀 나무를 깎아 다듬는 연장의 하나.

예) 할 수만 있다면 사사건건 꼬투리를 잡는 원탁이 놈의 모난 성격을 **자귀**로 깎아 다듬어 주고 싶다.

자귓밥 자귀로 나무를 깎아 낸 조각.

예) 목공소 문을 닫고 들어오시는 할아버지의 옷엔 항상 톱밥이나 **자귓밥**이 그대로 붙어 있었다.

큰자귀 두 손으로 들고 서서 배목을 깎는 연장.

예) **큰자귀**를 가지고 하는 작업은 제법 많은 체력이 요구된다.

톱손 들톱의 양쪽 가에 있는 손잡이 나무.

예) 놀부는 제비가 물어다 준 박씨를 심어 큰 박을 얻었다. 그리고 오늘 그 박을 켜기 위해 아내와 함께 들톱의 **톱손**을 잡고 슬슬 노래를 부르며 켜고 있는데, 과연 어떤 일이 벌어질지 다음 편을 기대해 주세요.

톱양 톱의 이가 선, 길고 얇은 쇳조각.

예) **톱양**이 부러진 톱으로 무엇을 할까 고민하다가 때마침 지나가는 엿장수의 엿 한 가락과 내 톱을 바꿔 버렸다.

톱칼 거도. 자루를 한쪽에만 박아 혼자 당겨 켜는 톱.

예) 두 살 난 경음이는 **톱칼**과 낫을 구분하지 못한다. 이웃집에 사는 영헌이도 마찬가지다.

틀톱 톱에 틀이 붙어 두 사람이 이쪽저쪽에서 밀고 당기어 켜게 된 옛날식 톱.

예) 전기톱의 출현에 의해 **틀톱**은 차츰 우리의 기억에서 사라져 가, 이제는 민속 박물관에나 가야 볼 수 있을 정도다.

홈끌 속에 홈이 파인 끌.

예) 그렇게 찾아도 나오지 않던 **홈끌**을 새로 샀는데, 전에 쓰던 것이 엉뚱한 곳에서 발견되었다.

흘게 매듭, 사개, 고동, 사족 등이 단단히 쥔 정도나 무엇에 맞추어서 짠 자리.

예) 너희 할아버지께서 짜신 이 책장은 **흘게**가 튼튼하게 짜여 앞으로도 100년은 더 갈 거다.

자리와 관계되는 말

대자리 대오리로 엮어 만든 자리.

예) 거실에 **대자리**를 깔아 놓고 사방의 문들을 여니 훨씬 시원하고 넓어 보였다.

덕석 추울 때 소의 등을 덮어 주는 멍석.

예) 1·4후퇴, 그 쓰라린 시절 입을 것이 없어 **덕석**을 뒤집어쓴 어린아이가 나오는 오래된 흑백 가족영화가 생각난다.

부들자리 부들의 잎이나 줄기로 엮어 만든 자리.

예) 대자리가 **부들자리**보다는 값이나 품질에 있어서 훨씬 좋다.

삿자리 갈대를 엮어서 만든 자리.

예) **삿자리**를 깔고 시원하게 누워 있으려니까, 지금은 없어진 을숙도의 겨울이 생각났다.

섬거적 섬을 엮거나 뜯어 낸 거적.

예) 시골 돌담가를 **섬거적** 메고 다니며 사라고 외쳐 대는 행상들의 목소리가 이제는 드물어졌다.

왕골기직 왕골 껍질로 만든 기직. 왕골자리.

예) 그 집은 식구들의 생계 유지를 위해 썩 수입이 없는 **왕골기직**을 겨우내 짜고 있다.

자리틀 왕골, 부들, 짚 따위로 자리를 짜는 장치.

예) 우리 집도 **자리틀**을 두어 대 더 구입해서 규모를 더 크게 해야겠다.

줄, 끈과 관계되는 말

돌컷 실을 감고 풀고 하는 기구.

예) 건넌방에서 **돌컷** 좀 가져오라고 어머니는 길쌈할 준비를 하시면서 내게 심부름을
시키셨다.

동매 물건을 동여매는 데 가로로 묶는 매끼.

예) 서 말의 쌀이 든 쌀 가마를 **동매**로 꽉 묶어 보니 들기가 한결 편하였다.

동바 지게에 짐을 싣고 눌러 매는 줄.

예) 나무 한 짐을 지게에 싣고 **동바**로 잘 눌러 맸다.

동줄기 마소에 실은 짐 위에 걸어 배에 둘러서 졸라매는 줄.

예) 팔 물건을 소 등에 싣고 **동줄기**로 둘러서 꽉 졸라맸지만, 장까지 가는 길이 너무 멀
어 가는 도중에 세 번을 다시 매야 했다.

매끼 곡식 섬이나 곡식 단 등을 묶는 데 쓰는 새끼 등속.

예) 옛날에는 메주를 말릴 때 **매끼**를 이용하여 처마 밑에 걸어 두었다.

목도줄 무거운 물건이나 돌덩이를 밧줄로 묶어 어깨에 메고 옮기는 데 쓰는 줄.

예) 그리스 로마시대 노예들은 **목도줄**을 이용해 돌을 날라다 큰 성전도 짓곤 했다.

뭇줄 삼으로 굵게 드린 바.

예) **뭇줄**은 삼을 꼬아 만들었기 때문에 질긴 것 같다.

바지랑대 빨랫줄을 받치는 장대.

예) 늘어진 빨랫줄을 **바지랑대**로 받쳐 보니, 빨래가 땅바닥에 닿지 않았다.

박다위 종이나 삼노를 꼬아서 만든 멜빵으로 짐짝을 메는 데 쓴다.

예) 무거운 짐을 등에 멜 때 옛사람들은 **박다위**를 이용했다.

설렁줄 설렁을 울릴 때 당기는 줄.

* 설렁 처마 끝에 매달아 놓고 사람을 부를 때 흔들어 소리를 내는 방울.

예) 팔순이 넘으신 할머니는 일이 있을 때마다 **설렁줄**을 당기며, 자식들의 시중을 받았다.

쌈노 나뭇조각을 대고 굳을 때까지 동여매는 데 쓰는 끈.

예) 이런! 이 소나무 가지가 부러졌구나. 가서 **쌈노**로 쓸 끈 좀 아무거나 가져오너라.

양낭이줄 자전거의 앞뒤 기어를 연결하는 쇠줄.

예) 이 자전거는 자주 **양낭이줄**이 빠져 기어가 작동하지 않을 때가 많다.

열 도리깨나 채찍 따위의 끝에 달려 있는 끈 따위.

예) 채찍 끝에 달린 **열**로 인해 몸에 맞은 자국이 생겼다.

열채 챗열이 달린 채찍.

예) **열채**로 사람을 때리다니, 옛날의 형벌은 너무 잔인하다.

자리개 몸을 옭거나 볏단을 묶는 데 쓰는 짚으로 만든 굵은 줄.

예) **자리개** 줄은 나뭇등걸 같은 것을 묶어서 겨울나기를 시키기에 좋다.

자새 새끼나 바 등을 감거나 꼬는 데 쓰이거나 실을 감는 데 쓰이는 작은 얼레.

예) 내 가오리연은 **자새**가 발 두 개짜리라서 발 여덟 개짜리인 동수의 방패연의 줄 감고 푸는 속도를 이길 수 없는 게 당연했다.

족제비얼레 통이 좁고, 길쭉하게 생긴 얼레로, 실을 다루는 데 씀.

예) 내가 양팔에 실타래를 걸고 있자 어머니는 재빠른 솜씨로 **족제비얼레**에 실을 감으시는데, 손놀림이 눈에 잘 보이지 않을 정도였다.

타락줄 사람의 머리털로 꼬아 만든 매우 질긴 줄.

예) 공주는 성 밖으로 자신의 머리를 꼬아 만든 긴 **타락줄**을 내렸다. 그리하여 왕자는 그 **타락줄**을 타고 내려왔다.

탕개 물건의 동인 줄을 죄는 물건.

예) 트럭 운전사는 이삿짐을 다 싣자 타이어로 만든 끈을 **탕개**로 힘껏 조여서 물건들을 고정시켰다.

활과 관계되는 말

고자 ① 활고자. ② 고자잎.

예) 유연하게 휜 **고자**를 보면 과거 말 타고 활 쏘며 달리던 화랑이 떠오르는 이유는 뭘까?

고자잎 활의 도고지로부터 양냥고자까지를 일컬음.

예) 장식용 활은 **고자잎** 부분을 잘 다듬어야 제 멋이 난다.

도지개 뒤틀린 활을 바로잡는 틀.

예) 모든 연장은 고장 나면 고치듯 군사들은 뒤틀린 활을 **도지개**에 넣어서 바로잡았다.

동개 활과 화살을 넣어 등에 지는 제구.

예) 사냥꾼이 **동개**를 메고 산속으로 들어가 많은 새들을 잡아 왔다.

동개살 깃을 크게 댄 화살.

예) 전수임 장군을 저격한 암살자가 사용한 것은 **동개살**로, 속도보다는 그 정확성을 중시한 화살이었다.

무겁 활터의 과녁 뒤에 흙으로 둘러싼 곳.

예) 초심자들이 한바탕 활을 쏘고 나면 **무겁**에 꽂힌 화살들이 부지기수였다.

밭은오금 활의 대림끝과 한오금의 사이 부분.

예) **밭은오금**에서부터 활은 시위 쪽으로 굽기 시작한다.

보싸기 활의 줌통을 벚나무 껍질로 싼 꾸밈새.

예) **보싸기** 한 활은 미끄러지지 않아 손에 잘 쥘 수 있다.

북전 ① 활의 줌 잡는 데. 곧 엄지손가락이 닿는 곳. ② 줌 잡는 엄지손가락의 첫째와 둘째 마디를 어울러 이르는 말.

예) **북전** 잡는 위치가 틀렸다. 다시 잘 잡아라. 그래야 정확히 쏠 수 있지.

삼사미 ① 세 갈래로 갈라진 곳. ② 활의 먼오금과 뿔끝과의 사이(대와 뽕나무가 연결된 곳).

예) **삼사미**는 활의 윗부분에 있는 휘어진 부분이다.

서분한살 굵고도 가벼운 화살.

예) 옛날에 우리 할아버지께서 나에게 활과 **서분한살**을 만들어 주시곤 했다.

쇠뇌 여러 개의 화살을 한꺼번에 쏘는 활의 한 가지.

예) **쇠뇌**만 많이 가지고 있다면 저 정도의 적군은 쉽게 물리칠 수 있을 텐데.

양냥고자 활 끝의 심고가 걸리는 곳.

예) 이 활의 **양냥고자**가 부러져서 시위를 걸 수 없구나.

정탈목 활시위에 심고를 맨 부분 다음, 고자잎에 못 미쳐서 쇠심을 대어 붙이고 꼬부린 곳.

예) **정탈목**은 20여 가지 활의 부위 명칭 중 하나로서, 시위를 거는 고자잎 바로 아랫부분이다.

주살 오늬에 줄을 매어 쏘는 화살.

* 오늬 화살의 머리를 시위에 끼도록 에어낸 부분.

예) 그 수색대는 **주살**을 강 건너로 쏘아 보낸 뒤 긴 밧줄을 연결시켜 임시로 건널 수 있는 다리를 만들었다.

터과녁 120보를 한정하고 활을 쏘는 데 쓰는 소포나 과녁.

예) 동수는 **터과녁**에 화살을 정확히 맞추어서 1등을 하였다.

평찌 나지막하고 평평하게 날아가는 화살.

예) 저쪽 나무에 동그라미를 그려 놓고 **평찌**로 쏘아 맞히는 놀이로 우리는 시간 가는 줄 몰랐다.

활고재 활의 양 끝 머리.

예) 너무 세게 활시위를 당기는 바람에 **활고재**가 부러졌다.

그 밖의 연장과 관계되는 말

간짓대 긴 장대.

예) 오래된 감나무가 있는 시골 외삼촌 댁에서 나는 어릴 때 가을이면 **간짓대**로 감을 따곤 했다.

결쇠 제 짝이 아니면서 자물쇠에 맞는 열쇠.

예) 어쩌면 이 철사가 **결쇠**가 될지도 모른다는 희망에 나는 그가 자동차 유리문을 열고

문을 따는 대로 가만히 지켜봤다.

고조 술주자, 술 짜는 틀의 옛말.

예) 시골 양조장에 가 보면 지금도 **고조**를 이용해서 술을 많이 빚어 먹는다.

과줄판 과줄을 박아 내는 기구.

*과줄 약과.

예) **과줄판**도 오래된 것은 골동품 대접을 받아 값이 꽤 나갔다.

광명두 나무로 만든 등잔걸이.

예) 중조할아버지 때부터 쓰셨다는 **광명두**를 어루만지면 내가 마치 구한말에 살고 있는 것 같은 기분이 든다.

광쇠 ① 중이 염불할 때 치는 쇠. ② 꽹과리.

예) 한밤중에 멀리서 **광쇠**를 치면서 염불 외는 소리가 처량하게 들려오니, 집 뒤에 광명 사라는 절이 있던 내 고향 생각에 나도 모르게 눈물이 흐른다.

예) **광쇠**잡이가 잘해야 풍물이 사는 법이다.

구기 죽, 기름, 술 따위를 풀 때 쓰는 국자보다 작은 기구.

예) 어머니는 **구기**를 이용하여 식혜를 나에게 퍼 주셨다.

구둣대 굴뚝이나 방고래의 재 따위를 그러내는 제구.

예) 온돌방이 있던 옛 가정에서는 **구둣대**를 집집마다 두고 썼다.

국숫분/국숫분통 국수를 만들때 반죽을 넣은 통으로 밑에 구멍이 송송 뚫려 국수가 빠져나옴.

예) **국숫분**에서 흰 국숫발이 술술 빠져나오니까 조카는 재미있어 보였던지 씩 웃었다.

군두쇠 큰 재목을 산에서 운반할 때 재목의 한쪽 머리에 박고 거기에 줄을 매어 끄는 크고 굵은 쇠고리.

예) 나무를 베어 낸 후 사람들은 **군두쇠**로 산 아래까지 끌어내린다.

굴대 수레바퀴 한가운데 뚫린 구멍에 끼워 수레가 바로 놓이게 하는 나무쇠.

예) 로마시대의 영화를 보면 전차 경기를 하다가 **굴대**가 부러져서 말과 사람이 함께 나뒹구는 장면을 많이 보게 되는데, 그중 박진감 넘치는 장면은 〈벤허〉에서 특히 인상적이었다.

굴렁대 손에 쥐고 굴렁쇠를 밀어 굴리는 굵은 철사 토막이나 막대기.

예) 너무 화가 나신 어머니는 회초리를 찾다 못해 우리가 가지고 놀던 **굴렁대**를 집어 드셨다.

굴레미 나무로 만든 수레바퀴.

예) 그 **굴레미**는 타이어로 만든 것과 달리 길바닥의 울퉁불퉁한 충격을 그대로 타고 있는 사람에게 전달해서 수레가 몹시 흔들렸다.

날름쇠 총의 방아쇠를 걸었다가 떨어뜨리는 쇠. 물건을 퉁겨지게 하려고 장치한 쇠.

예) 파이프총의 발사 원리는 고무줄로 만든 **날름쇠**를 퉁겨 주면 화약이 터지면서 총알이 나가는 것이다.

너스래 흙구덩이나 그릇의 아가리, 또는 바닥에 이리저리 걸쳐 놓는 막대기.

예) 아버지께서는 멧돼지를 잡기 위해 구덩이에다 **너스래**를 겹쳐 놓고 나뭇잎을 깔고 흙을 살짝 덮어 함정을 만드셨다.

넉자 도장을 찍을 때에 인발이 잘 찍히도록 그 밑에 까는 푹신한 녹비.

예) 나는 도장을 찍을 때 **넉자** 대신 손바닥을 쓴다.

대물부리 대로 만든 담배 물부리.

예) 할아버지의 **대물부리**는 곧잘 서당 아이들을 때리는 회초리가 되기도 하였다.

대후비개 담뱃대나 대통을 후비는 데 쓰는 조그만 쇠갈고리.

예) 할머니는 대통이 막혀 담배 연기가 잘 빨리지 않으면 늘 나에게 **대후비개**로 청소를 시키곤 하셨다.

도리칼 행차칼의 별칭.

* 행차칼 죄인을 다른 곳으로 옮길 때 씌우던 칼.

예) 춘향이는 **도리칼**을 목에 쓴 채 동헌 앞마당에 꿇어 엎드렸다.

도수리구멍 도자기를 굽는 가마의 옆으로 난 불 때는 구멍.

예) 가마의 화력이 너무 좋아 때때로 **도수리구멍**의 불꽃이 내 쪽으로 날름거렸다.

돌알 수정으로 만든 안경알.

예) 그녀의 안경알은 **돌알**이었다. 그래서 그런지 그녀의 눈빛이 수정처럼 빛났다.

돌통대 흙이나 나무로 만든 담뱃대.

예) 할머니가 토방에서 **돌통대**를 물고 담배를 피우시고 계셨는데, 심기가 안 좋으신지 빠는 소리가 요란했다.

동거리 물부리 끝에 달린 쇠.

*물부리 담배 설대나 궐련에 끼워서 입에 물고 빠는 물건.

예) 할아버님은 담뱃대 끝의 **동거리**의 녹을 닦아 내고 담배를 꾹꾹 눌러 채우기 시작하셨다.

동글붓 끝을 동그스름하게 만든 붓.

예) 붓은 보통 끝이 뾰족하지만 끝이 동그란 **동글붓**도 있다.

되매기 참빗의 헌 살을 골라 다시 맨 빗.

예) 아마도 옛날의 하인이나 하녀들은 머리를 빗을 때 **되매기**를 주로 사용했을 것이다.

두레상 여러 사람이 둘러앉아 먹을 수 있게 만든 큰 상.

예) 시골 할머님 댁에 가면 **두레상**에서 밥을 먹기 때문에 집에서 식구들도 별로 없이 쓸쓸히 먹던 밥맛하고는 비교할 수 없이 좋다.

등쇠 아주 가늘고 좁은 톱날을 메는, 활등처럼 휜 틀.

예) **등쇠**에 톱을 끼운 실톱 모습은 마치 활과 같아 범준이는 자꾸만 활이라고 쏘는 시늉을 해 댔다.

마름쇠 도둑이나 적을 막기 위하여 땅에 흩어 두었던 쇠못.

예) 담을 뛰어넘다가 그 도적놈은 **마름쇠**에 발이 찔려 상처를 입었다.

맞보기 도수가 없어 맨눈으로 보는 것과 다름없는 안경.

예) 그녀는 큰 얼굴을 가려 보겠다고 외출할 때는 꼭 **맞보기**를 썼지만 오히려 더 우스꽝스러웠다.

매두피 매를 산 채로 잡는 기구.

예) 매를 잡는 기구로 **매두피**가 있긴 하지만 쉽게 잡을 수 있는 건 아니다.

매부리징 신 뒤축에 박는 매부리와 비슷한 징의 일종.

예) 하이힐 뒷굽에 **매부리징**을 박아서 걸을 때마다 쇳소리 나는 것이 올드미스 우리 과장님의 도도함을 나타내는 것 같았다.

매싸리 종아리채로 쓰는 가는 싸릿가지.

예) 어머니가 **매싸리**로 내리친 이후 아들은 일주일 동안 그 누구와도 말을 하지 않았다.

맹이 말 안장의 몸뚱이가 되는 물건.

예) **맹이**가 말의 몸에 잘 맞아야 말이 편안하게 느껴서 잘 달리게 되니 이는 꼭 인체공학에 맞는 신발을 신은 운동선수가 잘 달리는 것과 마찬가지 이치다.

멍덕 재래식의 벌통 위를 덮는 뚜껑. 짚으로 바가지 비슷하게 풀어 만듦.

예) 호기심에서라도 함부로 **멍덕**을 들추지 말아라. 벌에 쏘일 수도 있으니까.

모막이 직사각형으로 된 6면의 기구의 아래위 두 모퉁이에 대는 널조각.

예) 도둑이 기성이네 집에 들어왔다. 놀란 기성이는 아무거나 집어 던질 것을 찾았으나 주위에는 **모막이**밖에 없었다.

모지랑붓 끝이 다 닳은 붓.

예) 내 붓은 10년이나 사용해서인지 **모지랑붓**이 다 되었다.

모지랑비 끝이 다 닳은 비.

예) 저 **모지랑비**도 바꿀 때가 되었으니 장에 가면 플라스틱 빗자루 하나 사 오렴.

목기 기름틀의 챗날과 머리틀 사이에 끼는 목침 같은 나무토막.

예) 그는 **목기**를 베개 삼아 대청마루에서 단잠을 잤다.

목도채 목도를 할 때 쓰는 길이 1미터가량의 굵은 몽둥이.

예) 무릎 굽혔던 인부들이 무릎을 펴자 정원석이 무겁게 들리면서 **목도채**가 '핑' 하고 굽었다.

몽당붓 끝이 닳아서 무딘 붓.

예) 그 선비는 어찌나 글을 많이 썼던지 한평생 남긴 **몽당붓**이 100여 개나 된다.

무둣대 무두질할 때에 쓰는 칼.

* 무두질 ① 모피의 털과 기름을 뽑고 가죽을 부드럽게 다루는 일. ② 매우 시장한 것을 가리킴.

예) **무둣대**를 본 적이 없는 아이는 그걸 가져다 달라는 할아버지의 말을 이해하지 못했다.

무집게 물건을 물리는 데 쓰는 연장.

예) 욕탕에서 쓰는 패킹이 고장 났을 때는 **무집게**로 집어 올려서 빼는 게 최고야.

물고동 수도의 마개를 여닫을 때 쓰이는 장치.

예) 겨울철에는 수도관이 동파할 염려가 있으니 꼭지는 열어 두고 **물고동**으로 여닫는 게 좋다.

물매 ① 나무에 달린 과실 등을 떨어뜨리려고 팔매질하여 던지는 몽둥이. ② 무릇매.

예) 옛날 우리 자랄 적엔 **물매**로 밤도 따 먹고 그랬는데 요즘 애들은 슈퍼마켓에서 열리는 줄 알고 있으니……

물미 ① 땅에 꽂기 위해 창대, 깃대 등의 끝에 끼워 맞추는 끝이 뾰족한 쇠. ② 지게를 버티는 작대기 끝에 맞추어 끼운 쇠.

예) 남이 장군은 어린 시절 산에서 도적을 만났어도 **물미** 꽂은 지겟작대기로 모두 물리칠 정도로 무예가 출중했다.

물미작대기 끝에 물미를 끼운 지게의 작대기.

예) **물미작대기**를 잘 받치면 땅바닥에 깊이 박히니까 지게가 안 넘어진다.

물방아채 ① 물방아다리 위에 가로질러 놓은 나무. ② 물방아에서, 머리에 방앗공이를 낀 나무.

예) 물의 힘은 참으로 엄청나다. 어른 열 명이 달려들어야 움직일 **물방아채**를 연신 끄덕이게 만드니.

밀골무 손가락 끝이 상했을 때에 끼는 밀로 만든 골무.

예) 어머니는 화상을 입은 손가락에 **밀골무**를 끼시고, 오늘도 밤늦게까지 삯바느질을 하신다.

밀붓 붓털에 밀을 먹여 **빳빳하게** 맨 붓.

예) 이 **밀붓**은 너무 빽빽해서 쓰기가 매우 힘들다. 그러나 학교 서에 숙제가 있어 어쩔 수 없이 그냥 쓰는 수밖에 없다.

부둥가리 부삽 대신으로 쓰는 제구. 깨진 조각으로 만들어 씀.

예) 부삽을 하나 사 온다 사 온다 하면서도 장에 가기만 하면 잊어버려 저 **부둥가리** 쓴 게 1년도 넘지.

부들부채 부들의 줄기로 결어 만든 부채.

예) 오늘 인기 탤런트가 **부들부채**로 부치는 모습이 TV에 나왔다. 올여름은 아마도 부들

부채가 유행할 것 같다.

부손 화로에 꽂아 두고 쓰는 작은 부삽.

예) **부손**으로 재를 뒤적거려 그 속에서 잘 익은 밤, 감자를 꺼내 먹는 재미는 시골 외가에서만 맛볼 수가 있다.

불 걸채나 옹구에 있어서 아래로 늘어져 물건을 싣게 된 부분.

* **걸채** 길마 위에 덧얹어 곡식단 따위를 싣도록, 둥근 나무를 ‘Ⅱ’ 자 모양으로 짜서 좌우 바깥쪽에 걸챗불을 달아매고 가운데에 세장 둘을 가로 끼워 만든 것.

* **옹구** 새끼로 망태처럼 얽어 만든 농기구의 한 가지. 소의 길마 위에 걸쳐 얹어, 양쪽 불에 거름이나 섶나무 따위를 실어서 나름.

예) 아래로 늘어진 물건을 **불**이라고 하는 건 신체나 사물이나 다 마찬가지인 것 같다.

불가래 반으로 쪼갠 통나무 토막을 한쪽은 삽처럼 납작하게 파내고, 다른 한쪽은 손잡이가 되게 한 것.

예) 그는 삽이 없어서 **불가래**로 흙을 퍼 올렸는데, 역시 일이 잘 되지는 않았다.

불돌 화로의 불이 쉬 사위지 않게 눌러 놓은 돌이나 기왓장 조각.

예) 나는 어렸을 때 **불돌** 밑에 고구마를 구워 먹던 기억이 난다.

불어리 바람에 화롯불의 불티가 날리는 것을 막기 위해 들씌우는 것으로, 위에 통풍 구멍이 뚫려 있음.

예) 장례를 마치고 들판에서 장례용구를 태우면서 불티가 날아다니는 걸 보니, 그럴 때마다 야단치시던 돌아가신 어머님이 생각난다.

삼발이 ① 발이 셋 붙은, 쇠로 만든 기구. ② 세 발이 달린 틀. 나침반, 망원경 등을 올려놓는 데 씀.

예) 제주도에서 사진을 찍다가 때마침 불어온 바람에 **삼발이**가 쓰러져 카메라를 망가뜨렸다.

상앗대 배질을 하는 데 쓰는 장대.

예) 강물이 붇자 그 길던 **상앗대**도 강바닥에 닿지 않아 사공은 무척 당황했다.

샐쭉경 타원형의 안경.

예) 나의 안경은 **샐쭉경**이어서 길쭉한 내 얼굴형에 어울린다.

서캐훑이 서캐를 훑어 내는, 살이 가늘고 배게 박힌 참빗.

예) 할아버지께서 **서캐훑이**로 상투머리를 풀며 빗고 계셨는데, 서캐뿐만 아니라 이도 간간이 섞여 있어서 나는 깜짝 놀랐다.

선자물쇠 배목에 비녀장을 꽂는 구조의 간단한 자물쇠.

예) 할머니께서 쓰시던 고리짝에 **선자물쇠**가 잠겨 있었지만, 철사 하나로 문제없이 열 수 있었다.

섯등 염전에서 소금을 만들 때 바닷물을 거르기 위해 땅바닥을 다지고 가장자리를 넓고 길게 둘러박은 장치.

예) 서해안 염전에서는 **섯등**을 쉽게 찾아볼 수 있다.

섶 줄기가 가냘픈 식물을 버티느라고 곁들여 꽂아 두는 막대기.

예) 공해에 민감하다기에 나팔꽃을 심었는데, 떡잎이 나면서부터 **섶**을 꽂아 주었더니 잘 감고 올라간다.

솥솔 솥 안을 닦아 내는 데 쓰는 솔.

예) 그 **솥솔**을 쓰면 제자리에 놓아둘 수 없니? 쓸 때마다 찾게 만들지 말고.

쇠달구 쇠로 만든 달구.

* 달구 집터를 다지는 기구.

예) **쇠달구**가 무겁긴 해도 나무달구보다는 더 단단하게 땅을 다져 주니까 시간이 많이 절약된다.

쇠두겁 쇠붙이로 만든 두겁.

* 두겁 가늘고 길게 생긴 끝에 씌우는 물건.

예) 흔히 만지고 볼 수 있는 만년필 뚜껑이 말하자면 **쇠두겁**인 셈이지.

쇠목 장롱의 앞쪽 두 기둥 사이에 가로지르는 나무.

예) 1년에 한 번씩 이사 다니느라 **쇠목**이 부러졌으니 무엇으로라도 당신이 좀 괴어 줘 보세요.

쇠좆매 황소의 생식기로 만든 옛 형구의 하나.

예) 역모를 했다는 혐의로 잡혀 온 길산은 **쇠좆매**로 수십 차례 맞고는 혼절해 버리는 것이었다.

쇠채 거문고 따위를 탈 때 쓰는 쇠로 만든 채.

예) 거문고를 뜯을 때와 **쇠채**로 탈 때의 소리는 많이 다르다. 이는 마치 바이올린을 켤 때와 뜯을 때의 소리 차이만큼 된다고 할 수 있다.

신골 신을 만드는 데 쓰는 골.

예) 신 만들게 광에 가서 **신골** 좀 찾아오라는 분부에 송호는 신이 나서 뛰어갔다.

알바늘 실을 꿰지 않은 바늘.

예) 어머니의 눈은 매우 어두워서 **알바늘**에 실을 꿰어 드리는 일은 나의 차지였다.

윗알 수판의 가름대 위의 알.

예) 말썽꾼 범준이가 수판으로 스키 탄다고 막 가지고 놀아서 **윗알**이고 아래알이고 다 나가 버렸다.

일토시 일할 때 끼는 토시. 커프스 커버.

예) 어렸을 때 미술학원에 다녔는데, 그때 엄마는 소매가 더러워진다면서 **일토시**를 꼭 끼워서 학원에 보내셨다.

자물쇠청 자물쇠에 딸린 날름쇠.

예) 철사로 자물쇠를 따는 요령은 **자물쇠청**을 얼마나 성공적으로 따느냐에 달려 있다.

재리 얼음 위에서 넘어지지 않도록 나막신 굽에 박는 큰 징.

예) 그 일본인의 게다에 박아 넣은 **재리** 소리가 무척 귀에 거슬리게 들렸지만 아무도 제지할 수 없을 만큼 일제 식민지 통치는 혹독했다.

죔쇠 나무오리 같은 것을 물려 죌 수 있게 만든 연장.

예) 얘들아, 저 춘향이의 다리 사이에 **죔쇠**를 꽂아서 매우 조여라!

주감이 해금의 줄 끝을 감아 매는 부분.

예) 해금의 **주감이**를 감아 주면서 음률을 맞추는 것은 기타나 그 밖의 현악기들과 마찬가지다.

통방이 쥐덫의 한 가지.

예) 앞마당에 쥐를 잡기 위해 **통방이**를 설치했는데, 엉뚱하게 정현이가 기르던 토끼가 걸려 애먹었다.

틀가락 무거운 물건을 목도하는 데 쓰는 긴 나무.

예) **틀가락**으로 쓰이는 나무는 탄력성이 있으면서 쉬 부러지지 않는 버드나무 같은 것이 괜찮지 않을까?

홍두깨틀 다듬이질을 할 때 홍두깨를 걸쳐 놓게 된 틀.

예) 이 **홍두깨틀**은 내가 시집왔을 때 시어머니께서 우리 집의 귀한 물건이라고 하시면서 물려주시던 것이다.

흙손 흙일을 할 때 이긴 흙을 떠서 바르고 거죽을 반반하게 하는 연장.

예) 조카 녀석이 수돗가에 발라 놓은 시멘트를 밟아서 **흙손**으로 다시 발자국을 지워야 했다.

흿대 질그릇의 모양을 만드는 데 쓰는 나무쪽.

예) **흿대**로 질그릇을 만든 뒤 그대로 말렸다가 가마에 넣고 구워서 그릇을 만드는 것이 과거의 질그릇 제작 방법이었다.

입는 것

결마기 옛날 여자 예복의 하나.

예) 시집올 때 어머니가 입으셨던 **결마기**를 누나가 입은 모습을 보니 돌아가신 어머니 모습이 문득 떠올랐다.

관디 옛 버슬아치의 공복公服. 지금은 구식 혼례 때 신랑이 입음.

예) 결혼식 날, **관디**를 입고 들어서는 성구는 여느 때보다 훨씬 믿음직스러워 보였다.

관디벗김 신랑이 초제를 마치고 관디를 벗을 때에 입는 신부 집에서 지은 옷.

예) 시집가는 딸을 위해 **관디벗김**을 짓는 어머니의 마음처럼 동생을 유학길로 떠나 보내야 하는 나의 마음은 무척이나 서운했다.

내리닫이 어린아이 옷의 한 종류. 바지와 저고리를 한데 붙이고, 뒤를 터서 똥 오줌을 누기에 편리하게 만든 옷.

예) 아기가 똥오줌을 가릴 때까지는 **내리닫이**를 입혀야겠다.

도련 두루마기, 저고리 자락의 끝 둘레.

예) 옛 어른들은 저고리의 **도련**을 일부러 크게 만들어서 서찰 등을 넣는 데 이용했다고 한다.

도련치다 종이 따위의 가장자리를 가지런히 베 내다.

예) 나는 색종이의 대부분을 미리 **도련친** 후에 종이접기 일을 시작했다.

도롱이 우장의 하나. 짚, 띠 따위로 엮어 흔히 농부가 허리나 어깨에 걸쳐 두름.

예) 비 오는 아침에 농부는 **도롱이**를 걸치고 논으로 가고, 아이는 토란잎을 따다가 우산을 만들고 있었다.

동구래 동구래저고리.

예) **동구래**를 입은 모습은 보통의 저고리보다 담담해 보인다.

동구래깃 깃부리를 반원형으로 하는 옷깃 만듦새. ⇔ 목판깃.

예) 깃 모양은 목판깃으로 하시겠습니까, **동구래깃**으로 하시겠습니까?

동구래저고리 길이가 짧고 앞섶이 좁으며 앞도련이 썩 둥글고 뒷길이보다 좀 긴, 여자 저고리.

예) **동구래저고리**는 도련이 썩 둥근 것이, 완만한 한국의 선이 내보이는 아름다움을 지니고 있다.

동달이 옛 군복의 하나. 검은 두루마기에 다홍색 안을 대고 붉은 소매를 달았으며 뒤를 길게 텄음.

예) 사극을 보면 **동달이**를 입은 군사를 볼 수 있는데, 의상 소품이 너무 엉성하여 아쉬웠다.

동저고릿바람 의관을 갖추지 않은 차림새.

예) 주막집 주모의 기둥서방이 들이닥치자 최 부자의 셋째 아들은 급한 나머지 **동저고릿바람**으로 봉놋방에서 뛰어나왔다.

든벌 집에서만 신는 신이나 옷 등의 총칭. ⇔ 단벌.

예) 집 안에서는 **든벌**을 입고 있는 것이 훨씬 활동하기 편했다.

등거리 (조끼처럼) 등만 덮을 만하게 걸쳐 입는 속옷의 하나.

예) 재희가 **등거리**만 걸친 채 잠을 청하려 할 때 밖에서 슈바츠코프를 체포해 가는 발소리가 들렸다.

모코 옛날에 입던 길이가 짧은 저고리.

예) 요즘 디자이너들이 옛 옷인 **모코**의 멋을 살려 양장에 많이 응용했는지 윗도리 길이가 점점 짧아지고 있다.

무 윗옷의 겨드랑이 아래에 대는 딴 폭.

예) 색 감각이 없는 은숙이는 혼례 한복을 맞추면서 어울리지도 않게 분홍 저고리에 가지색 **무**를 달아 달라고 졸랐다.

물겹것 헝겊을 호아 지은 겹옷.

예) 할머니께서 **물겹것**을 잘 만드셔서 자투리 헝겊을 모아다 다른 사람에게도 많이 만들어 주셨다.

바짓부리 바짓가랑이의 끝 부분.

예) 비가 와서 **바짓부리**에 진흙이 많이 묻었을 때는 그대로 벗어서 말렸다가 흙을 비벼 털어 낸 다음 빨아야 말끔해진다.

박이겹것 박음질하여 지은 겹옷.

예) 어머니께서 사 주신 옷은 **박이겹것**이라서 아무리 뛰어놀아도 뜯어지지 않을 것 같다.

배냇저고리 깃을 달지 않은 갓난아이의 저고리. 깃저고리.

예) 어느 날 어머니께서 장롱 속 깊은 곳에서 내 **배냇저고리**를 꺼내서 보여 주셨다.

사마치 융복을 입고 말을 탈 때에 두 다리를 가리던 아랫도리 옷.

예) 기마술이 뛰어난 몽고족에게는 **사마치** 따위가 필요 없을 것 같았다.

셋갖춤 저고리, 바지, 조끼를 갖춘 한 벌의 양복. 셋붙이.

예) 우리 세림리 이장 정 씨는 항상 검은색의 **셋갖춤**을 입고 거드름을 피우며 돌아다녔다.

소고의 여자가 입는 짧은 저고리.

예) 변변한 **소고의** 하나 없이 고아인 우리 형제를 키우시던 할머님께서 오늘 새벽에 돌아가셨다.

속벌 속에 입을 옷의 각 벌. 저고리, 바지, 조끼, 마고자 등.

예) 네 **속벌**이 몇 벌씩이나 있는데 언니가 시집간다고 또 해 입겠다는 거냐?

솜붙이 겹옷을 입을 철에 입는 솜옷.

예) 살을 에는 듯 추운 중강진에서는 **솜붙이**가 필수적인 의복이다.

쇠코잠방이 농부가 입는 무릎까지 내려오는 짧은 잠방이.

예) 어제 내린 비로 논물이 불어나 농부는 **쇠코잠방이**를 좀 더 걷어 올리고 논으로 들어갔다.

쓰개치마 여자가 외출할 때 머리에서 몸의 윗부분을 가리어 쓰던 치마.

예) **쓰개치마** 사이로 길용에게 흘린 웃음이 온 동네에 소문이 나자, 마님은 아가씨에게 방문 밖에도 나가지 말라고 엄명을 내리셨다.

잠방이 가랑이가 무릎까지 오는 짧은 남자용 홑바지. 사발 고의.

예) 빚 때문에 동네 입구의 폐가로 쫓겨나 윗옷도 없이 짧은 베**잠방이**만 입은 그의 모습은 더욱 초라해 보였다.

진솔 ① 한 번도 빨지 않은 새옷. ② '진솔옷' 의 준말.

예) 나는 첫 미팅에 **진솔** 양복을 입고 가서 좋은 인상을 주려 했는데, 그만 옷의 가격표를 떼지 않아서 웃음거리가 됐다.

쓰는 것

갈삿갓 쪼갠 갈대를 결어 만든 삿갓.

예) **갈삿갓**에서 새어 나오는 김삿갓의 모든 것을 초탈한 듯한 눈빛에 나는 얼굴을 돌렸다.

경둥하다 아랫도리가 너무 드러날 정도로 입은 옷이 짧다.

예) 날씨가 점점 더워지니 여학생들의 옷차림이 점점 **경둥해지는데**, 별로 좋아 보이지 않는다.

구슬갓끈 구슬을 길게 꿰어 만든 갓끈.

예) 할아버님은 아주 오래된 **구슬갓끈**을 항상 소중히 여기시는데, 그것은 할아버지의 고조할아버님께서 서울로 과거시험 보러 오셨다가 장만하신 것이란다.

굴갓 벼슬 가진 중이 쓰던 대로 만든 갓. 모자 위가 둥글게 되었음.

예) 영의정까지 지냈던 요승 신돈은 아마 당시에 **굴갓**을 썼을 것이라 추측된다.

귓돈 벙거지의 가운데 둥글게 나온 부분의 아랫부분. 나비 모양의 호박 덩이로 영자纓子를 다는 위쪽에 실로 달아 맴.

예) 인사동 골동품상에서 그렇게 **귓돈**을 구하려 해도 가게 주인들은 그게 뭔지도 몰랐다.

너울 ① 여자가 머리에 쓰는 것의 한 가지. 검은빛의 얇은 깁으로 만듦. ② 바다의 사나운 큰 물결.

예) **너울**을 써서 자세히 알 수는 없지만 주막집에서 일하는 그녀는 분명 죽었다던 김 진사의 맏딸 같았소.

노벙거지 노끈으로 만든 벙거지.

예) 종갓집 광을 수리하면서 발견한 낡은 **노벙거지**는 보잘것없었지만 흔히 볼 수 있는 것이 아니어서 잘 보관해 두었다.

맺이관 말총으로 그물코 맺듯이 눈눈이 떠서 만든 관.

예) 나는 한 번도 **맺이관**을 본 적이 없었는데 지난 일요일 박물관에 가서 볼 수 있었다. 참으로 손이 많이 가는 물건이었다.

머리쓰개 여자의 머리 위에 쓰는 장옷이나 수건, 너울 따위의 총칭.

예) 개량 한복에 개량 **머리쓰개**까지, 전위 연극을 한다는 그녀는 정말 독특한 차림새였어.

방죽갓끈 연밥을 길게 꿰어 만든 갓끈.

* **연밥** 연꽃의 열매.

예) 이것이 바로 **방죽갓끈**이라는 것인데, 구슬갓끈과도 비슷하지.

벙거지 주로 병졸이나 하인이 쓰던 털로 검고 두껍게 만든, 갓처럼 쓰는 물건.

예) 올겨울엔 **벙거지**같이 생긴 모자가 유행할 거라고 패션계는 전망했다.

총감투 말총으로 뜨지 않고 피륙처럼 짜서 조각을 지어 만든 감투.

예) **총감투**는 날줄과 씨줄을 겹쳐서 짜는 것이어서 떠서 만드는 맺이관과는 근본적으로 제작 방법이 달랐다.

총대우 말총이나 쇠꼬리의 털로 짜서 옻을 칠한 검정 갓의 모자.

예) 우리 동네에 있는 성균관에는 매년 석전 때면 시골에서 **총대우**를 쓰고 올라오는 진짜 옛날 노인들을 볼 수 있다.

신는 것

결은신 물이 새지 않게 기름을 발라서 결은 가죽신.

예) **결은신**을 장만한 꽃님이는 비가 오길 손꼽아 기다렸다.

구슬갱기 짚신 총갱기의 하나.

예) 요즘은 시골에서도 **구슬갱기**를 볼 수 없는데 김 교수는 어떻게 도시에서 그걸 소유

하시게 되었는지 참 신기하다.

너널 추울 때 신는 커다란 솜 덧버선.

예) 영하로 내려가는 추운 날이면 할머니는 거실에서 항상 **너널**을 신으신다.

돋음갱이 총을 꿴 위에 모양을 내느라고 딴 줄을 덧대어 총갱기를 친 미투리.

* **총** 짚신이나 미투리 따위의 앞쪽에 양편짝으로 박은 낱낱의 올.

예) 노총각 만수는 선을 보러 가기 위해 제 저금통을 몽땅 털어 **돋음갱이** 하나를 샀다.

멱신 짚 또는 삼으로 멱서리 엮듯이 만든 신.

예) 큰스님께서는 여름이면 곤충을 밟지 않으려고 유난히 엉성하게 엮은 **멱신**을 신고 외출하셨다.

목달이 ① 버선목의 속 헝겊이 겉으로 걸쳐 넘어와서 목이 된 버선. ② 밑바닥은 다 해지고 발등만 덮이는 버선.

예) 가난한 기호네 할머니는 우리들에게 **목달이**를 보이지 않으려고 치마를 자꾸 끌어다 덮었다.

배악비 가죽신의 창이나 울 속에 넣는 두껍게 여러 겹 붙인 헝겊 조각.

예) 가죽신 속에 **배악비**를 넣는 목적은 바닥의 습기가 올라오지 못하게 막는 데 있다.

석새짚신 총이 굵은 짚신.

예) 그 험한 대관령 길을 **석새짚신**을 신고 가려 하다니 정말 어리석구나.

세코짚신 앞쪽 양면의 총을 쳐서 코를 낸 짚신.

예) **세코짚신**이 네 켤레가 있는 걸 보니 친척들이 벌써 다 온 모양이었다.

신돌이 신의 가장자리에 장식으로 댄 물건.

예) **신돌이**가 낡았어도 신고 다니는 데는 지장 없으니까 신고 가라.

신볼 신의 볼. 신의 폭.

예) **신볼**이 좁아서가 아니라 네 발볼이 너무 넓어서 발이 아픈 것 아니니?

진신 들기름에 결어 만든 진땅에서 신는 가죽신.

예) 아무리 **진신**이라도 그렇게 비 오는 날에 험하게 신으면 오래 못 간다.

총갱기 짚신, 미투리의 당감잇줄에 꿴 총의 고가 움직이지 않도록 낱낱이 감아 돌아가는 끄나풀.

예) **총갱기**를 제대로 해야 짚신이 튼튼하니 다른 생각 말고 꼼꼼히 해라.

총받이 짚신, 미투리의 총을 박은 데까지의 앞바닥.

예) 그의 **총받이**는 너무도 닳았지만 새로 만들거나 살 여유가 없었다.

탈메기 모숨을 굵게 하여 함부로 험하게 삼은 짚신.

예) 너같이 신발을 험하게 신는 애는 **탈메기**나 여러 켤레 두고 신어야지, 비싼 신발 소용 없겠다.

장신구류

괴불주머니 어린아이가 주머니 끈 끝에 차고 다니는 노리개. 색 헝겊에 솜을 넣고 수를 놓아 예쁘게 만듦.

예) 어린 시절 어머니가 손수 만들어 주신 오래된 **괴불주머니**를 조심스럽게 꺼내 보면 매듭의 묵은 때도 정겹다.

귓집 추위를 막기 위해 귀에 덮는 기구.

예) 오늘날의 **귓집**은 마치 헤드폰처럼 다양하고 따뜻하게 디자인되었다.

도투락댕기 어린 계집아이가 드리는 자줏빛 댕기.

예) 무당집 딸은 하도 거칠게 뛰어놀아서 **도투락댕기**가 제대로 매어 있는 걸 못 봤다.

돌띠 어린아이의 두루마기 따위의 등 뒤로 돌려 매게 된 옷고름.

예) 민속의 날 할아버지 댁에서 범준이가 강아지와 함께 뛸 때마다 등 뒤에 맨 **돌띠**가 꼭 나비의 날개처럼 나풀거렸다.

동곳 상투가 풀어지지 않게 꽂는 물건.

예) 정몽주는 죽는 순간까지 **동곳**을 단정하게 꽂고 흐트러짐 없는 자세로 죽어 갔다.

말조롱 남자가 차는 밤톨만 한 크기의 조롱.

* 조롱 어린애들의 주머니 끈이나 옷끈에 액막이로 차는 물건.

예) 정년퇴임한 임 교수는 조부가 물려준 **말조롱**을 손주 돌복에 끼워 줬다.

민비녀 용 무늬를 새기지 않고 파란도 칠하지 않은 비녀.

*파란 투명하지 못한 유리 성질의 물체. 법랑.

예) 우리 할머니들이 이용하시던 **민비녀**의 그 소박한 아름다움은 그 어떤 화려한 장신구와 비교해도 뒤지지 않는다.

뱃대끈 ① 여자의 바지 위에 매는 끈. ② 안장이나 길마를 지울 적에 마소의 배에 걸쳐서 조르는 줄.

예) **뱃대끈** 맨 억척스러운 아주머니들이 평화시장을 누비며 밥 쟁반을 날랐다.

서캐조롱 계집아이들이 차고 다니는 조롱의 일종.

예) 그 아이는 가난한 농부의 딸이지만 **서캐조롱**만큼은 훌륭한 것을 달고 있었다.

조롱 어린이들이 액막이로 주머니 끈이나 옷끈에 차는 물건.

예) 잠시도 가만히 있지 못하는 소년은 뛰어놀 때나, 허리를 구부릴 때 흔들거리는 **조롱**이 성가셨다.

털토시 털을 안에 댄 토시.

예) 어머님으로부터 면회 때 **털토시**를 전해 받은 김 일병은 찬바람 속에서 보초 서는 것이 힘들지 않았다.

피륙류

괴깔 피륙, 종이, 실 또는 나무 따위의 겉에 보풀보풀하게 일어난 섬유.

예) 꽤 값나가게 주고 산 옷인데 벌써 **괴깔**이 생겼어. 교환해야겠는걸.

등바대 홑옷의 깃고대 안쪽에 길고 넓게 덧붙여 등까지 대는 헝겊.

예) 여름에 **등바대**를 대면 덥긴 하지만 등으로 흘러내리는 땀을 흡수한다는 이점도 있고 단정하게 보여 좋다.

막낳이 아무렇게나 짠 막치 무명.

예) 시베리아에서 **막낳이**로 만든 작업복에 강제노동을 당했다며 귀순한 김용철 씨는 그때의 추위와 조국을 잃은 서글픔을 울음으로 토로했다.

받낳이 실을 사들여서 피륙을 짜는 일.

예) 홍성댁은 오랜 병상 생활에서 몸을 회복하여 그만뒀던 **받낳이**를 다시 시작했다.

베갯잇 베개의 겉을 덧싸서 시치는 헝겊.

예) 막노동을 처음으로 하고 돌아온 나는 너무 피곤하여 **베갯잇**을 씌워 조용히 꿰매시는 어머님을 지켜보다 잠들었다.

베붙이 모시실, 베실 등으로 짠 피륙.

예) 나의 여름옷 중에는 **베붙이**로 만든 것도 있는데, 정말 시원하다.

보무라지 종이, 헝겊 등의 잔부스러기.

예) 어느 제본소에 들어갔더니 바닥에 온통 **보무라지**들이 수북이 쌓여 있었다.

석새 예순 올의 날실.

예) **석새** 사이를 오가는 직조기는 부지런히 실을 감고 있었다.

석새삼베 굵은 베, 삼승포.

예) 그 화랑의 전시회에는 **석새삼베**에 굵고 거친 붓 자국에 있는 작품이 주류를 이루고 있는데, 퍽이나 특이한 소재였다.

설피창이 ① 발이 거칠고 성긴 피륙. ② 거칠고 성기게 짠 피륙.

예) 요즘 우리 동네 아파트엔 **설피창이**로 만든 커튼이 유행이다.

쌀깃 갓난아이의 배냇저고리 안에 옷 대신 싸서 입히는 헝겊 조각.

예) 우리 아기 은비가 오줌을 싸서 **쌀깃**까지 젖었으니 다른 것으로 갈도록 해라.

열새베 고운 베.

예) 광주에 사시는 이모님이 여름에 옷 해 입으라고 품질 좋은 **열새베**를 보내오셨다.

왕등발가락 굵은 발가락과 같다는 뜻으로 굵고 성긴 피륙을 일컬음.

예) 침모에게 선물로 들어온 봉물짐 가운데에서 **왕등발가락**은 하인들 옷 해 입게 주라고 했습니다.

특특하다 피륙 등의 바탕이 태가 없이 흐리다.

예) 11월 초순에 열리는 이번 패션쇼엔 **특특한** 소재로 가을 분위기를 연출하려고 합니다.

필모시 베틀로 짜서 필을 만든 모시.

예) 광장시장에 들러 보니 요즘은 **필모시**가 비싸게 들어와 소매로 나갈 땐 부자들이 맞춰 입는 한복점에서나 제대로 돈을 받는단다.

바느질

감치다 ① 바느질감의 맨 가장자리를 실올이 풀리지 않게 안으로 두 번 접어 용수철 감긴 모양으로 꿰매 나가다. ② 두 헝겊의 가장자리를 마주 대고 감아 꿰매다.

예) 바지 밑단을 **감쳐** 달라고 부탁하자 세탁소 아저씨는 일감이 많아 좀 기다려야겠다고 하셨다.

견대미 실꾸리를 겯을 때 실 가락을 가로 걸치는 작은 틀.

예) 할머니께서는 바느질을 하기 위해서 **견대미**를 손보고 계셨다.

더느다 끈, 실 등을 두 가닥을 내어 겹으로 드리다.

* 드리다 ① 끈이나 줄을 땋거나 꼬다. ② 댕기를 달다.

예) 찢어진 천막을 꿰맬 때는 천막의 천이 조금 두꺼우니까 실을 **더느게** 하여 꿰매야 한다.

등솔기 옷의 뒷길을 맞붙여 꿰맨 솔기.

예) 저고리의 **등솔기**는 가름솔로 하면 안 된다고 내가 몇 번이나 말했니?

바늘겨레 바늘을 꽂아 두는 작은 물건.

예) 바느질을 즐겨 하시는 할머니는 자투리 천에 솜을 넣어 여러 개의 **바늘겨레**를 만들어 우리들에게 나눠 주셨다.

박음질 바느질의 하나. 실을 곱걸어서 꿰매는 일.

예) 진을 소재로 한 옷은 튼튼하게 박아 두 줄의 **박음질** 선이 보인다.

사뜨다 단춧구멍이나 수눅 등의 가장자리를 실로 감치다.

* 수눅 버선의 꿰맨 솔기.

예) 아빠가 바늘로 버선을 **사뜨는** 모습이 저세상에 가신 어머니를 생각나게 해, 나는 눈물을 자아냈다.

시침질 바늘로 시치는 짓.

* 시치다 바느질을 할 때에 맞대어 듬성듬성 호다.

예) 바지를 줄이기 위해 어머님에서 대강 **시침질**하시는 걸 나는 그게 진짜 바느질인 줄 알고 걱정을 했다.

알바늘 실을 꿰지 않은 바늘.

예) 체했을 때는 **알바늘**로 손끝을 따 약간의 죽은 피를 빼는 것이 최고다.

작대기바늘 길고 굵은 바늘.

예) 어머님은 **작대기바늘**에도 실을 꿰기 어려우실 정도로 시력을 잃으셨다.

주먹묶음 길쌈할 때 실을 뭉쳐 매는 법의 하나.

예) 실 끝들을 **주먹묶음** 해 놓고 방적기를 돌리자 빠른 속도로 베가 짜였다.

틀누비 재봉틀로 누빈 누비.

예) 여러 겹의 천을 겹박아 튼튼하고 따뜻해서 **틀누비**로 만든 코트가 유행하더니, 요즘은 침대 커버로, 아이들 이불로 만들어지고 있다.

틀바느질 재봉틀로 하는 바느질.

예) 순이네 집은 어머니의 **틀바느질**로 아이들 전부를 대학 보낸 걸로 유명하다.

홀치다 벗어나거나 풀리지 않도록 조치하거나 동이다.

예) 어머님은 손틀이 없어도 바지 밑단을 줄이실 때 오버로크한 것처럼 끝을 **홀친** 뒤 접어 다려 금세 손으로 꿰매곤 하셨다.

홈질 바늘땀을 아래위로 드문드문 호는 바느질의 한 가지.

예) 두꺼운 천이라도 드문드문 간격을 넓게 **홈질**한 뒤 실 끝을 당기면 잔주름이 잡힌다.

머리와 관계되는 말

가랑머리 두 가닥으로 갈라 땋아 늘인 머리.

예) 옛날 여고생들은 **가랑머리**에 검거나 자주색인 교복을 입었던 것이 생각난다.

감이상투 머리를 아랫벌부터 감아 그 끝을 고의 속으로 넣어 아래로 빼내게 짜는 상투.

* 고의 남자의 여름 홑바지. 중의^{中衣}.

예) 상투 트는 법을 모르는 요즘 사람들에게 **감이상투**가 뭔지를 설명해 봐야 알 턱이 있나.

고작 ‘상투’ 의 속칭.

예) **고작**을 튼 꼴을 보니 저놈도 지어미 있는 놈이 틀림없다.

낭자 ① 여자의 예장에 쓰는 딴 머리의 하나. 쪽 진 머리 위에 덧얹어 긴 비녀를 꽂음. ② 쪽.

예) **낭자**한 웃뜸 황 부자 집 며느리의 머리는 목련꽃 같아 보였다.

도숙붙다 머리털이 아래로 나서 이마 앞이 좁게 되다.

예) 만화영화 머털도사의 머털이는 그 얼굴이 **도숙붙게** 보여 우스꽝스러웠다.

땜통 ① 머리의 흠집. ② 머리털이 나지 않아 맨살이 드러나는 곳.

예) 요즘 아이들은 그렇지 않지만 내가 어릴 때만 해도 기계충이니, 부스럼이니 해서 머리에 **땜통** 한두 개씩 없는 아이들이 없었다.

떠구지 큰머리를 틀 때 머리 위에 얹는 나무로 만든 머리통.

예) 한 여자 탤런트는 중전 역할을 하면서 제일 힘들었던 것이 커다란 **떠구지**를 머리에 얹고 다니는 것이라고 했다.

머리새 머리쓰개를 쓴 모양이나 그 맵시.

*머리쓰개 머리 위에 여자들이 쓰는 너울이나 수건.

예) 우리나라 여성들의 **머리새**는 그 검은 머리와 가냘픈 외모 때문에 서양 여성보다 아름답다.

모두머리 여자들의 머리털을 두 갈래로 땋지 않고 외가닥으로 땋아서 쪽 지는 머리.

예) 〈조선왕조 500년〉이라는 프로그램에서 결혼한 여성들은 모두 **모두머리**를 하고 출연했다.

뭉구리 ① 바싹 깎은 머리. ② 중을 이르는 말.

예) 스님 역을 하느라 머리를 깎은 한 배우가 모자를 벗고 **뭉구리**를 보여 줘 박수를 받았다.

민머리 ① 벼슬을 하지 못한 사람을 이르는 말. 백두白頭. ② 정수리까지 벗어진 대머리. ③ 쪽 지지 않은 머리.

예) 나이 사십 되도록 벼슬을 못하고 **민머리**로 있다니 가당치 않구나. 조상의 음덕으로 벼슬을 하나 주마.

발사양 혼례식 때 신부 큰머리 밑에 쪽 지는 머리.

예) 그녀는 전통 혼례식으로 머리를 **발사양**하기로 한 걸 후회했다. 너무 당겨져서 눈물이 나올 정도로 아팠기 때문이다.

배코 상투를 앉히려고 머리털을 깎아 낸 자리.

예) **배코**에 있는 머리털은 남김없이 깎아야 보기 흉하지 않고 깔끔해 보인다.

북상투 아무렇게나 막 끌어올려 짠 상투. 또 함부로 끌어올려 뭉쳐 놓은 여자 머리.

예) 머리를 **북상투**처럼 하고 다니지 말고 빗질도 하고 기름도 발라 잘 다듬고 다니도록 해라. 용모가 깨끗해야 그에 걸맞는 대접을 받는 거다.

안말이 머리털을 안으로 컬(curl)한 스타일.

예) 그 단발머리 모델의 헤어스타일은 **안말이**의 전형이다.

조짐머리 여자의 머리털을 소라딱지 비슷하게 틀어 만든 머리.

예) 경식의 할머니는 신식 할머니라면서 늘 한복에 **조짐머리**를 하고 계셨다.

종종머리 바둑머리가 조금 지난 뒤 한쪽에 세 층씩 석 줄로 땋아서 그 끝에 댕기를 드린 머리.

예) 갑순이는 갑돌이가 장가간 것을 잊기 위해 머리 형태를 **종종머리**로 바꾸었다.

주먹상투 머리를 솎지 않고 그냥 틀어 주먹처럼 크고 모양 없는 상투.

예) 너는 상투 틀려면 잘 틀든지 할 것이지 **주먹상투**가 뭐냐, 다시 잘 틀어라. 보기에 안 좋아.

큰머리 예식 때 부녀의 머리에 크게 틀어 올린 가발.

예) 사극에서 보면 궁궐에 있는 여인들은 **큰머리**를 항상 하고 다녔는데, 무겁지도 덥지도 않았는지 모르겠다.

펴널 상투 짤 때에 맺는 맨 아래 돌림. 위의 다른 돌림보다 크고 넓게 함.

예) 그 배우는 촬영 도중 **펴널**을 느슨하게 한 탓인지 상투가 풀려 NG를 냈다.

얼굴과 관계되는 말

가랑가랑 얼굴이 야윈 듯하면서도 탄력성 있어 보이는 모양.

예) 내가 좋아하는 이상적인 여성의 얼굴은 **가랑가랑**한 얼굴이다.

가마무트름하다 얼굴이 가무스름하고 토실토실하다.

예) 얼굴이 **가마무트름하니** 복 붙게 생긴 걸 보니 시집가면 잘 살겠구나 하는 할머니의 칭찬에 언니는 얼굴을 붉혔다.

가선지다 눈시울에 주름이 지다.

예) 그렇듯 아름답고 젊던 애림이는 시련과 고생 탓으로 어느덧 **가선져서** 보는 사람으로 하여금 세월의 무심함을 느끼게 하는구나.

구멍새 구멍의 생김새. 얼굴의 생김새.

예) 얼굴로 사람을 판단한다는 것은 잘못된 생각이지만 **구멍새** 큰 사람이 시원시원한 성격을 가졌다는 건 어느 정도 사실인 것 같다.

나뱃뱃하다 작은 얼굴이 나부죽하고 덕이 있어 보이다.

* **나부죽하다** 얇거나 얕은 물체가 조금 넓은 듯하다.

예) 친구 영식이는 **나뱃뱃한** 얼굴을 가져서 그와 얘기해 본 많은 여성들에게 매우 인기가 있었다.

납대대하다 얼굴의 생김새가 동그스름하고 나부죽하다. 〈 나부대대하다. 〈 너부데데하다.

예) 오늘 비록 처음 뵙지만, 너희 형수님 얼굴이 **납대대하신** 게 편하게 생기셨다.

답삭나룻 짧고 다보록하게 많은 수염.

예) 긴 외투에 **답삭나룻**의 저 남자는 퍽 쓸쓸해 보여 인상적이다.

떼꾼하다 기운이 몹시 지쳐서 눈이 쑥 들어가고 생기가 없다.

예) 아무리 체력이 좋은 사람도 이틀 밤을 새우고 나면 얼굴이 **떼꾼해지기** 마련이다.

민낯 여자의 화장하지 않은 얼굴.

예) 선미는 피부가 잡티 하나 없이 깨끗하기 때문에 화장한 얼굴보다 오히려 **민낯**이 더 아름답다.

밀알지다 얼굴이 빤빤하게 생기다.

* **빤빤하다** 잘못이 있어도 부끄러운 줄을 모르다.

예) 사회적으로 물의를 일으키고 있는 성호 군 유괴범들은 그 생김생김이 **밀알져** 주위 사람들에게 더욱 혐오감을 준다.

밥풀눈 눈꺼풀에 밥알 같은 군살이 붙어 있는 눈.

예) 그 아가씨의 눈은 크고 시원한 눈이었지만 **밥풀눈**이어서 그게 옥의 티라면 티였다.

손티 약간 곱게 얽은 얼굴의 마마 자국.

예) 둥글둥글한 얼굴에 **손티**가 조금 있는 까무잡잡한 그녀가 영화배우가 될 줄이야!

알금삼삼 잘고 얕게 얽은 자국이 드문드문 있는 모양.

예) 상처가 아문 자리에 **알금삼삼**한 흉터가 생겼는데, 얼굴이 아닌 무릎이라 정말 다행이다.

억실억실하다 얼굴이나 생김새가 선이 굵고 시원하다.

예) 광호는 **억실억실한** 게 사람 좋다는 평을 듣지만 한번 화나면 정말 무섭다.

조개볼 보조개.

예) 미숙이의 **조개볼**은 참 매력적이지만 어머니 말씀에 의하면 그런 얼굴이 늙으면 더 빨리 쭈글쭈글해진다는 거다.

조쌀하다 노인의 얼굴이 깨끗하고 조촐하다.

예) 그 양반은 나이가 들수록 회춘하는 비법이라도 있는지 더욱더 **조쌀해지는** 듯싶다.

초강초강하다 얼굴 생김이 갸름하고 살이 적다.

예) 옛날 춘향이의 얼굴은 토실토실하였다고 하던데 요즘 미인의 기준은 **초강초강한** 얼굴이 그 첫째여서 많은 여성들이 얼굴의 살을 빼려고 노력한다.

텁석나룻 짧고 더부룩하게 많이 난 수염.

예) 군에서 제대한 우리 삼촌은 집에 돌아와 나를 보자마자 **텁석나룻**을 내 뺨에 비비면서 뽀뽀를 해서 무척 싫었다.

전체적인 생김새와 관계되는 말

댕가리지다 깜찍스럽게 달라지다.

예) 그 긴 머리를 짧게 커트하고 나타난 강희는 외모가 **댕가리져서** 더욱 예뻤다.

도리암직하다 나부죽한 얼굴에 키가 작달막하고 몸매가 있다.

예) 전과 3범인 김부현과 결혼하기로 한 신부는 **도리암직하고** 행동이 단정해 보여 많은 사람들이 칭찬했다.

동글반반하다 생김새가 동그스름하고 반반하다. 〈 동글번번하다.

예) 예로부터 여자의 **동글반반한** 얼굴은 어른들에게 복스럽게 여겨져 왔다.

땟물 ① 밖으로 비치어 나타나는 자태. 몸매. ② 때를 씻어 낸 물.

예) 그녀는 **땟물**이 좋아서 무슨 옷을 입어도 값지고 고급스러워 보이지만 그녀의 동생은 정반대다.

만조하다 얼굴이나 모습이 초라하고 체신머리없다.

예) 내 책의 출판기념회에 외삼촌이 **만조하게** 차리고 나타났으니 우리 식구들 체면이 뭐가 되겠어?

망상스럽다 ① 요망스럽고 깜찍하다. ② 망령되고 경솔하다.

예) 옆집은 **망상스러운** 여자가 며느리로 들어와 자주 말다툼 소리가 울 밖으로 나왔다.

매골 축이 나서 못쓰게 된 사람의 모습.

예) **매골**이 말이 아닌 빨치산이 우리 집 방문을 총부리로 열면서 쌀이나 곡식을 있는 대로 다 내놓으라고 나직이 말했다.

무쪽같다 사람의 생김새가 몹시 못나다.

예) 생김새가 **무쪽같아도** 상냥하고 정감 있으면 됐지! 안 그러니?

반드럽다 ① 윤기가 나고 매끈매끈하다. ② 사람됨이 약빨라서 어수룩한 맛이 없다.

예) 그 마루는 왁스를 칠해서 매우 **반드러우니** 뛰거나 하면 넘어질 염려가 있다.

반드레하다 실속없이 외모만 반드르르하다.

예) 겉치레에 신경을 많이 쓰는 사람은 대부분 **반드레해서** 실속이 없으니 사람을 만날 때는 많은 시간을 갖고 대화를 나눠 봐야 해.

번주그레하다 생김새가 겉으로 보기에 번번하다.

예) 생긴 건 **번주그레하니까** 사람들은 그 자식이 5억이나 사기치고 도망친 걸 믿지 않더라고.

보삭보삭 살이 좀 부어오른 모양.

예) 어젯밤에 목이 말라 물을 많이 마시고 잤더니 오늘 아침 얼굴이 **보삭보삭** 부어올랐다.

부둥부둥 퉁퉁하게 살이 찌고 부드러운 모양.

예) 옛날에는 얼굴이 **부둥부둥한** 여자는 복이 많다고 해서 다투어 며느리로 삼으려 했다.

산드러지다 태도가 맵시 있고 경쾌하다.

예) 김 여사는 **산드러지게** 차려입고 외출하는 딸의 뒷모습을 보며 한참 동안 흐뭇해했다.

상툿바람 상투가 있는 머리에 아무것도 쓰지 않고 나선 차림새.

예) 선비 허 생원이 호랑이에게 쫓겨 **상툿바람**으로 도망치다가 여물통에 빠졌다.

선바람 차리고 나선 그대로의 차림새.

예) 젊은이는 **선바람**으로 나서도 젊기 때문에 멋지고 건강하고 아름답게 보인단다.

쇠고기

고거리 소의 앞다리에 붙은 살.

예) 아, 그놈 **고거리**를 보니까 값나가는 것만큼 힘깨나 쓰겠는걸.

구녕살 소의 볼기에 붙은 기름기 많은 살.

예) 나는 소의 **구녕살**보다 기름기 없는 꼬리가 갑절 좋다.

넓은다대 걸랑에 붙은 쇠고기. 편육에 씀.

*걸랑 소의 갈비를 싸고 있는 고기.

예) **넓은다대**를 칼로 잘 다져서 갖은 양념을 해서 요리해 놓으면 먹음직스럽겠다.

등갈비 갈비의 등 쪽에 붙어 있는 부분.

예) 큰 한식집 청루관 주방장 황 씨의 특기는 누구보다도 얇게 **등갈비**를 저며 내는 것이다.

멱미레 소의 턱 밑에 달린 고기.

예) **멱미레**를 따서 흐르는 피에 우유를 타서 마시는 것이 아프리카 마사이족의 풍습이다.

뭉치사태 곰국거리로 쓰는 소의 뭉치에 붙은 고기의 하나.

예) **뭉치사태**를 사골과 함께 푹 고아서 어머님께 드리면 기운을 좀 차리실 텐데.

방아살 쇠고기의 등심의 복판에 있는 고기.

예) 어머니께서 사위 후보로 우리 집에 오는 철진 형을 대접하기 위해 떡국을 끓이신다

면서 정육점에 가서 **방아살**을 한 근 사 오라고 하셨다.

서대 소의 앞다리에 붙은 고기.

예) **서대**가 소의 앞다리 살이라는 것을 알고 나는 소의 부위마다 다른 이름이 있음을 알았다.

서푼목정 소의 목덜미 아래에 붙은 고기.

예) 집 앞의 정육점엔 **서푼목정**이 다 나가고 없다고 해서 나는 직판장까지 가야 했다.

설낏 소의 볼기짝 고기의 하나.

예) 어느 나라에선가 살아 있는 소의 **설낏**을 베어 내서 요리하는 게 일품요리라는 얘기를 들었다.

섯밑 소의 혀 밑에 붙은 살코기.

예) **섯밑**을 한참 삶아서 내놓으면 그게 바로 옥스 텅 스튜라는 고급 혀 요리가 된다.

쇠가리 소의 갈비.

예) 철판 위에서 지글지글 익고 있는 **쇠가리**가 여름이라 잃었던 내 식욕을 되살아나게 했다.

쇠심떠깨 심줄이 섞여 질긴 쇠고기.

예) 어머님 심부름으로 고기를 사 왔는데 **쇠심떠깨**를 사 왔다고 꾸중을 들었다.

쇠옹두리 소의 옹두리뼈.

예) 절벽이 무너지는 바람에 떨어지면서 **쇠옹두리**가 부러져서 그 소는 비명을 지르고 있었다.

유창 소 창자의 제일 긴 것. 국거리로 씀.

예) 오늘 저녁에는 **유창**을 넣은 얼큰한 국을 먹고 싶다고 아버지께서 말씀하셨다.

초맛살 대접에 붙은 쇠고기의 하나.

* 대접 소의 사타구니에 붙은 고기.

예) **초맛살** 같은 고기는 소 한 마리를 잡아도 많이 나오는 고기가 아니기에 귀하다.

추리 양지머리의 배꼽 아래에 붙은 쇠고기.

* 양지머리 소의 가슴에 붙은 뼈와 살.

예) **추리**를 파는 정육점이 없어서 정육점 몇 군데를 더 들러야 했다.

큰꾸리 쇠고기 꾸리의 한 가지. 앞다리 바깥쪽에 붙은 살덩이.

* 꾸리 소의 앞다리 부분 윗쪽으로 붙은 살코기.

예) 어머니께서 정육점에서 **큰꾸리**를 등심으로 속아서 한 덩이 사 오셨다.

혹살 소의 볼기의 복판에 붙은 기름기 많은 살.

예) 장조림에 쓸 고기로 **혹살**을 사 왔으니 내가 어머니께 얼마나 꾸중을 들었겠니?

그 밖의 고기

보습살 설낏에 붙은 고기.

* 설낏 소의 볼기짝에 붙은 고기의 한 가지.

예) **보습살**을 달라고 했더니 정육점 아저씨가 못 알아듣는 것 같아서 볼기살로 달라고 했더니 그제야 고개를 끄덕였다.

비역살 궁둥이 쪽의 살.

예) 우리 형에게 **비역살**을 좀 빼랬더니 못 알아듣고 눈만 꿈벅거렸다.

익은이 삶아 익힌 고기. 수육, 편육.

예) 늑대소녀인 아밀라는 처음에는 **익은이**를 먹지 않았지만 차차 **익은이** 먹는 식성을 길러 나갔다.

젖부들기 짐승의 젖퉁이 살코기.

예) 돼지의 **젖부들기**는 맛도 좋지만 몸에도 아주 좋다는데 여간 비싼 것이 아니다.

제육방자고기 날돼지고기를 얇게 썰어 소금을 쳐 구운 음식.

예) 여행을 다녀온 뒤 하루를 꼬박 정신없이 잠만 자다가 **제육방자고기** 냄새를 맡고는 벌떡 일어나는 사람이 바로 우리 형이다.

주걱뼈 마소의 어깻죽지의 뼈.

예) 땅을 파다가 소의 **주걱뼈**를 발견한 아이들은 공룡뼈를 발굴했다면서 갖고 뛰어다녔다.

흘떼기 힘줄과 살 사이에 있는 얇은 껍질 모양의 질긴 고기.

예) 저녁식사 때 **흘떼기**가 조금 이빨 사이에 끼었는데 여간 신경 쓰이는 게 아니다.

밥과 관계되는 말

감투밥 그릇 위까지 수북하게 높이 담은 밥.

예) 외할머니께서 나에게 **감투밥**을 주시는데, 그것은 밥그릇 위에 밥그릇을 엎어 놓은 것과 같은 양이다.

강조밥 좁쌀로만 지은 밥.

예) 형은 더 이상 **강조밥**은 못 먹겠다며 밥그릇을 상 밑으로 내려놓았다.

광우치 눌은 밥.

예) 밥을 우리들에게 고루 나눠 주시고 어머님께서는 부엌에서 **광우치**만 드셨다.

구들구들 밥 따위가 식거나 말라서 오들오들한 모양.

예) 이렇게 **구들구들**한 밥보다 할머니는 진밥을 더 잘 드신다.

구슬구슬 밥이 알맞게 된 모양.

예) 처음으로 내가 지은 밥이 **구슬구슬**하게 잘 되어 어머니가 빨리 오시기를 바랐다.

국말이 국에 만 밥이나 국수.

예) 당신은 장이 안 좋으니까 될 수 있으면 **국말이**를 드시지 마세요. 꼭꼭 씹어 천천히 무른 음식을 드셔야 해요.

낟알기 밥, 죽, 미음 같은 곡식 성분으로 된 음식의 적은 분량.

예) 이틀을 **낟알기**도 한 술 못 넘겼으니 갑식이의 눈이 뒤집힐 만도 하다.

대궁 밥그릇 안의 먹다 남은 밥.

예) 늘 웃상에서 물린 **대궁**을 쓸어 잡수시는 어머니를 볼 때마다 만수는 속이 상했다.

뚜껑밥 ① 밑에는 잡곡밥을 담고 위에만 쌀밥을 담은 밥. ② 겉으로만 잘 먹이는 체하는 음식. ③ 사발 안에 접시 등을 엎고 담은 밥.

예) 그 양반집은 몰락하여 가난하지만, 체면을 중시하여 언제나 남이 볼 때면 **뚜껑밥**을 먹는다.

밥밑 밥을 지을 때 쌀 이외에 넣는 잡곡류.

예) 어머니는 늘 도시락에 **밥밑**으로 차조를 사용하셨다.

상수리밥 상수리쌀에 붉은 팥 간 것을 섞어 지은 뒤, 풀 때에 꿀을 쳐서 담은 밥.

예) 요즘 사람들은 너무 편하게만 살아서 맛은 좋으나 손이 많이 가는 **상수리밥**을 하려 하지 않는다.

샛밥 ① 곁두리. ② 끼니 외에 먹는 밥.

예) 나는 자꾸 배가 고파 와서 하루 세끼 이외에도 **샛밥**을 두서너 번 더 먹어야만 한다.

소금엣밥 반찬이 변변치 못한 밥.

예) 빠듯한 용돈으로 자취하는 주제에 반찬 값도 무시할 수 없어서 끼니 때마다 **소금엣밥**을 먹어야 해서 어려움이 많았다.

첫국밥 해산 후 산모가 처음으로 먹는 미역국과 흰밥.

예) 요세피나는 범준이를 낳은 뒤 **첫국밥**을 받고는 주체할 수 없는 눈물을 국과 함께 목으로 넘겨야 했다.

토렴 밥이나 국수에 뜨거운 국물을 여러 차례 부었다 따랐다 하여 따뜻하게 함.

예) 포장마차 아주머니가 주문한 우동을 **토렴**해 주셔서 우린 따뜻한 식사를 할 수 있었다.

한밥 ① 끼니 때가 지난 뒤에 차리는 밥. ② 누에의 마지막 잡힌 밥.

예) 우리 가족은 어머니가 **한밥**을 하시려면 얼마나 귀찮으신가를 아는 까닭에 되도록이면 식사 때 맞춰 귀가하려고 노력한다.

떡, 가루 음식과 관계되는 말

거멀접이 찰수수 가루를 반죽하여 둥글넓적하게 만들어 끓는 물에 삶아 낸 뒤 팥고물을 묻히거나 전병으로 부쳐 소를 넣고 접은 떡.

예) 참기름을 듬뿍 두른 쇠판에서 **거멀접이**가 노릇노릇 맛있게 익어 갔다.

고수레 ① 흰떡 따위를 반죽할 때 끓는 물이 골고루 가게 하는 일. ② 무당이 굿할 때나 들에서 음식을 먹을 때에 음식을 조금씩 떼어 던지며 부르는 소리. 또 그 일.

예) 떡방앗간 아저씨는 **고수레**를 재촉하는 아주머니께 눈을 부릅뜨고 곧 소리칠 듯 보였다.

고수레떡 고수레하여 반죽한 덩이를 쪄 낸 흰떡.

예) 어머니께서 만드신 **고수레떡**은 만들 때 무얼 넣으셨는지 무척 맛있었다.

국수원밥숭이 흰밥과 국수를 넣고 끓인 떡국.

예) 여보, 오늘은 오랜만에 **국수원밥숭이**를 해 먹는 게 어때? 그게 모양은 없어도 맛은 그만이거든.

떡무거리 체에 쳐내고 남은 거칠고 굵은 떡가루.

예) 알뜰하기로 온 동네에 유명한 어머님은 **떡무거리**도 잘게 부수어 남김없이 체를 쳐 댔다.

모태 안반에 놓고 한 번에 칠 만한 떡 덩이.

예) 나같이 공부만 한 백면서생이 웃통을 벗어부치고 떡 한 **모태**를 쳤으니 몸살이 안 날 수가 없다.

모태끝 흰떡을 안반에서 비벼 썰 때에 가락을 맞추어 썰고 난 나머지의 떡.

예) 오 진사의 환갑날, 온 마을의 잔치 분위기를 틈타 많은 수의 거지들이 **모태끝**을 얻으려고 대문 앞에서 장타령을 구성지게 뽑아 댔다.

무거리 곡식 따위를 빻은 것을 체에 쳐서 가루는 빠지고 남은 찌끼.

예) 어머니께선 **무거리**를 모아 끓인 뒤 식혀 바둑이에게 주셨다.

묵전 떡의 웃기. 녹말묵에 세 가지 물색을 들여 굳힌 다음 썰어 기름에 띄워 지짐.

예) 직접 만든 **묵전**이 놓인 환갑상이 정성스러워 할머님은 흐뭇한 얼굴로 연신 웃기만 하셨다.

물내리다 ① 떡가루에 꿀물 또는 맹물을 쳐 가면서 성긴 체에 다시 치다. ② 기운이 빠져서 사람이 풀기가 없어지다.

예) 이제 갓 결혼해 신혼의 단꿈에 빠져 있는 떡집 준식이는 **물내리는** 동안 떡시루에 베를 까는 아내를 보고 흐뭇해했다.

밀개떡 밀가루나 밀가루의 찌끼로 반대기를 지어 찐 떡.

예) 시골 큰아버지 댁에서 정신없이 **밀개떡**을 먹으며 큰아버지의 어린 시절 이야기를 듣다 밀개떡이 하나 남은 그릇에 동생과 동시에 손이 들어가 무안했다.

밀떡 꿀물이나 설탕물에 밀가루를 반죽하여 익히지 않은 날떡. 부스럼에 붙임.

예) 누이가 내 다리에 난 부스럼을 보고는 **밀떡**을 만들어 붙여 주었더니 떡이 굳으면서 부스럼도 곧 나았다.

밀범벅 밀가루에 청둥호박과 청대콩 같은 것을 섞어 만든 범벅.

예) 어머니가 옆집 할머니께 갖다 드리라고 담아 준 **밀범벅**을 들고 가다가 그만 엎어져서, 범벅이 못 먹게 되어 버렸다.

밀푸러기 면, 국에 밀가루를 풀어 만든 음식.

예) 중국 음식 가운데 울면처럼 걸쭉하게 끓인 **밀푸러기**를 우리 고향 사람들은 별식으로 잘 먹는다.

반대기 가루를 반죽한 것이나 삶은 푸성귀 등을 편편하고 둥글넓적하게 만든 조각.

예) 시골 장에 가면 **반대기**로 만들어진 나물 꾸러미를 파는 아주머니와 큰 엿 반대기를 들고 다니는 아이들을 종종 본다.

반짓다 과자, 떡 등을 둥글고 얇게 조각내어 반을 만들다.

예) 잔칫상에 올릴 떡이니까 예쁘게 **반지어** 보라는 시어머니의 말을 듣자 새아기는 더욱 긴장이 되어 손이 조금씩 떨렸다.

번가루 곡식 가루를 반죽할 때 물손을 맞춰 가면서 덧치는 가루.

예) 중국 빵집 아저씨는 빠른 손놀림으로 **번가루**를 쳐 대며 주문만큼 바쁘게 반죽한 방떡을 쌓았다.

산승 찹쌀가루를 반죽하여 얇게 밀어 모지거나 둥글게 만들어서 기름에 지진 떡.

예) 겨울이면 가끔씩 참기름 두른 **산승**을 꿀 종지와 함께 들고 방으로 들어오시는 어머님이 더없이 정겹다.

선떡 잘 쪄지지 않은 떡.

예) 토담골 아이들은 고사 준비하는 선영이네서 몰래 **선떡**을 집어먹곤 배탈이 나서 잔치 음식을 하나도 얻어먹지 못했다.

선떡부스러기 ① 선떡의 부스러진 조각. ② 어중이떠중이의 실속 없는 무리. ③ 엉성하고 덜 된 일은 한 번 흩어지기만 하면 재결합이 어려움을 비유한 말.

예) 태일이 **선떡부스러기**라도 모아다 쪄서 끼니를 때운 날은 횡재한 날이었다.

설기 ① 백설기. ② 싸리채나 버들채 따위로 엮어서 만든 직사각형 모양의 상자.

예) 범준이 돌날, 아내는 **설기**를 케이크처럼 쌓아 상을 차렸다.

섬떡 ① 쌀 한 섬으로 만든 떡. ② 고수레떡.

예) **섬떡**을 가지고 면회 간 강 씨 내외는 부대 내무반에서 그 떡을 나눠 먹으며 갓 입대한 아들을 잘 봐 달라고 선임하사에게 신신당부했다.

셋붙이 ① 산병의 하나. 개피떡 세 개를 붙여서 만든 떡. ② 셋갖춤.

예) 귀동이는 **셋붙이** 하나를 들고 할머니 등에 업혀서는 가고 있는 동안 계속해서 입을 오물거렸다.

젖미수 구덩이 속에 멥쌀가루를 넣고 풀로 덮은 뒤에 쇠통으로 막아 두었다가 비가 온 뒤에, 쌀가루가 뜨고 변하여 반대기가 되고 축축하게 진이 난 것을 즙을 내어, 다른 쌀가루와 반죽하여 쪄서 볕에 말린 가루.

예) 아침 공복에 **젖미수**를 물에 타서 마시면 그 이상 좋은 보약은 없다는 건 식물성 섬유질을 흡수하기 어려운 요즘 현대 식생활에 꼭 맞는 말이야.

좨기 데친 나물이나 반죽한 가루를 조그마하고 둥글넓적하게 만든 조각.

예) 누이가 제사에 **좨기**를 열심히 만들고 있었는데 내가 손으로 약간 집어먹었다고 막 화를 냈다.

틀국수 틀에 눌러서 뺀 국수.

예) '손칼국수'라고 써 놓은 국숫집이라도 막상 가 보면 대부분 **틀국수**다.

편수 ① 얇게 밀어 편 밀가루 반죽을 보시기 등으로 눌러 떼어 채소로 만든 소를 넣고 네 귀를 붙여 끓는 물에 익혀 장국에 넣어 먹는 여름 음식. ② 공장의 두목.

예) **편수**를 보면 작년에 돌아가신 할머님 모습이 눈앞에 자꾸 어른거린다. 할머니는 더울수록 **편수** 같은 따뜻한 음식을 먹어야 한다며 자주 해 주셨다.

흰골무 양념을 바르지 않은 골무떡.

예) 동생은 처음엔 **흰골무**를 쳐다보지도 않더니 시간이 흐르자 배가 고픈지 열심히 맛있게 먹었다.

김치류와 관계되는 말

굴김치 생굴을 넣어 담근 김치.

예) 어머니께서 담근 **굴김치**는 맛이 참 좋기로 온 동네에 정평이 나 있다.

박김치 덜 익은 박을 잘게 썰어서 담근 김치.

예) 시골 외갓집의 할머님께선 내가 내려가면 호박죽에 시원한 **박김치**를 별미로 해 주곤 하신다.

벼락김치 날무, 날배추를 간장에 절여 당장 먹게 만든 김치.

예) 식구들 입맛이 떨어지자 어머니는 묵은 김장김치 대신에 새파란 **벼락김치**를 담가 상에 올리셨다.

비늘김치 통무를 돌려 가며 비늘 모양으로 저며 그 틈에 소를 넣어 통배추와 함께 담근 김치.

예) 요 앞집 **비늘김치**가 하도 맛있어 보여 좀 얻어 왔어요. 당신 좋아하시잖아요.

서거리깍두기 소금에 절인 명태 아가미를 넣고 담근 깍두기.

예) 남편을 위해 **서거리깍두기**를 담갔는데 맛을 보니 영 엉망이다. 그러나 이해심 많은 우리 남편은 맛있다고 말해 주었다.

섞박지 절인 배추, 무, 오이를 넓적하게 썰고 고명에 젓국을 쳐서 한데 버무려 담은 뒤에 조기젓 국물을 아주 적게 부어서 익힌 김치.

* **고명** 음식의 모양과 맛을 더하기 위하여 음식 위에 뿌리는 양념을 통틀어 이르는 말.

예) **섞박지** 김치는 조기젓 국물이 어느 정도 들어가느냐에 따라 맛이 결정되므로 그 양이 너무 많거나 너무 적으면 제 맛이 안 나는 법이다.

소박이 ① 오이 소박이 김치. ② 소를 넣어서 만든 음식의 총칭.

예) 우리 아버님은 **소박이** 반찬이라면 무엇이든 다 좋아하신다.

수박깍두기 겉껍질을 벗긴 수박의 껍질로 담근 깍두기.

예) 여름이 되자 엄마는 먹고 버린 수박 껍질로 **수박깍두기**를 담그는 알뜰함을 보여 주셨다.

싱건김치 김장 때 삼삼하게 담근 무김치.

예) **싱건김치**는 차고 시원하게 먹어야 제맛이 나기 때문에 냉면 국물로도 적격이다.

홀아비김치 무나 배추 한 가지로 담근 김치.

예) 오랫동안 먹던 **홀아비김치**가 물렸는지 상에 올려도 식구들이 잘 먹지 않아, 결국 조금 남은 걸 버릴 수밖에 없었다.

그 밖의 음식과 관계되는 말

감화보금 농어나 숭어 같은 생선의 살을 난도하여 펴서, 채소를 놓고 말아 쪄서 토막토막 썰어 놓은 음식.

예) **감화보금**은 너무 익히면 맛이 없기 때문에 생선을 살짝 익을 만큼만 쪄서 맛이 담백하다.

강고도리 물치의 살을 오이 모양으로 뭉쳐 말린 식료품.

예) 남편은 마른반찬을 좋아하는데 특히 **강고도리**를 좋아해 그것만 있으면 밥을 두 그릇씩 비워 낸다.

겪이 음식을 차려 남을 대접하는 일.

예) 이사를 해서 **겪이**가 겹쳐 있어도 아내는 힘겨운 줄 모르고 즐거워했다.

곁두리 농부, 일꾼이 끼니 외에 참참이 먹는 음식.

예) 기다리던 **곁두리**는 우리가 기와를 힘겹게 다 올려도 끝내 오지 않았다.

고조목술 술주자에서 갓 짜낸 술.

예) 나중에 집에 가져가서 혼자 먹으려고 **고조목술**이 담긴 술병에 삼식이는 표를 해 두었다.

고지 ① 호박, 가지, 고구마 등을 납작납작하게, 또는 가늘고 길게 썰어서 말린 것. ② 누룩이나 메주를 디디는 나무 골. ③ 논 한 마지기당 값을 정하여 모내기로부터 마지막 김매기까지 일하여 주기로 하고 미리 받는 삯. 또는 그 일.

예) 달리 할 만한 저녁 찬이 없어 나는 호박**고지**를 넣고 된장국을 맛있게 끓였다.

구제비젓 생선의 내장으로 담근 젓.

예) 창란젓도 명태의 내장으로 만든 것이니까 **구제비젓**인데 요즘은 명태가 잡히질 않아서 그나마 구경하기가 힘들다.

군입정 때 없이 음식으로 입을 다시는 일.

예) 우리 애는 밥은 도통 안 먹고 **군입정**만 해요. 살도 안 찌고요.

단술 엿기름에 밥을 섞어 식혀서 끓인 음식. 감주. 감례. 감차. 예주.

예) 우철이는 낮에 그렇게 먹고도 저녁 식사 후에 또 **단술**을 먹겠다고 떼를 썼다.

댕가리 씨가 달린 채 말리는 장다리.

예) 무, 배추, **댕가리**를 소꿉장난한다고 순이가 죄다 어질러 마당이 온통 난장판이 되었다.

도르리 ① 음식을 돌려 가며 제각기 내는 일. ② 똑같이 나누는 일.

예) 우리 성가대 사람들은 한 달마다 한 번씩 **도르리**하면서 월례회의를 한다.

맏물 맨 처음 나는 푸성귀나 해산물 또는 곡식이나 과일.

예) 아가씨, 이 미나리 좀 구경해 봐요. **맏물**이라 아주 성성하다우.

머드러기 무더기로 있는 과실이나 생선 가운데서 가장 굵거나 큰 것들.

예) 사과밭에서 하얀 수건을 쓴 아주머니들이 **머드러기**를 골라 상자에 담기 시작했다.

무거리고추장 메줏가루의 무거리로 담근 고추장.

예) **무거리고추장**은 색도 맛도 덜하지만 쌈장으로 쓸 만하다.

묵물 묵을 쑤려고 녹두를 가라앉힌 앙금의 웃물.

예) 장난을 하다가 **묵물**에 신발을 빠뜨린 영민이는 집에 돌아가 엄마에게 야단맞을 일이 걱정이었다.

묵비지 묵을 쑬 때에 메밀, 녹두 따위를 갈아서 거르고 남은 찌끼.

예) **묵비지**를 퇴비에 섞어 놓은 어머니는 먹는 건 쓸모없는 데가 없다면서 연신 절약을 강조하셨다.

물굴젓 썩 묽게 담가 국물이 많은 굴젓.

예) 외할머니는 아빠가 좋아하시는 **물굴젓**을 가지고 어제 늦게 고속버스로 서울에 올라 오셨다.

물조개젓 조개젓에 뜨물을 쳐서 익힌 묽은 젓.

예) **물조개젓**을 통에 담아 조심스럽게 머리에 이고 다니던 아주머니는 장사를 다 하셨 는지 통을 엎고 앉아 쉬고 계셨다.

박고지 박의 속을 빼어 버리고 길게 오려서 만든 반찬거리.

예) **박고지**에 갖은 양념을 해 무친 나물은 정말 오랜만에 보는 것이었다.

박국 덜 익은 박을 잘게 썰어 넣고 끓인 맑은 장국.

예) 오늘 저녁의 특별식은 **박국**인데, 할머께서 시골집 지붕에 얹은 박을 따 오셔서 먹 게 되는 거니까 그리 알고 고맙게 먹어라.

반기 잔치 또는 제사 때에 동네 사람들에게 나누어 주려고 담은 작은 음식.

예) **반기**를 나누어 돌리는 것은, 잔치가 끝난 뒤 이웃과 나누는 정의 또 다른 표현이다.

밤엿 밤톨만큼씩 동그랗게 만들어 깨를 묻힌 엿.

예) 미스 윤은 어디서 났는지 **밤엿**을 싸 가지고 와서 우리를 기쁘게 했다.

밥풀강정 산자밥풀을 겉에 붙인 강정.

예) 어머니께서는 설날이면 꼭 **밥풀강정**을 준비하셨다가 세배 오는 동네 꼬마들에게 하 나씩 나눠 주셨다.

방게젓 방게를 간장에 넣어 담근 젓.

예) **방게젓**은 간장 때문에 무척 짜지만 그 고소하고 감칠맛 나는 특성 때문에 밑반찬으 로는 최고다.

부각 다시마의 앞뒤에 찹쌀 풀을 발라 말렸다가 기름에 튀긴 반찬.

예) 동생은 맨입에 다시마 **부각**을 연달아 집어먹다가 할머께 꾸중을 들었다.

비웃 청어를 식료품으로 일컫는 말.

예) 요즘 우리나라 사람들은 활발한 원양어업 탓인지 **비웃**보다 참치 가공 식품을 많이 먹는다.

사이먹다 곁두리를 먹다.

예) 봉사하러 온 대학생들이 일은 제대로 안 하고 **사이먹는** 시간만 기다려서 참 밉살스러웠다.

사이참 일을 하다가 잠시 쉬는 동안. 또는 그때 먹는 음식.

예) 밭의 김을 매는 동안 경기댁은 내내 불안해하고 있더니 **사이참**에 노망난 시어미를 보살피러 갔다.

삼씨기름 삼씨를 짜서 만든 기름. 마자유.

예) 보기보다는 무거운 **삼씨기름**이 든 통을 들고 재 넘어 삼촌 댁 가는 길은 정말 고역이었다.

샐심 새알심. 팥죽 속에 넣는 경단.

* 새알심 팥죽에 찹쌀가루를 반죽하여 새알처럼 만들어 넣고 익힌 음식.

예) 찹쌀로 동글동글하게 빚은 **샐심** 넣어 끓인 팥죽으로 우리 가족들은 동지섣달 긴긴 겨울밤을 맞았다.

서덜 생선의 살을 발라낸 나머지.

예) 횟고기의 살을 저며 낸 나머지 **서덜**을 박 사장은 집에 가서 매운탕 끓여 먹으라며 큰 인심이라도 쓰듯 주었다.

섬누룩 품질이 좀 낮은 누룩.

* 누룩 밀을 갈아 반죽하여 띄워서 만든, 술을 빚는 재료.

예) 친척 큰 어른들이 오시는데 어떻게 이 **섬누룩**으로 술을 빚을 수 있겠어. 최고 좋은 거 내와.

세뚜리 ① 세 사람이 한 상에서 식사하는 일. ② 새우젓 따위를 나눌 때, 한 독을 세 몫으로 가르는 일. 분량.

예) 강 씨 부부는 휴가 나온 외아들과의 **세뚜리**가 무척 즐거웠다.

소주(를) 내리다 익은 술을 고아 소주고리에서 소주를 받다.

예) 우리 할머니는 제사 때면 직접 **소주를 내려서** 제주를 장만하곤 하셨다.

속장아찌 잘게 썬 무, 두부, 다시마 등에 쇠고기를 섞고 간장에 조려 양념을 한 반찬.

예) **속장아찌** 하나로도 밥을 한 그릇 다 먹을 수 있겠다는 내 말에 어머니는 그게 얼마나 비싼 재료로 만든 건 줄 알기나 하냐고 핀잔을 주셨다.

송이재강 진국만 떠낸 술의 재강.

* 재강 술을 걸러 내고 남은 찌꺼기. 술비지. 술찌끼

예) 대추주 **송이재강**에 취한 손주 녀석이 그렇게 예뻐 보일 수가 없었다.

순물 순두부를 누를 때 나오는 물.

예) 순두부에서 **순물**을 짜내고 거기에 간수를 부어 만든 것이 두부다.

얼간쌈 가을에 배추의 속대만을 골라서 얼간하여 두었다가 겨울에 쌈으로 먹는 음식.

* 얼간 소금에 약간 절임.

예) 할머니께선 **얼간쌈**과 쌈장, 생선 젓갈을 곁들여 상을 차리셨다. 너무 맛있어서 난 밥을 세 그릇이나 비웠다.

왁저지 굵게 썬 무와 고기, 다시마 등을 넣고 고명을 하여 삶거나 볶은 반찬.

예) 무말랭이 무친 것에, 무국, 게다가 **왁저지**까지 내온 걸 보니 네 집에선 무를 좋아하는 모양이구나.

완자 쇠고기를 잘게 다져 달걀, 두부 등을 섞고 둥글게 빚어 기름에 지진 음식.

예) 집에 들어서자마자 구수한 **완자** 냄새가 내 코를 찔러 잔치가 임박했음을 피부로 느끼게 해 주었다.

웃고명 음식의 맛이나 빛을 더하기 위하여 음식 위에 치는 고명.

예) 국수 그릇에 실고추를 몇 올 얹고 파와 지단채를 얹자 **웃고명**으론 아주 훌륭했다.

월천국 국물이 많고 건더기는 없어서 맛없는 국.

예) 대부분의 식당에서 파는 국은 맛없는 **월천국**이어서 먹어 봐야 별 영양가가 없다.

조침젓 여러 가지 물고기를 마구 섞어 만든 젓.

예) 어머니는 소래 포구에서 사 오신 **조침젓**을 푹 묵혀서 김치를 담그셨는데 그 맛이 일

품이었다.

콩몽둥이 둥글게 비벼서 길쭉하게 자른 콩엿.

예) **콩몽둥이**가 건강에 좋다고 할머니께서는 겨울이면 깨엿과 함께 우리들의 간식으로 준비해 두셨다.

피골집 돼지의 창자 속에 피를 섞어서 삶아 만든 음식. 순대.

예) 신림동에는 **피골집** 볶음이 유명한 곳이 있어 대학생이 되어 시간의 여유가 생기면 한번 가 보려 했는데 지금은 재개발을 하느라 모두 없어졌다고 하니 조금 섭섭하다.

한동자 식사를 마친 뒤에 다시 새로 밥을 짓는 일.

예) 명절 때면 주부들은 집안 식구며 손님들의 음식 시중을 들다가 겨우 다른 사람들이 식사를 마치고 나면 **한동자** 해야 먹을 수 있게 된다.

맛과 관계되는 말

건건하다 맛이 좀 짜다.

예) 이 찌개는 맛 봐서 좀 **건건하면** 물을 조금 넣으면 되겠지?

구뜰하다 변변치 아니한 음식이 맛은 구수하여 먹을 만하다.

예) 호화스러운 음식보다 **구뜰한** 음식이 우리들 절약정신에 보다 잘 부합된다.

맛바르다 맛있게 먹는 음식이 양이 차기도 전에 다 없어지다.

예) 야! 차가운 식혜가 맛있다고 너만 먹어 버려서 **맛바르게** 되었잖아.

맞갖다 마음에나 입맛에 꼭 맞다.

예) 아내의 음식 솜씨가 내 입맛에 **맞갖은** 걸 보니 나와는 천생연분이다.

배리다 ① 맛이나 냄새가 조금 비리다. ② 마음에 차지 아니하게 적다. ③ 하는 것이 다랍고 아니꼽다.

예) 그 잉어 찌개의 맛은 아주 **배려서** 나는 도저히 먹을 수 없었다.

배리착지근하다 조금 배린 맛이나 냄새가 나는 듯하다.

예) 오늘따라 모든 국이나 찌개가 **배리착지근하여** 입맛에 맞지 않아요.

배틀하다 조금 배릿하고 감칠맛이 있다.

* 배릿 약간 배린 듯하다.

예) 사돈댁에서 보내온 제주도 특산 옥돔은 **배틀한** 맛이 일품이어서 그 고마움을 어찌 표현해야 할지 모르겠다.

불경거리다/불경대다 단단하고 질긴 물건을 먹을 때 잘 씹히지 않고 이리저리 불거지다.

예) 이 엿은 냉동실에 넣어 놓아서인지 무척 단단하고 질기다. 입 안에서 이리저리 **불경 거리면서** 녹여야겠다.

비리척지근하다 비린 맛이나 냄새가 나는 듯하다.

예) 순이는 **비리척지근한** 냄새가 나는 생선을 보고 식욕을 느낀다고 하지만 나는 별로 그렇지 못했다.

새척지근하다 음식이 쉬어서 신맛이 조금 난다.

예) 너무 배가 고파서 **새척지근한** 것도 아랑곳하지 않고 나는 팥죽 한 그릇을 게 눈 감추 듯 먹었다.

서근서근하다 ① 사과나 배처럼 씹을 맛이 있게 연하다. ② 성질이 부드럽고 시 원하다.

예) 봉숙이는 애가 참 **서근서근하다**. 근데 잘난 체를 너무 많이 한다.

설경거리다 설삶은 콩, 밤 등이 씹히는 소리가 자꾸 나다.

예) 뜸이 덜 들었는지 모처럼 누나가 해 준 콩밥에 든 완두콩이 **설경거렸다**.

설미지근하다 ① 충분히 익고 뜨거워야 할 물건이 설익고 미지근하다. ② 어떤 일에 대하는 태도가 야무진 맛이 없어 아주 약하다.

예) 올케에게 미역국 갖다줄 때 **설미지근하게** 해서 주지 말고 다시 푹 끓여 따끈하게 해 서 줘라.

슬미지근하다 비위를 거스르게 미지근하다.

예) 물이 **슬미지근해서** 그런지 어째 목욕을 하고 나도 개운하지가 못합니다.

알근달근하다 맛이 조금 맵고도 달다.

예) 금년에 나온 고추가 좋은 날씨 탓인지 **알근달근해서** 소비자들에게 인기가 좋다.

알근하다 ① 술에 취해서 정신이 조금 몽롱하다. ② 맛이 매워서 입 안이 조금 알알하다.

예) 김 형은 술이 **알근해지자** 그 특유의 주사를 아무나 붙들고 하기 시작했다.

예) 된장 찍어 먹은 풋고추가 너무 **알근해서** 나도 모르게 황급히 물을 찾게 된다.

알짝지근하다 ① 음식이 조금 맵다. ② 살이 알알하게 아프다. ③ 알맞게 취하다.

예) 요번 김치는 좀 **알짝지근해서** 고혈압이 있으신 아버지 건강이 걱정이다.

야리다 ① 질기지 않다. ② 조금 모자라다.

예) 치아가 불편하신 아버님을 위해 특별히 주문한 등심은 고기가 **야리어** 먹기가 아주 편하다.

어릿하다 혀끝이 몹시 쓰리고 따갑다.

예) 대학에 들어와 정신없이 여기저기 다니다 보니 피곤해서인지 헛바늘이 돋아 매운 음식을 먹을 때마다 **어릿하다**.

자금거리다/자금대다 음식에 섞인 잔모래 따위가 자꾸 씹히다.

예) 오래간만에 여자 친구랑 여행을 가서 밥을 지어 먹는데 식사 때마다 입 안에 돌이 **자금거려** 기분이 몹시 상했다.

간사하고 교활한 행동

간살부리다 간사스럽게 아양을 부리다.

예) 선생님만 나타나면 **간살부리는** 미영이를 반 아이들은 누구나 미워했다.

고리다 ① 썩은 풀이나 썩은 달걀 냄새 같다. ② 하는 짓이 잘고 다랍다.

예) 사악한 범죄들은 어쩌면 사회적 모순과 **고린** 정치인들, 또는 치사한 부유층들 때문에 일어나는지도 모른다.

괘장을 부리다 ① 찬성한 일에 갑자기 딴전을 부리다. ② 생급스럽게 그럴듯한 말로 일이 안 되게 하다.

* 생급스럽다 하는 말이나 짓이 뜻밖이고 갑작스럽다.

예) 그는 동창회 회장을 맡겠다고 해 놓고는 나중에 가서 **괘장을 부려** 우리를 당황하게 했다.

도섭부리다 모양을 바꾸어 다른 모습으로 변하다.

* 도섭 수선스럽고 능청맞게 변덕을 부리는 짓.

예) 둔갑술이 능한 손오공은 아주 재빠르게 **도섭을 부려** 메뚜기로 변했다.

돌라방치다 소용되는 것을 빼돌리고 그 빈자리에 딴 것을 대신 넣다.

예) 다리가 무너진 것은 일하는 사람들이 몰래 다리 짓는 데 필요한 목재를 **돌라방쳤기** 때문이다.

들맞추다 겉으로 얼렁거려 남의 비위를 맞추다.

* 얼렁거리다 자꾸 얼렁얼렁하다.

* 얼렁얼렁 남의 비위를 맞추려고 아첨하는 모양.

예) 승진 좀 하려고 치사하게 얼렁거리며 사장에게 **들맞추기는** 싫다는 김 과장은 만년

과장으로 우리 회사에 유명하다.

말전주 이쪽저쪽 다니면서 좋지 않게 전하며 이간질하는 짓.

예) 그녀의 심한 **말전주** 때문에 둘도 없이 단짝이던 지숙이와 성희는 사이가 아주 나빠

졌다.

몽따다 알고 있으면서도 일부러 모르는 체하다.

예) 나는 태욱이가 그 일의 주범이어서 짐짓 **몽따는** 것처럼 사건에 대해 설명을 했다.

몽태치다 남의 물건을 슬그머니 훔쳐 가지다.

예) 백화점에서 **몽태치다가** 걸린 그녀는 처음엔 안 그랬다고 부인하다가 경찰을 부르겠

다는 점원의 말에 모든 걸 실토하며 잘못을 빌었다.

뭉때리다 ① 능청맞게 시치미 떼다. ② 할 일을 일부러 하지 아니하다.

예) 합격을 했으면서 일부러 놀려 주려고 그가 **뭉때리는데** 나는 깜빡 속았다.

박쥐구실 이리저리 붙어 지조가 없이 (자기 이익만 위하여) 하는 행동의 비유.

예) 이제까지 아무리 훌륭했던 사람이라도 역사 속에서 **박쥐구실**한 것이 드러나면 많은

사람의 지탄을 받게 된다.

비나리치다 아첨을 해 가며 환심을 사다.

예) 몇몇 정치가는 출세를 하기 위해서 자신들의 재물까지 그러내며 정권의 유력자들에

게 **비나리쳤다.**

새치름하다 ① 약간 새침하다. ② 샐쭉하다.

예) 그는 꽃병을 깨뜨리고서 모르는 척 **새치름하게** 앉아 있었지만 담임 선생님은 그의

소행을 알고 계셨다.

새치부리다 몹시 사양하는 체하다.

예) 신랑은 술을 무척 잘 마시는 술고래이지만 결혼식 날인 오늘은 예의 때문인지 계속

새치부렸다.

생청붙이다 모순되는 말을 시치미 떼고 하다.

예) 숙제를 해 본 적이 한 번도 없는 봉숙이가 숙제를 해 왔다고 내게 **생청붙였다**.

속살거리다 낮은 목소리로 자꾸 속삭이다.

예) 남자가 좀스럽게 **속살거리지** 말고 할 얘기가 있으면 떳떳하게 해라.

시치름하다 모르는 체하고 태연한 기색을 부리다.

예) 그는 나를 보고도 **시치름하게** 서 있었다. 아마도 자기 애인과 내가 차 한 잔 마신 걸 가지고 그러는 모양이지만 나는 그럴수록 더더욱 모르는 체했다.

쏘개질 있는 일 없는 일을 얽어서 몰래 일러바쳐 방해하는 짓.

예) 남이 장군은 유자광柳子光이 임금에게 **쏘개질**하는 바람에 억울하게 죽었다.

알겨내다 소소한 남의 것을 좀스러운 언행으로 꾀어서 **빼앗아** 내다.

예) 노점상이 번 푼돈을 **알겨내는** 건달패들은 정말 때려 주고 싶다.

야비다리치다 교만한 사람이 일부러 겸손한 체하다.

예) 성격이 강직한 담임 선생님은 **야비다리치는** 사람을 제일 싫어해서 민수 어머니가 최고 가격의 승용차를 타고 번쩍거리며 나타났을 때 냉담하게 대했다는 거다.

추기다 ① 가만히 있는 사람을 살살 꾀어 끌어내다. ② 선동하다.

예) 보수 언론은 국민의 도덕심을 **추겨** 학생운동을 사실 이상으로 매도하고 있다.

추어주다 비위를 맞추기 위해 칭찬하여 주다. 추어올리다.

예) 마당에 널어 놓은 빨래를 도둑맞아 속상해하시는 어머님의 기분을 풀어 드리려 언니와 내가 어머님의 요리 솜씨에 대해 **추어주니** 어머님의 기분이 한결 나아 보이는 듯했다.

코리다 '고리다' 의 센말. 마음 쓰는 것이나 하는 짓이 다랍고 잘다.

* **다랍다** ① 때가 묻어 깨끗하지 못하다. ② 아니꼬울 만큼 잘고 인색하다.

하리(를) 놀다 윗사람에게 남을 헐뜯어 일러바치다.

예) 아무리 마음에 들지 않는 사람일지라도 **하리를 노는 것은** 삼가야 하며 자칫 잘못하면 자신을 욕되게 할 수도 있다.

흑책질 교활한 수단으로 남의 일을 방해하는 짓.

예) 혁준이 녀석은 자기가 공부하기 싫으니까 다른 사람이 공부하는 데 **흑책질**이나 하는 놈이다.

힐금거리다 남의 눈치를 살피려고 연해 곁눈질을 하여 보다.

예) 술자리에서 시간이 너무 늦어 몰래 빠져나오려고 선배들과 친구들의 눈치를 **힐금거려** 보았으나 어쩔 수 없이 끝까지 앉아 있고 말았다.

점잖은 행동

괘괘이떼다 점잖게 잘라서 거절하다.

예) 친구가 좋은 여자를 소개해 주겠다고 했으나 사귀는 여자 친구가 있었기에 **괘괘이 떼다**.

넘을다 점잖으면서도 언행을 흥취 있고 멋지게 하다.

예) 옛날 선비들은 **넘을은** 자태를 가지고 있었으나 요즈음 지식인들은 경직되어 있는 사람이 많다.

넨다하다 어린아이 또는 아랫사람을 사랑하여 너그럽게 대하다.

예) 나이만 많다고 다 선배라고 생각하지 않는다. 선배답게 행동하고 후배를 **넨다할** 줄 아는 사람이 진짜 선배다.

야젓하다 태도나 됨됨이가 옹졸하거나 좀스럽지 않고 점잖으며 무게가 있다.

예) 사람은 **야젓해야** 주위 사람들에게 촉망을 받는 법이거늘, 너는 어찌 된 아이가 그렇게 촐랑거리기가 눈 온 날 강아지 새끼 같으냐?

음전 일이나 행동이 곱고 점잖음.

예) 오늘 네가 데려왔던 그 아가씨, **음전**하고 조용한 걸 보니 가정교육을 잘 받은 것 같더구나.

콧값을 하다 대장부답게 의젓하게 굴다.

예) 요즘은 많은 남자들이 생김새도 계집애 같고 생각하는 것도 섬약해서 제대로 **콧값을 하지** 못한다.

말하는 행동

가드락거리다 버릇없이 거만스럽게 도도히 굴다.

예) 교수님 같은 어른 앞에서는 **가드락거리지** 말고 얌전히 있어라.

괘꽝스럽다 말이니 짓이 엉뚱하게 이상야릇하다.

예) 쟤는 항상 **괘꽝스러워서** 재미있긴 하지만 같이 중요한 일을 꾸미기에는 좀 위험하다.

너스레 남을 농락하려고 늘어놓는 말이나 짓.

예) 그의 **너스레** 떠는 솜씨는 당할 수가 없다.

눅설거리다 말소리를 낮추어 숙덕거리다.

예) 바쁜 시간대에 노인들이 버스에 오르면 젊은 여자들은 **눅설거리며** 싫은 표정을 짓는다.

느물거리다 말이나 행동을 흉물스럽게 하다.

예) 군대에 갔다 온 후 철이는 평소 **느물거리던** 모습이 없어지고 매우 의젓해졌다.

더뻑 앞을 헤아리지 않고 경솔하게 덮치듯이 행동하는 모양.

예) 그 축구 선수는 어제 시합에서 골키퍼와의 1 대 1 찬스를 가졌었는데, 너무 **더뻑** 슛을 쏘는 바람에 실축했다.

들레다 야단스럽게 떠들다.

예) 어머님께서 잘못을 꾸중하실까 봐 나는 집에 들어서자마자 식구들 눈치를 살피며 마구 **들레면서** 설쳐 댔다.

떠죽거리다 ① 젠체하고 되지 못하게 지껄여 대다. ② 싫은 체하고 사양하다.

예) 그는 비록 학식이 뛰어나다지만, 너무 **떠죽거려서** 모두의 존경을 받지는 못한다.

마구발방 법도 없이 마구 하는 언행.

예) 그런 식으로 **마구발방**하다가는 친구들에게 따돌림을 당하게 되니 좀 조심했으면 한다.

바르집다 ① 오므라진 것을 벌려 펴다. ② 숨은 일을 들추어내다. ③ 작은 일을 크게 떠벌리다.

예) 이번 마테우스 살인 사건을 수사하는 포와르가 지난 일을 **바르집어** 낼 때는 내 간이 다 조마조마했다.

벙벙하다 ① 얼빠진 사람처럼 아무 말이 없다. ② 물이 넓게 밀려 오거나 흘러가지 못하여 가득 차 있다.

예) 서울에 올라온 시골 영감님은 많은 차와 고층 빌딩 앞에서 **벙벙해지고** 말았다.

새롱거리다/새롱대다 ① 경솔하고 방정맞게 야불야불 계속해서 지껄이다. ② 남녀가 점잖지 못한 말이나 행동으로 서로 희롱하다.

예) 너 자꾸 **새롱거릴래?** 정말 꼴 보기 싫어!

예) 영감, 영숙이 재가 남자만 보면 **새롱거리니** 바람나기 전에 시집이나 보내 버려야겠어요.

새살거리다/새살대다 상글상글 웃으면서 재미있게 지껄이다.

예) 그녀는 무뚝뚝한 그 앞에선 항상 **새살거리며** 얘기하는데, 그는 내심 귀여워하는 눈치였다.

셍기다 ① 이 말 저 말을 연달아 주워 대다. ② 남에게 일거리를 잇따라 대어 주다.

예) 샤일록은 자신의 잘못은 인정하지 않고 돈을 바꿔 주고 살을 도려내기로 한 데에 대해 변명만 **셍겨 댔다.**

예) 내가 **셍겨 주지** 않으면 큰아버님 댁의 공장은 문을 닫을 수밖에 없다.

속닥거리다 동아리끼리 연해 가만가만 이야기하다.

* **동아리** 목적이 같은 사람들이 한패를 이룬 모양.

예) 극장에서 뒷좌석의 **속닥거리는** 사람들 때문에 무척 신경이 거슬렸다.

속달거리다 동아리끼리 모여서 자꾸 둘레를 살펴 가면서 가만가만히 이야기하다.

예) 야! 너희, **속달거리는** 것을 보니 또 무슨 장난을 치려고 그러는구나.

숙덜거리다 여럿이 모여 빈번히 주위를 살펴 가며 비밀스럽게 말하다.

예) 정치인들 몇몇이 **숙덜거리는** 모습을 텔레비전에서 볼 때 나는 정치에 대한 불신감이 더 깊어진다.

야스락거리다 입담 좋게 자꾸 말을 늘어놓다.

예) 우리 과 봉덕이 누나는 술을 조금만 먹어도 **야스락거린다.**

열퉁적다 말이나 행동이 데퉁스럽다.

* **데퉁스럽다** 말이나 하는 짓이 거칠고 엉뚱하며 미련하게 보이다.

예) 웅변학원 원장의 그답지 않은 **열퉁적은** 행동에 우리들은 모두 의아해했다.

왜자기다 와자지껄하게 떠들다.

예) 갓 초등학교에 입학한 1학년 꼬마 녀석들이 교실 안에서 먼지가 뿌옇도록 뛰어다니며 **왜자겼다**.

재랄 변덕스럽거나 경망한 행동을 욕하는 말.

예) 네 녀석의 행동은 활기찬 정도를 지나서 **재랄**에 가깝다.

초들다 무슨 사물을 입에 올려서 말하다.

예) 우리 아파트 관리비 용도에 대해 한참 관리소장이 **초들었을** 때 마침 전체 동 대표가 문에 들어섰다.

출썩거리다 ① 주책없이 경망을 부리다. ② 충동하여 들먹거리게 하다.

예) 자세한 사건의 내막을 알지도 못하면서 단지 특종 기사를 내겠다고 붓을 함부로 놀려 왔던 일부 언론의 **출썩거리는** 태도가 이젠 올바른 방향으로 시정되었으면 한다.

심술과 관계되는 말

계정 ① 불평을 품고 떠드는 말과 행동. ② 심술.

예) 회의 진행 중에 몇몇 여학생은 남학생들이 너무 자기주장만 한다고 **계정**을 하곤 했다.

괘꽝스럽다 말이나 하는 짓이 엉뚱하고 이상야릇하다.

예) 3남 1녀 집안에서 자란 미숙이는 굉장히 차분해 보이지만 막상 대해 보면 **괘꽝스러워** 사람들을 당황시킨다.

괘사 변덕스럽게 익살 부리며 엇가는 짓.

* 엇가다 사리에 어그러지게 나가다. 엇나가다.

예) 몹시 속상해 있는 친구를 위로하려고 영직이는 **괘사**를 떨어 결국은 그 친구를 웃게 하였다.

밉둥이다 어린아이가 미운 짓을 하다.

예) 요 녀석은 세 살밖에 안 된 놈이 어쩌나 **밉둥이는지** 속이 상해요.

새무룩하다 ① 못마땅히 여겨 말이 없이 뾰로통해 있다. ② 날이 흐려 그늘지다.

예) 비가 오려는지 하늘이 온통 **새무룩하구나**. 애, 빨래 걷어라!

예) 네가 어떻게 했기에 마누라가 저렇게 **새무룩해** 있냐?

쌔무룩하다 못마땅해서 말이 없이 뾰로통하다.

예) 대학로에서 팔짱 끼고 걸었던 여자는 내 사촌 여동생이라는 나의 변명에 그녀는 **쌔무룩하여** 고개를 돌려 버렸다.

쏘삭거리다 ① 가만히 있는 사람을 연해 꾀거나 추기거나 하여 들썩이게 하다. ② 공연히 사람을 쏘삭거려 바람나게 하다. ③ 연해 들추고 쑤시다.

예) 영이 엄마, 카바레에 춤추러 가려면 혼자나 가지, 왜 가만히 있는 우리 철이 엄마를 **쏘삭거립니까?**

앙냥거리다 ① 마음에 덜 차서 자꾸 조르다. ② 시뚱하게 여겨 심술을 부리다.

예) 이 녀석, 자꾸 **앙냥거리는** 것을 보니 집에서 별로 엄하게 교육받지 않았나 보다.

자근거리다 남이 싫어하도록 몹시 조르다.

예) 동생은 김장김치를 담그느라 바쁜 어머니에게 천 원만 달라고 **자근거리다** 혼이 났다.

자드락거리다 남이 귀찮아 하도록 끈덕지게 건드리다.

예) 고교 최고의 투수 최고봉은 A대 측에서 그렇게 **자드락거렸는데도** 불구하고 B대로 진로를 결정했다.

행짜 심술을 부려 남을 해치는 행위.

예) 넌 왜 네가 공부 안 했던 것은 생각 않고 열심히 공부해서 좋은 대학에 들어간 동생에게 **행짜**를 부리냐?

행티 행짜를 부리는 버릇.

예) 댁의 아이는 가정 교육을 어떻게 받았기에 이렇게 **행티**를 부리고 다닙니까?

고집, 억지와 관계되는 말

겯고틀다 서로 지지 않고 이리 걸고 저리 틀어 짓궂게 버티다.

예) 사내자식들이 말이야, 자기 생각이 틀린 것 같으면 깨끗이 시인할 것이지, 뭘 그렇게

결고틀면서 야단이냐?

떠세 돈이나 세력을 믿고 젠체하며 억지를 쓰는 일.

예) 이항복은 비록 정승까지 올랐지만, 결코 **떠세**를 부리지 않았다.

배내밀다 남의 요구에 버티고 응하지 않다.

예) 학력고사 때 종혁이는 커닝을 시켜 달라는 우리 반 깡패 덕배의 요구에 끝까지 **배내밀었다.**

배퉁기다 제 뱃심만 믿고 남의 말에 응하지 않다.

예) 돈 좀 벌었다고 그렇게 **배퉁기지** 마. 너도 다시 구차해지는 때가 오게 마련이야.

벋대다 순종하지 않고 힘껏 버티다.

예) 성은이는 모 국회의원 아들과 결혼하라는 부모의 말에 사랑 없이는 결혼할 수 없다며 완강히 **벋댔다.**

벼기다 우기다. 고집하다.

예) 홧김에 귀대하지 않겠다고 한 말이 잘못된 것인 줄 알면서도 영수는 지기 싫어 일부러 **벼겼다.**

부개비잡히다 하도 졸라서 본의 아니게 억지로 하게 되다.

예) 같이 가 주지 않으면 어머님께 커닝한 사실을 이르겠다는 친구의 억지에 어쩔 수 없이 **부개비잡혀서** 나는 교무실 문을 두드렸다.

족대기다 ① 남을 견디기 힘들도록 볶아치다. ② 함부로 우겨 대다.

예) 사회에서는 무조건 **족대긴다고** 모든 일이 자신의 뜻대로 해결되는 것은 아니다.

직신거리다 몸을 슬슬 건드리며 치근치근 조르다.

예) 동생은 내 눈치를 보면서 장난감을 사 달라고 자꾸만 엄마에게 **직신거렸다.**

진대 남에 기대어 억지를 쓰다시피 하여 괴롭히는 짓.

예) 처음엔 어려운 그의 사정을 봐준다고 생각해서 괜찮았으나 시간이 갈수록 점점 **진대** 붙는 그가 싫어지기 시작했다.

폐 끼치고 손해 주는 행동과 관계되는 말

가리틀다 ① 잘 되어 가는 일을 안 되도록 틀다. ② 남의 횡재에 무리하게 한 몫을 정하다.

예) 그 녀석은 내 연애 사업이 잘 될만 하면 나타나서 꼭 **가리틀더라**.

가탈부리다 일이 잘 진행되지 못하게 방해하는 조건.

예) **가탈부리는** 것은 애초부터 모두 없애 버리고 시작해도 이 일은 성공할까 말까 한 어려운 일이다.

널이다 ① 폐를 끼치다. ② 귀찮게 하다.

예) 명색이 형인 내가 변변치 못해서 항상 동생인 너에게 **널이는구나**.

들고나다 ① 남의 일에 참견하여 일어나다. ② 집 안의 물건을 팔려고 가지고 나가다.

예) 그 기업 노조의 파업에 왜 **들고나는지** 모르겠다.

들떼리다 남의 감정을 건드려 덧내다.

예) 왜 남편을 잃고서도 자식들 공부시키면서 열심히 살아가는 엄마를 **들떼립니까**?

떠들치다 ① 조금 힘있게 들치다. ② 남의 비밀을 들추어내다.

예) 남이 밝히기 꺼리는 약점을 **떠들치는** 일은 결례가 되지만 비리의 경우는 그렇지 않다.

예) 우리 모두는 그 공금 횡령 사건을 벌써 잊고 있었는데 상희만 유독 잊지 않고 그 일을 **떠들치려고** 했다.

뭇방치기 주책없이 함부로 남의 일에 간섭하는 짓. 또는 그런 무리.

예) 우리 아파트의 부녀회장은 정작 할 일은 안 하고 남정네들이 할 일에만 **뭇방치기**하고 다닌대요.

불주다 남에게 큰 곤욕이나 해를 입히다.

예) 지금까지 70평생을 살아왔지만 남에게 크게 **불주었던** 일은 없었다고 자부합니다.

쌩이질/씨양이질 한창 바쁠 때 쓸데없는 일로 남을 귀찮게 하는 짓.

예) 아이들이 바쁘게 미싱을 돌리는 엄마에게 말을 태워 달라고 **쌩이질**을 하다가 결국은 빗자루로 종아리를 한 대씩 맞았다.

일벗다 도둑질하다. 훔치다.

예) 어려서 바늘을 **일벗던** 버릇이 커서 소까지 **일벗게** 된다.

자근거리다 ① 남이 싫어하도록 몹시 조르다. ② 남이 귀찮아하도록 건드려서 괴롭게 굴다. ③ 어떤 물건을 약한 힘으로 자꾸 눌러 깨뜨리다. ④ 가볍게 여러 번 씹다.

예) 열 번을 **자근거리자** 김 사장은 전세 살면서도 내게 자동차를 한 대 사 주었다.

자근덕거리다 남이 싫어하도록 몹시 조르다.

예) 집안 사정은 생각지도 않고 졸업 선물로 컴퓨터를 사 달라고 **자근덕거리는** 누나가 너무 철없어 보였다.

종애곯리다 남을 속이 상해 약오르게 하다.

예) 속이 꽉 막힌 사람들은 남을 **종애곯리면서도** 정작 자신이 그 일을 당하면 참지를 못한다.

탄하다 ① 남의 일에 참견하다. ② 남의 말에 대꾸하여 시비조로 나서다.

예) 누나는 툭하면 내 일에 **탄하고** 나서서 이러쿵저러쿵 잔소리를 늘어놓는 고약한 버릇이 있다.

예) 그가 자꾸 네 말에 **탄하는** 건 네게 관심이 있다는 의미야.

탑새기주다 남의 일을 방해하여 망치다.

예) 공작 숙제를 하는데 어린 동생은 일부러 **탑새기주려고** 내가 잘라 놓은 도화지 위에 라면 국물을 흘려 버렸다.

티적거리다 남의 흠을 잡으면서 거슬리는 말로 자꾸 성가시게 굴다.

예) 그 애가 그렇게 단점이 있는 만큼 너도 단점을 가지고 있는 거니까 더 이상 **티적거리지** 마라.

흥글방망이놀다 남의 잘 되어 가는 일에 심술을 부리고 훼방을 하다.

예) 난 너를 위해 많은 것을 희생했는데, 넌 왜 **흥글방망이만 노니**?

경망스러움과 관계되는 말

가들막거리다 신이 나서 도도하게 굴다. 〈 거들먹거리다.

예) 그 어렵다는 편입 시험에 수석으로 합격한 용숙이는 한참 동안 그 사실을 놓고 우리 과 사람들 앞에서 **가들막거렸다**.

거불거리다 격에 맞지 않게 자꾸 까불다.

예) 성훈이는 너무 **거불거려서** 한번 손봐 주겠다고 벼르는 3학년 선배들이 많았다.

괴덕스럽다 실없고 번잡스럽다.

예) 용득이 엄마는 참으로 **괴덕스러워서** 중요한 일을 같이 의논하거나 맡기기가 두렵다.

나부대다 철없이 가볍게 납신거리다.

예) 나이도 먹고 했으니 너무 **나부대지** 말고 이제 점잖게 좀 있어라.

납신거리다 입을 재빠르고 경망하게 놀리며 재잘거리다.

예) 사내자식이 매사에 방정맞게 **납신거려서는** 안 된다.

무람없다 어른이나 친한 사이에 예의를 지키지 않다.

예) 같은 고향 후배라고 좀 잘 해 주었더니 태욱이는 **무람없기** 짝이 없다.

반지빠르다 언행이 교만스러워 얄밉다.

예) 종구는 한 학기 동안 과 대표로서 일도 잘하고 열심히 뛰었지만 너무 **반지빠른** 게 흠이라면 흠이다.

부스대다 가만히 있지 못하고 자꾸 군짓을 하다.

* **군짓** 아니하여도 좋은 짓.

예) 저 김 대리라는 사람은 말을 하면서 손가락을 자꾸 **부스대는** 게 보기 안 좋을 뿐 아니라 신뢰감을 주지 못하는군.

산망스럽다 언행이 경망하고 잘다.

예) 생각지도 못했던 그녀의 **산망스런** 행동에 결혼까지 고려했던 그 남자는 당황했다.

새살스럽다 성질이 차분하지 못하여 실없이 수선 부리기를 좋아하다.

예) 신중하지 못하고 **새살스러운** 남자는 딱 질색이야. 왜냐하면 우리 집안 남자들이 대부분 그렇거든.

서털구털 언행이 침착하지 못한 모양.

인간의 행동과 관계되는 말

예) 태경이는 이번이 첫 미팅이어서 **서털구털**하게 파트너와 대면을 했지만, 웬일인지 곧 친해지는 것 같았다.

소양배양하다 아직 어려서 날뛰기만 하고 철이 없다.

예) 어른들은 말로는 **소양배양하다고** 말하지만 모두 영숙이를 귀여워하고 있는 모양이야.

얄망스럽다 얄망궂은 태도가 있다.

* **얄망궂다** ① 좀 괴상하고 얄궂다. ② 하는 짓마다 (성질이나 행동이) 야릇하고 밉다.

예) 봉석이는 좀 **얄망스러운** 면이 있지만 예술가는 다 그런 것이려니 하니까 이해가 된다.

조라떨다 경망스럽게 굴어 일을 망치다.

예) 우리 외숙부 댁은 다 된 혼사에 중매쟁이가 실수로 **조라떠는** 바람에 파혼이 되고 말았다.

희롱거리다 버릇없이 까불다. 〉 해롱거리다.

예) **희롱거리는** 청소년들에게 따끔하게 야단을 치는 어른이 변변히 없는 사회가 바로 요즘의 우리나라 사회다.

일 처리와 관계되는 말

가말다 일을 맡아 처리하거나 재량하다.

예) 과 대표인 우택이는 항상 우리 과의 모든 사소한 일을 자기 일처럼 **가말아 주는** 좋은 녀석이다.

결부축 ① 겨드랑이를 붙들어 걸음을 돕는 짓. ② 곁에서 일, 말을 도와주는 짓.

예) 고작 사장 밑에서 **결부축하는데** 미스 김의 봉급이 그렇게 많아?

곰바지런하다 일은 잘하지 못하나 꼼꼼하고 바지런하다.

예) 연우는 둔하여 제대로 일을 못하나, **곰바지런한** 것 하나로 마침내 하드웨어 개발 팀장이 되었다.

구듭(을) 치다 귀찮고 괴로운 남의 뒤치다꺼리를 하다.

예) 하루 이틀도 아닌 몇 년 동안 노망든 시어머니의 **구듭을 치는** 일은 정말 힘든 것이었다.

기이다 ① 일이 드러나지 않도록 하다. ② (무슨 일을) 바른대로 말하지 않고 숨기다.

예) 세조를 암살하려는 모의는 반드시 **기이어야** 할 중차대한 일이었지만 결국 배신자가 있어 모두 잡혀갔다.

늦줄주다 (아랫사람에게) 엄한 감독을 늦추어 조금 자유롭게 하다.

예) 처음에는 까다롭던 아파트 공사 감독도, 며칠 지나니 **늦줄주면서** 쉽게 해 주는 인간적인 면모를 보였다.

돌라주다 몫몫이 나누어 여러 군데 나누어 주다.

예) 간조 날, 공사장의 총감독은 돈을 직접 경리과에서 타다가 인부들에게 품삯을 **돌라주었다**.

둥개다 일을 감당하지 못하고 쩔쩔매다.

예) 무능한 김 대리는 세무조사 때문에 갑자기 일거리가 쏟아지니까 **둥개느라** 점심도 못 먹었다.

뒤뿔치다 남의 밑에서 그의 뒷바라지를 하여 도와주다.

예) 내가 10년간 황 사장 밑에서 **뒤뿔치면서** 혼신의 힘을 다해 일한 결과가 겨우 퇴직금 500만 원이라니.

뒤스르다 일이나 물건을 가다듬느라고 이리저리 바꾸거나 변통하다.

예) 우리 집안의 집사인 오 씨의 일은 집 안팎의 살림살이를 차질 없게 **뒤스르는** 것이다.

들고파다 한 가지에 대해 열심히 연구하다.

예) 우직한 정호는 수학만 **들고파더니** 학기말 고사에서 놀랍게도 100점을 맞았다.

등달다 ① 일이 몹시 급하게 몰려 등이 화끈하여지다. ② (일이 뜻대로 되지 않거나 다급할 때) 몹시 안타깝고 애가 타다.

예) 휴가 기간 내내 판판이 놀다가 일이 급하게 되니 내 동생은 **등달아서** 이리 뛰고 저리 뛰었지만 이미 때는 늦었다.

서릊다 ① 좋지 못한 것을 쓸어 치우다. ② 설거지하다.

예) 우리 사회의 부패한 정치 풍조와 만연한 퇴폐주의는 싹 **서릊어야** 한다.

설다루다 서투르게 다루다.

예) 어머니께서 심부름으로 계란을 사 오라고 하시면 나는 항상 계란을 **설다루어서** 한

개는 꼭 깨지 뭐야.

셈들다 사물을 분별하는 슬기가 생기다.

예) 미국에 있는 내 조카 수경이는 어린 나이에 비해 **셈드는** 것이 빨라서 영재 소리를 들었다.

안고나다 남의 일이나 잘못을 도맡아 짊어지다.

예) 과장님이 나의 실책을 **안고나서** 부장님께 꾸중을 들으시니 나는 몸 둘 바를 몰랐다.

잔재비 ① 자질구레하고 공교로운 일을 잘 처리하는 손재주. ② 잔손이 많이 드는 일.

예) **잔재비**에 능한 놈이 큰일엔 원래 허둥대고, 실수를 하는 법이야.

터울거리다 목적을 이루려고 애를 몹시 쓰다.

예) 대입 시험을 앞두고 있는 사촌 동생의 **터울거리는** 모습을 보니 작년의 나를 보고 있는 듯해서 보기가 안쓰러웠다.

톡탁치다 시비를 가릴 것 없이 다 쓸어 없애다.

예) 삼촌은 우리가 솜사탕을 놓고 싸우자 그것들을 모두 **톡탁쳐** 버려 싸우지 말고 나눠 먹느니만 못했다.

흑죽학죽 일을 정성껏 맺지 않고 허름허름 넘기는 모양.

예) 책장의 책을 다 정리하는 일을 이렇게 빨리 끝낸 걸 보니 일을 **흑죽학죽** 해치운 모양이구나.

장난, 익살과 관계되는 말

공상볼기 동무들끼리 장난으로 치는 볼기.

예) 어릴 적에 힘이 약한 아이들은 **공상볼기**를 맞기 일쑤였다. 그 **공상볼기**는 싸움으로 곧잘 이어졌고 그 싸움은 어른 싸움으로 또 발전했다.

괘사 우습고 변덕스럽게 익살 부리며 엇가는 짓.

예) 그는 원래 **괘사** 많은 친구다. 회의 시간에 회의 진행을 방해하고 뒤에서 딴소리를 해

댄다.

그악하다 ① 장난이 지나치게 심하다. ② 사납고 모질다.

예) 인쇄소 하는 김 사장은 너무 **그악해서** 어디부터가 진심이고 어디까지가 장난인지 헤아리기가 어렵다.

부르대다 남을 나무라다시피 야단스럽게 떠들어 대다.

예) 교무실 앞에서 무릎을 꿇고 벌을 서고 있으니 지나가시는 선생님들마다 **부르댔다**.

서낙하다 장난이 너무 심하다.

예) **서낙하면서도** 악의가 없는 점이 우리 봉숙 누나의 매력이다.

수수꾸다 실없는 장난말로 남을 부끄럽게 만들다.

예) 내 친구는 다른 사람 앞에서 내가 총각딱지를 떼지 못했다고 약올려 날 **수수꾸게** 만들었다.

일의놀이다 재롱부리다. 응석 부리다.

예) 나의 조카가 **일의놀이는** 것을 보니 지금은 가고 없는 그 녀석이 눈에 어른거려 가슴 속에서 뜨거운 것이 울컥 솟아올랐다.

자부락거리다 실없이 장난삼아 가만히 있는 사람을 괴롭히다.

예) 계속 **자부락거리면** 순해 빠진 누나는 참다못해 소리 지르며 무언가를 던지기 일쑤였다.

칙살부리다 칙살스러운 짓을 하다.

* 칙살스럽다 보기에 잘고 더러운 태도가 있다.

예) 수진이는 외양은 예쁘지만 가끔 **칙살부릴** 때가 있다.

코침 콧구멍에 심지를 넣어 간질이는 짓.

예) 형의 친구들은 자는 사람의 콧구멍에다 **코침**을 놓고는 재채기하는 것을 구경하기 좋아했다.

폭력과 관계되는 말

검잡다 거머잡다의 준말.

예) 텔레비전에서 전경들이 대학생들의 멱살을 **검잡고** 강제로 끌고 가는 것을 보니 가슴이 마구 떨렸다.

대지르다 찌를 듯이 날카롭게 대들다.

예) 빚쟁이들은 부도 낸 그에게 찾아와 빚을 못 갚으면 있는 재산이라도 다 내놓으라고 **대질렀다.**

떠둥그뜨리다 떠들쳐 엎거나 옮기다.

예) 술값이 없는 오 사장은 남들이 말리니까 더욱 화난 체하며 술상까지 **떠둥그뜨리려** 했다.

물고(를) 내다 죄인을 죽이다. 사형에 처하다.

예) 유괴범들과 가정파괴범들은 재론의 여지 없이 **물고를 내야** 한다는 게 여론이다.

물고(를) 올리다 죄인을 명령에 따라 죽이다.

예) 세조는 신하들에게 모반을 한 역적들을 **물고를 올리라고** 분부했다.

물보낌 여러 사람을 모조리 매질함.

예) 김 상병이 귀대하지 않자 선임하사는 몹시 화가 나서 내무반원들을 모조리 **물보낌** 하였다.

밤내다 도둑에게 형벌을 주어 그 죄상을 자백하게 하다.

예) 죄인 스스로가 **밤내는** 경우는 거의 없기 때문에 취조관들이 고문을 하지 않을 수 없다고 한다.

부수지르다 닥치는 대로 마구 부수다.

예) 하얼빈 방면에서 말달려 온 마적들은 마을 사람들을 마구 죽이고 약탈을 하며 집을 **부수질렀다.**

싸다듬이 매나 몽둥이로 함부로 때리는 것.

예) 애가 무슨 잘못을 저질렀기에 이렇게 실신하도록 **싸다듬이**한 거죠?

자그락거리다 ① 보고 듣기에 딱하도록 옥신각신 다투다. ② 하찮은 일로 옥신각신하는 모양.

예) 저녁 내내 고부간에 **자그락거리는** 걸 보고 김 과장은 화가 나서 저녁 식사도 하지 않고 나가 버렸다.

자리개미하다 포도청에서 죄인의 목을 졸라 죽이다.

예) 포도대장이 **자리개미하란** 명령을 하였을 때 그 죄인은 너무 두려워 심장마비로 죽었다.

잔채질 포교가 죄인을 심문할 때 회초리로 이리저리 마구 때리는 매질.

예) 아직도 이 세상 어딘가에서는 고문 수단으로 **잔채질**이 행해지고 있을 것이다.

조리돌리다 죄지은 사람을 벌로 끌고 다니며 망신을 시키다.

예) 조선시대, 간통한 사람들은 **조리돌린** 후 동네에서 영원히 추방됐다.

죄어치다 ① 재촉하여 몰아내다. ② 바싹 죄어서 몰아치다. ③ 몹시 조르거나 몰아내다.

예) 어머니, 너무 **죄어치지** 마세요. 그러면 공부가 더 하기 싫어진단 말이에요.

흠쳐때리다 덤벼들어서 야무지게 때리다.

예) 권투 신인왕전 플라이급 결정전에서 어떤 신인이 상대방 선수를 날카롭게 **흠쳐때리는** 모습은 그의 기량이 보통이 아님을 말해 줬다.

신체 동작과 관계되는 말

가동거리다 어린아이의 양쪽 겨드랑이를 치켜들고 올렸다 내렸다 할 때, 아이가 다리를 옹그렸다 폈다 하다.

예) 할아버지가 손자 은비를 치켜 안자 **가동거리며** 우는 아이를 아기 엄마가 받아 안았다.

가둥거리다 몸뚱이가 작은 사람이 엉덩이를 훼훼 흔들다.

예) 그 여자의 **가둥거리는** 꼴은 정말 못 봐 주겠더구먼.

가위다리치다 (물건을) 'X' 모양으로 서로 어긋나게 걸쳐 놓다.

예) 나무로 **가위다리친** 함정 위에 덤불을 덮어 놓았으니 멧돼지에게 발각될 걱정 없다.

간질밥먹이다 남의 살을 간지럽게 건드리다.

예) 자꾸 동호는 내게 **간질밥먹이는데**, 간지럼을 못 참는 나는 그때마다 길길이 뛰었다.

감쳐물다 아래위 두 입술을 서로 약간 겹치도록 붙이면서 입을 꼭 다물다.

예) 내가 터키를 기록하자 진수는 입을 **감쳐물고** 볼링공을 굴리더니 기어코 스트라이크를 만들어 냈다.

곧추뜨다 ① 눈을 위로 향하여 뜨다. ② 눈을 부릅뜨다.

예) 만년필이 없어진 체육 시간에 혼자 교실에 남아 있었다는 아이들의 모함에 영희는 눈을 **곧추뜨며** 결백하다고 선생님께 항의했다.

곱작거리다/곱작대다 황송하여 상대방 앞에 연하여 머리를 숙이고 몸을 굽히다.

예) 보통 사람들은 높은 사람에게 쓸데없이 **곱작거리는데**, 결코 좋은 모습이 아니다.

구무럭거리다/구무럭대다 몸을 천천히 자꾸 움직이다.

예) 나무늘보는 너무 느리게 **구무럭거리기** 때문에 늘보라는 이름이 붙은 동물이다.

내박치다 힘있게 집어 내던지다.

예) 실연당한 진수는 조약돌을 몇 개고 집어 저 멀리 호수 한가운데로 **내박쳤다**.

는정거리다/는정대다 정도가 좀 강하게 는적거리다.

* 는적는적 (썩거나 삭아서) 힘없이 축축 처지는 모양.

예) 처음 맡아 본 최루탄 냄새에 **는정거리는** 나를 선배가 부축해 주어 시위 지역을 벗어날 수 있었다.

대서다 ① 뒤를 따라서다. ② 바싹 가까이 서다. ③ 대들어서 항거하다.

예) 생필품이 부족한 러시아에서는 줄선 것만 보이면 무조건 그 뒤에 **대서고** 보는 게 이익이라고 한다.

도리머리 머리를 좌우로 흔들어 거부의 뜻을 표하는 짓.

예) 뒷산 임야를 잘 쳐 줄 테니 팔라고 하자 황 부자는 **도리머리**를 힘껏 흔드는 것이었다.

되들다 얄밉게 얼굴을 쳐들다.

예) 내가 지난번 약속을 어겨서 그런지 약속 장소에 나가서 고개를 숙이고 책을 보던 그녀의 이름을 부르자 그녀는 화난 표정으로 고개를 **되들었다**.

두발당성 두 발로 차는 발길질.

예) 재수 없으면 **두발당성**하다가 엉덩방아를 찧고 마는 수가 있다.

둥싯거리다 몸이 굼뜨게 움직이다.

예) 몸무게가 150킬로그램인 박 장사는 평소에는 **둥싯거려도** 모래판에 올라 샅바만 잡았다 하면 펄펄 난다.

뒤스럭거리다 ① 손을 연해 이리저리 뒤치다. ② 무엇을 자꾸 이리저리 뒤적이다. ③ 변덕을 부리며 부산하게 굴다. 뒤스럭대다.

예) 숨겨 둔 비상금을 찾기 위하여 나는 뒤주에 손을 넣고 구석구석을 **뒤스럭거렸지만** 돈은 찾을 수 없었다.

뭉그대다 제자리에서 몸을 그냥 비비대다.

예) 일요일 하루 종일 난 이불 속에서 **뭉그대면서** 무협지를 다섯 권이나 읽었다.

바동거리다 자빠지거나 주저앉아 매달리거나 또는 신체의 한 부분에 구속당하여 팔다리를 자꾸 내저으며 몸을 움직이다.

예) 금고형에 처해진 빠삐용은 처음 차 보는 족쇄가 힘들었는지 자꾸만 **바동거리며** 괴로워했다.

바장이다 부질없이 짧은 거리를 왔다 갔다 하다.

예) 어머니는 방 안을 **바장이며** 전화를 기다렸는데, 밤 12시가 넘도록 대학병원 응급실로 뛰어가신 아버지께서는 연락이 없었다.

반춤 춤추는 것같이 흔들거리는 동작.

예) 풍물 치는 소리를 듣고 너무 흥겨워서 나도 모르게 **반춤**이 나왔는데, 그것은 흡사 경련이나 몸부림 같았다.

배냇짓 갓난아기가 자면서 웃거나 얼굴을 찡그리는 짓.

예) 백일도 안 된 아이를 어를 때 아이가 웃는 것은 뭘 알아서가 아니라 **배냇짓**을 하는 거야.

배밀이 ① 어린아이가 엎드려서 배를 바닥에 문칫문칫 밀며 기어가는 짓. ② 씨름에서 들재간의 하나. 상대방을 배로 밀어서 넘어뜨림. ③ 나무를 켤 때에 기계톱에 나무를 배로 밀어서 먹이는 일.

예) 우리 아기 은비가 벌써 **배밀이**를 시작했으니 한 발짝 떼는 것도 금방일 것이다.

배트작거리다 몸을 제대로 가누지 못하고 약간 배틀거리며 걷다.

예) 짧은 치마를 입은 여자가 술에 취했는지 **배트작거리며** 대학로를 걸어 사람들의 시선을 받았다.

부르쥐다 힘들여 주먹을 쥐다.

예) 임종한 해적 선장의 **부르쥔** 주먹을 펴자 거기엔 보물 상자를 여는 열쇠가 있었다.

불걱거리다/불걱대다 ① 질긴 물건을 입에 많이 물고 연해 씹다. ② (빨래를) 자꾸 자꾸 거칠게 주물러 빨다.

예) 씨름 선수인 그는 불고기를 **불걱대며** 먹더니 놀랍게도 10인분을 순식간에 해치우는 것이었다.

불쩍대다 빨래를 빨 때 두손으로 시원스럽게 비비다.

예) 세탁기로만 빨아서는 묵은 때가 지지 않는다며 어머님은 내 빨래들을 큰 통에 담고 **불쩍대서** 시원스럽게 빠셨다.

사리물다 이를 악물다.

예) 모진 고문에도 이를 **사리문** 채 그 사실을 폭로하지 않은 것은 꼭 나라를 위한 마음에서만은 아니었다.

새물거리다/새물대다 이 빠진 노인이 입 언저리를 연방 움직여 힘없이 웃다. 또는 입술을 약간 샐그러뜨리며 소리없이 자꾸 웃다.

예) 소리가 나지 않게 입을 연신 **새물대는** 김 노인의 눈에서 굵은 눈물이 떨어졌다.

소스치다 (몸을) 솟치다.

예) 세계적인 다이빙 선수 루게릭은 다이빙대에서 순간적으로 몸을 **소스치는** 점프가 일품이다.

손사래 어떤 말을 부인하거나 조용하기를 요구할 때 손을 펴서 휘젓는 짓.

예) 국회 보사위원회 소속 의원인 한 의원은 위원장의 말이 옳지 않다는 뜻의 **손사래**를 쳤지만, 회의는 계속 진행되었다.

씽글거리다/씽글대다 소리없이 계속 귀엽게 눈웃음치다.

예) 즐거운 일이 있을 때마다 **씽글거리는** 자기의 모습에 내가 반했던 거야.

안태우다 말이나 가마 등을 탄 사람이 다른 사람을 자기 앞에 앉아 타게 하다.

예) 황야의 무법자는 사막에서 만난 말을 잃은 여인을 번쩍 들어 자신의 안장에 **안태운** 뒤 집까지 정확하게 데려다 줬다.

알기죽거리다 허리를 이리저리 느리게 내어 흔들다.

예) 진군식 때 과 학생 전체가 춤을 추었는데, **얄기죽거리기만** 하는 것을 보아 우리 과 학생들은 춤추는 것과는 거리가 먼 것 같다.

어치렁거리다 ① 힘없이 해해 저으며 되는대로 걸어가다. ② 키가 좀 큰 사람이 힘없이 걸어가다.

예) 꼭 술 마시다 죽은 귀신이 붙은 사람처럼 퍼마시던 그들은 결국 **어치렁거리며** 각자 집으로 흩어져 돌아갔다.

왜죽왜죽 손을 되바라지게 흔들며 빨리 걸어가는 모양.

예) 한 젊은 처녀가 **왜죽왜죽** 걸어가는 걸 보니 성격이 매우 급한 것 같았다.

응그리다 ① 얼굴을 찌푸리다. ② 손으로 움키다.

예) 만성 위염에 시달리는 그의 얼굴은 언제나 불편한 속으로 인해 늘 **응그려져** 있다.

일떠나다 기운차게 일어나다.

예) 스님이 "잃은 것을 자꾸 되찾으려 하면 남은 것도 잃는다"는 말씀을 내게 해 주셔서 나는 용기를 내고 힘을 내서 **일떠나기로** 했다.

자축거리다 다리에 힘이 없어 잘뚝거리다.

예) 어제 운동을 너무 심하게 했는지 자꾸만 걷는 데 **자축거려진다**.

잦추다 동작을 재게 하여 연해 재촉하다.

예) 아버님께서 **잦추어** 나를 서두르게 하시는 바람에 나는 도시락을 놓고 도서관에서 나왔다.

제겨디디다 발끝이나 뒤꿈치로 땅을 제기어서 디디다.

예) 누가 **제겨디디고** 갔는지 새로 만든 시멘트 도로에 발자국이 깊이 나 있었다.

제겨차다 발등으로 올려 차다.

예) 오랜만에 보게 된 친구를 세 시간씩이나 기다리다가 돌아가려 했을 때 그 친구가 나의 엉덩이를 가볍게 **제겨차며** 나타났다.

조작거리다 걸음마 하는 어린애가 제 마음대로 귀엽게 걷다.

예) 돌이 지나자 **조작거리며** 걷기 시작한 범준이는 너무도 귀여웠다.

할근거리다 숨이 가빠서 몹시 할딱거리며 그르렁거리다.

예) 나는 100미터 달리기를 하면 심하게 숨이 **할근거리고** 얼굴이 빨개져서, 처음에는 사람들이 놀라서 나를 양호실까지 데려가기도 했다.

할긋거리다 한 번 눈동자를 빨리 옆으로 돌려 보다.

예) 날씨가 더워짐에 따라 여성들의 옷차림 노출이 심해졌다. 그런 여자들을 볼 때마다 남자들은 **할긋거리느라** 정신없다.

홈켜쥐다 빠르게 단단히 움켜쥐다.

예) 어머님과 헤어지느라 시간을 지체한 나는 막 떠나려고 하는 기차 난간의 손잡이를 가까스로 **홈켜쥘** 수 있었다.

홉뜨다 눈알을 굴려 눈시울을 위로 치뜨다.

예) 선생님이 영수를 마구 야단치자 영수는 억울하다는 듯이 눈을 **홉뜨고** 선생님을 쳐다보았다.

흘근거리다 ① 걸음을 연해 굼뜨고 느리게 하다. 게으르게 느릿느릿 행동하다. ② 얄미울 정도로 자꾸 늑장만 부리다.

예) 경각을 다투는 시멘트 배급을 가야 하는데 이렇게 **흘근거리고만** 있으면 어떡하니?

흘근번쩍거리다 눈을 자꾸 흘기며 번쩍거리다.

예) 좀 늦었다고 너무 그렇게 **흘근번쩍거리지** 마. 다음에 일찍 올 테니까.

흘금거리다 남의 눈을 피하여 연해 곁눈질하다. 자꾸 흘금 흘겨보다.

예) 너는 남이 기분 나빠 할 수 있으니까 **흘금거리는** 버릇을 고쳐야 해.

흠빨다 깊이 물고 빨다.

예) 열두 마리의 아기 돼지들이 열심히 어미의 젖꼭지를 **흠빨고** 있는 모습이 어쩜 저리 복스러워 보이는지 모르겠다.

그 밖의 행동과 관계되는 말

가로새다 ① 중간에 슬그머니 빠져나가다. ② 어떤 비밀이 밖으로 새어 나가다. ③ 이야기 따위가 다른 방향으로 빗나가다.

예) 기호는 수업 중에 슬그머니 뒷문으로 **가로새다** 복도에 서 있는 교감 선생님에게 직통으로 걸렸다.

가루다 ① 나란히 함께 서다. 마주 서서 시비를 판단하다. ② 맞서 견주다.

예) 닭이 먼저라는 네가 옳은지 달걀이 먼저라는 내가 옳은지 우리 함께 그 일에 관하여 **가루어** 보자.

가무리다 ① 몰래 훔쳐서 혼자 차지하다. ② 흔적도 없이 후무리거나 먹어 버리다.

예) 이 10미터짜리 탑을 세운 건 모두 힘을 합쳐 이루어 낸 것이니까 너 혼자 **가무릴** 생각은 아예 꿈도 꾸지 마라.

가재치다 샀던 물건을 도로 무르다.

예) 한번 구입한 물건은 **가재칠** 수 없으니 주의해서 사 가십시오.

가축 알뜰히 매만져 잘 간직함.

예) 고려청자를 비롯한 문화재는 나라의 귀중한 보배로서 신중한 **가축**이 필요합니다.

갈서다 나란히 서다.

예) 덕수궁 돌담 밑에서 쓸쓸히 지는 낙엽을 맞으며 **갈서** 있는 남녀 사이로 오랫동안 어색한 침묵이 흘렀다.

값놓다 값을 정하다. 값을 지정하여 말하다.

예) 시장경제 체제하에서의 가격이란 일단은 수요곡선과 공급곡선이 만나는 점에서 **값놓는** 것이 원칙이다.

값닿다 기대하는 상당한 값에 이르다.

예) 그 노인장은 1억이라는 액수에 **값닿기** 전에는 집을 절대 팔 수 없다고 고집을 부렸다.

강울음 억지로 우는 울음.

예) 난 어렸을 적에 장난감 가게 앞에만 가면 **강울음**을 하면서 장난감을 사 달라고 지독하게 졸라 댔다고 한다.

거니채다 낌새를 알아채다.

예) 형님, 왠지 형사들이 벌써 **거니챈** 것 같은 기분이 드는데요.

걷몰다 거듬거듬 몰아치다.

예) 예수님께서 나와 있는 그림을 보면 그분은 항상 양 떼를 **걷몰고** 계신다.

게걸스럽다 욕심껏 마구 먹어 대다.

인간의 행동과 관계되는 말

예) 우리 과 남학생들은 물론이고 여학생들까지도 먹을 것만 있으면 **게걸스럽게** 먹는다.

겨집얼이다 장가들다. 장가들이다.

예) 요즘 농촌 총각들은 **겨집얼이기가** 하늘에서 별 따기보다 어렵다고 하는데, 같은 남자로서 가엾은 생각이 든다.

관디목지르다 옛날 벼슬이 낮은 이가 높은 이에게 경례를 하다.

예) 정이품송이라는 나무에 주어진 명칭의 유래는 나라님이 지나갈 때 정중히 **관디목지르기를** 했기 때문이라고 한다.

괭이잠 깊이 잠들지 못하여 자주 깨면서 자는 잠. 노루잠과 같은 뜻.

예) 〈미저리〉라는 영화를 본 후 어찌나 무서웠던지 그날 밤 나는 **괭이잠**을 잘 수밖에 없었다.

구가마하다 곡식을 넣은 가마니를 법식에 맞추어 묶다.

예) 영감! 이렇게 많은 곡식을 **구가마하려고** 생각하니 힘이 들기도 하겠지만 무척 기쁘고 흐뭇하네요.

구기박지르다 몹시 구기지르다. 구박지르다.

예) 나는 접시를 깨뜨려서 어머니에게 매우 **구기박질린** 적이 여러 번 있었다.

구두덜거리다 못마땅하여서 혼자 군소리하다.

예) 동생은 시내에서 자기가 원하는 장난감을 못 사자 어머니의 손도 안 잡고 계속 **구두덜거렸다**.

구어박다 사람이 한군데서 꼼짝 못하고 지내다.

예) 스케이트장 주인 아저씨는 봄, 여름, 가을 계속 **구어박혀** 있다가 겨울이 되면 살판났다는 듯 뛰어다니신다.

구유전뜯다 남에게 돌봐 주기를 청하다.

예) 어릴 적 엄마, 아빠가 없었던 그녀는 대고모님 댁에 어쩔 수 없이 **구유전뜯을** 수밖에 없었다.

그느르다 보호하여 돌보아 주다.

예) 천애 고아인 너는 그분들이 친자식보다 더욱 **그느러** 주신 것을 잊지 마라.

나수다 ① 내어서 드리다. ② 높은 자리로 나아가게 되다.

예) 김 군, 내가 자네를 위해 강사 자리 하나 **나수게** 했으니 그리 알게.

나지리보다 품이 낮게 경멸하다.

예) 자기보다 못 배운 사람을 **나지리보지** 않는 것이 바로 지성인의 도리이다.

나쪼다 어른 앞에 나오다.

예) 여보! 아이들이 할아버지 환갑 때 **나쪼게** 될 텐데 입힐 옷이 마땅치 않아 걱정이에요.

남상거리다/남상대다 욕심이 나서 목을 길게 빼어 늘이고 자꾸 넘보다.

예) 남의 집 재산을 자꾸 **남상거리면** 못 쓴다.

내물리다 어떤 한계 밖으로 내어서 물러나게 하다.

예) 인정이 없는 사람들은 불쌍한 사람들이 동냥을 하러 집 안으로 들어오면 쳐다보지도 않고 그냥 **내물려** 버린다.

내발리다 ① 겉으로 환하게 드러나 보이다. ② 생각이나 태도가 겉으로 드러나게 하다.

예) 위선자들은 남의 노력은 과소평가하면서 자신의 공로는 **내발리기** 마련이다.

너울가지 남과 잘 사귀는 솜씨.

예) 학창 시절 나는 **너울가지**가 부족했기 때문에 친구가 별로 없었는데, 지나고 나니 후회막심하다.

넘나다 분수에 넘치는 짓을 하다.

예) 땀의 대가로 돈을 벌지 않은 졸부들은 **넘나는** 경우가 많은데, 그 대표적인 예가 과소비다.

네뚜리 ① 사람이나 물건을 업신여겨 대수롭지 않게 보는 일. ② 새우젓 한 독을 넷으로 가른 한 몫 또는 넷으로 가르는 일.

예) 국민들이 너무 가만히 지켜보고만 있으니 그 정당이 국민들을 **네뚜리**하고 있는 느낌이 든다.

늘키다 울음을 시원하게 울지 못하고 꿀꺽꿀꺽 참으면서 느끼어 울다.

예) 친구들이 나의 마음을 몰라주는 게 야속해서 구석에 숨어 **늘킨** 적이 한두 번이 아니다.

능두다 충분히 여유를 두다.

예) 오늘 밤까지 장작을 다 패 놓아야 할 일이 많더라도 **능두어서** 차근차근 잘 해낼 수

인간의 행동과 관계되는 말

있을 것이다.

더미씌우다 남에게 허물, 책임 등을 넘겨 지우다.

예) 그 크리스마스트리를 망쳐 버린 우리가 그에게 책임을 **더미씌웠을** 때 그는 십자가를 진 예수처럼 모든 것을 묵묵히 받아들였다.

돋치다 ① 돋아서 내밀다. ② 값이 오르다.

예) 밤 껍데기에는 아주 많은 가시가 **돋쳐** 있다.

동곳빼다 잘못을 인정하고 굴복하다.

예) 시간이 흐르자 범인은 **동곳빼고** 학력고사 시험지가 도난된 사건의 정황 등 모든 것을 이야기했다.

동치다 칭칭 휩싸서 동이다.

예) 아버님께서 어제 저녁 추운 겨울 날씨에 수도 파이프가 터지는 것을 막기 위해 작년에 시골에서 가져오신 짚으로 파이프를 **동치셨다**.

되술래잡다 잘못을 빌어야 할 사람이 도리어 남을 나무라다.

예) 우리는 흔히 **되술래잡다**란 의미로 '적반하장' 이란 말을 사용한다.

되작거리다 물건을 찾느라고 이리저리 들추어 뒤지다.

예) 동생이 스케이트를 타러 간다면서 작년에 창고에 던져 둔 스케이트를 찾기 위해 창고 안을 온통 **되작거리고** 있다.

두남두다 ① 편들다. ② 가엾게 여겨 도와주다.

예) 흔히 사람들은 잘잘못을 떠나서 본능처럼 약한 사람을 **두남두게** 마련이다.

뒤발하다 온몸에 뒤집어써서 바르다.

예) 예전에, 잔디가 덮이지 않았던 효창운동장에서 비 오는 날 축구를 하면 선수들이 온통 흙탕물을 **뒤발하곤** 했다.

뒷귀먹다 어리석어서 사물을 잘 이해하지 못하다.

예) 그는 참으로 **뒷귀먹은** 사람이어서 아내의 부정도 전혀 눈치 채지 못하는 것 같았다.

드레질 사람의 됨됨이나 물건의 무게를 헤아리는 것.

예) 우리 과 여학생들은 하나하나 **드레질**해 보면 다 좋은 것 같다.

드새다 길을 가다가 집을 잡아들어 밤을 지새다.

예) 옛날 조선시대에 과거를 보거 한양으로 상경하던 나그네들은 날이 어두워지면 주막에서 하룻밤을 **드새서** 다시 길을 갔다.

들그서내다 안에 들어 있는 물건을 함부로 뒤져 끄집어내다.

예) 그는 숨겨 둔 옥가락지를 찾느라 장롱의 물건을 **들그서내어** 방을 혼잡하게 해 놓았다.

들보다 무엇을 찾아 살피느라고 뜻을 두어 듣고 보고 하다.

예) 다른 과목은 듣는 둥 마는 둥 하는 에디슨도 과학 시간이면 선생님 말씀을 항상 **들보곤** 했다.

통밀다 이것저것 가릴 것 없이 똑같이 치다.

예) 샴푸를 쓰는 것이나 세제를 쓰는 것 모두 다 수질 오염이라는 견지에서는 오십보백보 마찬가지로 **통밀어** 비난받아야 한다.

티뜯다 ① 무엇에 붙은 티를 뜯어내다. ② 흠절을 찾아내서 시비하다.

예) 검은색 겨울 외투는 입기 전에 테이프로 겉에 붙은 먼지를 **티뜯는** 게 좋다.

핀둥거리다/핀둥대다 하는 일 없이 어칠비칠 놀고 있다.

예) 요즘은 해야 할 일에 비해 시간이 너무 부족해서 조금이라도 **핀둥거리며** 보내는 시간은 없는지 살펴봐야 할 정도야.

한등누르다 벼슬의 임기가 찬 뒤에도 갈리지 않고 그 자리에 눌러 있게 되다.

예) 우리나라 대통령의 임기는 5년이고 단임제이기 때문에 임기를 마친 후에 **한등누르는** 일은 있을 수 없다.

한손 접다 높은 편이 실력을 낮추어 고르게 하다.

예) 아버지와 장기를 둘 때는 아무리 포와 차를 떼어 내고 하여 **한손 접어** 주셔도 아직까지 내 실력으로 이길 수가 없다.

할경 ① 말로 경멸의 뜻을 나타냄. ② 남의 떳떳하지 못한 근본을 폭로하는 말.

예) 시기심 많은 반장은 해림이가 미술 선생님에게 칭찬받을 때마다 **할경**했다.

할근거리다/할근대다 숨이 가빠서 기운 없이 할닥거리며 그르렁거리다.

예) 약속 시간보다 30분이나 늦게 나타난 친구에게 화를 내려고 했지만, 얼마나 뛰어왔는지 몹시 **할근거려서** 오히려 웃음이 나왔다.

할끔하다 몸이 매우 고단하거나 불편해서 얼굴이 까칠하고 눈이 쏙 들어가 있다.

인간의 행동과 관계되는 말

예) 갑자기 힘든 일을 해서 **할끔하면** 나는 뜨거운 물로 샤워를 하기도 한다.

허위단심 허우적거리고 무척 애를 씀.

예) 물에 빠진 아이들은 뭍으로 나오려고 **허위단심** 발버둥 쳤으나 끝내 익사하고 말았다.

허적거리다/허적대다 계속해서 허적이다.

예) 아주머니는 잃어버린 금반지를 찾으려고 장롱 속 옷가지를 **허적거려** 보았지만 내가 이미 전당포에 잡힌 그것이 나올 리 없었다.

흔전거리다/흔전대다 모자람이 없이 넉넉히 잘 살아가다.

예) 양가 부모가 그리도 반대한 결혼이었지만 그들 부부는 **흔전거리며** 보란 듯이 잘 살아왔다.

흘러들기다 되는대로 마구 쑤시거나 훑다.

예) 아이들은 그 너구리가 숨어 들어간 구멍을 저마다 긴 쇠꼬챙이를 가지고 **흘러들기다가** 제 풀에 꺾여 하나 둘 집으로 돌아갔다.

일 일반과 관계되는 말

겨끔내기 자꾸 번갈아 하기.

예) 나는 빨래, 설거지, 요리, 아기 보기, 청소 등의 가사일을 나누어서 아내와 **겨끔내기**로 했다.

길속 전문적인 일의 속내평.

* 속내평 겉으로 드러나지 아니한 일의 내막.

예) 수사 전반에 걸쳐 강 검사와 김 형사는 **길속**을 체계적으로 구분해 분석 검토한 뒤 범인을 추적해 나갔다.

두길보기/두길마보기 일을 할 때 두 마음을 가지고 제게 유리한 쪽으로 붙으려고 살피는 것.

예) 춘희는 배우자 선택에 **두길보기**를 했으나 결국엔 돈을 보고 결혼해 삶을 그르치는 결과를 맞았다.

두절개 두 가지 일을 하다가는 한 가지도 못 이룸을 비유. 두 절을 왔다 갔다 하는 개는 두 절에서 다 얻어먹지 못한다는 뜻.

예) 공부를 열심히 하든지 직장을 성실히 다니든지 해라. **두절개**로는 이도 저도 아니니까.

뒷동 일의 뒤에 관련된 도막.

예) 그는 오래 나타나지 않다가 어느 날 우리 작업에 뛰어들어 **뒷동**도 잘 모른 채 막무가내로 일을 진행했다.

뒷배 표면에 나서지 않고 뒤에서 보살펴 주는 일.

예) 구두닦이 출신 최 사장의 소년 가장에 대한 **뒷배**는 아주 오래도록 비밀스럽게 계속되어 왔다.

마무르다 ① 물건의 가장자리를 꾸며서 끝을 마치다. ② 일의 뒤끝을 맺다.

예) 이 크리스마스트리는 웬만큼 꾸며진 것 같으니까 자잘한 것들은 이제 너희들이 **마무르도록** 해라.

매개 일이 되어 가는 형편.

예) 국토를 종단하는 장기 등산을 계획하던 그는 **매개**가 어려운지 돌연 그 계획을 포기했다.

매기단하다 일의 뒤끝을 깨끗하게 마무리 짓거나 맺다.

예) 다니던 자동차 영업소에 사표를 내겠다는 금정이는 **매기단하기** 위하여 남은 한 달간 최선을 다하기로 다짐했다.

매나니 ① 일을 하는데 아무 도구도 없이 맨손뿐임. ② 반찬이 없는 밥.

예) 군인의 명령 복종은 절대적인 것이어서 **매나니**라도 무엇이건 만들어 낸다.

매잡이 ① 일을 맺어 마무름. ② 매듭의 단단한 정도.

예) 지난번 컴퓨터의 새로운 하드 파킹 프로그램을 개발하라는 과제의 **매잡이**가 잘 안되어 아예 다시 할 것 같다.

맹문 일의 시비나 경위.

예) 나는 **맹문**도 모르고 정체불명의 괴한들에게 다짜고짜 끌려갔다.

머즌일 ① 궂은 일. ② 재화災禍.

예) 해경이는 소모임에서 그리 나서는 인물은 아니지만 **머즌일**이란 일은 대부분 그녀가 도맡아 한다.

메지 일의 한 가지 한 가지가 끝나는 단락.

예) 일을 할 때는 **메지**를 그때그때 잘 매듭지어야 전체 일이 순조롭게 마무리될 수 있다.

메지대다 한 가지 일을 끝내 치우다.

예) 콩쥐는 큰 독에 물을 채우는 일을 겨우 **메지댔으나** 아직도 할 일은 너무 많았다.

서로치기 같은 종류의 일을 서로 바꾸어 하여 주기.

예) 나는 기말 리포트를 **서로치기**하기로 용주와 합의했다. 용주는 원서 해독을 잘 못하고 나는 글씨를 잘 못 쓰기 때문이다.

설다듬이 대강대강 다듬는 다듬이.

예) 아내의 **설다듬이**질 소리는 그 전에 어머니께서 하시던 물 흐르듯 하는 다듬이질 소리와 많이 다르게 느껴진다.

손나다 ① 일이 마무리 지어져 짬이 나다. ② 일이 일단락 지어져서 짬이 생기다.

예) 번역문학가인 나는 한가지 일이 끝나고 **손날** 때마다 전국 여행을 하곤 한다.

손바람 일을 처리해 가는 솜씨의 힘.

예) 서 회장이야말로 **손바람** 좋기로 재계에서 유명한 사람이다.

손바꿈 ① 사람을 서로 바꾸어 일함. ② 능한 솜씨를 서로 바꾸어 일함.

예) 우리 농촌에서 많이 하던 품앗이는 품삯이 없이 **손바꿈**하는 방식이다.

잔판머리 ① 일이 끝날 무렵의 판. ② 다 되어 가는 판.

예) 삼밭 일이 **잔판머리**일 때 꾀부리고 도망갔던 성주댁의 막내가 헐레벌떡 뛰어왔다.

잡을손 일을 다잡아 하는 솜씨.

＊ **다잡다** ① 다그쳐 붙잡다. ② 감독을 철저히 하여 힘써 일하게 하다. ③ 마음을 써서 일을 처리하다. ④ 헛된 마음이나 들뜬 마음을 버리다.

예) 자동차 500대의 책임보험을 처리한다는 건 좀 덩어리가 큰 일이긴 하지만, 강 씨는 **잡을손**이 있으니까 쉽사리 해낼 겁니다.

초군초군 일을 조밀하고 느럭느럭 하는 모양.

예) 공기 단축으로 유명한 우리나라의 건설업계는 날림공사를 막기 위해서라도 **초군초군** 일할 줄도 알아야 한다.

혼잣손 도움 없이 혼자서 일하는 처지.

예) **혼잣손**이시면서 아기까지 낳으셔야 한다면 일당 2만 원에 일할 사람을 댁으로 보내 드리죠.

홀랑이질 계속하여 홀라들이는 것.

＊ **홀라들이다** ① 함부로 마구 쑤시거나 훑다. ② 자주 드나들게 하다.

예) 장마가 계속되자 어머니는 어렵사리 젖은 나무일망정 구해다 불을 붙여 놓았는데, 조카 녀석이 꼬챙이로 **홀랑이질**을 해서 아궁이 불을 꺼뜨렸다.

노동과 관계되는 말

구두질 방고래에 모인 재를 구둣대로 쑤셔 냄.

*방고래 방의 구들장 밑으로 불길과 연기가 통하여 나가는 길.

예) 아무리 불을 때도 방이 따뜻하지 않은 걸 보니 윗동네 황 씨 불러다 **구두질** 좀 해야 할까 봐요.

구움일 구움판에 목재를 넣고 말리는 일.

예) 사장은 가구 공장에서는 **구움일**이 중요하다고 강조하며, 제품이 완성된 후 뒤틀리는 나무가 없도록 하라고 지시했다.

날일 날삯을 받고 하는 일.

예) 광고 회사를 그만두고 나온 김 이사는 별다른 기술이 없어 **날일**을 하는 수밖에 없었다.

대우갈이 갓모자를 갈아 고치는 일.

*갓모자 갓의 양태 위로 우뚝 솟은 부분.

예) **대우갈이**한 갓을 쓴 김 선비는 초행인 한양길을 호기롭게 나섰다.

대푼거리질 땔나무를 푼거리로 사들이는 일.

*푼거리 땔나무를 몇 푼 받고 파는 일.

예) 가구 공장의 자투리 나무들을 **대푼거리**로 사들여 때면서 우리는 한겨울을 따뜻하게 보냈다.

더덕바심 더덕을 잘게 바수는 일.

예) 아내와 함께 갔던 풍수원 성당에서 사 온 더덕으로 **더덕바심**을 하고 나니 손에 더덕 진이 까맣게 잔뜩 묻어 끈적였다.

도림질 실톱으로 널빤지를 오리거나 새겨서 여러 가지 모양을 만드는 일.

예) 목가구 공예사인 아버지는 널빤지로 동물 모양을 능숙하게 **도림질**했다.

도시다 물건의 거친 면을 칼로 곱게 깎아 다듬어 내다.

예) 너희 할아버지, 목각 인형을 **도시는** 솜씨가 노련하시구나!

도심질 칼 같은 것으로 물체의 가장자리나 굽은 곳을 도려내는 일.

예) 나는 지점토에 무늬판을 찍고 난 후 가장자리의 불필요한 부분을 **도심질**했다.

동배 사냥에서 몰이꾼과 목을 지키는 사람이 그 구실을 갈라 맡는 일.

예) 멧돼지나 토끼 사냥 때는 **동배**를 적절히 잘해야 사냥의 성과가 만족스럽게 나온다.

되넘기 물건을 사서 곧 넘겨 파는 일.

예) 우리의 농산물 가격이 지나치게 비싼 것은 **되넘기** 가운데 중간 상인이 취하는 이익이 너무 많기 때문이다.

등글기 그림을 새로 초잡아 그리지 않고 남의 그림이나 다른 데 쓰던 그림을 그대로 본뜨는 일.

예) 지순이는 대입 시험 실기고사에서 모 화백의 그림을 **등글기**했다고 해서 낙방을 했다.

마당맥질 우둘투둘한 마당에 흙을 이겨 고르게 바르는 일.

예) 비만 오면 물이 고이는 마당을 오늘에야 **마당맥질**로 다듬어 평평하게 했다.

받건이 여기저기서 돈, 물건을 받아 거두어들이는 일. 남의 요구나 남이 끼치는 괴로움을 잘 받아 주는 일.

예) 불우이웃돕기라는 명목으로 **받건이**를 하는 이들 중에 솔직히 믿을 만한 경우가 적다.

부뚜질 곡식을 드릴 때 부뚜를 펴서 바람을 일으키는 짓.

* 드리다 곡식에 섞인 티, 검불 등을 바람에 날리다.

* 부뚜 곡식에 섞인 티끌이나 쭉정이를 날려 없애려고 바람을 일으키는 데에 쓰이는 돗자리.

예) 날씨가 이상해서인지 바람의 방향을 종잡을 수 없으니 오늘은 **부뚜질**을 하지 못할 것 같다.

비설거지 비가 오려 할 때 비를 맞혀서는 안 될 물건을 치우거나 덮는 일.

예) 갑작스런 소나기 때문에 **비설거지**하시는 어머니의 머리가 모두 젖어 버렸다.

상앗대질 ① 상앗대로 배질을 함. 상앗대로 배를 움직이게 함. ② 말다툼할 때 주먹이나 손가락 따위로 상대의 얼굴을 향하여 푹푹 내지르는 짓.

예) 몸이 허약한 사람은 **상앗대질** 두어 번에 녹초가 되기 십상이다. 강바닥에 상앗대를 꽂고 힘을 주어 배를 밀어야 하기 때문이다.

상일 별로 기술을 요하지 않는 노동.

예) 용돈이 궁해 아르바이트에 나선 나는 기술을 배우지 못했기 때문에 **상일**을 분배받았지만, 그것도 인력난 덕분인지 하루 임금이 3만 원이나 되었다.

섬질 널빤지 따위의 옆을 대패로 밀어내는 일.

예) 100장이 넘는 합판을 쌓아 놓고 **섬질**을 오래 했더니 목과 어깨가 결린다.

섭새기다 ① 속이 뜨게 파내거나 뚫어지게 새기다. ② 조각에서 가운데는 도도록하게 하고, 가장자리를 파내거나 뚫어지게 하다.

예) 이문숙이라는 이름의 도장을 **섭새기던** 장 씨는 문득 죽은 아내 생각으로 시무룩해졌는데, 이는 그 이름이 똑같았기 때문이다.

수나이 피륙 두 필을 짤 감으로 주되 한 필을 그 삯으로 주는 일.

예) 영수의 어머니는 주로 **수나이**로 밤낮 가리지 않고 길쌈을 해서 영수의 고등학교까지의 학비를 마련했다.

알내기 양계장 따위에서 많은 알을 낳도록 닭이나 오리를 기르는 일.

예) 우리 부모님은 양계장을 하시는데, 요즈음 계란 값이 폭락해 **알내기**에 수지가 맞지 않는다신다.

열목카래 두 개의 가래를 연폭한 것에 장부잡이 둘과 줄잡이 여덟 사람이 하는 가래질.

* 연폭 마주 이어 붙임.

예) **열목카래**로 가래질을 할 때는 단합된 리듬 때문인지 그 능률이 배 이상 되는 것 같았다.

자귀질 자귀로 나무를 깎는 일.

* 자귀 나무를 깎아 다듬는 연장의 하나.

예) **자귀질**은 적당한 스피드와 정확한 위치 선정을 요하는 것이기에 세심하게 해야 실수를 하지 않는다.

자리갈이 누에의 똥을 치고 깔아 놓은 것을 새것과 바꾸는 일.

예) **자리갈이**를 해 주고 새 뽕잎을 깔아 주니 누에들은 신나게 사각거리며 새 잎들을 갉아먹기 시작했다.

주살질 주살로 쏘는 것.

* 주살 줄을 매단 화살.

예) 물이 급작스레 불어 섬에 고립된 병사들은 강을 건너오는 줄다리를 놓기 위해 건너편으로 **주살**을 쏘았다.

한카래꾼 가래질할 때, 한 가래에 쓰는 세 사람의 한패.

예) **한카래꾼** 중 제일 연장자로 보이는 삼촌이 호흡을 일치시키는 선소리꾼 노릇을 했다.

홀앗이 살림살이를 혼자 맡아 처리하는 처지.

예) **홀앗이**를 30년 이상 하신 어머니는 이제 더 이상 힘들어서 못하시겠다고 하시며 형의 혼사를 은근히 부추기셨다.

구들동티 이렇다 할 아무 동티도 없이 죽은 것을 농으로 일컫는 말.

예) 요즘 이 사회에서 **구들동티**로 죽은 이의 수가 굉장히 많은 것을 볼 때 이것이 그만치 공해의 영향이 크다는 걸 입증해 준다고 생각한다.

덕대 아이의 시체를 겨우 비바람을 가릴 정도로 허술하게 묻음. 또는 그 무덤.

예) 성산에서 놀던 아이들은 **덕대**해 놓은 흑인 갓난아기의 시체를 발견하고 경찰에 신고했다.

두벌주검 ① 해부나 검시를 한 송장. ② 이미 죽은 사람에게 참형을 가하던 일.

예) 시위 도중 사망한 강 군의 아버지는 사인이 분명한데 아들을 **두벌주검**으로 만들 수 없다고 주장했다.

등걸음치다 ① 시체를 옮겨 가다. ② 등덜미를 잡아 쥐고 몰아가다.

예) 사람들이 시체를 **등걸음쳐** 가는데 무덤을 파는 일꾼들은 돈을 더 내라고 성화였다.

배내똥 ① 갓난아이가 먹은 것 없이 맨 처음 싸는 똥. ② 사람이 죽을 때 싸는 똥.

예) 한참 동안 경련을 일으키던 자객에게서 구린내가 나는 걸 보니 **배내똥**을 지리면서 죽은 모양이다.

새남터 옛날 역적들의 사형 집행장. 서울 신용산의 철교와 인도 사이에 있음.

예) 친구들과 지금은 성당이 자리한 **새남터**에 오니 옛날 천주교를 믿는다고 처형되던 순교자들의 참상이 눈앞에 떠오르는 듯하다.

자리걷이 관이 나가기 전에 행하는 의식의 하나. 관이 있던 자리에 음식을 차려 놓고 굿을 하며 명복을 비는 일.

예) **자리걷이**는 한국인의 옛 풍습이다. 그러나 굿이 미신이라고 배척받는 시대가 되니 그런 **자리걷이** 모습은 찾아보기 힘들다.

추깃물 송장이 썩어서 흐르는 물.

예) 그는 전쟁터의 아비규환, 피, **추깃물** 등이 떠오를 때면 또다시 정신을 잃기가 일쑤였다.

산과 관계되는 말

가풀막/가팔막 가파른 땅바닥.

예) 언덕에 있는 그 교회까지의 길은 **가풀막**이어서 진땀을 뻘뻘 흘리게 만든다.

너설 험한 바위나 돌 따위가 삐죽삐죽 내밀어 있는 곳.

예) 인생은 **너설**과 같이 험난한 것이지만 신념과 희망이 있으면 살 만한 것이다.

노루막이 산의 막다른 꼭대기.

예) 도봉산에 갔을 때 마지막 **노루막이**를 코앞에 둔 설레던 기분을 잊을 수 없다.

더기 고원의 평평한 땅.

예) 대관령 **더기**에 그림 같은 집을 짓고 한평생 살았으면 좋겠다.

돌비알 깎아 세운 듯한 돌의 언덕.

예) 〈백주의 결투〉라는 영화의 마지막 장면은 여주인공인 제니퍼 존스가 그레고리 펙에게 **돌비알**에서 기어 다가가는 장면인데, 영화를 보는 사람들에게 사랑이 뭔지를 생각게 해 준다.

된비알 몹시 험한 비탈.

예) 갈현동에 있는 석광사에 가기 위해서는 **된비알**을 진땀 흘리며 한참 올라가야 한다.

둔덕지다 두두룩하게 언덕이 생기다.

예) 소나무 몇 그루뿐인 **둔덕진** 곳을 제외하고는 온통 아파트가 들어찬 쌍문동은 옛날의 그 공기 맑던 호젓한 동네가 아니다.

멧뿌리 산등성이나 산봉우리의 가장 높은 곳.

예) 땅은 푸르고 멀리 **멧뿌리**의 만년설이 보이는 그러한 이국적인 풍경은 나를 설레게 한다.

모롱이 산모퉁이의 휘어 둘린 곳.

예) 산모퉁이 돌아가면 열대림이 우거진 전혀 색다른 경치가 눈앞에 나타날 것이니, 그 **모롱이**가 바로 당신이 찾던 이상향 제나두라는 곳이오.

상사목 두드러진 턱이 있고, 그 다음이 잘록하게 된 골짜기.

예) 남부군은 지리산 **상사목**에 숨어 토벌대가 능선으로 지나치는 걸 숨죽이며 지켜봤다.

안돌이 험한 벼랑길에 바위 같은 것을 안고 겨우 돌아가게 된 곳.

예) 지난 설악산 봉정암 등산 때 **안돌이**를 지나던 생각을 하면 지금도 아찔하다.

자드락 나지막한 산기슭의 경사진 땅.

* **자드락길** 자드락에 나 있는 길.

예) 농촌에 가면 **자드락**을 개간해 계단식으로 논이나 밭을 만들어 놓은 것을 많이 볼 수 있다.

잿길 언덕배기로 난 길.

예) 나는 주일이나 방학 기간을 이용해 자주 산에 오르는데, 처음엔 평탄한 산길로 오르다가 차츰 경사가 진 **잿길**을 모험심 반, 호기심 반으로 찾아 오르곤 한다.

물과 관계되는 말

가람 강의 옛 이름.

예) 한강의 옛 이름이 한**가람**이야. 어떻게 잘 아느냐고? 내가 나온 고등학교 교가에 바로 '한**가람** 언덕 위'라는 말이 나오거든.

감풀 썰물 때는 보이고 밀물 때는 안 보이는 비교적 넓고 평탄한 모래톱.

예) 서해안에 놀러 갔을 때, 썰물 때면 **감풀**에 나가서 게도 잡고 해초도 주우며 논 것이 가장 즐거웠다.

구렁 ① 움쑥 패어 들어간 땅. ② 나쁜 환경을 비유하는 말.

예) 할아버지의 집 뒤쪽으로는 **구렁**이 있는데, 장마철이면 물이 고여 개구리들의 울음 소리가 무척 요란하다.

노해 바닷가에 퍼진 들판.

예) **노해**에서 주인공이 바닷물을 튀기며 말달리는 장면이 그 영화에선 압권이었어.

둔치 물가의 언덕. 강, 호수 따위의 물이 있는 곳의 가장자리.

예) 이 오릿골 저수지의 낚시 명당은 원두막 쪽의 **둔치**니까 거기 가서 낚싯대를 드리워 보시오.

목새 ① 물에 밀려 한곳에 쌓인 보드라운 모래. ② 벼의 줄기와 잎이 누렇게 시 드는 병.

예) 나는 홍천 강변의 **목새**를 만지면서 그녀와의 아름다웠던 추억을 생각했다.

배래 육지에서 멀리 떨어진 바다 위.

예) 배가 **배래**에 도착해서야 납치범 일당들은 내 눈을 가린 검은 헝겊을 풀어 주었다.

복찻다리 큰길을 가로질러 흐르는 작은 개천에 놓은 다리.

예) 홍수로 동네 유일의 **복찻다리**가 떠내려가 우리는 이틀간 학교에 가지 못했다.

서덜 냇가와 강가의 돌이 많은 곳.

예) 한탄강의 절벽 맞은편은 큰 **서덜**이었지만 아쉽게도 군 작전 지역이어서 일반인이 들어가 놀 수 없었다.

섶 물가의 배를 매어 두기 좋은 곳.

예) 폭풍에 시달리던 끝에 이름 모를 섬에 도착한 우리는 배를 대기 위하여 **섶**을 찾았다.

작벼리 물가의 모래와 돌들이 섞인 곳.

예) 이 냇가의 **작벼리**에는 특히 깨진 유리 조각이 많으니 발을 조심해요.

그 밖의 지형, 지물과 관계되는 말

감탕밭 곤죽 같은 진흙땅.

예) 시멘트로 포장도 되지 않은 고향 마을의 농로는 비가 오고 나면 **감탕밭**이 된다.

과녁빼기 똑바로 건너다보이는 곳.

예) 박수무당 김 씨의 집은 성황당에서 **과녁빼기**에 있어서 금방 찾을 수 있다.

길처 가는 길의 근처 지방.

예) 무전여행 중에 목적지가 있을 리가 없으니 그냥 터벅터벅 걷다가 **길처**의 집에서 하루 자고 가는 거야.

널다리 널빤지로 깔아 놓은 다리.

예) 저 **널다리**는 오래되어서 건너려면 삐걱거리는 소리가 어찌나 요란한지 당장이라도 무너져 내릴 것 같다.

도린곁 인적이 드문 외진 곳.

예) 마을 뒤에 있는 **도린곁**에는 밤이면 좋지 않은 일이 많으니까 너도 조심해야 할 거야.

맞은바래기 앞으로 마주 보이는 곳.

예) 그 유아복 상점은 우리 가게의 **맞은바래기**에 있어서 우리의 영업에 막대한 지장을 줬지만 독실한 천주교 신자이신 어머니는 아무렇지도 않게 생각하시는 듯했다.

실골목 폭이 썩 좁은 긴 골목.

예) 우리 집으로 들어가는 골목은 **실골목**이라 자동차는 고사하고 손수레 하나도 들어가기 어렵다.

알섬 ① 사람이 살지 않는 작은 섬. ② 물새가 모여 알을 낳는다는 섬.

예) 사람이 정착하여 살 수 있는 그 섬은 이젠 더 이상 **알섬**이 아니다.

올래 제주도에서, 동네 골목에서 집 마당으로 통하는 길. 대개 직각으로 꺾여 있다.

예) 제주도에는 **올래**라는 길이 많은데, 외출 때는 그 **올래**에 짐승이 들어오지 못하게 통나무를 걸쳐 둔다.

진개장 먼지나 쓰레기를 버리는 곳.

예) 그녀는 **진개장**에 재를 버리러 갈 때마다 뭇 남자들을 홀리려고 짙은 화장을 하고 가는 것이었다.

터세다 그 터에서 재변이 많이 생기는 경향이 있다.

예) 우리 동네 뒷산은 **터가 센지** 기괴한 사건이 많이 일어나는데, 얼마 전엔 살인 사건도 일어났어.

질병과 관계되는 말

개좃부리 감기, 고뿔의 속된 말.

예) 삼거리 주막집 머슴인 막보는 처음에 **개좃부리** 앓는 것처럼 시름시름 앓다가 어느 날 갑자기 죽어 버렸다.

경더리되다 병을 앓거나 심한 고생을 겪고 난 뒤에 몹시 파리하여 뼈가 엉성하게 되다.

예) 나와 심하게 다툰 후 처음 본 그녀는 몹시 앓았는지 **경더리되어** 나의 가슴을 아프게 했다.

고송 약으로 독성을 없애 다시 전염할 염려가 없는 매독.

예) 철민의 비밀스러운 병은 **고송**이어서 그나마 다행이지만 피검사를 하면 언제나 양성 반응이 나왔다.

고자룩하다 ① 한참 떠들다가 조용하다. ② 괴롭던 병세가 가라앉다.

예) 상하이 A형 독감에 시달리던 어머니의 병세가 푹 쉬고 나니까 **고자룩해졌다.**

군드러지다 술에 취하거나 몹시 피곤해 정신을 잃고 쓰러져 자다.

예) **군드러진** 사람들의 지갑만 전문으로 터는 소매치기 일당이 검거되었다.

너리 잇몸이 헐어 이뿌리가 드러나며 이가 빠지게 되는 병.

예) 3일째 야근을 했더니 피곤이 누적되어서인지 **너리**가 나서 밥을 제대로 먹지 못하겠어.

누꿈하다 전염병이나 해충이 심하게 퍼지다가 조금 수그러져 뜸해지다.

예) 농사짓는 외삼촌의 꾸준한 농약 살포로 잎도열병이 **누꿈해지는** 것 같았다.

단내나다 몸에 열이 몹시 나다.

* 단내 ① 높은 열이나 불에 눌어서 나는 냄새. ② 신열이 높거나 숨이 가쁠 때 콧구멍에서

나는 냄새.

예) 밤새워 비 맞으면서 집을 나간 문식이를 찾아 온 시내를 돌아다닌 내 입에서는 **단내**

가 났다.

대꾼하다 눈이 쑥 들어가고 맥없이 보이다.

예) 이틀 밤 새워서 영화·촬영을 마친 영화배우의 얼굴이 매우 **대꾼해** 보인다.

뒤터지다 몹시 앓아 거의 죽게 된 때에 똥이 함부로 나오다.

예) 욕창에 걸려 몇 년을 고생하던 김 대감이 **뒤터지는** 걸 보고 천하의 명의인 허준도 더

이상 방도가 없는지 자리에서 일어났다.

들찌 굶주려서 몸이 여위고 기운이 쇠약해지는 일.

예) 조난 사흘째가 되자 선원들은 모두 **들찌**가 들어 손 하나 까딱 못했다.

듬뿌룩하다 소화가 잘 안 되어 뱃속이 불러서 시원치 않다.

예) 배고프던 차에 잡채밥을 한꺼번에 너무 많이 먹어서인지 **듬뿌룩하다.**

마른버짐 얼굴 같은 데에 까슬까슬하게 번지는 흰 버짐.

예) 기호는 얼굴이 검은 데다 **마른버짐**이 있어 조금은 흉측해 보이지만 마음씨만은 정

말 착한 녀석이다.

목접이 목이 접질리어 부러짐.

예) 중국놈 지주에게 달려갔던 삵은 **목접이** 당한 채 실신해 논두렁 위에 버려져 있었다.

민다래끼 눈시울에 부스럼이 나지 않고 민틋하게 부어오르는 다래끼.

예) 창수는 피곤하기만 하면 곡 누구에게 맞은 것처럼 **민다래끼**가 생겨 눈이 퉁퉁 부어

오르곤 한다.

받내다 몸을 쓰지 못하는 사람의 대소변을 받아 내다.

예) 노인성 치매를 앓는 노인을 **받내며** 구완하는 간호사는 무척 힘든 직업일 것이다.

배냇병신 날 때부터의 병신.

예) 공옥진 여사의 병신춤에 **배냇병신**춤도 있는 것 같은데, 사실 장애인들은 그런 춤을

좋아하지 않을 거야.

뱃덧 먹은 것이 체하여 음식을 잘 받지 아니하는 병.

예) **뱃덧**이 심한 영미에게는 맛있는 음식이 있어도 즐겁게 권하기 어렵다.

버울다 사이가 틀어져서 벌다. 벙어리가 되다.

예) 나는 태석이와 수학여행 때 일정 문제로 싸워서 한동안 그와 사이가 **버울었다**.

비영비영하다 병으로 인하여 몸이 파리하고 기운이 없다.

예) 어제 사 온 병아리가 오늘 아침부터 **비영비영하는** 걸 보니 곧 죽을 모양이다.

삼박거리다/삼박대다 눈에 먼지 따위가 들어가서 자꾸 깜박거리고 싶다.

예) 네가 눈을 자꾸 만지니까 **삼박거리는** 것이지 눈 속엔 아무것도 없다.

삼서다 눈에 삼이 생기다.

*삼 병으로 눈동자에 생기는 흰 점이나 붉은 점.

예) 호수처럼 초롱초롱하던 네 눈에 **삼서는** 걸 보니 못 볼 것을 봤구나.

세나다 ① 상처나 부스럼 따위가 덧나다. ② 물건이 잘 팔려 나가다.

예) 모기가 문 곳을 자꾸 긁었더니 **세났는지** 부어오르면서 상처가 커졌다.

솔다 ① 시끄러운 소리나 귀찮은 말 때문에 귀가 아프다. ② 긁으면 아프고 그냥 두면 가렵다.

예) 하숙집 할머니의 물 아끼라는 잔소리 때문에 나는 하루에도 서너 번씩 귀가 **솔게** 된다.

쇠기침 오래도록 낫지 않아 점점 더 심해진 기침.

예) 인구 조사를 하러 찾아간 살구나무 집엔 영감 혼자 남아 자리보전을 하면서 연신 **쇠기침**만 해 댔다.

쇠버짐 흔히 어린아이들의 머리에 생기는 버짐의 한 가지.

예) 가난해서 먹을 걸 제대로 못 먹는 영수의 머리에 **쇠버짐**이 퍼져 비듬처럼 보였다.

시난고난 병이 더 심해 가는 모양.

예) 할머니는 인삼, 녹용과 병에 좋다는 온갖 보약에도 불구하고 **시난고난** 쇠약해졌다.

자위가 돌다 먹은 음식이 삭기 시작하다.

예) 밥 먹은 뒤 담배 한 개비는 **자위 돌게** 하는 데 최고이기 때문에 식후 불연초는 요절이라는 우스갯소리까지 나왔지.

젖멍울 젖에 서는 멍울.

예) **젖멍울**이 오래전부터 오른쪽 가슴에 생겼다고 말하자 남편은 화를 벌컥 내면서 빨리 병원에 가 보라고 성화다.

젖몸살 유방의 탈로 일어나는 몸살.

예) 마누라가 어제 **젖몸살**로 심한 고생을 해서 나는 할 수 없이 젖을 말리는 약을 약국에서 사 오고 아이에게는 우유를 먹이기 시작했다.

젖송이 젖 속에 뭉얼뭉얼 엉긴 부분.

예) 해산한 뒤 젖몸살을 심하게 앓는 아내는 **젖송이**를 내가 누르자 아프다고 비명을 질렀다.

조잡들다 생물체가 잔병이 많아서 잘 자라지 못하다.

예) 북쪽 마당에 심은 향나무는 빛을 못 봐서인지 **조잡들어서** 영 크지를 않았다.

졸들다 발육이 부진하고 주접이 들다.

예) 고아원에서 자란 진수는 내가 처음 봤을 때 **졸들어서** 너무도 불쌍한 몰골을 하고 있었다.

주럽 피로하여 고단한 증세.

예) 최 교수님의 초상집에서 이틀 밤을 샜더니 **주럽**이 들어 이제라도 쓰러질 것 같다.

추서다 병을 앓은 뒤나 몹시 지친 뒤에 차차 건강 상태로 회복되다.

예) 맹장 수술로 입원했다 퇴원한 지 사흘이 지났어도 몸이 완전히 **추서지** 않았다.

트릿하다 ① 먹은 음식이 잘 삭지 않아 가슴이 거북하다. ② 맺고 끊는 데가 없이 희미하고 똑똑하지 않다.

예) 한여름 대낮에 상한 막걸리를 잘못 마셔서 속이 **트릿하다**.

치료법과 관계되는 말

감은약 아편의 변말.

예) **감은약**은 과거에 한 집안을 풍비박산으로 만들 수 있었고, 요즘 그것의 복용은 큰 범죄다.

고수련 ① 오래 앓은 사람의 병구완을 함. ② 함부로 다루지 않음.

예) 그 아주머니는 시아버지를 3년 가까이 **고수련**하느라 매우 허약해졌다.

예) 이것은 중풍에 즉효인 중국산 우황청심환이니까 **고수련**하게 다루어라.

머리동이 두통이 심할 때 머리를 둘러매는 물건.

예) 외숙모는 사촌 형이 또 외박을 하고 집에 들어오지 않자 **머리동이**를 매고 드러누웠다.

미장 똥이 굳어 잘 나오지 않을 때, 검은 엿으로 대추씨처럼 만들어 항문에 넣는 약.

예) 영수는 지독한 변비로 고생을 하다가, **미장**이 변비에 좋다는 이야기를 듣고 한약방으로 찾아갔다.

미장질 똥이 굳어 누지 못할 때, 항문을 벌리고 파내거나 약을 넣는 짓.

예) 영수는 한약방에서 미장을 구해서, 그날 저녁에 **미장질**을 했더니 금세 나았다.

부스럼떡 부스럼에 붙이는 떡.

예) 엉덩이에 **부스럼떡**이 붙어 있어서 난 지금 앉지를 못한다.

비접 병중에 자리를 옮겨 요양함.

예) 오늘내일하는 친구에게 **비접**하는 도중 좀 어떠냐고 물었더니 처음 죽는 것이라서 잘 모른다고 그 와중에 농담을 했다.

산골 접골약으로 복용하는 자연동銅.

예) 교통사고 이후 **산골**을 오래 복용했으나 별 차도가 없는 듯했다.

솔찜 솔잎으로 찜질하여 치료하는 방법.

예) 어머니께서 이유 없이 아프다고 하니까 이모님이 **솔찜**이 어떻겠느냐고 했다.

쇠똥찜 쇠똥을 구워서 부스럼에 붙이는 찜질.

예) 민간요법에는 **쇠똥찜**이라는 게 있는데 아무리 부스럼이 많이 났어도 서울엔 소가 없으니 쇠똥을 구할 수가 없었다.

지붕, 천장과 관계되는 말

국화반자 국화 무늬를 새긴 반자.

*반자 방이나 마루의 천장을 종이나 나무로 평평하게 만든 시설.

예) 신 화백의 집에 초대되어 갔을 때 전통 한옥에 어울리는 **국화반자**가 새겨진 방의 천장이 무척 인상깊었다.

단골 마루 2층 이상의 집에서 아래층 지붕의 위에 있는 마루.

예) **단골 마루**에 놓아둔 무말랭이 채반에 무가 바싹 마를 정도로 볕이 좋았다.

대공 들보 위에 세운, 마룻보를 받치는 짧은 기둥.

예) 우리 집을 헐 때 **대공**에 먹으로 쓰인 낙서를 보고 나는 그 옛날 이 집을 지은 사람 생각이 났다.

더그매 지붕과 천장 사이의 공간.

예) 명절 때면 내려가던 큰집은 밤에 자다 보면 **더그매**에 쥐가 왔다 갔다 시끄럽게 굴어 잠을 이룰 수가 없었다.

도리 서까래를 받치기 위해 기둥 위에 건너지르는 나무.

예) 하인에게 겁탈당한 열녀 지심이는 **도리**에 무명천 열두 발을 걸고 목을 매 자결했다.

들도리 변두리 기둥이나 벽체 위에 건너질러 서까래를 받는 도리.

예) **들도리**는 마룻대와 다르게 가에 선 기둥에 앉히는 도리를 말한다는 사실을 대목수에게 듣고 처음 알았다.

막새/막새기와 ① 처마 끝을 잇는 수키와. ② 처마 끝에 놓는 보통의 암키와와 수키와.

예) **막새**에서 빗줄기가 기왓골의 수대로 땅바닥에 떨어진다.

맞배지붕 지붕의 완각이 막 잘린 지붕.

* **완각** 지붕의 측면.

예) 우리 뒷마당의 별채는 **맞배지붕**으로 되어 있어 깡충한 느낌이 들게 한다.

매기 집을 지을 때 서까래 끝을 가지런히 자르는 일.

예) 그 집은 **매기**가 잘 되지 않아 서까래가 들쭉날쭉해 보기가 안 좋다.

물매 경사진 정도.

예) 초가집 같은 경우 물을 흡수하는 성질이 강하기 때문에 지붕의 **물매**를 싸게 해야 한다.

반자 방, 마루의 천장을 종이나 나무로 평평하게 만드는 시설.

예) 장마철만 되면 새는 천장이 조금씩 내려앉아 이번에는 **반자** 공사를 꼭 해야겠다.

반자틀 반자를 들이기 위해 가늘고 긴 나무로 가로세로로 짜서 만든 틀.

예) 아버지와 나는 스티로폼을 잘라서 **반자틀** 위를 잘 덮어 단열공사를 꼼꼼히 했다.

방구매기 양쪽 추녀 끝보다 처마의 중간이 조금 배부르게 하는 일.

예) 3대가 같이 사는 철수의 집은 **방구매기**로 만들어진 가옥이어서 빗물이 떨어진 자국이 큰 원형이다.

부구 차꼬막이 위에 이중으로 얹는 기와.

* **차꼬막이** 기와집 용마루의 양쪽으로 끼우는 수키와장.

예) 앞집은 지붕이 **부구**로 덮여서 매우 웅장해 보였다.

속고삿 지붕을 일 때 먼저 지붕 위에 건너질러 잡아매는 새끼.

예) **속고삿**부터 먼저 매야 그 다음에 초가지붕을 만들 수 있는 거야.

왕치 지붕의 너새 끝에서 추녀 끝까지 비스듬히 물매가 지게 기와를 덮은 부분.

* **너새** 기와를 덮은 경사진 부분.

예) 쏟아지는 폭우는 **왕치** 위로 시냇물처럼 쏟아져 내렸다.

용마루 지붕의 마루.

예) **용마루**에 올라가서 어디에서 새는지 조심해서 살펴봐라.

제고물 반자를 들이지 않고 서까래에 흙을 붙여 만든 천장.

예) 저 사당의 **제고물**이 이제는 너무나 많은 세월이 흘러서 무너져 내리려 한다.

창, 문과 관계되는 말

내리닫이 두 짝의 창문이 서로 위아래로 오르내려서 여닫게 된 창.

예) 이번에 짓는 집은 **내리닫이**로 창을 만들면 여름에 걷어 올려서 시원하게 지낼 수 있을 것이다.

널빈지/빈지 ① 한 짝씩 끼웠다 떼었다 하게 만들어진 문. ② 가게의 앞쪽에 대는 널문.

예) 우리 가게에 **널빈지**로 문을 닫는 게 너무 귀찮아 철제 셔터로 바꿀 생각이다.

돌쩌귀 문짝을 여닫기 위한 쇠붙이로, 암수 두 개의 물건으로 됨.

예) 문짝을 완성하기 위해서는 **돌쩌귀**가 두 쌍 이상 필요하다.

들쇠 서랍, 문짝 등에 박는 반달 모양의 손잡이.

예) 책상 서랍의 **들쇠**가 떨어져서 서랍 열고 닫기가 무척 불편하다.

들어열개 위쪽으로 들어 열게 된 문.

예) 중앙선 기차의 **들어열개** 창문을 여니 쏟아져 들어오는 바람이 무척 시원하다.

등밀이 ① 등을 대고 대패로 오목하게 밀어서 만든 창살.

예) 어둑한 방 안이 **등밀이** 창살문 사이로 흘러 들어오는 달빛으로 환하다.

바잣문 바자울에 낸 사립문.

* **바자** 대나무. 갈대. 수수깡 따위로 발처럼 엮은 것.

* **바자울** 바자로 만든 울타리.

예) 한 나그네가 **바잣문**을 열고 달빛을 받으며 들어서는데 그가 바로 10년 만에 돌아온 아버지였다.

비계 고층 건물을 지을 때 디디고 서기 위해 긴 나무와 널을 걸쳐 놓은 시설.

예) 새로운 건물을 짓기 위해 만들어 놓은 **비계**가 여러 사람의 몸무게를 견디지 못하고 무너져 버렸다.

사립짝 잡목의 가지로 엮어 만든 문짝.

예) 초가집의 **사립짝**은 타인의 출입을 통제하는 데에 그리 유용한 구실을 못한다.

쇠시리 기둥 모서리나 문살의 표면을 모양 있게 하기 위해 모를 접어 두 골이 나게 하는 일.

예) 문살의 표면을 **쇠시리**해 놓으니 집 안이 좀 더 아기자기해 보였다.

흙창 창살의 안팎으로 종이를 발라 컴컴하게 만든 창.

예) 이 방은 창을 **흙창**으로 해 놓아서 음침한 게 분위기가 묘하구나.

그 밖의 집, 건축과 관계되는 말

강담 돌로만 쌓은 담.

예) 화산섬인 제주도에는 돌이 많아 **강담**으로 된 집들을 많이 볼 수 있었지만, 요즘은 육지 같은 블록 담도 많이 찾을 수 있다.

개흘레 기둥 밖으로 새로 물리어 칸을 늘이든지 벽장을 만들든지 하여 조그맣게 달아 낸 칸살.

예) **개흘레**를 만들면 실용성은 있어도 집 모양은 많이 망친다. 그 단적인 예가 돈암동의 한옥들이다.

고콜 두메에서 밤에 불을 켤 때 불붙은 관솔을 올려놓기 위해 벽에 뚫어 놓은 구멍.

예) 강원도 산골의 움막집에 **고콜**이 있는데, 이는 미니 벽난로와 마찬가지로 조명과 난방 두 가지 효과를 겸해서 조상들의 슬기를 엿볼 수 있게 했다.

구들미 방구들을 뜯어 고칠 때 나온 재나 탄 흙.

예) 방구들을 뜯어 놓았더니 **구들미** 때문에 먼지가 온 방 안에 자욱하다.

구들바닥 장판이나 자리를 깔지 아니한 구들의 맨바닥.

예) 새로 지은 집이라 장판이 깔려 있지도 않고 **구들바닥**이 그대로 드러나 있었지만, 우리 내외는 그 집이 궁궐보다도 좋았다.

구들재 구재. 방구들에 낀 그을음과 재.

예) 1년에 한 번씩 **구들재**를 걷어 내는 일은 언제나 행랑아범 정 씨의 몫이었다.

구름집 운당. 도사의 방.

예) 저기 저 산 꼭대기에는 도사들이 산다는 **구름집**이 있다던데, 사실일까?

구재 방고래에 낀 철매와 재.

* **철매** 연기 속에 섞여 나오는 검은 가루.

예) **구재**를 깨끗이 긁어 내야 방이 쩔쩔 끓는다며 굴뚝 청소부는 긴 솔을 집어 넣어 방구들을 청소했다.

귀틀 ① 마루청을 놓기 전에 먼저 가로세로 짜 놓은 굵은 나무. ② 천장의 주변에 있는 천장틀.

예) 우리 외가의 마루는 **귀틀**이 놓인 진짜 재래식 마루였는데, 여름엔 서늘하고 겨울엔 따뜻했다.

날개집 부속 건물이 주되는 집채의 좌우로 죽 뻗은 집.

예) 최 부자의 99칸 **날개집**은 옆으로 너무 길어서 왼쪽 끝과 오른쪽 끝에 사는 사람들은 하루 종일 서로 집 안에서 만나기 어렵다.

내다지 기둥 따위에 꿰뚫어 판 구멍.

예) **내다지**에 막대를 매고 나니 신을 신을 때마다 붙들 수가 있어 아주 편하구나.

동귀틀 마루의 장귀틀과 장귀틀 사이에 가로질러 청널의 잇몸을 받는 짧은 귀틀.

예) 장귀틀과 **동귀틀**은 직각으로 놓이게 되니까 정확한 제재가 필요한 법이다.

밧집 대궐 밖의 백성의 집.

예) 조선시대에 한양 성내의 **밧집**은 평민인 경우에는 대부분 초가집이었다.

버텅 뜰층계.

예) 나는 내 친구와 함께 가위바위보를 하면서 종가집 **버텅**을 오르락내리락했다.

불목 구들방 아랫목의 가장 더운 자리.

예) 어린 손주 녀석이 감히 **불목**을 차지하고 앉아 있었지만, 할아버지는 귀엽다고 껄껄 웃는 것이었다.

산기둥 벽 같은 것에 붙어 있지 않고 따로 서 있는 기둥.

집, 건축과 관계되는 말

예) 그리스 신전에는 도리아식, 이오니아식, 코린트식의 큰 **산기둥**이 많이 있다.

서돌 집 짓는 데 중요한 재목인 서까래, 도리, 보, 기둥 등의 총칭.

예) 건축가인 삼촌은 **서돌** 재료를 찾기 위해 무진 애를 썼다.

손청방 본채에서 떨어져 있는 사랑방.

예) 오늘 밤 길 가는 나그네가 하룻밤 묵기를 원하면 가타부타 막지 말고 무조건 **손청방**으로 안내하거라.

연춧대 토담을 쌓을 때 쓰는 나무.

예) **연춧대**에 흙을 발라서 쌓으면 토담이 된다.

적심 ① 알매흙 위에 지붕 물매를 잡기 위해 메우는 잡목. ② 마루나 서까래의 뒷목을 보강하기 위해 큰 원목을 눌러 박는 것.

예) 경복궁 복원 공사에서는 건물들이 큰 만큼 거기에 들어가는 **적심**들도 엄청나게 컸다.

전곡 집터들의 경계선.

예) **전곡**을 무시하고 집을 지으면 건축법에 저촉되어 나중에 분쟁의 빌미가 되니 조심해야 한다.

주먹장 주먹처럼 끝이 넓고 안으로 갈수록 좁게 된 장부.

예) 도리는 **주먹장**을 어떻게 잘 깎았느냐에 따라 품질의 차이가 난다.

터알 집의 울 안에 있는 작은 밭.

예) 우리 집은 부지런한 아버님이 계셔서 **터알**에서 잡다한 채소들을 직접 길러 먹는다.

날씨와 관계되는 말

굿다 ① 비가 잠깐 그치다. ② 비를 잠시 피하여 그치기를 기다리다.

예) 남산의 국립극장 처마 밑에서 비를 **굿다**가 만난 미모의 무용단원과 나는 사랑에 빠졌다.

날들다 눈이나 비가 개고 날씨가 좋아지다.

예) '**날들었으니** 이제 출발할까?' 하는 김 실장의 말에 우리는 우산을 접고 송학사를 찾는 길을 다시 나섰다.

는개 안개보다는 조금 굵고 이슬비보다는 가는 비.

예) 내견진성사의 대부인 승재 형님은 **는개** 정도라면 그냥 뛰어가도 된다며 굳이 아내가 주는 우산을 마다했다.

득하다 날씨가 갑자기 추워지다.

예) 올해는 겨울이 빨리 와서 날씨가 **득하지만** 병충해가 줄어들어 내년 농사는 잘될 것이다.

마른장마 강우량이 현저하게 적거나 맑은 날이 계속되는 장마철.

예) 올해엔 **마른장마**가 긴 걸 보니 장마가 그치면 무척 덥겠구나.

목비 모낼 무렵에 한목 오는 비.

예) 올해는 **목비**가 일찍 오는 걸 보니 모내기에는 큰 지장이 없겠고 병충해가 걱정인걸.

물쿠다 날씨가 찌는 듯이 덥다.

예) 대구는 여름에 날씨가 **물쿠기**로 유명한데, 이는 대구가 사방이 산으로 둘러싸인 분지이기 때문이지.

벗개다 안개나 구름이 벗어지고 날이 맑게 개다.

예) 며칠 동안 흐리다가 오늘은 기분 좋게 **벗개었으니**, 뒷산 아버님 산소에나 올라가 봐야겠다.

비거스렁이 비가 갠 뒤에 바람이 불고 시원해지는 일.

예) 여름에는 소나기가 내린 뒤에 **비거스렁이** 때문에 가끔은 더위에서 벗어날 수 있어서 기분 좋다.

석이다 푸근해진 날씨가 눈을 속에서부터 녹게 하다.

* 석다 ① 쌓인 눈이 속으로 녹다. ② 술이나 식혜 등이 익을 때 괴는 물방울이 속으로 사라지다.

예) 3일간이나 내린 눈이 하루 종일 포근한 날씨에 **석어서** 길이 온통 질퍽질퍽했다.

손돌이추위 음력 시월 스무날께의 심한 추위.

예) **손돌이추위** 때문에 온 마을이 꽁꽁 얼어붙어 사람들 왕래가 없다.

악수 물을 끼얹듯이 아주 세차게 쏟아지는 비.

예) 소양강 댐에서 떨어지는 물이 꼭 **악수** 같다.

일더위 첫여름부터 일찍 오는 더위.

예) 올해는 장마가 일찍 와서 **일더위**가 없더니, 대신에 늦더위가 기승을 부린다.

자국눈 겨우 발자국이 날 정도로 내린 눈.

예) **자국눈** 위를 걸으면 갓 씌운 시트가 깔린 침대 위를 걷는 것과 같은 깨끗한 느낌이 든다.

작달비 굵직하고 거세게 퍼붓는 비. 장대비.

예) 조금씩 오던 비가 **작달비**로 변하자 사람들은 마구 뛰기 시작했다.

기상 현상과 관계되는 말

강쇠바람 첫가을에 부는 동풍.

예) 나는 **강쇠바람**을 맞으며 영화 속의 주인공처럼 고독한 모습으로 낙엽 깔린 길을 걷다가 10년 전에 헤어진 그녀와 다시 만났다.

돋을볕 처음으로 솟아오르는 햇볕.

예) **돋을볕**을 맞기 위해 나는 아침 일찍 일어나 토함산을 부지런히 올랐다.

동살 ① 새벽에 동이 터서 훤하게 비치는 햇살. ② 창문이나 문짝 등에 가로지른 살.

예) 창에는 **동살**이 비치고 살짝 열린 창 사이로 새소리가 들리는 싱그러운 아침을 또 맞는다.

마쪽 '남쪽' 의 뱃사람 말.

예) 오늘은 **마쪽**으로 가서 조기 떼가 있나 찾아봅시다.

마칼바람 '북서풍' 의 뱃사람 말.

예) 한겨울 매서운 **마칼바람**에 일엽편주 동랑호는 쏜살같이 군산항을 향해 질주했다.

매지구름 비를 머금은 조각구름.

예) 저기 **매지구름**이 오는 것으로 봐서 곧 비가 올 것 같다. 마당에 넌 곡식을 빨리 걷어야겠다.

물바람 강, 바다 같은 물에서 불어오는 바람.

예) 오늘따라 습기 많은 **물바람**이 싸늘하게 불어와서 체감 온도가 영하 20도 가까이 된다.

미리내 은하수.

예) 시집간 누나는 언제나 여름밤이면 **미리내**를 보면서 나에게 별 얘기를 해 주었다.

삿갓구름 외따로 떨어진 산봉우리의 꼭대기 부근에 걸리는 삿갓 모양의 구름.

예) **삿갓구름**이 걸려 있는 저 산을 보니 구름 같은 나그네가 되어 길을 떠나고픈 마음이 간절해졌다.

서늘바람 첫가을에 부는 서늘한 바람.

예) **서늘바람**이 소슬히 불어 내 심회를 돋우니 고향이 그립구나.

위턱구름 상층운.

예) **위턱구름**은 비가 되어 내리지는 않으니까 날씨 걱정은 하지 않아도 돼.

피죽바람 모낼 무렵 오랫동안 부는 아침 동풍과 저녁 북서풍(이 무렵에 바람이 불면 흉년이 들어 피죽도 먹기 어렵다 함).

예) 보릿고개니, **피죽바람**이니 하는 말은 옛말이지만, 우리 주변에는 아직도 끼니 걱정을 하는 이웃이 있다는 사실을 잊지 말자.

햇귀 ① 해가 처음 솟을 때의 빛. ② 햇발.

예) 에베레스트의 중턱에서 나는 **햇귀**를 온몸에 받으며 언제고 꼭 정상에 우뚝 서리라고 다짐했다.

햇무리 햇빛이 대기 속의 수증기를 비추어 해의 둘레에 동그랗게 나타나는 빛깔 있는 테두리.

예) 그는 그녀의 어깨를 살짝 감싸고 **햇무리**를 바라보며 사랑한다고 말했다.

햇발 사방으로 뻗친 햇살. 햇귀.

예) 날씨가 좋아서인지 **햇발** 때문에 눈이 너무 부시구나! 커튼 좀 쳐 줄래?

바다와 관계되는 말

너울 바다의 사나운 큰 물결.

예) 이렇게 작은 배가 저런 **너울**에 견딜 수 있을까?

놀치다 큰 물결이 거칠게 일어나다.

예) 이국의 바다를 항해하는 한국의 어선들은 **놀치는** 파도의 위협에 굴하지 않고 강인한 투지로써 어려운 시기를 극복해 왔다.

물써다 조수가 물러 나가다. ⇔ 물길다.

예) 드디어 **물써는** 시기가 되자 벌교의 아낙네들은 바빠지기 시작했다.

물참 조수가 잔뜩 밀려 들어왔을 때. 만조의 때.

예) 내가 모래사장 위에 써 놓은 그녀의 이름이 **물참**으로 인해 지워졌다.

써다 조수가 빠지거나 괴었던 물이 새어서 줄다.

예) 잠수함이 물 밑에서 부상하면서 물탱크의 물은 **써기** 시작했다.

잦감 밀물이 다 빠져 잦아진 상태.

예) **잦감**이 되자 오늘도 어머니는 광주리를 하나 들고 조개를 캐러 갯벌로 나갔다.

한사리 음력 보름과 그믐 무렵, 밀물이 가장 높은 때.

예) **한사리**가 있은 후의 갯벌에는 조개 등이 많아 부인네들은 그것을 주으러 온다.

시간, 때와 관계되는 말

갓밝이 막 밝을 무렵. 여명.

예) **갓밝이**에 먼 수평선을 바라보며, 나는 앞으로 대학 생활을 멋지게 할 것을 다짐했다.

건밤 잠을 자지 않고 뜬눈으로 새운 밤.

예) 종강 파티가 있던 날 늦도록 술을 마시고 **건밤**으로 새고 나니 몸이 무척 피곤하다.

샐녘 날이 샐 무렵.

예) 밤샘일을 마치고 **샐녘**에 집에 오니 상큼한 새벽 공기를 실컷 맛볼 수 있어 좋았다.

신새벽 아주 이른 새벽.

예) **신새벽**부터 남의 집 창문을 두드리는 놈이 누구야?

안날 바로 전날.

예) 귀성 길의 자동차 사고는 추석 **안날**에 일어났다.

안해 바로 전해.

예) **안해**의 부족했던 일을 거울삼아 올해의 계획을 세우자.

열나절 일정한 한도 안에서 매우 오랫동안.

예) **열나절**이나 꾸물대며 숙제를 해서야 언제 놀러 가니?

한겻 하루의 4분의 1인 시간.

예) 대부분 대학 입시에서 수석 합격한 수험생들은 하루에 **한겻**만 잠을 잤다 한다.

한뉘 한생전. 한평생.

예) 우리 주위에는 도산 안창호 선생처럼 **한뉘** 동안 훌륭히 살다 가신 분들이 많다.

한이레 '첫이레'의 딴 이름.

예) 어머니는 할머니의 병환으로 **한이레** 동안 시골에 다녀오겠다고 하셨다.

해포 한 해가량의 동안.

예) 지난 **해포** 동안 대학 입시를 준비하느라 난 아무것도 이루어 놓은 것이 없다.

햇덧 해가 지는 짧은 동안.

예) 서둘지 않으면 **햇덧** 안으로 집에 가기 힘들 거야.

희번하다 동이 트며 허연 광선이 조금 비쳐서 변하다.

예) 새벽 일찍 학교를 향해 걷다 **희번한** 하늘을 보며 오늘도 최선을 다하자고 결심했다.

'풀' 자가 들어가는 것

갈초 겨울에 마소에게 먹이려고 초가을에 베어다 말린 풀.

갈풀 모낼 논에 거름으로 쓰기 위해 베어 놓은 부드러운 풀, 또는 나뭇잎.

과남풀 용담 과의 여러해살이풀. 높이는 30~60cm. 가을에 짙은 푸른색 꽃이 빽빽이 남. 잎은 긴 타원형 선형을 이룸. 뿌리는 약용.

닥풀 아욱 과의 한해살이풀. 밭에 재배함. 전체에 털이 있으며 키는 약 1m. 여름에 황색 꽃이 핌. 뿌리는 종이를 뜨는 데 사용됨.

둑새풀 포아풀 과의 한해살이풀 또는 두해살이풀. 논밭의 습지에 나는데, 늦봄에 담록색 꽃이 핌.

매듭풀 콩 과의 한해살이풀. 높이 40cm. 계안초라 함. 여름에 연분홍 꽃이 핌. 들이나 길가에 남.

모시풀 쐐기풀 과의 여러해살이풀. 줄기의 껍질에서 섬유를 뽑아 옷감 따위를 만듦.

모풀 못자리에 거름으로 넣는 풀.

사리풀 가시 과의 한해살이풀 또는 여러해살이풀. 잎에 맹독이 있어 마취 약재로 쓰임.

속서근풀 꿀풀 과의 여러해살이풀. 산과 들에 나며, 잎은 가늘고 긴 피침형으로 마주남. 뿌리는 굵고 크며 약으로 사용함.

쇠치기풀 포아풀 과의 여러해살이풀. 줄기가 억세며 꽃대는 다홍자색을 띤 우모쌍雨毛雙.

썩초 빛깔이 검고 품질이 낮은 담배.

자귀풀 콩 과의 한해살이풀. 밭이나 습지에 나며 높이는 80cm. 줄기는 연하고 속이 빈 원주형.

자난초 꿀풀 과의 여러해살이풀. 산에 남. 6월에 자색 꽃이 핌.

자라풀 자라풀 과의 여러해살이풀. 앞뒤에 기낭이 있어 물 위에 잘 뜨고 연못이나 물 속에서 잘 자람.

족두리풀 세신 과의 여러해살이풀. 산지에 나며 뿌리줄기가 가늘고 마디가 있음. 봄에 홍자색의 꽃이 피고 뿌리는 세신이라 하여 약으로 씀.

톱풀 엉거시 과의 여러해살이풀. 줄기는 땅 위를 포복하며 아시아 열대에 분포함.

여러해살이풀

골무꽃 꿀풀 과의 여러해살이풀. 늦봄에 자줏빛 꽃이 입술 모양으로 핌. 뿌리는 백지라 하여 한약재로 쓰임.

구릿대 산형 과의 여러해살이풀.

대나물 너도개미자리 과의 여러해살이풀. 산과 들에 남. 높이 1m. 초여름에 흰 꽃이 핌.

도랭이피 포아풀 과의 여러해살이풀. 풀밭에 남. 줄기는 약 50cm. 잎에 흰 털이 있음.

둥굴레 백합 과의 여러해살이풀.

매미꽃 애기똥풀 과의 여러해살이풀.

머위 엉거시 과의 여러해살이풀.

멧두릅 미나리 과의 여러해살이풀. 높이 2m.

멧미나리 미나리 과의 여러해살이풀. 줄기 높이 1~2m. 열매는 긴 타원형.

다시 살려 쓸 우리말

멸 삼백초의 옛 이름.

＊삼백초 삼백초 과의 여러해살이풀. 우리나라 제주도의 습지에서 자람. 높이는 50~100cm. 한방에서 중약이라 하여 이뇨제로 이용함. 흰색 뿌리줄기가 진흙 속을 가로 뻗어 번식함.

모싯대 초롱꽃 과의 여러해살이풀.

물레나물 물레나물 과의 여러해살이풀. 산, 들의 양지에 남. 높이 1m. 잎은 달걀 꼴의 긴 타원형. 여름에 황색 다섯잎꽃이 핌. 잎은 식용함.

물수세미 개미탑 과의 여러해살이풀. 연못에 남. 줄기는 가늘고 길이는 50cm 내외. 잎은 줄기마다에 서너 개가 돌려나고 여름에 담황색의 꽃이 피며, 열매는 사각형. 땅속줄기의 마디에서 수염뿌리가 많이 남.

물억새 포아풀 과의 여러해살이풀. 강, 연못가, 습지에 나는데, 참억새 비슷하며, 높이는 1~2m가량. 초가을에 많은 갈색 꽃이 피는데 차차 은백색으로 변함. 참억새와 비슷하나 톱니가 없음.

물여뀌 마디풀 과에 속하는 여러해살이풀. 줄기 높이는 30cm 이상이고 잎은 긴 타원형. 8~9월에 담홍색의 꽃이 꽃차례로 모여 피고, 물속 또는 물가에 남.

박새 백합 과의 여러해살이풀. 찬 지방의 습지에 남.

뱀도랏 산형 과의 두해살이풀. 한방에서 사상자蛇床子의 씨를 약재로 이르는 말.

뱀무 장미 과의 여러해살이풀. 무와 비슷하며, 줄기 높이 25~60cm로 잔털이 많음. 산과 들에 절로 나며, 잎과 줄기는 먹음.

뱀밥 쇠뜨기 포자의 줄기. 희고 연하여 나물로 먹기도 함. 토필土筆.

뱀혀 장미 과의 여러해살이풀. 습지에 남. 줄기는 땅으로 뻗고 길이는 60cm가량. 늦봄에 노란 다섯잎꽃이 됨. 어린 잎과 줄기는 먹음.

부들 ① 부들 과의 여러해살이풀. 개울가 연못에 남. ② 명주실이나 무명실로 꼬아서 매듭지어 놓은 줄.

쇠귀나물 택사 과의 무논에 남. 뿌리줄기는 짧고 열매는 연한 녹색의 둥근 모양으로 뭉쳐남. 여름에 흰 꽃이 피며 덩이줄기는 약용 및 식용함.

쇠돌피 벼 과의 두해살이풀. 들에 나며, 5~6월에 녹색을 띤 흰색 꽃이 줄기 꼭대기에 핌. 높이는 50cm가량.

쇠뜨기 속새 과의 여러해살이풀. 들에 남. 땅속줄기가 가로 뻗고 땅위줄기는 포자를 형성하지 않는 줄기와 포자경 두 가지가 있음. 어린 포자경은 뱀밥이라고 하며 식용함. 줄기는 민간에서 이뇨제 따위로 쓰임.

쇠무릎지기 비름 과의 여러해살이풀. 높이 약 1m. 줄기는 마디가 불룩하고 타원형의 잎이 마주남. 여름에 녹색의 다섯잎꽃이 핌. 열매는 겉에 가시가 있어 옷에 잘 붙음.

쇠별꽃 너도개미자리 과의 두해살이풀 또는 여러해살이풀. 물기 있는 곳에 자생. 초여름에 흰 꽃이 피며 어린잎 줄기는 식용함. 밑부분은 옆으로 자라다가 20~50cm까지 곧게 자람.

열굽 열삼의 잎.

* **열삼** 씨를 받기 위한 기름 삼.

자리공 자리공 과의 여러해살이풀. 뿌리는 굵고 줄기는 1~1.5m. 잎은 담배의 잎과 비슷함. 5~6월에 흰 꽃이 피며, 열매는 적자색의 장과로 독이 있음.

족제비고사리 꼬리고사리 과의 여러해살이풀. 산기슭에 나며, 뭉쳐나는 잎과 줄기는 단단한 혁질이고 피막이 있음.

탱알 국화 과의 여러해살이풀. 줄기 높이 1.5~2m이고 잎은 긴 타원형. 관상용이나, 뿌리는 약용이고 어린잎은 먹음.

하눌타리 박 과의 여러해살이 덩굴풀. 산이나 밭둑에 나며, 덩이뿌리는 비대, 줄기는 가늘고, 잎은 손바닥 모양으로 갈라짐. 여름에 자색 꽃이 핌. 과실은 타원형으로, 누렇게 익음.

한해살이풀

고수 미나리 과의 한해살이풀. 절에서 재배하며, 높이는 30~60cm. 여름에 흰 꽃이 핌. 과실은 향료 및 약용.

광저기 콩 과에 속하는 한해살이 덩굴풀. 줄기는 다른 것에 감겨 붙고, 잎은 세

쪽으로 된 겹잎. 여름에 담자색 꽃이 피며, 꽃이 진 뒤 가늘고 긴 꼬투리를 맺음. 씨와 어린 깍지를 먹음. 동부.

국수버섯 싸리버섯 과의 버섯. 숲 속에 남. 높이 3~6cm. 누런 자실체가 국수처럼 남.

단배추 단을 지어 파는 덜 자란 배추.

동부 ① 광저기. ② 광저기의 익은 열매.

동아 박 과의 한해살이 덩굴풀. 줄기가 굵으며 덩굴손으로 다른 것에 기어오름. 잎은 심장형. 여름에 황색 꽃이 피고 과실은 호박 비슷함. 줄기가 굵으며 갈색 털이 있음. 인도 원산으로 맛이 좋음.

물별 물별 과의 한해살이풀. 무논, 습지에 나며, 길이는 8cm. 잎은 타원형. 여름에 담홍색 꽃이 핌.

물질경이 자라풀 과의 한해살이풀. 줄기는 없고 잎은 모여 달리고 타원형이며, 길이는 8~18cm, 폭은 2~12cm. 논이나 개울가에 남.

뭇종 무 장다리의 어린 대.

미깨 콩의 일종. 모양이 콩이나 팥과 비슷함.

쇠비름 쇠비름 과의 한해살이풀. 길가 밭에 나며 줄기 높이 15~30cm. 여름에 노란 다섯잎꽃이 피는데 꽃꼭지가 없고 아침에 피었다가 한낮에 오므라짐. 사료 및 약재로 씀.

정가 ① 지나간 허물을 초들어 흉봄. ② 명아주 과의 한해살이풀. 온풀을 형개荊芥라 하며 약에 씀. 높이는 약 1m로 독특한 냄새가 남. 여름에 연분홍색 꽃이 피며, 씨가 익으면 줄기나 뿌리는 말라 죽음. 한방에서 구충제, 건위제로 쓰임.

구조개 굴과 조개.

구죽 바닷가에 쌓인 굴 껍질.

구죽바위 구죽으로 이루어진 바위.

국자가리비 가리비 과의 바닷조개. 패각은 부채 모양.

군소 군소 과의 연체동물. 해안에 살며, 길이는 30~40cm. 빛은 자흑색에 회백색 반문이 있음. 고기는 식용함. 괄태충括胎蟲과 비슷하며, 몸은 연하지만 등에는 외투막에 싸인 얇은 껍데기가 있음.

굴등 굴등 과의 절지동물. 깊은 암초에 착생함. 직경 1~1.5cm의 원추형이며 껍질 표면은 어두운 회색, 또는 자줏빛을 띤 어두운 회색.

동죽조개 개량조개 과의 조개. 개량조개와 비슷하며, 표면은 황갈색. 맛이 좋아 식용함.

모시조개 참모시조개 과의 바닷조개. 개펄의 진흙에 살며, 식용함.

모자반 모자반 과의 해초. 간조선 중앙 이하의 암석에 남. 연안에 많이 자라며 식용함.

물맞이게 바위게 과의 바닷게. 빛은 자갈색인데 등딱지와 다리에는 암갈색의 줄무늬가 있음. 농게.

바지라기 바지락.

빈대고둥 빈대고둥 과의 바닷고둥. 껍질 표면은 짙은 갈색이며 나사 모양의 가는 가시가 줄지어 있음.

샙조개 조개의 하나. 연해^{沿海}에 남. 모시조개 비슷한데 껍데기는 엷은 갈색에 여러 개의 방사상의 얼룩무늬가 있고, 길이 4cm, 높이 3cm, 폭 2cm의 삼각형으로 강원도의 동해안 연안에 많이 나며 맛이 아주 좋음.

생이 새우의 하나. 담수, 연못의 풀에 삶. 길이 3cm. 투명하며 빛은 청록색인데, 말리면 붉음. 젓을 담거나 말려 먹음. 이새우, 토하^{土蝦}.

속살이 속살이 과의 게. 둥근 등딱지는 길이 7.5cm. 표면이 매끈함. 패각류의 외투강 속에 숨어 삶. 몸은 희고 연약함. 조갯속게.

쇠고둥 쇠고둥 과의 고둥. 높이 12cm, 직경 7cm. 회백색의 껍데기로 덮임. 맛이 좋음. 패각^{貝殼}은 달걀 모양의 원뿔꼴.

초꼬지 말린 떡조개(작은 전복).

키조개 키조개 과의 조개. 껍데기는 키 또는 부채 모양으로 어두운 녹색을 띠고 있음. 족사^{足絲}를 내어 다른 물건에 들러붙어 생활함.

가두리 물건 가에 올린 언저리.

예) 저 유리잔의 **가두리**는 아름답고 찬란한 황금색으로 치장되고 치밀하게 세공되어 예술적 가치를 높여 주고 있다.

가리사니 사물을 판단할 만한 지각.

예) 그는 **가리사니** 없는 자야. 믿고 뭘 맡기면 큰일 난다.

가시버시 부부의 낮춤말.

예) 지금 가정법원을 나서는 그들이야말로 과거에 훌륭하고도 사이좋은 **가시버시**였었다.

각다귀판 인정사정없이 서로 남의 것만 뜯어먹으려고 모이는 판.

예) 흔히 노름판이라고 하는 곳은 **각다귀판**과 같이 서로 가지고 있는 돈을 뜯어먹으려고 난장판인 곳이다.

각단 사물의 갈피와 단서.

예) 지난 일요일 대판 싸움을 벌였던 그들 사이에 있었던 일에 대해서 우리 모두는 **각단**을 잡을 수가 없었다.

갈음질 연장을 숫돌에 가는 일.

예) 시퍼렇게 선 날에 **갈음질**을 하는 광기에 찬 백정에게서 형수는 눈을 돌렸다.

갈피 ① 사물의 부분과 부분이 구별되는 어름. ② 겹친 물건의 하나하나의 사이.

예) 말을 조리 있게 못하는 창하의 얘기는 누구나 들으면 **갈피**를 못 잡는다.

감잡히다 남과 시비를 겨룰 때, 약점을 잡히다.

예) 남과 싸울 때 말을 많이 하면 **감잡히게** 되는 법이야.

감정아이 월경을 하지 아니하고 밴 아이. 첫 번 배란 시에 수정이 되어 잉태된 아이.

예) 그 신문은 청소년의 탈선 결과 13세 소녀가 **감정아이**를 임신하기까지 했다고 보도했다.

강다짐 ① 밥을 국이나 물에 말지 않고 그냥 먹음. ② 까닭없이 억눌러 꾸짖음. ③ 보수를 주지 않고 억지로 남을 부림.

예) 얼마나 배가 고팠으면 그 왕거지가 밥을 줬더니 **강다짐**했겠니.

예) 나는 **강다짐**을 더 이상 참을 수 없어서 그에게 심하게 대들었다.

예) 그 악덕 기업주는 근로자들을 **강다짐**하여 많은 사람들로부터 지탄을 받았다.

개잠 개처럼 머리와 팔다리를 오그리고 자는 잠.

예) 유명한 반체제 인사인 김 시인은 감옥에서 고문받고 풀려난 뒤 **개잠**을 자는 버릇이 생겼다.

거둥 임금의 나들이.

예) 김삿갓은 한양 초입에서 **거둥** 행렬을 보자 증조부 생각에 회한의 눈물을 흘렸다.

거든거리다 거뜬하게 거두어 싸다.

예) 봇짐장수는 비가 오려 하자 목기그릇을 **거든거려** 그 자리를 떠났다.

거레 까닭 없이 어정거려 몹시 느리게 움직이는 것.

예) 시댁에 소홀한 춘희는 서방을 따라 시집에 가는 때면 **거레**하기 일쑤여서 남편인 동호의 지청구를 들었다.

거리츠다 구제하다.

예) 당장 먹을 쌀도 없는 이런 난감한 상황에 **거리츨** 사람 하나도 없다는 것은 비극이 아닐 수 없다.

거시시하다 눈이 맑지 않고 침침하다.

예) 마라톤 코스를 완주한 황 선수는 첫 인터뷰에서 "나 지금 **거시시해** 말 못해요" 하곤 코치에게 쓰러졌다.

거엽다 큼직하고 너그럽고 꿋꿋하다.

예) 백두산은 국민 모두에게 **거엽게** 느껴진다는 사실이 민족의 산으로 인식되는 중요한 이유다.

거우르다 기울여서 쏟다.

예) 어머니는 장을 끓이기 위해 들통의 물을 싱크대에 **거우르셨다**.

거탈 실상이 아닌, 다만 겉으로 드러난 태도.

예) 그의 **거탈** 없는 행색과 용모를 보니 양반집 자제임에 틀림없다.

거풀거리다 물체의 한 부분이 바람에 날려 무겁게 흔들리다.

예) 구청의 철거반원이 자르다 만 현수막이 태풍에 **거풀거리자** 동네 사람들은 언제 떨어질지 몰라 밖으로 나오질 못했다.

곁매 두 사람이 싸울 때 곁에서 한쪽을 편들어 치는 매.

예) 제주 4·3사태가 일어나자 국군 눈치를 보던 민간인들이 산사람들을 **곁매** 쳐 댔다.

곁쪽 가까운 일가붙이.

예) 길거리에서 우연히 만나 말다툼하게 된 그는 알고 보니 나의 **곁쪽**이었다.

고섶 물건을 넣어 두는 그릇 같은 데의 가장 손쉽게 찾을 수 있는 곳.

예) 일 나가시는 어머님은 문갑 **고섶**에 나의 용돈을 넣어 두어서 오빠가 몰래 가져간 적도 있었다.

고스러지다 벼, 보리 등이 벨 때가 지나서 이삭이 구부러져 앙상하게 되다.

예) 늦가을인데도 농촌에선 일손이 모자라 벼가 **고스러져** 있다 한다. 우리 빨리 농촌으로 떠나자.

곰뛰다 곰팡이가 피다.

예) 뚜껑을 설닫았던지 광의 소쿠리 안은 **곰뛴** 멸치들로 엉망이었다.

괭이잠 깊이 들지 못하고 자주 깨면서 자는 잠.

예) 긴장을 해서인지 나는 밤새 **괭이잠**으로 시달렸다.

괭하다 물체가 맑고 투명하여 환히 비치다.

예) 요번 생일 선물로 받은 크리스털 컵 세트는 너무 **괭해서** 눈이 부실 정도다.

굄새(굄질) 물건을 괴는 솜씨. 또는 괴어 놓은 모양.

예) 저 백남준 씨의 비디오 아트 작품은 그 **굄새** 하나만으로도 충분히 작품성을 인정받기 때문에 이번 전시회에 특별히 초청 출품되었다.

구름금 구름판의 맨 앞 선.

예) 전력으로 질주해 오던 삼돌이는 **구름금** 앞에 이르자 공포감을 느꼈는지 멈춰 서고 말았다.

구름모임 법회 대중이 구름처럼 많이 모여듦.

예) 큰스님은 **구름모임** 사이를 헤치고 인자한 웃음을 지으시면서 지나가셨다.

구메구메 새새. 틈틈이.

예) 내 방 **구메구메**마다 돌아가신 어머니의 손길이 느껴져 새장가 드신 아버지가 새삼 한없이 밉게 느껴졌다.

군두목 한자의 뜻은 어찌 됐든지 음과 새김을 따서 물건의 이름을 적는 법.

예) 괭이를 '廣耳'로 적고 등심을 '背心'으로 적는 게 바로 **군두목**이다.

군치리 개고기를 안주로 하여 술을 파는 집.

예) 내가 열렬히 좋아하던 배우가 **군치리**에서 주모로 분장해 나오는 모습을 영화에서 보고 나는 그만 정이 뚝 떨어지고 말았다.

군티 물품의 조그만 허물.

예) 우리 전자 제품이 일본의 그것보다 시장 경쟁에서 뒤지는 것은 결국 그 작은 **군티**의 처리가 미흡해서였다.

글속 학문을 이해하는 정도.

예) 요즘 아이들은 모두 **글속**이 좋아져서 서너 살이면 한글을 깨우친다.

난딱 냉큼 딱.

예) 어머니가 보고 싶어서 천릿길을 달려온 석봉에게 그의 어머니는 **난딱** 돌아가라고 엄하게 꾸짖었다.

난밭 지정한 범위 밖의 바닥.

예) 비싼 돈 주고 사 온 방어가 대야 밖으로 튀어서 **난밭**에 떨어지자 형님은 깜짝 놀랐다.

넌출 길게 뻗어 나가 너절너절하게 늘어진 줄기.

예) **넌출**이 단정하게 잘려 없어진 일본식 정원 안의 나무에서 불현듯 과거 일제시대 우리 민족을 그토록 처참히 짓밟던 잔혹함이 느껴져 몸서리를 치지 않을 수 없었다.

널음새 일이나 말을 늘어놓는 솜씨.

예) 천부적인 그 **널음새** 때문에 어디 가서도 대접받을 보경이를 생각하니 꾸어다 놓은 보릿자루 같은 내 자신이 더욱더 미웠다.

넛 아버지의 외숙이나 외숙모와 자기와의 관계를 나타낼 때 쓰는 말.

예) 폭도들이 산에서 내려오자 우리가 도망간 곳은 **넛**할머니네 밭에 있는 동굴이었다.

늙마 늙어 가는 판.

예) 과부 수원댁은 청상 시절엔 고생하더니 **늙마**에 그 외아들이 출세해서 호강을 한다.

늙바탕 늙어 버린 판.

예) 밤이 새도록 삯바느질을 하시는 어머니가 **늙바탕**마저도 저렇듯 고생하시게 되니 너무나도 죄송스럽다.

능 능준하게 남긴 여유.

* 능준하게 넉넉하게.

예) 채색하지 않고 남긴 한국화의 **능**에서 과거 우리나라 선비의 여유를 엿볼 수 있었다.

늦 미리 보이는 빌미. 앞으로 어찌 될 것 같은 징조.

예) 과부살이의 서러운 내 어머니의 삶을 보면서 친정어머니를 닮을 것 같은 내 **늦**이 보이는 듯했다.

닥굿 닥 껍질을 벗기기 위해 찌는 구덩이.

예) 한지를 만들려면 먼저 닥나무를 베다가 **닥굿**에 넣고 쪄야 한다.

대오리 가늘게 쪼갠 댓개비.

예) **대오리**를 잘 다듬어 아교물을 먹인 뒤 창호지에 꾹 눌러 붙이면 연을 만드는 기본 작업은 대강 끝난다.

댓바람 ① 일에 당하여 맨 첫 번으로. ② 단번에. 지체하지 않고 곧.

예) 나와 나이 차이가 나지 않는 삼촌은 정월 대보름 아침 일찍 더위를 팔려고 **댓바람**에 날 찾아왔다.

도리깨침 먹고 싶어서 삼키는 침.

예) 배고팠던 그는 보리개떡을 보자 **도리깨침**이 자꾸 나와서 정신을 차릴 수 없었다.

도마밥 식칼질할 때 도마에서 나오는 나무 부스러기.

예) 도마질을 너무 많이 해서 그 도마 위에는 **도마밥**이 늘 많았는데, 주방장은 새걸 준비해 주지 않았다.

돌꼇잠 누운 채 빙빙 돌면서 자는 잠.

예) 그의 잠버릇은 **돌꼇잠**이다. 그래서 언제나 자고 일어나면 지구의 자전 속도가 빨라졌다고 너스레를 떤다.

동무장사 두 사람 이상이 같이 경영하는 장사.

예) 조 선달과 허 생원은 **동무장사**를 했는데, 늘 상대방이 없으면 이문이 더 남을 거라는 생각에 갈등이 생겼다.

동무장수 동무장사를 하는 사람.

예) 믿음이 동업에 있어서의 우선 조건이기에 신용이 있는 사람만이 **동무장수**로서의 자격이 있다.

된불 바로 급소를 맞히는 총알. 호된 타격.

예) 동네 깡패 녀석들이 이제저녁 길에서 칼을 들고 행패를 부리다가 출동한 경찰에게 **된불**을 맞았다.

든번 당직 근무하러 들어가는 차례.

예) 마침 나는 오늘 **든번**이라 너희 아기 돌잔치에 갈 수가 없구나.

든보기장사 한 군데 터를 잡고 하는 장사가 아니라 시세를 든보아 가며 요행수를 바라고 하는 장사.

예) 요즘 많이 하는 피라미드형 판매 방식도 바로 **든보기장사**의 일종이다.

들머리판 있는 대로 다 들어먹고 끝나는 판.

예) 그는 노름의 막판에 싹쓸이를 한다고 **들머리판**에 끼어들었다가 가산을 탕진했다.

들엉 장사치가 물건을 사라고 외칠 때 '들'의 뜻으로 하는 말.

예) '배추 사려' 하는 것보다 '배추**들엉** 사려' 하는 것이 더 리듬감이 있어 나는 노점상으로 나선 지 며칠 만에 신나게 외치고 다닐 수 있었다.

등힘 활을 쏠 때에 손목에서 어깨까지 뻗는 힘.

예) 야구 경기에서 투수는 **등힘**이 뛰어나야 시속 150킬로미터 이상의 강속구를 던질 수 있는 법이다.

떠껑지 한지 백 권을 한 덩이로 하여, 그 덩이를 싸는 두꺼운 종이.

예) 이 종이는 꽤 두꺼워서 **떠껑지**로 써도 충분하겠다.

떨거지 제 붙이에 속하는 무리.

예) 얼굴도 모르는 친족 **떨거지**이지만, 타향에서 그를 만났을 때 나는 너무 기뻤다.

말길되다 소개하는 의논의 길이 트이다.

예) 나는 대학에 들어온 지 20일이 다 되어 가지만 대다수가 여자인 우리 의상학과에서 여자에게는 **말길되지** 못했다.

맞대매 단 두사람이 마지막으로 우열을 겨루는 대매.

예) 우유 마시기 대회에서 성욱이와 경호가 **맞대매** 붙었는데, 술을 더 잘 먹는 성욱이가 지고 말았다.

맞발기 매매 쌍방이 다 같이 간수해 두는 문서.

예) 춘희가 계약하려다 해약한 문서로 사기치고 있다는 소문에 형심은 **맞발기**를 찾아 나섰다.

명개 갯가나 흙탕물이 지나간 자리에 앉은 검고 보드라운 흙.

예) **명개** 위로 지나간 꼬마 녀석의 발자국은 곧 불어난 물에 의해 지워졌다.

모짝 있는 대로 한 번에 모조리 몰아서.

예) 이번 폭우 때문에 둔치에 심었던 배추가 **모짝** 떠내려갔다.

문문하다 ① 우습게 보이다. ② 부드럽고 무르다.

예) 친구 우택이가 난데없이 우리 집을 방문하자 어머님은 **문문하게** 쪄졌다며 따끈한 감자를 들여왔다.

미립 경험에서 얻은 묘한 이치.

예) 아버지는 공허한 이론보다 **미립**을 더 중요시하는 분이셨다.

밑정 젖먹이의 똥, 오줌 누는 횟수.

예) 딸애가 돌이 지나자 **밑정**이 적어진 대신 양이 많아져 간혹 밑에 깔았던 요가 젖곤 한다.

바침술집 술을 많이 만들어 술장사에게 파는 것을 업으로 삼는 집. 또는 그런 사람.

예) 대농이 많은 우리 집 부근에는 **바침술집**이 많았는데, 농지 정리와 함께 그것도 대부분 사라졌다.

박박이 틀림없이 그러하리라고 미루어서 헤아리는 뜻을 나타내는 말.

예) 이번 선거의 패배는 당내의 산적한 문제점들 때문에 생긴 것이라며 새민당 대표는 **박박이** 우겼다.

반물 검은빛을 띤 짙은 남빛. 감색.

예) 오늘 옷을 사려고 시장에 나갔는데 여러 가지 옷 중에서도 겨울이라서인지 모직 **반물** 치마가 눈에 띄었다.

받을어음 부기에서 소지인 또는 어음 채권자로서 받을 권리가 있는 어음. 수취 어음.

예) 나는 사장에게 **받을어음**이 있었으나 사장은 자리를 피하기 일쑤였다.

받자 ① 관아에서 환곡을 받아들임. ② 남이 괴롭게 굴거나 당부하는 일 따위를 잘 받아 주는 일.

예) 조선시대에는 세금으로 공물, 용역, 환곡이 있었는데, 그중에 환곡이라고 하는 **받자** 가 백성을 제일 괴롭혔다.

밤얽이 짐을 동일 때 곱쳐 매는 매듭.

예) 할머님께서 짐을 쌀 때면 보자기를 자주 사용하셨는데, 늘 **밤얽이**를 하시곤 너무 힘 주신 탓인지 한숨을 내쉬었다.

밥쇠 절에서 밥 먹을 때 여러 사람에게 알리기 위해 다섯 번 치는 종.

예) **밥쇠** 소리가 울리기 시작하자 공부하던 고시생들은 기지개를 켜며 각자 승방의 방 문을 열고 식당을 향해 어슬렁어슬렁 걸어갔다.

뱀뱀이 예의에 대한 교양. '배움배움이' 가 줄어서 된 말.

예) 요즘 학생들이 **뱀뱀이**를 입으로만 떠들어 대는 데 반해 직접 소외받는 민중을 위해 봉사하는 우리 동아리의 활동은 참으로 소중한 것이다.

벼락감투 ① 자격 없는 사람이 얻어걸린 높은 벼슬. ② 갑자기 얻어 하게 된 관 직이나 직책을 조롱조로 이르는 말.

예) 부정부패가 심한 사회에선 **벼락감투** 쓰는 이가 많다.

보리타다 매를 되게 얻어맞다.

예) 새장가 가는 민협이도 **보리타야** 하나 싫어 총각 독대는 쓸데없는 고민을 하고 있었다.

부들고 명주실, 무명실을 꼬아 현악기의 현을 연결하는 데에 쓰는 줄.

예) 할아버님 손바닥은 평생 **부들고**만 꼬아 오신 탓에 손금이 보이지 않았다.

부들기 잇댄 부분의 부리 쪽.

예) 힘든 막노동을 마치고 돌아오신 아버님께선 어깨 **부들기**를 시원히 두드리라고 말씀하셨다.

부엉이살림 자기도 모르게 부쩍부쩍 느는 살림.

예) 주연이는 알뜰해서 이 다음에 시집가면 **부엉이살림**으로 곧 부자가 될 거야.

불겅이 붉은 빛깔의 살담배. 홍초紅草.

예) 주막에 맡겨 둔 손자가 없어졌다는 말을 들은 그 노인은 말없이 눈물만 흘리며 주머니에서 **불겅이**를 꺼내 담뱃대에 넣어 피웠다.

불치 총으로 잡은 짐승이나 새. ⇔ 매치.

예) 너는 네가 공기총으로 잡은 **불치**들이 불쌍하다는 생각도 안 드니?

비게질 말, 소가 가려운 곳을 긁느라고 나무, 돌 등에 몸을 비비는 짓.

예) 말이 한가로이 들판에서 **비게질**을 하는 것을 보면 어린 시절 고향이 생각나곤 한다.

사릅 말, 소, 개 따위의 세 살.

예) 우리 집 개 복실이가 **사릅**이 되더니 좀 의젓해진 것 같다. 구두도 물어뜯지 않고 말이야.

석씨매듭 납작이매듭의 상하좌우로 생쪽매듭이 둘러싼 모양의 매듭.

예) 나는 매듭 부문의 인간문화재 김 옹에게 **석씨매듭**을 매는 법을 배웠지만, 하도 그 과정이 복잡해 곧 잊어버렸다.

석치다 절에서 조석으로 예불할 때 종을 치다.

예) **석치는** 소리가 저녁의 붉은 노을과 어우러지며 은은히 산에서 메아리치고 있었다.

섰 'ㄹ' 이나 '~을' 아래에 쓰이는 경우, 조사 '에' 를 붙여 '마땅히 하여야 할 경우에 그렇게 하지는 못하나마 도리어' 의 뜻을 나타내는 말.

예) 오랜만에 찾아온 동생을 반가이 맞아 주지는 못할 **섰**에 문전박대라니, 놀부는 정말 심한 자린고비였다.

선떡부스러기 ① 엉성하고 덜 된 일은 한번 흩어지기만 하면 재결합이 어려움을 비유한 말. ② 어중이떠중이가 모인 실속 없는 무리를 가리킴.

예) 일체감이 없는 국민은 외침이 있을 경우 **선떡부스러기**같이 사분오열한다.

선똥 과식으로 완전히 삭지 않고 나오는 똥.

예) **선똥**이 나올 정도로 과식을 하는 것도 굶어 죽는 사람이 많은 이 세상에 있어 죄악이다.

선술집 술청 앞에 선 채로 술을 먹게 된 간단한 술집.

예) 퇴근길 **선술집**에서 들려오는 왁자지껄한 이야기 소리들이 밤의 적막함을 깨고 있다.

선운산 광산 구덩이의 왼편.

예) 금을 파낸 그 큰 구덩이의 **선운산** 쪽으로 세월이 지나자 잡초가 무성해지기 시작했다.

선하품 ① 먹은 음식이 체하려 할 때 나오는 하품. ② 억지로 하는 하품.

예) 고3 때는 늘 피곤하니까 식사만 하고 나면 **선하품**이 주책없이 나오곤 했다.

세나절 잠깐이면 끝낼 수 있는 것을 느리게 하는 동안을 놀림조로 이르는 말.

예) 엄마는 잠깐 동안에 끝마칠 수 있는 일을 나에게 시키면 **세나절** 걸린다고 좀처럼 일을 시키지 않으신다.

센내기 센박으로 시작하여 그 곡에 지정된 박자의 셈여림이 일정하게 되풀이되는 곡.

예) 인간문화재 박 옹은 칠순의 나이인데도 **센내기** 장단을 꽹과리로 한 시간 가까이 지칠 줄 모르고 쳐 댔다.

속긋 글씨, 그림을 배우는 이에게 덮어 쓰이기 위하여 먼저 가늘게 그려 주는 획.

예) 한일자를 원장님의 **속긋** 따라 한 달 동안 썼지만 내 붓글씨는 느는 것 같지 않았다.

속정 마음속에 품고 있는 소견.

예) 항상 주례 회의를 할 때면 말하고 싶은 **속정**이 있는데도 소심한 성격 때문에 나는 늘 주저하게 된다.

솔개그늘 아주 작게 지는 그늘.

예) 땡볕이 내리쬐는 둔치 공원에는 내 머리만이라도 가릴 만한 **솔개그늘** 하나 제대로 없다.

쇠딱지 어린아이 머리에 눌어붙은 때.

예) 옛날처럼 머리를 땋았으면 머리 감기 싫어하는 네 머리는 아마 **쇠딱지**가 켜켜로 앉았을 거다.

쇠첩 머리초의 인휘 끝에 돌려 그린 무늬.

* 머리초 기둥이나 들보의 머리 부분에 그린 단청.

예) 영수는 경회루를 그리면서 특히 단청의 **쇠첩** 색깔을 재현하느라 애먹었지만 결국 실패했다.

수끽 구량 같은 것을 받아 먹음.

* 구량 식구 수만큼 타 먹던 양식.

예) 흉년이 들자 정선 양반집은 관청에서 계속해서 **수끽**을 했는데, 그 양이 어느덧 천석에 이르렀다.

신짚 짚신을 삼을 때 쓰는 짚.

예) **신짚**을 좋은 것으로 가려 써야 좋은 짚신을 만들 수 있는 법이다.

악짓손 고집대로 해내는 솜씨.

예) H그룹 사원들은 **악짓손**으로 일을 처리해서 기어코 26만 톤의 유조선을 만들고 말았다.

안겉장 겉장 안의 면지와 속장 사이에 있는 지면의 종이.

예) 시인 은상 씨는 자신의 시집 **안겉장**에 사인을 해서 내게 정중히 보내왔다.

안틀다 일정한 수효나 값의 안에 들다.

예) 유아복 상점에 간 어머니는 아동복 값이 가져간 돈에 **안틀지** 않아 빈손으로 그냥 오셨다.

앉은검정 솥 밑에 앉은 검정 당묵.

예) **앉은검정**은 그냥 씻으면 안 되고 거친 수세미로 박박 문질러 닦아야 한다.

안정 인정을 얕잡아 쓰는 말.

예) **안정** 많다고 소문난 그 애가 시집가서는 그렇게 모질게 시어머니를 구박하다니 믿기지 않는다.

언턱거리 남에게 말썽을 부릴 만한 핑계.

예) 7~8세의 아이들은 **언턱거리**만 있으면 매일 난리를 치면서 엄마를 괴롭혀서 미운 일곱 살이라고 부른다.

열기 눈동자에 드러난 정신의 당찬 기운.

예) 어렸을 때 그녀석 **열기**를 보고 장군감이로구나 했더니 다 커서 지금 교도소에 있어?

용집 발에 땀이 나서 버선 위로 밴 더러운 얼룩.

예) 보부상 막둥이는 버선을 오랫동안 빨지 않아서, **용집**으로 까만 버선처럼 되었다.

위없다 그 위를 넘는 것이 없다. 가장 높고 좋다.

예) 성균관대학교는 우리나라의 대학 중 그 역사 면에서는 **위없다**고 한다.

이러루하다 대개 이런 것과 같다.

예) 지리산에서 조난을 당했을 때 내가 가지고 있던 것은 주머니칼, 버너, 코펠, 비상식량, 랜턴, 등산화 등 대개 **이러루했다**.

인경 옛날, 밤에 통행금지를 알리기 위해 치던 큰 종.

예) **인경**이 울리자 정탐을 하러 한양성에 들어왔던 임꺽정 일당은 할 수 없이 성내에서 하룻밤을 보낼 수밖에 없었다.

자드락나다 감추던 일이 탄로나다.

예) 동생이 어제 깬 항아리 사건은 오늘이 되어서야 어머님에 의해 **자드락났다**.

잡도리 ① 잘못되지 않도록 단단히 주의하여 다룸. ② 미리 충분한 준비나 대책을 갖추는 일.

예) 저 녀석은 아무리 **잡도리**해도 사고방식이 잘못됐기 때문에 새사람 되기는 틀렸어.

정강말 아무것도 타지 않고 제 발로 걷는 것을 농으로 하는 말.

예) 이번 방학에는 **정강말**로 대전까지 무전여행을 할까 생각한다는 형욱의 말에 사람들은 무슨 말인가 싶어 어리둥절해했다.

제물땜 깨진 쇠붙이 그릇에 같은 쇠붙이를 녹여 붙이는 땜.

예) 옛 어른들은 깨어진 솥, 냄비 등을 **제물땜**해서 쓰시곤 하면서 절약을 몸소 실천하셨다.

조널이 감히.

예) 한낱 기생인 네가 **조널이** 신관 사또인 나를 업신여기다니!

조짐 쪼갠 장작을 사방 여섯 자 부피로 쌓은 것을 이르는 말.

예) 곰손이는 억척스럽게 하루 동안 장작을 패 네 **조짐**이나 마당에 쌓아 놓았다.

존조리 잘 타이르듯이 조리 있고 친절하게.

예) 청소년 문제에 관심이 많은 김 선생은 비행 청소년들을 **존조리** 타일렀지만 이미 빗나간 아이들은 그 말을 듣지 않았다.

졸경을 치르다 ① 통금을 어기고 순라꾼에게 잡혀 벌을 당하다. ② 한동안 남에게 모진 시달림을 당하다.

예) 나는 진영이가 첩의 자식이라고 잘못 얘기했다가 한 달 가까이 녀석에게 **졸경을 치렀다**.

종작 대중으로 헤아려 잡은 짐작.

예) 헤엄쳐 건너기 전에 그는 그 강의 너비를 **종작**해서 50미터쯤일 거라고 생각했지만, 실제로는 100미터가 넘었다.

주리 죄인의 두 다리를 묶고 그 틈에 두 개의 주릿대를 끼우고 비트는 형벌.

예) 얘들아, 그놈이 바른말을 할 때까지 **주리**를 매우 틀어라!

첫고등 맨 처음의 기회.

예) 언제든지 인생에 세 번 찾아온다는 기회의 **첫고등**만 잡을 수 있으면 그 사람의 인생은 성공이다.

탄지 담뱃대의 덜 타고 남은 담배.

예) 마당쇠는 김 초시가 피우던 **탄지**만을 따로 모았다가 동네 노인들에게 나눠 주곤 하는 착한 심성을 가지고 있다.

터수 ① 살림의 형편과 정도. ② 서로 사귀는 분수.

예) 올해의 프로야구에서 MVP로 선정된 야구 선수와 내가 무척 친한 **터수**라고 했더니 아무도 믿질 않았다.

톡 호패.

예) 조선시대 때 16세 이상의 남자가 차던 오늘날의 주민등록증과 같은 신분증이 호패이고 **톡**이라고도 불린다는 사실을 나는 처음 알았다.

통금 이것저것 한데 몰아친 값. 물건을 통거리로 넘겨 파는 값.

예) 고등어 3마리, 오이 2개, 호박 1개를 계산하면 **통금** 1,980원이네요.

예) 시금치, 파가 떨이라며 **통금** 3,000원만 내라고 했다.

퉁거리 어떤 사물의 전부.

예) 언니와 나는 1주일 먹을 식료품을 **퉁거리**로 한꺼번에 모두 시장에서 사다 놓아서 당분간 먹거리 문제로 걱정은 없겠다.

틀거지 튼튼하고 위엄이 있는 겉모양.

예) **틀거지**가 반듯해야 사람들이 얕잡아 보지 못하는 법이니 늘 점잖게 행동하고 가급적 정장을 해라.

피피장이 혈청소.

예) 예쁜 우리말이 한자에 밀려나고 있는데, 교과서에서조차도 정맥피, 동맥피 하던 것을 문자 통일이라는 구실로 정맥혈, 동맥혈로 고치고 있고, 혈청소를 이르는 **피피장이**라는 단어는 아예 찾아볼 수도 없었다.

하도롱지 다갈색의 질긴 종이.

예) 지난겨울, 미국에서 온 친구가 먹고 싶어 했던 군밤. **하도롱지** 속에 담긴 그 군밤의 온기 속에서 친구는 고향의 체온을 느꼈을까?

한뉘 ① 한평생. ② 한생전.

예) 반평생을 살아오면서 남이 **한뉘** 동안 해 놓은 많은 일을 하는 사람도 있고, 한뉘를 살면서도 남이 반평생에 이룬 것에도 미치지 못하는 사람이 있다.

한둔 한데서 밤을 지냄. 노숙.

예) 대학이란 곳에 들어와서 처음으로 모꼬지 가서 선배들, 동기들과 **한둔**을 하고 나니까 새벽에 온몸이 다 쑤셨다.

한무릎 한동안 착실히 하는 공부.

예) 그 선비는 수년을 꾸준히 **한무릎** 공부하더니 괄목상대할 만한 학업을 이루었다.

한허리 길이의 한가운데.

예) 어린 시절, 친구들과 열심히 고무줄놀이를 하고 있을 때면 살며시 다가와 고무줄의 **한허리**를 끊곤 하던 장난꾸러기들도 이제 의젓한 사회인이거나 대학생이 되었겠지.

부록

- 문학 작품 속의 우리말

- 북한에서 쓰는 말 중 살려 쓸 우리말

- 순화 대상 일본어 및 일본식 어휘

김주영의 작품

1. 과외수업 課外授業

대거리 상대하여 대들다.

두름 물고기, 나물 따위를 길게 엮은 줄.

마뜩하다 마음에 마땅하다.

쌍심지 몹시 화가 나서 두 눈에 핏발이 서는 일.

어슬어슬 차차 어두워지거나 밝아지는 모양.

얼금뱅이 얼굴이 얼금얼금 얽은 사람. 〉 알금뱅이.

오지다/오달지다 허술한 점이 없이 실속 있다.

지악스럽다 악착같이 일에 덤벼듦을 가리키는 말.

터수 살림의 형편과 정도. 사귀는 분수.

함지박 통나무를 파서 큰 바가지와 같이 만든 전이 없는 그릇.

2. 마군우화 馬君寓話

건더기/건덕지 내세울 만한 일의 내용이나 근거.

무던하다 마음씨가 너그럽다.

문설주 문의 양쪽에 세워 문짝을 끼워 달게 된 기둥.

상고머리 앞머리는 두고, 뒷머리를 치올려 깎고 정수리를 평평하게 깎은 머리.

오지랖 웃옷이나 윗도리에서 입는 겉옷의 앞자락.

접치다 '접다' 의 힘줌말.

중치 중간쯤 되는 것.

짬 두 물체가 서로 맞붙은 틈.

3. 도둑견습

껍죽거리다 ① 신이 나서 경망스럽게 꺼불거리다. ② 주제넘게 함부로 꺼불거리다.

꿍수/꿍심 보기와는 딴판으로 속으로 은근히 품고 있는 야심.

당나발 나발의 한 가지. 보통의 나발보다 큼. 흐뭇해서 헤벌어진 입을 조롱해 일컫는 말.

뱃구레 사람이나 짐승의 배의 통.

씨루다 서로 버티어 겨루다.

오방지다 옹골지다.

조막손 손가락이 오그라져 펴지 못하는 손.

4. 천둥소리

가래톳 허벅다리 윗부분의 임파선이 부어 아프게 된 멍울.

가시버시 부부의 낮춤말.

가웃 되, 말, 자의 수를 셀 때, 그 단위의 약 반에 해당하는 분량.

각담 논밭의 돌이나 풀을 추려 모아 한편에 나지막이 쌓아 놓은 무더기.

강다짐 밥을 국이나 물에 말지 않고 맨밥으로 먹음.

개짐 여자가 월경할 때 샅에 차는 수건.

개호주 범의 새끼.

거덜나다 살림이나 무슨 일이 흔들리어 결딴나다.

거멀못 나무 그릇 따위의 벌어진 곳이나 금 간 곳에 거멀장처럼 걸쳐서 박는 못.

겨레 한 조상에서 태어난 자손들.

겨릅/겨릅대 껍질을 벗겨 낸 삼대.

견갑골 어깨의 등 쪽에 있는 삼각형의 편평한 뼈.

결기 몹시 급한 성질.

결꾼 일하는데 곁에서 거들어 도와주는 사람.

고달 거만을 떠는 짓. 몸부림치고 화를 내는 짓.

고리다 ① 썩은 풀이나 썩은 달걀 냄새 같다. ② 하는 짓이 작고 다랍다.

고비 벽에 붙여 편지 따위를 넣는 기구.

고샅 마을의 좁은 길목.

고수레떡 멥쌀가루로 고수레한 덩이를 쪄 낸 떡.

고의 남자의 여름 홑바지.

곡지통 매우 슬프게 욺.

곱다시 곱다랗게.

구메밥 죄수에게 벽 구멍으로 들여보내 주는 밥.

구접스럽다 너절하고 더럽다.

굼뜨다 동작이 둔하다.

귀때 물 따위를 담는 그릇의 부리.

* 귀때그릇 귀때가 달린 그릇.

기신 기력과 정신.

길목/길목버선 먼 길 갈 때 신는 허름한 버선.

길미 빚돈에 대해 얼마의 기간 동안에 얼마씩 덧붙여 주는 돈.

깍짓동 콩이나 팥의 깍지를 줄기가 달린 채로 묶은 큰 단.

꾀바르다 꾀가 많다.

남새 무, 배추 따위와 같이 심어 가꾸는 나물, 채마, 채소.

남우세 남에게 조롱을 받게 됨.

너름새 떠벌리어 주선하는 솜씨.

너스레 남을 놀리려고 늘어놓는 말솜씨.

넉장거리 네 활개를 벌리고 뒤로 벌렁 나자빠지는 것.

노드리듯 빗발이 노끈을 드리운 것처럼 죽죽 쏟아지는 모양.

노량으로 어정어정하면서 느릿느릿.

논다니 웃음을 파는 계집.

놉 술과 밥을 먹이고 날삯으로 일을 시키는 일꾼.

농투성이 농부의 낮춤말.

누름적 달걀을 씌워서 번철에 지진 음식.

누비 피륙으로 안팎을 만들고 그 사이에 솜을 두어 줄이 죽죽 지게 바느질을 촘촘히 하는 홈질.

눅다 ① 반죽 따위가 무르다. ② 값이 싸다. ③ 날씨가 따뜻해지다. ④ 뻣뻣한 것이 습기를 받아 부드럽다.

단출하다 식구가 적어 홀가분하다.

달개 처마 끝에 잇대어 늘여 짓거나 차양을 달아 원채에 잇대어 지은 의지간.

달거리 한 달에 한 번씩 앓는 열병. 월경.

담총 총을 어깨에 멤.

대모 바다거북.

*대모갑 대모의 껍데기. 안경테, 장식품 등을 만듦.

데데하다 보잘것없다. 시시하다.

도장방 아낙네가 거처하는 방.

동이다 실, 끈, 새끼, 밧줄 등으로 두르거나 감거나 묶거나 잡아매다.

동자 밥 짓는 일.

동자치 밥 짓는 일을 맡아 하는 여자 하인.

동저고리/동옷 남자가 입는 저고리.

동티 흙 따위를 잘못 다루어 지신의 노여움을 사서 재앙을 받는 일.

동품 같은 품계. 같은 물품.

두량 두루 헤아려 일을 처리함.

뒤채다 너무 흔해서 쓰고도 남거나 발길에 걸리다.

뒷배보다 겉으로 드러나지 않게 뒤에서 일을 보살펴 주다.

드난 자유로 드나들며 임시로 남의 집 행랑에 붙어 살며 주인집 일을 돕는 고용살이.

드잡이 머리를 움켜잡고 싸우는 일.

든적스럽다/든직하다 사람됨이 경솔하지 않고 묵중하다.

들메끈 신을 들메는 끈.

따비밭 따비로나 갈 만한 좁은 밭.

뜸 한동네 안에서 따로따로 몇 집씩 한곳에 모여 있는 구역.

막초 품질이 아주 낮은 살담배.

말기 치마나 바지의 맨 위 허리에 둘러 댄 부분.

말코지 물건을 걸어 두는 나무 갈고리.

망건 상투 있는 사람이 머리에 두르는 그물처럼 생긴 물건.

매조지 일의 끝을 단단히 단속하여 마무리하는 일.

모가치 몫으로 돌아오는 물건.

모르쇠 아는 것이나 모르는 것이나 다 모른다고 말하는 주의.

몸가축 몸을 매만져 거두는 일.

몽글다 곡식알이 허섭스레기가 붙지 않고 깨끗하다.

무꾸리 무당 따위에게 길흉을 점치는 일.

무두질 모피의 털과 기름을 뽑고 가죽을 부드럽게 다루는 일.

무자리 삼국시대의 유랑 족속. 사냥을 하거나 고리를 만들어 팔아 생활했으며, 이 무리에서 후세에 광대, 기생, 백정이 생겼음.

물두멍 물을 붓고 길어 쓰는 두멍(큰 가마. 큰 독).

미립 경험에서 얻은 묘한 이치.

미욱하다 됨됨이가 어리석고 미련하다.

민주대다 아주 귀찮고 싫증나게 굴다.

민하다 좀 미련스럽다.

바라지 햇빛을 받아들이기 위하여 벽에 낸 자그마한 창.

바장이다 부질없이 짧은 거리를 오락가락하다.

발바심 곡식 이삭을 발로 짓밟아서 알을 떨어내는 일.

방구리 물을 긷는 질그릇의 한 가지.

방짜 품질이 좋은 놋쇠를 두드려서 만든 그릇.

배밀이 어린애가 엎드려서 배로 기어다니는 동작.

버성기다 틈이 나다. 사이가 탐탁하지 않다. 분위기에 어울리지 못하고 어설프다.

버치 자배기보다 좀 큰 그릇.

버캐 간장이나 오줌 따위의 액체 속에 염분이 엉겨 생긴 찌꺼기.

번다 번거로울 정도로 많다.

벌충 부족한 것을 다른 것으로 채움.

벗바리 뒤를 보아주는 사람.

별미적다 말이나 하는 행동이 어울리지 않게 조그맣게 보이다.

병추기 병이 들어서 늘 성하지 못한 사람이나 걸핏하면 잘 앓는 사람을 가리키는 말.

보죽 지붕의 안쪽.

본곁 비妃 또는 빈嬪의 친정.

봇도랑 봇물이 흘러 나가고 들어오게 만든 도랑.

봉놋방 주막집의 여러 손이 모여 자는 방.

봉당 안방과 건넌방 사이의 마루가 될 자리를 흙바닥 그대로 둔 것.

부룩송아지 아직 길이 들지 않은 송아지.

북두 마소의 등에 실은 짐을 매는 긴 줄.

북두갈고리 북두 끝의 갈고리. 막일을 많이 하여 험상궂게 된 손가락.

분합문 대청 앞에 드리는 네 쪽의 긴 창살문.

*** 분합 장영창** 분합 안쪽에 드리는 미닫이.

*** 분합들쇠** 분합을 두 짝씩 올려 달도록 도리에 박은 들쇠.

불땀 화력이 세고 약한 정도.

불퉁거리다 퉁명스럽게 함부로 불쑥불쑥 말하다.

빈지문 비바람을 막기 위해 덧대는 문.

빈축 얼굴상을 찡그림.

사뭇 거리낌 없이 마구. 계속하여 줄곧. 아주 딴판으로.

사삿집 개인이 살림하는 집.

삭신 온몸의 근육과 뼈마디.

산매 요사스러운 산 귀신.

산수유 산수유나무의 열매.

살친구 남색男色의 상대되는 친구.

삽짝 사립짝.

삿갓반자 천장을 꾸미지 않고 그냥 바른 반자.

삿자리 갈대로 결어 만든 자리.

새벽동자 새벽밥 하는 일.

생화 먹고 살아가는 데 도움이 되도록 벌이함.

섞박지 김장할 때 절인 무와 배추를 썰어 여러 가지 고명에 젓국을 조금 치고 익힌 김치.

섬거적 섬을 엮거나 또는 뜯어낸 거적.

소래기 독 뚜껑이나 그릇으로 쓰이는 굽이 없는 질그릇.

속내/속내평 겉으로 드러나지 않는 사실.

손방 할 줄 모르는 솜씨.

수채 집 앞에 버린 허드렛물이 흘러 나가게 한 시설.

쉬 파리의 알.

습자배기 염습할 때에 향탕을 담는 질그릇.

시게 시장에서 거래되는 곡식.

시게전 시장에서 곡식을 파는 노점.

시난고난 병이 점점 더 심해지는 모양.

시렁 물건을 얹기 위하여 건너지른 두 개의 긴 나무.

시위 비가 많이 내려 강물이 넘쳐 육지 위로 침범하는 일.

신둥부러지다 정도가 지나치도록 주제넘다.

신발차 심부름하는 사람에게 노중路中의 비용이나 사례로 주는 돈.

아갈잡이 소리를 지르지 못하도록 입을 헝겊이나 솜 따위로 틀어막는 것.

아금받다 알뜰하게 발받다.

아침선반 일터에서 일꾼에게 아침밥을 먹인 후 잠시 쉬게 하는 시간.

아퀴 일을 마무르는 끝매듭.

* **아퀴짓다** 일의 끝을 아물리다.

안동 사람을 따르게 하거나 물건을 지니고 가는 일.

안슬프다 ① 약하거나 가엾은 사람에게 도움이나 폐를 끼쳐 매우 미안하고 딱하다. ② 자기보다 약한 사람이나 아랫사람의 딱한 사정이 마음에 가엾고 언짢다.

앙가발이 다리가 짧고 굽은 사람의 별명.

앙가슴 두 젖 사이의 가슴.

애옥살이 가난에 쪼들려 고생스러운 살림살이.

야멸스럽다 야멸찬 태도가 있다.

야차/두억시니 모습이 추악하고 하늘을 날아다니며 사람을 해한다는 잔인 혹독한 귀신.

얄기죽거리다 허리를 이리저리 느리게 내어 흔들다.

어리 병아리 따위를 가두어 기르기 위해 싸리 또는 가는 나무로 엮어 만든 기구.

어리무던하다 성질이 온순하다.

어마지두 무섭고 놀라워서 정신이 얼떨떨한 판.

어한 추위를 막음.

얼추 대강. 거의 가깝게.

에멜무지로 결과를 꼭 바라지 않고 헛일하는 셈치고 시험 삼아.

여축 쓰고 난 나머지 물건을 모아 둠.

염부진 현세의 더러운 티끌.

예바르다 예절이 있고 바르다.

오갈 오가리.

오가리 들다 식물의 잎 따위가 병들고 말라서 오글쪼글해지다.

옥죄다 바싹 옥이어 죄다.

옹가지 옹배기.

외대다 사실과 반대로 일러 주다.

외얽이 흙벽을 치기 위하여 가로세로 외를 얽는 일.

용채 용돈.

우두망찰하다 정신이 얼떨떨하여 어찌할 줄 모르다.

우세 다른 사람에게서 받는 비웃음.

워낭 마소의 턱 아래 늘어뜨린 쇠고리나 귀에서 턱 밑으로 늘여 단 방울.

이똥 이의 안팎에 누렇게 낀 버캐. 치석.

이엉 지붕이나 담을 잇는 데 쓰기 위하여 짚을 엮은 것.

인두겁 사람의 겉 형상.

자드락 낮은 산기슭의 비탈진 땅.

자드락길 자드락이 있는 좁은 길.

자배기 운두가 높지 않고 아가리가 넓게 벌어져 둥글넓적한 질그릇.

잡도리 잘못되지 않도록 엄중하게 단속함.

잿간 거름으로 쓸 재를 모아 두는 헛간.

저냐 쇠간, 생선 따위의 고기붙이를 얇게 저민 뒤에 가루나 달걀을 씌워서 기름에 지진 음식.

저퀴 사람에게 씌어서 몹시 앓게 만드는 귀신.

적바림 사실을 적어 넣음.

정주/정주간 부엌과 안방 사이에 벽이 없이 부뚜막에 방바닥을 잇달아 꾸민 부엌.

제출물로 남의 힘을 입지 않고, 제힘으로.

조빼다 난잡하게 굴지 않고 짐짓 조촐한 태도를 나타내다.

조짐머리 여자의 머리털을 소라딱지 모양으로 틀어 만든 머리.

좌단 남의 편을 들어서 남에게 동의하는 일이나 짓.

지게문 마루에서 방으로 드나드는 곳에 문종이로 안팎을 두껍게 싸서 바른 외짝 문.

질금거리다 물, 오줌 따위가 조금씩 나오다 말다 하다.

쪽지게 등짐장수 등이 쓰는 작은 지게.

찌러기 성질이 몹시 사나운 황소.

차렵 옷, 이불 따위에 솜을 얇게 두는 일.

*** 차렵이불** 차렵으로 지은 이불.

채근 일의 근원을 더듬어 냄.

채반 껍질을 벗긴 싸릿개비로 납작하고 울이 없이 결어 만든 채그릇.

천세나다 어느 물건이 사용하는 곳이 많아서 퍽 귀해지다.

청맹과니 겉으로는 성한 것.

체머리 병적으로 저절로 흔들리는 머리.

초풍 경풍을 일으킬 정도로 깜짝 놀람.

층하 다른 것보다 낮게 대접함.

칠성판 관 안 바닥에 까는 널조각. 북두칠성을 형상하여 일곱 구멍을 뚫기도 하고, 먹칠하기도 함.

켠 편.

켯속 일의 갈피.

코머리 지방 관아에 소속되어 있던 우두머리 기생.

투레질 젖먹이 아기가 두 입술을 떨며 투투 소리를 내는 것.

픽신하다 녹녹한 가루가 엉기어 붙어 부드럽고 튀기는 힘이 있다.

포달 암상이 나서 악을 쓰고 함부로 욕을 하며 대드는 일.

푸닥거리 간단하게 음식을 차려 놓고 잡귀를 풀어 먹이는 무당굿.

푸새 저절로 나서 자라는 풀의 총칭.

푼주 아가리가 넓고 밑이 좁은 사기그릇.

피딱지 닥나무 껍질의 찌끼로 뜬 품질이 낮은 종이.

피천 아주 적은 돈.

하초 배꼽 아랫부분 배의 총칭.

한갓지다 아늑하고 조용하다.

핫옷 솜을 두어 지은 옷.

항아리손님 양쪽 볼이 항아리처럼 부어오르는 마마의 한 가지.

해금내 물속에서 흙과 유기물이 썩어 생기는 썩은 냄새 나는 찌끼.

해토 언 땅이 풀림.

***해토머리** 언 땅이 풀릴 때.

해포 1년 이상이나 되는 동안.

핵변 일의 실상을 조사하여 따져 밝힘.

행구/행장 여행할 때 쓰는 모든 기구.

헤집다 긁어 파서 뒤집어 흩다.

협호 한집에서 딴살림하게 된 집채.

호장걸음 뚜벅뚜벅 걷는 걸음. 건들거리는 걸음.

화장 옷의 등솔기에서 소매 끝까지의 길이.

회목 손목, 발목의 잘록한 부분.

횟배 거위배.

횡보다 사람을 잘못 보다.

흑자 먹 따위로 쓴 검은 글자.

이문구의 작품

1. 우리 동네 김씨

가용 집안에 소용되어 씀. 집안 살림 비용.

가풀막 비탈진 땅의 바닥.

갈마들다 서로 번갈아 들다.

감바리 감발저뀌. 잇속을 노리고 약삭빠르게 달라붙는 사람.

개비름 비름 과의 한해살이풀. 논밭이나 길가에 나며, 높이는 30cm가량. 여름에 초록색의 잔 꽃이 핌.

거듬거듬 대강대강 주워 거두는 모양.

걸태질 염치를 돌보지 않고 재물을 마구 긁어 들이는 일.

걸터듬다 되는대로 이것저것을 마구 더듬다.

고섶 물건을 두는 곳이나 그릇을 가장 손쉽게 찾을 수 있는 맨 앞쪽.

굽죄이다 겸연쩍어 마음이 어연번듯하지 못하다.

깜뭇 깜박.

끄먹거리다 등불 같은 것이 꺼질 듯 말 듯하다.

내남없이 나나 다른 사람이나 다 마찬가지로.

누지다 조금 축축하다.

능갈치다 교묘한 수단으로 잘 둘러대는 재주가 있다.

더듬적거리다 느릿느릿하게 자꾸 더듬거리다.

더운갈이 가뭄 때에 소나기 빗물로 논을 가는 일.

덧거리 알맞은 수량 밖에 덧붙은 물건.

데림추 남에게 끌려 다니는 사람.

도린곁 사람이 별로 가지 않는 외진 곳.

된비알 험한 비탈.

둔치 물가. 물결치는 가장자리.

뒵들다 성낸 낯으로 서로 덤벼들어 말다툼하다.

뒷갈망 일이 벌어진 뒤끝에 하는 처리.

뜨악하다 마음에 그다지 당기지 않음.

멍덕 짚으로 바가지 비슷하게 만든 벌통.

메지다 쌀이나 좁쌀 따위가 끈기가 없다.

명개 갯가나 흙탕물이 지나간 자리에 앉은 검고 보드라운 흙.

목새 물에 밀려 모인 부드러운 모래.

무녀리 짐승의 맨 먼저 나온 새끼.

무람없다 예의가 없다.

무럽다 물것이 물어 가렵다.

무르춤하다 행동이 갑자기 멈추어 물러서다.

무삶이 논에 물을 대어 써레질을 하고 나래로 고르는 일. 또는 물을 대어 써레질을 한 논.

무직하다/무지근하다 변이 잘 안 나와서 기분이 무겁다. 머리나 가슴이 무엇에 눌리는 듯 무겁다.

무춤하다/무르춤하다 행동을 갑자기 멈추어 물러서다.

묵정이 오래 묵은 물건.

뭇 장작 따위를 작게 한 덩어리씩 만든 묶음.

밍근하다 조금 미지근하다.

바랭이 포아풀 과의 한해살이풀.

버텅 뜰층계. 다듬잇돌. 모탕.

버드름하다 밖으로 조금 뻗은 듯하다.

버림치 못 쓰게 되어 버린 물건.

북새 여러 사람이 부산하게 움직이다.

뺑쑥 뺑대쑥. 엉거시 과의 여러해살이풀. 산이나 들에 나며, 높이는 1.5m. 가시가 많음.

뼛성 갑자기 내는 짜증.

삐다 괴었던 물이 줄다.

손사래 어떤 말을 부인하거나 조용하기를 요구할 때 손을 펴서 내젓는 짓.

악매 심한 꾸지람.

어슴새벽 어스레하게 밝아 오는 새벽.

엇먹다 ① 언행을 사리에 어긋나게 하다. ② 남의 말을 엇대며 비꼬다. ③ 톱이나 칼로 켜거나 벨 때 날이 어슷하게 먹다.

여투다 물건이나 돈 따위를 아껴 쓰고 모아 두다.

옆댕이 옆.

요량 앞일에 대하여 잘 생각함.

음충맞다 성질이 내흉스럽고 불량하다.

작달비 빗방울이 굵직하고 거세게 내려 쏟는 비.

잘코사니 미운 사람의 불행을 기뻐할 때 나오는 소리.

장도막 장날과 장날 사이의 동안.

종주먹대다 주먹으로 쥐어박으며 위협하다.

지싯거리다 남이 싫어하건 말건 짓궂게 자꾸 요구하다.

지청구 아무런 이유 없이 남을 원망하고 탓하는 일.

직수굿하다 항거하지 않고 시키는 대로 순종하다.

짓둥이 몸을 놀리는 모양.

찌그렁이 ① 까닭 없이 억지로 떼쓰는 짓. ② 열매가 제대로 여물지 못하고 쭈그러진 것.

칠석물 칠석날에 오는 비.

툽상스럽다 투박하고 상스럽다. 튼튼하기만 하고 멋없다.

틀거지 위엄 있는 태도.

티적거리다 남의 흠을 잡아 이 말 저 말 비위 거슬리게 말하여 싸움을 돋우다.

파근파근하다 음식이 부드럽지 않고 딱딱한 감이 있다.

포갬포갬 물건을 겹쳐 포개거나 포개어져 있는 모양.

푸서리 잡초 우거진 거친 땅.

해찰 온갖 물건을 부질없이 마구 해치는 일.

2. 우리 동네 이씨

가다루다 논밭을 갈아서 다루다.

가마리 늘 욕먹거나 매 맞거나 걱정거리가 되는 사람.

가장귀 나뭇가지의 아귀.

각다귀 각다귀 과의 곤충. 모기 비슷하나 훨씬 다리가 길고 피를 빨지 않음.

갈망 어떤 일을 능히 감당하여 해냄.

고지 논 한 마지기에 대하여 얼마의 값을 정하고 모내기부터 수확까지 일해 주기로 하고 미리 받아 쓰는 돈.

군시럽다 몸이 간질간질 가려운 느낌이 있다.

굴타리먹다 오이, 수박, 호박 따위가 흙에 닿아 썩은 자리를 벌레가 파먹다.

내흉 내숭의 원말.

도리기 여럿이 추렴해서 음식을 나눠 먹는 일.

돌반지기 모래가 많이 섞인 쌀.

드티다 ① 밀리거나 비켜나거나 하여 약간 틈이 생기다. ② 예정했거나 약속했던 자리나 날씨가 어그러져 연기되다.

드팀새 드틴 정도나 기미.

멱미레 소의 턱 밑 고기.

모들뜨다 두 눈동자를 안쪽으로 몰아 뜨다.

미루적거리다 일을 자꾸 미루어 시간을 끌다.

바심 풋바심. 타작.

바탱이 오지그릇의 한 가지.

별쭝맞다 괴상하고 방정맞다.

빔더서다 비켜서다. 약속을 어기다.

살강 그릇을 얹고자 부엌 벽에 가로지른 선반.

세밑 한 해가 끝날 무렵. 세만. 세말. 세모. 세종. 세저. 연말. 모세. 연모. 연종.

손쎗이 남의 수고에 대하여 갚는 뜻으로 주는 보수.

아늠 볼을 이루고 있는 고기.

알겨먹다 약한 사람이 가진 적은 물건을 꾀어서 빼앗다.

어거리풍년 아주 드물게 농사가 잘된 해.

언걸 ① 다른 사람 때문에 입는 해. ② 큰 고생.

옴나위 아주 작은 여유.

옴살 한 몸같이 가까운 사이.

옹알거리다 혼자 입속말로 똑똑하지 않게 재깔이다.

우수리 물건 값을 치르고 거슬러 받는 잔돈.

으등그러지다 ① 버썩 말라서 비틀어지다. ② 날씨가 흐려지면서 점점 찌푸려지다.

자개미 겨드랑이 또는 오금의 오목한 곳.

자밤 양념이나 나물 따위를 손가락 끝으로 집을 만한 분량.

잡살뱅이 온갖 자질구레한 것들이 뒤섞인 허름한 물건.

종구라기 작은 바가지.

지릅뜨다 눈을 치올려서 부릅뜨다.

터알 꽃이나 채소 따위를 심을 만한, 울 안에 있는 작은 밭.

하냥 한결같이. 항상.

허발 몹시 주리거나 궁하여 함부로 먹거나 덤비는 모양.

호미씻이 농가에서 음력 7월경에 농사를 잠시 쉬고 노는 일.

3. 우리 동네 최씨

가리틀다 되어 가는 일을 안 되도록 틀다.

겨끔내기 자꾸. 번갈아.

굽도리 방 안의 벽 아래 가장자리.

귀살스럽다 귀살쩍은 느낌이 있다.

그느르다 보호하여 보살펴 주다.

깃다 논밭에 풀이 많이 나다.

나승개 냉이.

냅다 연기가 눈이나 목구멍을 쓰라리게 하는 기운이 있다.

냇내 연기의 냄새. 음식에 밴 연기 냄새.

넌출 등, 칡 따위의 길게 뻗어 나가 너절너절하게 늘어진 줄기.

넘성거리다 욕심이 나서 자꾸 기웃거리다.

노간주나무 향나무 과의 상록 교목.

녹사료 싸리, 칡, 아카시아 잎 등의 사료.

늘채다 미리 생각한 수효보다 많이 늘다.

늡늡하다 도량이 너그럽고 호방하다.

달소수 한 달이 조금 지나는 동안.

돌마낫적 첫돌이 될락 말락 한 어린애 때.

두둑 ① 밭과 밭 사이의 경계를 이루는 두둑한 언덕. ② 작물을 심기 위하여 논이나 밭을 갈아서 골을 켠 것의 우뚝한 바닥.

두턱지다 턱이 두 개다.

뜸집 띠나 부들 따위로 간단하게 지은 집.

멱부리 턱 밑에 털이 많이 난 닭.

보리동 햇보리가 날 때까지의 보릿고개를 넘기는 동안.

새막 새를 쫓기 위해 논이나 밭의 가에 지은 막.

서름하다 남과 가깝지 못하다.

소루쟁이 여뀌 과의 여러해살이풀.

씀바귀 꽃상추 과의 여러해살이풀. 산야.

아우거리 흙덩이를 모조리 파 젖히며 김을 매는 일.

알겨내다 소소한 남의 것을 좀스러운 언행으로 꾀어서 빼앗다.

알자리 새 따위가 알을 낳거나 품고 있는 자리.

어슬막 어슬어슬 해가 질 무렵.

에끼다 서로 주고받을 일이나 물건을 비겨 없애다.

연사질 교묘한 말로 남을 꾀어 그의 심중을 말하게 하는 짓.

외어앉다 ① 자리를 피하여 비켜 앉다. ② 다른 쪽으로 돌아앉다.

자그락거리다 사소한 일로 남이 보고 듣기에 딱하도록 옥신각신 다투다.

자마구 곡식의 꽃가루.

지르퉁하다 잔뜩 성이 나서 말없이 있다.

질경이 질경이 과의 여러해살이풀. 잎은 먹고 씨는 차전자車前子라 해서 한약재로 씀.

참죽나무 참죽나무 과의 교목. 높이 10m 정도. 여름에 흰 꽃이 피고, 가을에 다갈색의 타원형 실과가 익음. 어린 싹은 나물로 먹으며, 나무는 가구나 농기구 재료로 쓰임.

헛장 허풍을 치며 떠벌리는 큰소리.

4. 허울 좋은 하눌타리

곰배팔이 팔이 꼬부라져 붙거나 팔뚝이 없는 사람.

모개흥정 모개로 흥정하는 일.

시르죽다 기운을 못 차리다.

전다리 절름절름 저는 다리. 또는 그런 사람.

허릅숭이 언행이 확실하지 못하여 미덥지 못한 사람.

흘게 늦다 흘게가 약간 풀려 단단하지 못하다.

5. 잔디 잔디 금잔디

나대다 경망스럽게 나다니다.

누르미 화양누르미. 삶은 도라지를 잘게 썰고 쇠고기, 버섯과 섞어 양념하고 끝에 3색 사지絲紙를 감은 음식.

들그서내다 속에 든 물건을 함부로 들추어 집어내다.

배참 꾸지람을 들은 화풀이를 딴 데다 하는 일.

우악살스럽다 매우 우악스럽다.

피사리 곡식에 해로운 피를 뽑아 버리는 일.

6. 우리 동네 강씨

가시새 흙벽을 얽을 때 중깃에 가로로 끼우는 나무오리.

* 중깃 벽 사이에 윗가지를 대고 엮기 위하여 듬성듬성 세우는 기둥.

구듭치다 남을 위하여 귀찮은 수고를 하다.

구럭 새끼로 그물처럼 떠서 만든 물건.

기음 논밭에 난 잡풀.

내미손 물건 흥정하러 온 어수룩하고 만만하게 보이는 사람.

넌덕 너털웃음을 치며 그럴듯한 말을 솜씨 있게 늘어놓는 짓.

뒤스럭거리다 ① 손을 이리저리 뒤치다. ② 번거롭게 변덕을 떨다.

들먹다 못생기고 마음이 올바르지 못하다.

들무새 남의 막일을 힘껏 도움.

매동그리다 매만져서 뭉쳐 싸다.

매조미쌀 벼를 타서 왕겨만 벗기고 속겨는 벗기지 아니한 쌀.

목매아지 아직 굴레를 씌우지 않고 고삐로 목을 맨 망아지.

밀알지다 얼굴이 패둥패둥하게 생기다. 빤빤하게 생기다.

밥밑 밥을 지을 때 쌀 이외에 밑에 놓는 콩, 보리, 팥 등의 잡곡류.

배메기 땅 임자와 소작하는 사람이 소출을 똑같이 가르는 제도.

밴대질 여자끼리 성교를 흉내 내는 짓. ⇔ 비역.

보람하다 어떤 일을 잊지 않기 위하여 다른 물건과 구별하기 위해 표시를 해 두다.

부룻 무더기로 놓인 물건의 부피.

분얼 식물의 땅속에 있는 마디에서 가지가 나오는 일.

색대 가마니 속에 든 곡식을 찔러서 빼내어 보는 데 쓰는 기구.

설외 흙벽에 세로로 세워서 엮은 외.

스스럽다 ① 부끄러운 생각이 나다. ② 정분이 두텁지 않아서 조심스럽다.

시서늘하다 음식이 식어서 차다.

씩둑거리다 부질없는 말을 수다스럽게 지껄이다.

야마리 얌통머리.

* 야마리없이 얌치없이.

어루더듬다 ① 손으로 어루만져 더듬다. ② 어림짐작으로 여기저기 더듬어 찾다. ③ 마음 속으로 이것저것 짐작하여 헤아리다.

어리 문을 다는 곳. 곧 문지방과 문선의 총칭.

여북 '응당, 오죽, 얼마나' 등의 뜻으로 의문문 앞에서 언짢음을 나타내는 말.

오금탱이 구부러진 물건의 굽은 자리의 안쪽.

자웅눈 한쪽 눈은 크게 생기고 한쪽 눈은 작게 생긴 눈의 비유.

젖부들기 짐승 젖통이의 살.

찜부럭 마음이나 몸이 괴로울 때에 걸핏하면 내는 짜증.

타짯꾼 노름판 따위에서 속임수를 잘 부리는 사람.

투그리다 짐승이 싸우려고 소리를 지르며 잔뜩 벼르다.

호락질 남의 힘을 빌리지 않고 가족끼리 짓는 농사.

휘갑치다 ① 너더분한 일을 잘 마무르다. ② 피륙, 멍석, 돗자리 따위의 가장자리가 풀리지 않게 얽어서 꿰매다. ③ 뒷일이 없도록 마감하다. ④ 다시는 말 못하도록 말막음하다. ⑤ 어려운 일을 임시변통으로 꾸며 피하다.

7. 우리 동네 장씨

가량없다 아무 어림짐작도 없다.

금계랍 염산키니네의 속칭.

난달 길이 여러 갈래로 통한 곳.

노가리 씨를 흩어 뿌림.

누꿈하다 전염병이나 해충 따위가 좀 뜸해지다.

는개 안개보다 조금 굵은 비.

대꾼하다 ① 눈이 쏙 들어가고 생기가 없다. ② 말소리가 세다.

더위잡다 높은 데로 올라가려고 무엇을 끌어 잡다.

드림흥정 값을 여러 차례에 나눠 주기로 하고 하는 흥정.

들도리 변두리 기둥이나 벽체 위에 건너질러 서까래를 받는 도리. 마룻대에 대하여 구별지어 일컬음.

들음들음 돈이나 물자 따위가 조금씩 잇달아 드는 모양.

반지기 쌀이나 어떤 물건에 다른 잡것이 섞여 순수하지 못한 것을 나타낼 때 쓰는 말.

보지락 비가 온 분량을 헤아리는 단위. 보습이 들어갈 만큼 빗물이 땅속에 스며든 정도를 이름.

복대기 ① 여러 사람이 떠들다. ② 여러 가지 일이 몰려 정신 못 차리다.

* **복대기치다** 세차게 복대기다.

부르대다 남을 나무라다시피 야단스럽게 떠들어 대다.

부황 오래 굶어서 살가죽이 붓고 누렇게 되는 병.

삘기 띠의 새로 돋아나는 순.

셈평 타산적 내용.

송기 소나무의 어린 가지의 속껍질.

스루다 쇠붙이를 불에 다시 불려서 센 기운을 덜다.

어리눅다 짐짓 못생긴 체하다.

여탐 무슨 일이 있을 때마다 웃어른의 뜻을 미리 더듬는 일.

외일총 사물을 기억하는 총기.

주릅 구전을 받고 흥정을 붙여 주는 일을 업으로 삼는 사람.

* **주릅들다** 매매를 거간해 주다.

테메우다 그릇 따위의 벌어진 데다가 대오리나 철사로 돌려 감다.

틀거지 위엄이 있는 태도.

푸석하다 부피가 엉성한 물건이 옹골지지 못하여 부스러지기 쉽다.

흔전만전 아주 흔하고 넉넉한 모양.

8. 우리 동네 조씨

각통질 소 장수가 소의 배를 크게 보이기 위해 풀과 물을 먹이는 일.

갈바래다 흙 속에 있는 벌레의 알을 죽이기 위해 논밭을 갈아엎어서 볕을 쬐고 바람을 쐬다.

감투거리 여자가 남자 위에 올라가 하는 성행위.

개력하다 산천이 변하여 옛 모습이 없어지다.

건잠머리 일을 시킬 때 대강을 가르쳐 주고 필요한 기구를 준비해 주는 일.

기럭아비 전안奠雁할 때에 나무로 만든 기러기를 들고 신랑보다 앞서 가는 사람.

나래 논밭을 고르는 데 쓰는 농구.

넛할머니 아버지의 외숙모.

넛할아버지 아버지의 외숙.

노구거리 쇠뿔 이름의 한 가지. 둘이 다 안으로 구부러졌는데 하나는 높고 하나는 낮음.

눋다 누른빛이 나도록 조금 타다.

다가놓다 어떤 대상이 있는 쪽으로 더 가까이 자리를 옮겨 놓다.

덧두리 물건을 바꿀 때 그 값을 쳐서 서로 셈하고 모자람을 채우는 액수.

든직하다 사람됨이 묵중하다.

말림갓 나무나 풀을 함부로 베지 못하게 말리어 가꾸는 땅이나 산. '나무갓'과 '풀갓'이 있음.

모개 곡식의 이삭이 달린 부분.

목대잡다 여러 사람을 거느리고 지휘하다.

몽니 심술궂게 부리는 성.

무릿매 돌을 끈에 매어 잡고 휘두르다 끈을 놓아 던지는 팔매.

물알들다 햇곡식에 물알이 생기다.

반거들충이 무슨 재주를 배우다가 그만두어 다 못 이룬 사람.

반빗 반찬 만드는 일을 하는 여자.

반빗하님 하인끼리 반빗을 조금 높여 일컫는 말.

배미 논배미의 준말.

비사치기 돌을 가지고 노는 아이들 장난.

빗장거리 남녀가 十자 모양으로 눕거나 기대어 서서 하는 성교.

소댕 솥뚜껑.

송낙뿔 둘이 다 옆으로 구부러진 쇠뿔.

수수러지다 돛 같은 것이 바람에 부풀어 올라 둥글게 되다.

스리 음식을 먹다가 볼을 깨물어 까맣게 피가 맺힌 상처.

쓰리 겨울에 잉어 따위를 낚기 위하여 얼음을 끄는 쇠꼬챙이.

아랑주 날은 명주실, 씨는 명주실과 무명실을 두 올씩 섞어 짠 피륙.

에돌다 선뜻 나아가서 하려고 하지 않고 슬슬 피하다.

옥다 안으로 오그라져 있다.

외어앉다 멀리 떨어져 앉다.

우걱뿔 안으로 구부러진 뿔.

움딸 시집간 딸이 죽은 뒤에 다시 장가든 사위의 후실.

이물스럽다 성질이 음험하여 마음가짐을 헤아리기 어렵다.

입맷상 잔치 때 큰상을 드리기 전에 간단히 차려 대접하는 음식상.

자부지 쟁기의 손잡이.

작벼리 물가의 모래벌판에 돌이 섞인 곳.

잔재비 ① 자질구레한 일을 잘하는 손재주. ② 큰 일이 벌어진 판에서 잔손이 많이 드는 일.

전내기 물을 타지 않은 술.

주접스럽다 음식에 대하여 염치없이 욕심을 부리는 태도가 있다.

평미레 말이나 되에 곡식을 담고 그 위를 평평하게 밀어서 고르게 하는 데 쓰이는 방망이.

푸네기 가까운 혈족.

문학 작품 속의 우리말

한겻 반나절의 반. 즉 하루의 4분의 1.

항정 ① 돼지나 개의 목덜미. ② 양지머리 위에 붙은 쇠고기.

9. 우리 동네 황씨

거스름 풀 베기.

거탈 실상이 아닌, 다만 겉으로 드러난 태도.

곁바대 홑옷의 겨드랑 안쪽에 대는 'ㄱ' 자 모양의 헝겊 조각.

골고지 김매기.

귀살이 바둑 둘 때 귀에서 사는 일.

꿰미 ① 물건을 꿰는 데 쓰는 끈이나 꼬챙이 따위. ② 끈 따위로 꿰어서 다루는 물건을 세는 단위.

다북쑥 엉거시 과의 여러해살이풀.

뒤발하다 온몸에 뒤집어써서 바르다.

배동나무 백일홍.

보시기 작은 사발.

세나다 찾는 사람이 많아서 마구 팔리다.

잉걸불 활짝 핀 숯불.

장귀틀 마루귀틀 중 세로로 놓이는 가장 긴 귀틀.

지벑거리다 음식물 따위를 체면 없이 하나씩 자꾸 집어 거두다.

질름거리다 ① 가득 찬 액체가 흔들리어 질금질금 넘치다. ② 한목에 주지 않고 동안이 뜨게 여러 차례에 나누어서 조금씩 잇대어 주다.

천신 새로 나는 물건을 먼저 신에게 올리는 일.

콩노굿 콩의 꽃.

특특하다 피륙 따위의 바탕이 태가 없이 흐리다.

판막음 그 판에서 얻는 마지막 승리.

행티 행짜를 부리는 버릇.

10. 해벽 海壁

가잠나루 짧고 숱이 적은 구레나룻.

갈통 굵은 갈대의 줄기로 겯어 만든 상자의 한 가지.

건간망 밀물 때 물고기가 그 속으로 들어갔다가 썰물 때에 걸리게 하기 위하여 바닷가 모래밭에 말뚝을 박고 둘러치는 그물.

고대 이제 막.

스러지다 곡식이 벨 때가 지나 이삭의 모가지가 꼬부라져 앙상하게 되다.

구뜰하다 하찮은 국물 맛이 그럴듯하다.

놀 바다의 사나운 큰 물결.

다래끼 대, 싸리, 고리버들 따위로 겯어서 만든 입이 작은 바구니.

도부치다 상인이 팔 물건을 가지고 이리저리 팔러 다니다.

도선장 나루터.

둔박 미련하면서도 순박함.

마룻줄 배의 돛을 올리고 내리는 데 쓰는 줄.

만년먹기 영구한 것.

모태 안반에 놓고 한 번에 칠 수 있는 떡 덩이.

반두 두 끝에 막대기를 댄 그물.

반자 방이나 마루의 천장을 평평하게 만들어 놓은 시설.

발칙하다 ① 하는 짓이 몹시 괘씸하다. ② 아주 버릇없다.

별 가락지나 병 아가리 등이 헐거워져 꼭 맞지 않을 때 맞도록 끼는 헝겊 따위.

본견 명주실로 짠 비단.

비긋하다 ① 일이 될 듯 될 듯하면서 잘 안 된다. ② 서로 어긋나다.

비리척지근하다 조금 비린 듯하다.

술명하다 그저 수수하고 훤칠하게 걸맞다.

아딧줄 바람의 방향을 맞추기 위하여 돌에 매어 쓰는 줄.

안옷 안에 입는 옷. 여자 식구의 옷.

어령칙하다 기억이 뚜렷하지 않다.

어부슴 음력 정월 보름날. 그해의 액막이를 위하여 조밥을 강물에 던져 고기가 먹게 하는 일.

어사리 그물을 쳐서 크게 고기를 잡는 일.

어살 물 가운데 나무를 둘러 꽂아 두어 고기를 들게 하는 울.

어질더분하다 어질러 놓아 지저분하다.

어쩡뜨다 마땅히 할 일을 건성으로 하여 넘기거나 탐탁지 못한 태도가 있다.

용마루 지붕 위의 마루.

인견 인조견.

조생이 죽도.

종애긇리다 남을 놀려 약이 오르게 하다.

지심껏 더없이 성실한. 마음껏.

진동항아리 ① 무당이 제 집에서 숭봉하는 신위의 한 가지. ② 한 집안의 평안과 복됨을 빌기 위하여 정한 곳에 위하여 두고 돈과 쌀을 담는 항아리.

추썩거리다 ① 입거나 업거나 지거나 한 물건을 자꾸 추켰다 내렸다 하다. ② 출썩거리다.

패려궂다 언행이 거칠고 예모가 없다.

편제 개인을 편성하여 군대 또는 단체를 만드는 일.

혼도 정신이 어지러워 넘어짐.

황바리 방게의 하나. 두 개의 긴 촉각을 가지고 있음.

11. 명천유사鳴川遺事

과녁배기 똑바르게 건너다보이는 곳.

그루박다 ① 물건을 들어 거꾸로 탁 놓다. ② 연 머리를 아래쪽으로 돌려 내려가게 하다. ③ 사람의 기를 펴지 못하게 억누르다.

길래 ① 길게. ② 오래가도록.

깨끔찮다 깨끔하지 않다.

나우 낫게. 좀 많게.

누그러지다 성질이나 추위, 값 따위가 좀 덜해지다.

다복솔 가지가 다보록하고 많이 퍼진 어린 소나무.

대궁 먹다가 밥그릇 안에 남긴 밥.

대두리 ① 일이 큼직하게 벌어진 판. ② 큰 다툼.

덧들이다 남의 감정을 건드려 일으키다.

뒤떠들다 왁자하게 떠들어 대다.

뒤웅스럽다 뒤웅박처럼 생겨 미련하다.

만물 그해의 끝막음으로 하는 논매기.

맞대매 두 사람이 마지막 승부를 가리는 일.

모꼬지 놀이나 잔치 등의 일로 여러 사람이 모이는 일.

모지라지다 물건의 끝이 닳거나 잘려 없어지다.

몽그라지다 쌓인 물건이 무너져 주저앉다.

밴댕이 청어 과의 바닷물고기.

생때같다 몸이 튼튼하여 통 병이 없다.

선머리 ① 순서가 있는 일의 맨 처음. ② 행렬 따위의 앞부분.

성깃하다 조금 성긴 것 같다.

속긋 글씨, 그림 따위를 처음 배우는 이에게 덮어 쓰이게 하기 위하여 먼저 가늘게 그려 주는 획.

승강이 서로 자기의 주장이 옳다고 고집하여 옥신각신함.

시망스럽다 짓궂음이 심하다.

아시 애벌.

옹송그리다 춥거나 두려워서 몸을 옹그리다.

이악하다 달라붙는 기세가 굳세다.

주살나다 뻔질나다.

주전거리다 때를 가리지 않고 군음식을 자꾸 먹다.

쥐대기 재주가 없는 서투른 장색.

초련 풋바심이나 일찍 익은 곡식으로 정상의 추수 때까지 대어 먹는 일.

퉁퉁증 ① 일이 뜻대로 되지 않아 갑갑히 여겨 골을 내는 증세. ② 분하고 원통한 생각을 속으로만 되씹고 겉으로는 나타내지 않는 증세.

12. 강동만필江東漫筆

개맹이 (흔히 부정적이거나 소극적으로 쓰여) 또렷한 기운이나 정신.

거우듬하다 조금 기울어진 듯하다.

걸랑 쇠갈비에 붙은 고기.

결곡하다 얼굴 생김새나 마음씨가 깨끗하고 여무져서 빈틈없다.

곤자소니 소의 똥구멍에 딸린 창자의 한 가지.

꼬부랑이 못생기게 비틀어지고 꼬부라진 오이.

답쌓이다 한 군데로 덮쳐 쌓이다.

만화 소의 비장과 지라의 총칭.

말롱질 ① 아이들이 말 모양으로 서로 타고 노는 장난. ② 남녀가 말의 교미를 흉내 내어 하는 장난.

맞바리 남이 팔러 가는 땔나무를 중간에서 사 가지고 시장에 가서 파는 일.

매죄료장수 매조이는 일을 업으로 삼는 사람.

묵새기다 한곳에 머물면서 세월 보내다.

뭉구리 ① 바싹 깎은 머리. ② 중을 이르는 말.

뭉치 소의 볼기 밑에 붙은 고깃덩이.

방아살 쇠고기의 등심 복판에 있는 고기.

보짱 속에 품은 생각.

비쎄다 ① 마음에는 있으면서 안 그런 체하다. ② 일에 어울리기를 싫어하다.

살치 쇠갈비의 윗머리에 붙은 고기.

생게망게하다 생급스럽고 터무니가 없어 생각이 도무지 나지 아니하다.

아롱사태 소의 뭉치사태 한가운데의 살덩이.

암상 남을 시기하는 잔망스러운 심술.

앙살 엄살을 부리며 버티고 겨룸. 앙살궂다. 앙살 부리다. 앙살 피우다.

어레미 바닥의 구멍이 굵은 체.

연엽살 소의 도가니에 붙은 고기.

온새미로 생긴 그대로. 자연 그대로.

음집 짐승의 아기집으로 통한 길.

제비추리 소의 안심에 붙은 고기.

종작없다 말이나 태도가 똑똑하지 못하여 종잡을 수가 없다.

차돌박이 양지머리에 붙은 희고 단단한 부분.

채받이 소의 등심 끝머리 부분. 곧 채찍으로 항상 맞는 곳의 살.

초맛살 소의 대접살에 붙은 살코기의 하나.

통메장이 통을 메우거나 고치는 것을 업으로 하는 사람.

푸접없다 붙임성이 없고 정이 없어 쌀쌀하기만 하다.

헌걸차다 썩 헌거롭다. 기운이 매우 장하다. 키가 매우 크다.

다시 살려 쓸 우리말

흔전거리다 모든 것이 넉넉하여 즐겁게 살아가다.

천승세의 작품

1. 차동수의 정분 잇기

뒤넘스럽다 ① 되지 못하게 건방지다. ② 어리석은 것이 주제넘다.

만귀잠잠 깊은 밤에 아무 소리 없이 고요한 모양.

민충하다 미련하고 덜 되다.

볼만장만 옆에서 보기만 하고 간섭을 하지 않는 모양.

성그레 부드럽고 다정스럽게 눈웃음을 짓는 모양.

앗사위 쌍륙이나 골패 따위에서 승부가 끝나는 판.

얀정머리 '인정머리'를 얕잡아 쓰는 말.

어금지금하다 서로 어슷비슷하여 큰 차가 없다.

얼쩍지근하다 ① 살이 얼얼하게 아프다. ② 술이 알맞게 취하다. ③ 음식 맛이 조금 맵다.

엉거능측하다 능청스러운 수단이 있다.

여름하다 약간 옅은 듯하다.

연봉잠 막 피려는 연꽃 봉오리를 본떠 만들고, 산호 구슬을 물린, 여자의 머리 장식품.

열감 뺨이 붉어지고 입 안이 타며, 변비증이 생기고 몸이 차차 야위어 가는 어린아이의 감疳병.

영독하다 모질고 독살스럽다.

오비작거리다 자꾸 오비어 파내다.

작박구리 위로 뻗친 뿔.

짝자그르하다 소문이 항간에 널리 퍼져 떠들썩하다.

투깔스럽다 모양새가 투박스럽고 거칠다.

팍신하다 녹녹한 가루가 엉기어 붙어 보드랍고 튀기는 힘이 있다.

폴폴 적은 물이 자꾸 끓어오르는 모양.

허갈 거짓으로 꾸미어 공갈함.

허덕지덕 몹시 허덕거리는 모양.

흥글방망이놀다 남의 일을 방해하여 사단을 일으키다.

2. 우리끼리 방실방실 구름 타고 봉황 타고

곡두 눈앞에 없는 사람이나 물건의 모습이 있는 것처럼 보이다 가뭇없이 사라져 버리는 현상.

금궤당귀산 아이 밴 여자의 원기를 보하는 약.

던적스럽다 하는 것이 보기에 아주 치사하고 더러운 데가 있다.

살강거리다 설익은 밥이나 콩이 씹히는 소리가 자꾸 나다.

쌍갈지다 두 갈래로 갈라지다.

쌍그럽다 추울 때 베옷 따위를 입어서 입은 모양이 보기에 매우 쓸쓸하다.

우각새 쇠뿔 속에 든 골.

우심혈 소의 심장의 피. 강장제로 쓰임.

우자스럽다 어리석어서 신분에 맞지 않는 태도가 있다.

울골질 지긋지긋하게 으르며 덤비는 짓.

3. 사람만도 못한 개 탓이라

몸굿 처음 무당이 될 때 하는 굿.

분잡 많은 사람이 북적거림.

섬연 날씬하고 아름다움.

소태 소태나무. 나무진은 맛이 쓰고 위약 · 살충제로 쓰이고 나무는 결이 단단하여 농구 세공물을 만드는 데 쓰임.

숫구멍 갓난아기가 정수리가 굳지 않아 숨 쉴 때마다 뛰는 곳.

시골고라리 어리석고 고집 센 시골 사람.

시뜻하다 ① 다랍고 시들하다. ② 같은 일에 물려서 싫은 생각이 나다.

시퉁머리터지다 매우 시큰둥하다.

심살내리다 조그만 근심이 늘 마음에서 떠나지 않다.

썰레놓다 안 될 일이라도 될 수 있도록 마련하다.

아닥치듯 몹시 심하게 말다툼을 하는 모양.

언턱거리 남에게 무턱대고 억지로 떼를 쓸 만한 근거나 핑계.

엔굽이치다 물이 굽이쳐 뭍으로 휘돌아 흐르다.

여줄가리 주된 물건이나 줄기에 딸린 물건.

염의없다 예의를 잃고 부끄러움이 없다.

욱대기다 몹시 딱딱거리다.

제창 애쓰지 않고 저절로 적당하게.

창나무 배의 방향을 잡는 키의 자루.

채신사납다 처신을 잘못하여 꼴이 매우 언짢다.

할기족족 흘겨보는 눈에 불만스런 마음이 드러나는 모양.

흐무러지다 ① 흐물흐물 익어서 무르녹다. ② 물에 불어서 아주 무르다. ③ 엉길 힘이 없어 뭉그러지다.

4. 홍십자성에 달이 돋아

굉연하다 소리가 하늘이 무너지는 듯이 요란하고 크다.

금닿다 물건의 값이 적당한 점에 이르다.

덧거칠다 일이 순조롭지 못하고 가탈이 많다.

뜨덤뜨덤 글을 서투르게 읽는 모양.

몰강스럽다 모지락스럽도록 차마 못할 짓을 하다.

뱌빚거리다/뱌비작거리다 무엇에 몸을 대고 얄망궂게 문지르며 움직이다.

번주그레하다 얼굴 생김새가 겉으로 보기에 번번하다.

변모없다 ① 고지식하여 변통성이 없다. ② 남의 체면을 돌보지 않고 마구 말이나 행동을 하다.

부사리 머리로 잘 받는 버릇이 있는 황소.

부스대다 가만히 있지 못하고 자꾸 군짓을 하다.

부얼부얼 탐스럽고 복스러운 모양.

사풍맞다 언행을 함부로 하여 경솔하다.

살갑다 겉으로 보기보다 속이 너르다.

살거리 몸에 붙은 살의 정도.

살기담성 살기가 있어 무서움을 타지 않음.

살똥스럽다 말이나 짓이 독살스럽고 당돌하다.

살천스럽다 쌀쌀하고 매섭다.

숙설거리다 자질구레한 말로 숙덕거리다.

아긋하다 물건의 각 조각이 이가 맞지 않아 끝이 조금씩 벌어져 있다.

야젓하다 태도나 됨됨이가 옹졸하거나 잘지 않아서 점잖고 무게가 있다.

어련하다 이쪽에서 염려하지 않아도 저쪽에서 그 일을 응당 잘 알아서 할 것이니 잘못할 리 없다는 뜻으로 의문형에만 쓰임.

어리뜩하다 말이나 짓이 똑똑하지 못하다.

어험스럽다 ① 짐짓 위엄 있어 보이다. ② 텅 비고 우중충하다.

언거번거하다 쓸데없는 말이 많고 너무 수다스럽다.

열담 몸에 열이 심하고, 얼굴에 충혈이 생기며, 눈이 짓무르고 목이 쉬고 정신이 불안해 지는 병.

오감스럽다 언행이 괴벽하고 경망한 데가 있다.

올각거리다 입에 적은 양의 액체를 머금고 양 볼의 근육을 움직이며 소리를 내다.

위각나다 정상의 상태에서 어긋나다.

잔질다 마음이 약하다.

잔판머리 일이 다 되어 끝판이 날 무렵.

장장이 장롱 따위를 만드는 일을 업으로 삼는 사람.

재장바르다 어떤 일을 계획할 때에 좋지 못한 일이 생기다.

젖버듬하다 ① 뒤로 자빠질 듯하다. ② 어떤 일에 탐탁하게 여기지 않는 듯한 태도를 보이다.

존조리 잘 타이르듯이 조리 있고 부드럽게.

츱츱하다 다랍고 염치가 없다.

평다리치다 꿇어앉아 있지 않고, 편안한 자세로 앉아 다리를 놀리다.

하리타분하다 일이 하리고 어지러워 똑똑하지 못하다.

5. 울어라 새여

가랫밥 가래로 떠서 멀리 던져진 흙.

게걸거리다 상스러운 말로 불평스럽게 자주 떠들다.

구절초 엉거시 과의 여러해살이풀.

너더분하다 여럿이 뒤섞여서 갈피를 잡을 수 없이 어지럽다.

뒷밀이 수레 같은 것의 뒤를 밀어 주는 일.

맛문하다 몹시 지치다.

모숨 한 줌 안에 드는 가늘고 긴 물건의 수량.

소사스럽다 하는 짓이 간사하고 좀스럽다.

슬까스르다 남을 추켰다 낮추었다 하여 비위를 건드리다.

시우쇠 무쇠를 불려서 만든 쇠붙이의 하나.

악지 잘 안 될 일을 억지로 해내려는 고집.

악짓손 악지를 써서 해내는 솜씨.

알싸하다 매운 맛이나 냄새 때문에 혀와 콧속이 알알하다.

앞갈망 자기에게 생기는 일을 감당하여 처리함.

어질머리 어질병.

연득없다 갑자기 행동하는 면이 있다.

오소소 잔 물건이 소복하게 쏟아지는 모양.

입찬소리 자기의 지위나 능력을 믿고 장담하는 말.

적요하다 쓸쓸하고 고요하다.

진구덥 자질구레하고 깨끗하지 못한 뒷일을 보살펴 주는 일.

착살부리다 착살맞은 짓을 하다.

*착살 하는 짓이 잔망스럽고 다라움.

한드작거리다 매달린 물건이 한 군데 중심을 두고 찬찬히 이리저리 자꾸 움직이다. 또 움직이게 하다.

해반닥거리다 ① 눈을 크게 뜨고 흰자위를 굴리어 움직이다. ② 물고기 따위가 몸을 젖히며 반득거리다.

6. 임진각 기러기떼

는질거리다 물크러질 듯이 아주 물러지다.

머슬머슬하다 사귐이 잘 어울리지 않다.

문학 작품 속의 우리말

문실문실 나무 따위가 죽죽 뻗어 자라는 모양.

앙장 천장이나 상여 위에 치는 휘장.

야살 말이나 하는 짓이 얄망궂고 되바라진 태도.

엇구수하다 ① 음식 맛이 조금 구수하다. ② 하는 말이 이치에 그럴듯하다.

엇깎다 비뚤어지게 깎다.

엉정벙정 쓸데없는 것을 벌여 놓는 모양.

오긋하다 안쪽으로 조금 옥은 듯하다.

용골때질 심술을 부려 남의 부아를 돋우는 짓.

용천하다 꺼림칙한 느낌이 있다. 매우 좋지 않다.

우련하다 ① 분명하게 나타나지 않다. ② 나타날 듯 말 듯 희미하다. 〉 오련하다.

으르대다 되게 으르고 딱딱거리다.

이지렁떨다 일부러 이지렁스러운 짓을 잇달아서 하다.

제청 ① 장례식 때 무덤 앞에서 제사를 지낼 수 있도록 마련한 곳. ② 제사를 지내는 대청.

존득거리다 ① 차져서 잘 끊어지지 않는 느낌이 연달아 있다. ② 음식물이 검질겨 탄력성 있게 씹히는 느낌이 연달아 있다.

중중거리다 원망하는 태도가 드러나도록 자꾸 중얼거리다.

질깃질깃하다 ① 매우 질기다. ② 성질이 재빠르지 않고 검질기다. ③ 씹으면 차지고도 질긴 힘이 있다.

칼싹두기 밀가루 같은 것을 반죽하여 칼로 굵직굵직하게 조각 지게 썰어서 물에 끓인 음식.

하박하박하다 익어서 오래된 사과 따위와 같이 씹으면 물기가 적고 매우 연하다.

해바르다 양지바르다.

김원일의 작품

1. 겨울 골짜기 上

가년스럽다 몹시 궁상스러워 보이다.

겨릅문 겨릅발 또는 겨릅을 결어 엮어 만든 사립문.

곱송그리다 놀라거나 겁이 나서 몸을 잔뜩 오그리다.

구쁘다 뱃속이 허전하여 자주 무엇인가 먹고 싶다.

글겅이질 ① 글겅이로 마소 따위의 털을 빗기는 일. ② 글겅이로 고기를 훑어 잡는 일. ③ 지방 관리 또는 토호들이 백성의 재물을 착취하던 일.

* 글겅이 ① 마소 따위의 털을 빗기는 데에 쓰는 빗 모양의 도구. ② 고기 잡는 도구의 일종. 싸리로 겯어 만듦.

껑더리되다 오랫동안 심하게 앓거나 심한 고생을 겪고 난 뒤 몹시 파리하여 뼈만 앙상하게 되다.

뇌꼴스럽다 몹시 못마땅하여 아니꼽고 얄밉다.

눈비음 남의 눈에 좋게 보이게 하기 위해 겉으로만 슬쩍 꾸미는 일.

느즈러지다 ① 꼭 졸라맬 것이 느슨하게 되다. ② 정해진 날짜가 밀려 나가다.

늑줄주다 엄한 감독을 늦추어 좀 자유롭게 하다.

댕돌같다 만든 것이 돌과 같이 여무지고 단단하다. 썩 단단하다.

더기 고원의 평평한 땅.

덖다 때가 올라서 몹시 찌들다.

덜퍽지다 푸지고 탐스럽다.

뎬겁하다 뜻밖의 일을 당하여 놀라거나 허둥지둥하다.

도다녀오다 갔다가 머물지 않고 빨리 돌아오다.

동동촉촉 공경하고 삼가서 매우 조심스러움.

둥개다 일을 감당하지 못하고 쩔쩔매다. 힘에 겨워서 처리를 하지 못하다.

들피 굶주려서 몸이 여위고 기운이 쇠약해지는 일.

* 들피지다 굶주려서 몸이 여위고 기운이 쇠약해지다.

등걸잠 아무것도 먹지 아니하고 옷을 입은 채 아무 데서나 쓰러져 자는 잠.

따깜질 큰 덩이의 일이나 물건에서 조금씩 뜯어내는 것.

말코지 물건을 걸기 위하여 벽에 달아 두는 나무 갈고리.

모꼬지 여러 사람이 놀이나 잔치 또는 그 밖의 일로 모임.

몽짜 마음이 음흉하고 몽니를 부리는 짓.

무작하다 무지하고 우악하다.

뭉우리/뭉우리돌 모난 데가 없이 둥글둥글한 모양의 큼지막한 돌.

바자위다 성질이 너무 알뜰하여 너그럽고 부드러운 맛이 없다.

발보이다 재주를 남에게 자랑하기 위하여 일부러 드러내 보이다.

버름하다 물건의 틈이 서로 잘 맞지 아니하여 벌어져 있다.

벅벅이 그러하리라고 미루어 헤아려 보건대 틀림없이.

봉창질 물건을 남몰래 감추어 두는 일.

비역 변태 성욕의 하나로 사내끼리 성교하듯이 하는 짓.

뿌다구니 물건의 뾰죽하게 내민 부분.

새살거리다 생글생글 웃으면서 재미나게 자주 지껄이다.

선겁다 ① 놀랄 만하다. ② 재미가 없다.

소마소마 무섭거나 두려워서 마음이 초조한 모양.

솔수펑이 숲 속이 있는 곳.

수꿀하다 몹시 무서워서 몸이 으쓱하다.

숙부드럽다 ① 언행이 얌전하고 점잖다. ② 마음씨가 참하고 부드럽다. ③ 물건이 노글노글 부드럽다.

숯등걸 숯이 타다 남은 덩어리.

슴벅이다 눈을 감았다 떴다 하다.

신둥부러지다 정도에 지나치게 주제넘다.

알이알이 ① 꾀바른 수단. ② 서로 가까이 아는 사람. ③ 어린아이들의 늘어나는 재주.

애옥살이 가난과 궁핍에 쪼들리며 사는 살림살이.

야살 말이나 행동이 되바라지고 얄망궂은 태도.

* **야살을 떨다** 야살을 몹시 부리다.

어리차다 ① 독한 냄새나 심한 자극에 정신이 흐릿해지다. ② 눈이 부시어 몹시 어리게 되다.

오례쌀 올벼의 쌀.

오사바사하다 마음이 부드럽고 사근사근하며 잔재미는 있으나 요리조리 변하기 쉽다.

옹송그리다 무섭거나 추워서 몸을 궁상스럽게 옹그리다.

왜자기다 정신이 어지럽도록 시끄럽게 떠들어 대다.

우련하다 형태가 빛깔이 보일 듯 말 듯 희미하고 엷다.

운김 남은 기운.

울가망하다 근심스럽거나 답답하여 기분이 나지 않다.

은결들다 ① 겉으로 다쳐서 상처가 생기다. ② 원통한 일로 남모르게 속이 상하다.

다시 살려 쓸 우리말

이드거니 한동안 뜸하여 분량이 넉넉하게.

이지렁스럽다 능청맞고 천연스럽다.

자닝하다 약한 자의 참혹한 모양이 애처로워 차마 보기 어렵다.

재우치다 동작을 빨리하여 몰아치다.

지대돌 지대를 쌓아 놓은 돌.

출무성하다 ① 위아래가 굵거나 가는 데가 없어 비스름하다. ② 물건의 대가리들이 들쭉날쭉하지 않고 가지런하다.

헐쑥하다 얼굴이 여위고 핏기가 없다.

홀치다 벗어나거나 풀리지 못하도록 꼭 동이다.

휭기끼다 겁을 내어 두려워하는 마음이 생기다.

흥감 넌덕스러운 말로 실리보다 지나치게 떠벌리는 태도.

2. 겨울 골짜기下

가살을 떨다 경망스럽게 가살을 부리다.

감사납다 ① 억세어서 휘어잡기 힘들고 사납다. ② 바탕이 거칠어서 일하기 힘들고 험하다.

개씨바리 눈에 벌겋게 핏발이 서고 눈곱이 끼며 몹시 부시어 하는 병.

거니채다 낌새를 대강 짐작하여 눈치 채다.

거추하다 ① 보살펴어 바라지하다. ② 도와서 주선하다.

곰파다 남의 내용을 알려고 자세히 따져 보다.

괄다 ① 화력이 강하다. ② 성질이 느긋하지 못하고 팔팔하다. ③ 관솔 등 나무의 옹이 부분에 엉긴 진이 많다.

구새 광석 속에 산화되어 있는 다른 광물질의 알갱이.

구새가 먹다 ① 살아 있는 나무의 속이 썩어서 구멍이 나다. ② 속이 사용하지 못하게 되었거나 내용이 비게 되다.

군시럽다 벌레 같은 것이 살에 붙어 기어가는 느낌이 있다.

꺽꺽하다 ① 품질이 억세어서 나긋나긋한 맛이 없다. ② 성질이 부드럽지 않고 딱딱하다.

꼭뒤 뒤통수의 한복판.

남상거리다 욕심이 나서 목을 길게 빼어 늘이고 자주 넘보다.

냉갈령 매정하고 쌀쌀한 태도.

높드리 ① 골짜기의 높은 곳. ② 높고 메말라서 물기가 적은 곳에 있는 논밭.

다랑이 비탈진 산골짜기 같은 곳에 있는 층층으로 된 좁고 작은 논배미.

다림보다 어떠한 것을 겨냥대고 살펴보다.

다미씌우다/안다미씌우다 자기가 맡아 할 책임을 남에게 넘기다.

당조짐 정신을 차리도록 단단히 조짐.

데 완전하지 못하거나 충분하게 되지 못함.

데설궂다 성질이 털털하고 호방하여 꼼꼼하지 못하다.

도리암직하다 키가 좀 작달막하고 얼굴이 나부죽하며 몸매가 얌전하다.

따리꾼 알랑거리면서 남의 비위를 맞추며 살살 꾀어내기를 잘하는 사람.

만귀잠잠하다 깊은 밤에 온갖 것이 다 잠들어 고요하다.

말갈망 말의 뒷수습.

말뚝잠 꼿꼿이 앉은 자세로 자는 잠.

먼가래 객사한 송장을 임시로 그곳에 묻는 일.

메부수수하다 말과 하는 행동이 메떨어지고 촌티가 나다.

묵정이 오래 묵어서 된 물건.

뭉우리돌 모난 데가 없이 둥글둥글한 모양의 큼지막한 돌.

바라기 음식을 담는 조그마한 사기그릇.

바잡다 조마조마하고 두렵고 염려스럽다.

벋서다 버티어 맞서서 겨루다.

보채 보루.

뺑시레 힘없이 입을 크게 벌려 매우 부드럽고 평화스럽게 웃는 모양.

사막스럽다 심히 악한 태도가 있다.

사막하다 몹시 가혹하다.

상막하다 삭막하다.

서숙죽 조죽.

소소리바람 이른 봄에 살 속으로 기어드는 맵고 찬 바람.

손씻이 남의 수고에 대하여 적은 물건을 주는 일.

수월수월 아주 수월하게.

숫접다 태도가 순박하고 진실하다.

신청부같다 근심걱정이 많아서 사소한 일은 돌아볼 여유가 없다.

심살내리다 잔 근심이 늘 마음에서 떠나지 않다.

알음장 넌지시 눈치로 알려 주는 것.

야지랑(을) 떨다 매우 야지랑스러운 짓을 자주 하다.

어룽지다 어룽어룽한 무늬가 있다.

어슴새벽 어스레한 새벽.

얼마르다 얼어 가며 차차 조금씩 마르다.

업시름 업신여겨서 하는 구박.

연사질 교묘한 말로써 남을 꾀어 그의 속마음을 떠보는 것.

울력 여러 사람이 힘을 합하여 하는 일.

이내 해 질 무렵 멀리 보이는 흐릿하고 푸르스름한 기운.

인두 식도와 후두에 붙어 있는 깔때기 모양의 부분.

조붓하다 약간 좁은 듯하다.

줄통을 뽑다 호기를 부리거나 싸움을 할 때 옷깃을 헤치다.

지정거리다 곧장 더 나아가지 아니하고 한자리에서 조금 지체하다.

참취 엉거시 과에 속하는 여러해살이풀.

첫밧 맨 처음 벌어진 일.

틀수하다 성질이 침착하고 깊다.

틀스럽다 틀거지가 있게 보이다.

편익을 들다 편들다.

허영거리다 속이 텅 빈 것처럼 몹시 허전하다.

후더침 아이를 낳은 뒤 일어나는 잔병.

홍명희의 작품

1. 林巨正 [1]

가죽나무 소태나무 과에 속하는 갈잎 교목. 원산지는 중국 대륙.

고동 ① 기계를 움직여 활동시키는 장치. ② 일의 중요한 데. ③ 마땅히 자기가 해야 할 말은 바 책임.

구메구메 틈나는 대로. 짬짬이. 새새.

구메농사 ① 연사年事가 고르지 아니하여 장소에 따라 풍작 및 흉작이 일정치 않은 농사. ② 작은 규모로 짓는 농사.

길라잡이 앞에서 길을 인도하는 사람.

날새 날사이. 지난 며칠 동안.

당줄 망건당줄.

대궁 먹다가 그릇 안에 남긴 밥.

동고리 동글납작한 작은 버들고리.

되우 아주. 몹시. 매우 심하게.

망사스럽다 요망스럽고 깜찍하다.

머릿방 안방 뒤에 붙은 방.

모방 안방의 한구석에 붙어 있는 작은 방.

보명목 옛날의 보병의 옷감으로 백성이 바치던 올이 굵고 거칠게 짠 무명.

보병것 보병목으로 지은 옷.

새되다 목소리가 높고 날카롭다.

생화 먹고 살아가는 데 도움이 되도록 장사하는 일이나 직업.

설렁 처마 끝 같은 곳에 달아 놓고 사람을 부를 때 줄을 잡아당기면 소리가 나게 한 방울.

쓰레질 비로 쓸어서 집 안을 깨끗하게 하는 것.

암상 남을 시기하고 샘을 잘 내는 잔망스러운 마음.

업진 소의 가슴에 붙어 있는 고기. 양지머리와 같이 편육, 탕 등의 재료로 쓰임.

우두머니 우두커니.

웅긋증긋 비슷한 크기의 것들이 툭툭 불거져 있는 모양.

젖동생 자기의 유모가 낳은 아들이나 딸.

졸가리 ① 잎이 다 떨어진 나뭇가지. ② 사물의 군더더기를 다 빼어 버린 나머지의 골자. ③ 예전에 행세하던 집안이나 문벌을 낮추어 일컬음.

종주먹 쥐어지르며 을러댈 때의 주먹.

지망지망 조심성이 없고 언행이나 성질 등이 경박하여 무슨 일에나 소홀한 모양.

지싯거리다 남이 싫어하는 것도 모르고 자주 짓궂고 귀찮게 굴다.

* 지싯지싯 지싯거리는 모양.

진둥한둥 매우 바쁘거나 급해서 분주히 허둥거리며 서두는 모양.

진수 반찬거리.

채수염 숱은 많지 아니하나 퍽 긴 수염.

포달 암상이 나서 악을 쓰고 욕설을 퍼부으며 대드는 일.

홍 저고리 소매에 이어 대는 동강의 조각.

회창거리다 ① 가늘고 긴 물건이 탄력 있게 휘어지며 흔들리다. ② 걸음 걸을 때 다리가 휘우듬하게 한들거리다.

회창회창 회창거리는 모습.

흰무리 멥쌀가루만을 켜가 없게 안쳐서 찐 시루떡. 밤, 대추, 검은 콩 따위를 섞어서 찌기도 함.

2. 林巨正 2

감장 남에게 의지하지 않고 혼자 꾸리어 감.

꾀꾀로 남이 보지 않는 틈을 타서 살그머니.

날치 ① 날아가는 새를 쏘아 잡는 일. ② 동작이 몹시 재빠르고 날램을 일컫는 말.

너글너글하다 마음씨가 매우 시원스럽고 너그럽다.

너누룩하다 ① 떠들썩하던 것이 잠시 조용하다. ② 심하던 병세가 잠시 가라앉다.

노구메 산천의 신령에게 치성드리기 위해 노구솥에 지은 메.

더치다 낫거나 나아가던 병이 다시 더하여지다.

덧정 한곳에 깊은 정을 붙이면 그에 속하는 모든 것까지 사랑스럽게 여겨지는 정.

뒤채 가마나 상여 또는 들것 따위의 채의 뒷부분.

뒷고대 깃고대의 뒷부분.

막치 막잡이로 만든 품질이 낮은 물건.

말승냥이 ① 늑대를 승냥이에 비하여 큰 종류라는 뜻으로 일컬음. ② 키가 볼품없이 크고 성질이 사나운 사람을 일컬음.

망석중이 ① 나무로 다듬어 만든 인형의 일종. ② 남이 부추기는 대로 움직이는 사람을 비유.

먼장질 먼발치로 총, 활 따위를 쏘는 일.

멍구럭 사이를 성기게 떠서 만든 큰 구럭.

몽근벼 까끄라기가 없는 벼.

무수리 궁중에서 잔심부름을 하는 여자 종을 이르는 말.

방자 남을 못되게 하거나 또는 제앙을 꼭 받도록 하려고 귀신에게 빌거나 병술을 쓰는 것.

변백 변명.

봉채 봉치의 원말.

*봉치 혼인 전날 신랑 집에서 신부 집으로 채단과 예장을 보내는 일. 또는 그 물건.

부닐다 붙임성 있게 가까이 따르다.

새앙차 새앙을 넣고 끓인 차.

슴베칼 괭이, 호미, 낫 등의 날의 한 끝이 자루 속에 들어간 부분.

자위 ① 무거운 물건이 놓여 있던 자리. ② 뱃속의 아기가 놀기 전까지의 정적 상태. ③ 밤톨이 완전히 여물기 전까지 밤송이 안에서 미숙한 상태로 붙어 있는 자리.

장맞이 길목을 지키고 있다가 사람을 만나려는 일.

조그마큼직하다 중간 크기다.

조만하다 ① 정도나 형편, 수준이 엇비슷하다. ② 정도나 수준이 조와 같다.

징그다 ① 옷의 일부가 쉽게 해지지 않도록 딴 천을 대고 듬성듬성 꿰매다. ② 옷을 다 뜯어서 고치지 아니하고 군데군데를 접어서 듬성듬성 호다. ③ 장차 닥쳐올 일에 대비하여 미리 준비하다.

투미하다 미련하고 둔하다. 매우 어리석다.

패패이 여러 패가 다 각각.

퍼더버리다 아무렇게나 주저앉아 팔다리를 편히 뻗어 버리다.

화초장이 화초 가꾸는 일을 업으로 삼는 사람을 얕잡아 일컫는 말.

회목 손목이나 발목의 잘록한 부분.

3. 林巨正 3

겸두겸두 한꺼번에 여러 가지 일을 겸하여 하는 모양.

곡두 실제로 눈앞에 없으면서 있는 것처럼 아른아른하다가 가뭇없이 사라져 버리는 현상.

굴갓 벼슬한 중이 쓰던 갓.

기이다 어떤 사실을 숨기고 바른대로 말하지 아니하다.

기직자리 초석.

내쾌 괴이하게 생각했더니 과연 그렇다는 뜻.

두동지다 ① 앞뒤가 모순되어 서로 맞지 아니하다. ② 앞뒤의 이가 맞지 않다.

뜨다 무거운 것을 위로 쳐들어 올리다.

맨드리 ① 옷을 입고 매만진 맵시. ② 물건을 만든 모양새.

맨망떨다 요망스럽게 까불다.

범범하다 사물에 대하여 꼼꼼하지 않고 데면데면하다.

악지 자기의 생각이나 주장을 굽히지 아니하고 억지로 해내려고 하는 고집.

언치 마소의 등에 깔아 주는 방석이나 담요 같은 물건.

오롱이조롱이 오롱조롱하게 각각 달리 생긴 여럿을 일컫는 말.

왜자하다 소문이 여러 사람을 거쳐 굉장하게 퍼지다.

이매망량 ① 온갖 도깨비. ② 어처구니없이 허무맹랑한 사람을 얕잡아 보는 말.

자치동갑 한 살 차이가 나는 동갑.

절따말 붉은 빛깔의 말.

타락죽 우유로 만든 죽.

판수 점치는 일을 업으로 삼는 소경.

행내기 그다지 뛰어나지 않은 예사로운 사람을 얕잡아 일컫는 말.

호다 헝겊을 여러 겹 겹치고 성기게 꿰매다.

홈질 옷감 두 장을 포개어 성기게 하는 바느질.

4. 林巨正 4

건둥반둥 반둥건둥. 일을 다 끝내지 못하고 중도에서 성의 없이 그만두는 모양.

귀성스럽다 꽤 구수한 맛이 있다.

꺼귀꺼귀 먹는 모양.

나우 ① 약간 많은 듯하게. ② 정도가 조금 낫게.

남철릭 무관의 공복의 한 가지. 직령으로 허리에 주름이 잡히고 큰 소매가 달렸음.

도섭 능청스럽고 수선스럽게 변덕을 부리는 짓.

돈치다 ① 값이 오르다. ② 돈아서 내밀다.

되술래잡다 범인이 도리어 순라를 잡는다는 뜻으로, 잘못을 사과해야 할 사람이 오히려 남을 나무람을 일컫는 말.

두루미 목과 아가리는 좁고 길며, 단지처럼 배가 둥글게 된 병의 일종.

뒷전놀이 무당의 열두거리 굿에서 마지막 굿거리를 놀다.

뜨내기 ① 일정한 거처 없이 이리저리 떠돌아다니는 사람. ② 정상적으로 언제나 있는 것이 아닌 간혹 하는 일.

뜨악하다 마음이 선뜻 내키지 아니하다.

마구리 ① 길쭉한 상자나 토막 또는 구덩이 등의 양쪽 머리의 면. ② 길쭉한 물건의 끝에 대는 물건.

마다 짓찧어서 못 쓰도록 오그라뜨리거나 부스러뜨리다.

물초 전체가 물에 젖음. 또는 그 모양.

밀타승 옛날 물감의 일종. 일산화연을 달리 일컫는 말.

반두 물고기를 잡는 그물. 두 끝에 막대기를 대서 두 사람이 맞잡고 고기를 몰아 잡게 되어 있음.

비릇다 아이를 낳으려는 기미가 있어 동작을 일으키다.

새앙 새앙 과의 여러해살이풀.

숙지다 어떤 현상이나 기세 등이 점차 줄어들다.

시계전 시장에서 곡식을 파는 노점.

엄장 풍채가 좋은 큰 덩치.

옴니암니 자질구레한 일에까지 이래저래 드는 비용.

외람스럽다 분수에 넘치는 짓을 해서 죄송함.

욱대기다 을러대어 억눌러 위협하다.

유착하다 매우 투박스럽고 크다.

육초 쇠기름을 녹여 굳혀서 만든 초.

잔채질 포교가 죄인을 신문할 적에, 회초리로 계속해서 이리저리 마구 때리는 매질.

장내기 장에 내다 팔 목적으로 만든 물건.

장목비 ① 꿩의 꼬리털을 묶어서 만든 비의 일종. ② 장목수수의 이삭으로 맨 비.

장산적 쇠고기를 연하게 이겨 갖은 양념을 발라 구운 뒤에 다시 반듯반듯하게 썰어 진간장에 졸인 반찬.

주당 뒷간을 지키는 귀신.

참젖 ① 양분이 많고 좋다는 의미로 사람 젖을 달리 일컫는 말. ② 시간을 두고 먹이는 젖. ③ 참참이 얻어먹는 남의 젖.

채뜨리다 ① 힘을 주어 갑자기 앞으로 와락 잡아당기다. ② 날쌔게 채어 빼앗다.

다시 살려 쓸 우리말

청처짐하다 ① 밑으로 약간 처진 듯하다. ② 동작이 바싹 조이는 맛이 없이 좀 느슨하다.

투겁 두겁이 변한 말.

포함 귀신의 말을 빌려서 한다는 무당의 호령.

* **포함을 주다** 무당이 귀신의 말이라 하여 호령함.

함롱 ① 함과 농. ② 옷을 넣어 두는 함같이 생긴 농.

횡대 ① 가로띠. ② 관을 묻은 뒤 광중壙中의 위를 덮는 널조각.

5. 林巨正 5

개잠 아침에 깼었다가 다시 드는 잠.

나배기/나이배기 보기보다 나이가 많은 사람을 낮추어 일컫는 말.

농삼장 상자를 넣으려고 노끈으로 엮어 만든 망태나 보.

데시기다 먹고 싶지 않은 음식을 억지로 먹다. 당기지 않는 음식을 마지못하여 먹다.

도르리 여러 사람이 제각기 음식을 돌려 가며 내어 함께 먹는 일.

두남두다 ① 잘못한 것을 두둔하여 도와주다. ② 가엾게 생각하여 돌보아 주다.

드던지다 ① 성이 나거나 하여 물건을 마구 들어 내던지다. ② 급히 걸을 때에 지팡이를 크게 내두르며 짚어 나가다.

새옹 놋쇠로 만든 작은 솥. 배가 부르지 않고 바닥이 평평하며 전과 뚜껑이 있음. 흔히 밥을 지어서 새옹째 상에 갖다 놓음.

시룽거리다 실없는 말과 행동을 하며 까불거리다.

안담/안다미 남의 책임을 맡아 짐.

얼 명사 앞에 붙어 '되다가 덜 된', '똑똑하지 못한' 의 뜻.

오쟁이 짚으로 엮어 만든 작은 섬.

쟁치다/재양치다 명주나 모시 등에 풀을 먹여서 재양틀에 매거나 재양판에 붙이고 반반하게 올을 펴서 말리거나 다리다.

적신구근 여러 해를 두고 벼슬살이함.

준신 어떤 것을 대중으로 삼아 믿고 좇음.

중두리 독보다 좀 작고 배가 부른 오지그릇.

찌 특히 기억할 것을 표하려고 그대로 글을 써서 붙이는 좁고 가름한 종이쪽.

6. 林巨正 6

감쪼으다 웃어른이 물건을 살펴보게 갖다 드리다.

갓모 갈모의 원말.

겁운 큰 액운.

겨끔내기 서로 자주 번갈아 하기.

고팽이 새끼나 줄 등을 사리어 놓은 한 돌림을 세는 단위.

난데 다른 고장.

남진 남편. 남자.

능준하다 표준에 차고도 남아서 넉넉하다.

다솔 사람을 많이 거느림.

도저하다 ① 썩 잘되어 매우 좋다. 완벽한 정도에 가깝다. ② 끝까지 매우 훌륭하다.

두대박이 두 개의 돛대를 세운 큰 배.

들돌 운동 기구의 하나. 돌이나 쇠로 만드는데, 체력을 단련하기 위하여 들었다 놓았다 함.

마름 이엉을 엮어서 말아 놓은 단.

발기 사람이나 물건 이름을 죽 적은 글.

발떠퀴 사람이 가는 곳을 따라서 길흉화복이 생기는 운수.

베돌다 사람들과 어울리기를 싫어하며 따로 떨어져 행동하다.

사피하다 사양하여 피하다의 뜻.

상없다 보통의 이치에서 벗어나다.

성주받이 새로 집을 짓거나 이사를 한 뒤 성주를 새로 받아들인다고 하는 굿.

수삽 몸 둘 바를 모를 정도로 수줍고 부끄러움.

아기똥거리다 ① 작은 몸을 마음대로 가누지 못하여 힘겹게 움직이면서 느릿느릿 자꾸 걷거나 움직임. ② 아기똥한 언동을 자꾸 하다.

앙가발이 ① 짧고 굵은 다리. 또는 그런 다리를 가진 사람을 일컫는 말. ② 남에게 잘 달라 붙는 사람을 얕잡아 일컫는 말.

알긋거리다 짜인 물건의 귀퉁이가 잘 맞지 않고 조금씩 일그러지다.

* **알긋알긋** 자꾸 알긋거리는 모양.

어질더분하다 어질러 놓아 지저분하다.

용혹무괴 혹 그럴 수 있다 하여도 괴이할 것이 없음.

은사죽음 당연히 드러나야 할 일이 나타나지 않고 마는 일.

이엉 초가집의 지붕이나 담을 잇기 위해 짚, 새 따위로 엮은 물건.

일변 한쪽 부분 또는 한편.

장채 가마 같은 것의 긴 채.

재판 방 안에 담배통, 요강, 타구 등의 잡다한 것을 벌여 놓을 때 장판이 상하지 않게 하기 위하여 깔아 두는 널판.

중둥밥 팥을 삶은 물에 입쌀을 안쳐 지은 밥.

쩍말없다 썩 잘 되어서 더 말할 나위 없다.

치뜰다 하는 짓이나 성질이 나쁘고 더럽다.

헉찌기 먹고 남은 음식.

헐수할수없다 ① 이렇게도 저렇게도 할 수 없다. ② 매우 구차하여 살아갈 길이 막연하다.

7. 林巨正 7

가랑이 이의 일종.

갓철대 갓양태의 테두리에 두른 테.

건공대매 실속 없이 건으로 승부를 겨룸.

건공잡이 허세를 부리는 사람.

기광 극성스레 마구 날뛰는 행동이나 기세.

나번득이다 잘난 체하고 함부로 덤비다.

너푼거리다 가볍게 흔들리어 너붓거리다.

농판 장난이나 농이 벌어진 자리.

대살지다 몸이 강파르고 강기가 있다.

덩둘하다 ① 매우 둔하고 어리석다. ② 어리둥절하여 멍하다.

뒤변덕스럽다 아주 수선스럽게 변덕스럽다.

말밥 었다, 오르다, 올리다 등의 말과 결합하여 '기분 좋지 않은 화제話題의 대상' 이란 뜻으로 쓰임.

매질꾼 사람을 잘 치고 싸움을 잘하는 사람.

무람없다 윗사람이나 친한 사이에 버릇없이 예의를 지키지 아니함.

문문하다 ① 무르고 부드럽다. ② 어려움 없이 마음대로 다룰 만하다.

보름보기 애꾸눈을 조롱하여 일컫는 말.

사날 ① 거리낌 없이 저 하고 싶은 대로만 하는 태도. 또는 그러한 성미. ② 비위 좋게 남의 일에 잘 참견하는 일.

사렴 뱀이 무덤을 황폐하게 하는 일.

사살 잔소리로 늘어놓는 말.

산골 구리가 나는 곳에서 얻어지는 청황색의 쇠붙이. 부러진 뼈를 잇게 하는 약으로 씀.

살천스럽다 쌀쌀하고 매섭다.

세절목 자질구레한 조목.

수자리 나라와 나라의 경계를 지키는 일. 또는 그런 명사.

술명하다 수수하고 훤칠하게 알맞다.

슬금하다 겉보기엔 어리석은 듯하나 속으로는 슬기롭고 너그럽다.

실골목 폭이 매우 좁고 긴 골목.

어리 우리.

어벌쩡하다 남을 속여 넘기려고 말과 행동을 교묘히 엄벙하다.

엄부럭 엄살. 심술.

엉어리 응어리.

여짓거리다 말을 할 듯 말 듯 자꾸 머뭇거리다.

원집 본집.

율기 ① 안색을 바로잡아 엄정히 함. ② 자기 자신을 다스림.

이심스럽다 지나치게 심한 듯하다.

일매지다 ① 다 가지런하다. ② 모두가 고르고 비슷하다.

자치다 잦히다. 잦게 하다.

정장질 관청에 소장訴狀을 내는 일.

주줄이 죽 늘어진 모양.

쥐다위 ① 남에게 등을 대고 의지하거나 떼를 쓰는 것. ② 자기의 허물을 남에게 덮어씌우는 것.

쥐대기 ① 전문가가 아니어서 재주가 없는 서투른 장색. ② 이곳저곳에서 마구 모으는 일.

퉁노구 퉁으로 만든 조그만 솥.

핀퉁이 핀잔.

해거 괴이한 짓.

화랭이 무당. 조선 왕조 때 광대의 일종.

8. 林巨正 [8]

깍짓손 깍지를 낀 손. 시위를 잡아당긴 손.

노박이로 ① 계속해서 오래 붙박이로. ② 끊임없이 줄곧.

도리목 고관들이 붙이던 옥관자.

둥구나무 크고 오래된 정자나무.

들떼놓고 사물을 꼭 집어 말하지 아니하고.

등메 돗자리의 일종. 헝겊으로 가장자리 선을 두르고 뒤에 부들자리를 대서 꾸민 돗자리.

뙤다 ① 실로 짠 그물코나 바느질땀 같은 것의 올이 터지거나 끊기다. ② 물건의 어느 한 귀퉁이가 조금 깨어져 떨어지다.

명문뼈 명치뼈.

밑씻개 뒤를 본 뒤에 밑을 씻어 내는 종이 따위.

서총대무명/서총대베 조선 10대 연산군 때 서총대를 쌓기 위하여 무명을 거둔 까닭에 백성의 살림이 피폐해져서 나중에는 길이가 짧고 빛이 검은 무명을 바쳤던 일로, 품질이 나쁘고 길이가 짧은 무명 베를 놓으로 일컫는 말.

석새 ① 예순 올의 날실. ② 석새삼베.

아이다 빼앗기다.

알짬 여럿 중에서 제일 중요한 내용.

어우렁더우렁 여러 사람들과 어울려 들떠서 정신없이 지내는 모양.

여리꾼 상점 앞에 섰다가 손님을 끌어들여 흥정을 붙여 주고 주인으로부터 삯을 받는 사람.

오간수 옛날 서울 성벽의 동대문과 수구문 사이에 뚫린, 쇠창살 박은 다섯 개의 구멍으로 흘러 내려가던 물.

오둠지진상 ① 지나치게 너무 높이 올라붙었음을 일컫는 말. ② 상투나 멱살 등을 잡고 번쩍 들어 올리는 짓.

와주 도둑이나 노름꾼 소굴의 우두머리.

입맷상 잔치 때 큰상을 드리기 전에 먼저 간단히 차려 대접하는 음식상.

장건건이 ① 간장, 고추장, 된장 등의 총칭. ② 장을 재료로 만든 반찬의 총칭.

전두르다 어떤 동작의 진행 도중에 다음 행동을 대비하기 위하여 한 번 쉬다.

절따말 붉은 빛깔의 말.

조감 사람의 겉만 보고도 그 됨됨이나 인품을 잘 알아보는 식견.

주작부언 터무니없는 거짓말을 꾸며 냄.

질둔 ① 둔곽하고 투미한 재주. ② 몸이 뚱뚱하여 행동이 굼뜸. ③ 행동이 둔함.

탯덩이 아주 못생긴 사람을 얕잡아 일컫는 말.

파탈 구속이나 예절 등으로부터 벗어남.

핫애비 아내가 있는 남자.

해망적다 영리하지 못하고 어리석다.

허우룩하다 매우 가까운 사람과 이별하여, 마음이 빈 것 같고 서운하다.

횡대 관을 묻은 뒤에 광중의 위를 덮는 널조각.

9. 林巨正 9

거피팥 팥 품종의 한 가지. 검푸르고 아롱진 점이 있으며, 껍질이 얇아 벗기기 쉬우므로 많이 쓰임.

건지 '건더기' 가 줄어 변한 말.

구지레하다 구저분하고 더럽다.

꽃달임 진달래나 국화가 필 때 그 꽃을 따서 전을 부치거나 떡에 넣어 먹는 놀이.

도다녀가다 왔다가 지체하지 않고 빨리 돌아가다.

도조 농부가 남의 논밭을 빌려서 부치고 그 세로 해마다 내는 벼.

도차지 ① 어떤 일이나 물건을 도맡아 혼자서 다 차지함. ② 세력 있는 집이나 부잣집에서 주인의 지시에 따라 그 집 살림을 도맡아서 하는 사람.

동 묶어서 한 덩이로 만든 묶음.

두길보기/두길마보기 일을 하는 데에 어느 한쪽이 실패하더라도 자기에게 해롭지 않도록 양쪽에 다리를 걸쳐 놓고 마음을 두고 살펴보는 것.

두세두세 여러 사람이 말하는 소리.

들메 벗어지지 않도록 끈으로 신발을 동여매는 일.

떡미레 소의 턱 밑 고기.

비치다 시달려서 느른하고 기운이 없어지다.

산매가 들리다 요사스러운 산 귀신이 몸에 붙다.

삼씨 삼의 씨. 기름을 짜고 새 먹이에 쓰며 한방에서 난산, 공수병, 월경과다, 변비증 등에 쓰임.

얼얼지육 마음에 꺼림칙한 선물. 곧 보내기에 변변치 못한 선물을 일컫는 말.

엽렵 ① 매우 재치 있고 날렵함. 분별이 있고 의젓함. ② 바람이 가볍고 부드러움. ③ 물건이 바람에 흔들리는 모양.

엿방망이 투전이나 골패놀이의 한 가지.

요개부득 도저히 고칠 수가 없음.

요요하다 눈치가 빠르고 똑똑하다.

잣베개 잣 껍데기를 넣어 만든 베개.

적바림 사실을 간단히 적어 두는 일. 또는 적어 놓은 간단한 기록.

지치다 문을 잠그지 아니하고 닫아만 두다.

털토시 안에 털을 넣고 만든 토시.

푸새 산과 들에 저절로 나서 자란 풀의 총칭.

행하 ① 경사가 있거나 또는 수고를 했을 때에 주인이 자기 하인에게 내려 주는 돈이나 물건. ② 품삯 외에 더 얹어 주는 돈. ③ 놀이가 끝난 다음에 기생이나 광대에게 주는 보수.

황부루 흰빛이 섞인 누른 말.

문학 작품 속의 우리말

민중의 바다

가달박 잘 굳지 않아 우그러든 쪽박.

가드라들다 빳빳하게 되면서 오그라들다.

가래기 떨어져 쌓인 마른 나뭇잎.

강대 낙엽송의 어린 나뭇가지와 뿌리를 잘라 버린 밋밋한 나무.

거쿨지다 몸집이 크고 하는 일이 시원시원하다.

걸구다 땅을 비옥하게 하다.

겨릅불 껍질을 벗겨 낸 삼대를 때는 불.

견결하다 의지나 태도가 꿋꿋하고 군세다.

결곡하다 생김새나 마음씨가 깨끗하고 야무져서 빈틈이 없다.

고로쇠나무 단풍나무의 한 가지.

고르롭다 여럿이 다 한결같이 고르다.

곽쥐 옛날에 세력을 떨치던 주走자 이름의 곽준 여덟 형제의 별명으로, 어린아이가 울거나 보챌 때 무서운 것이라는 뜻으로 얼러서 달래는 말.

구새먹다 살아 있는 나무가 속이 썩어서 구멍이 나다.

궁냥 사물을 처리하거나 밝히거나 하기 위하여 이리저리 깊이 헤아리는 생각.

궁치방아 물레방아의 한 가지.

귀밀 밭곡식의 하나. 줄기와 잎은 보리와 비슷하나 이삭이 모가 지지 않은 것이 다르다.

귀밀밥 귀밀쌀로 지은 밥.

귀틀집 큰 통나무를 정井자 모양으로 귀를 맞추어 층층이 얹고 틈을 흙으로 발라 만든 집.

그쯘하다 빠짐없이 충분히 다 갖추어 있다.

기우개질 무엇을 깁는 일.

까박 ① 말이나 행동에 트집을 잡아 핀잔을 주거나 걸고 드는 것. ② 눈을 순간적으로 한 번 약간 감았다 뜸.

까지껏 정도나 힘이 자라는 데까지 잔뜩.

깔따구 ① 여느 모기보다 더 사람을 괴롭히는 모기의 한 가지. ② 몹시 여윈 사람을 비겨 이르는 말.

꼬물 보잘것없이 아주 적은 분량을 일컫는 말.

꽐꽐하다 (물건이) 어지간히 굳어서 거칠게 단단하다.

낭자 여자의 예장에 쓰는 딴 머리의 하나. 쪽 진 머리 위에 덧얹어 긴 비녀를 꽂음.

노가지나무 사철 푸른 키나무의 하나. 키는 약 10~15m.

노그라들다 몹시 지쳐서 맥이 착 늘어지다.

눈굽 눈구석이나 눈의 가장자리.

느릅나무 작은 가지에 코르크질이 발달한 나무. 키 20m, 둘레 5m.

능이 먹는 버섯의 일종. 삿갓은 크고 넓죽하며, 겉은 검은빛, 안은 분홍빛이 나고, 잘게 갈라졌음.

능쟁이 게의 일종. 서리가 온 뒤에 나타남.

다우치다 다그치다.

닭알침 목구멍으로 단번에 꿀떡 넘기는 많은 침.

당황망조 몹시 질겁하여 어찌할 바를 몰라 허둥대는 것.

더수구니 덜미를 가볍게 이르는 말.

도척 몹시 약한 사람을 일컫는 말.

되놀이판 낟알을 얼마씩 모아 음식을 만들어 놓고 많은 사람들이 한 집에 모여서 재미나는 이야기, 노래와 춤을 되받아넘기며 즐기던 놀이판.

두세두세 사람들 얘기 소리의 의성어.

둥굴레 은방울꽃 과에 속하는 여러해살이풀. 약용 또는 식용.

뒤설레다 마구 설레다.

띠개 아이를 업는 데 쓰는 띠를 이르는 말.

마가목 능금나무 과에 속하는 낙엽 활엽 교목.

마가을 한창 고비를 지날 무렵의 가을철.

마라초 종이에 말아 피우는 살담배나 잎담배.

마롱마롱 생기가 있게 눈을 뜨고 쳐다보는 모양.

말수더구 늘어놓는 말솜씨.

매시시해지다 온몸에 힘이 없어지고 나른해지다.

메도요 도요 과에 속하는 비교적 큰 도요의 한 가지.

모지름 외로움을 이겨 내거나 견뎌 내려고 기를 쓰는 짓.

몰방 총, 대포 따위를 일정한 곳을 향하여 한꺼번에 여러 방을 쏨.

묘준사격 쏘아 맞출 대상을 겨누어 쏘는 사격.

물쿠다 날씨가 무척 더워지다.

뭇다 여러 개를 한데 붙여서 어떤 물건을 만들다.

미립 경험을 통하여 얻은 묘한 이치나 요령.

밀영 군대나 유격대 등이 활동하기 위하여 깊숙한 밀림이나 산악 지대에 비밀히 자리 잡음.

바디 베틀이나 방직기, 가마니틀 등에 속한 기구의 한 종류.

바장이다 부질없이 가까운 거리를 오락가락 거닐다.

바질바질 속이 상하거나 안타까워 애타는 모양.

발구 주로 물건을 실어 나르는 마소가 끄는 썰매.

방치 빨랫방망이.

버들치 잉어 과에 속하는 민물고기. 몸길이 20cm가량. 피라미처럼 생겼으나 조금 더 큼.

버력 광물이 섞이지 않은 잡석.

버치 자배기보다 조금 깊고 아가리가 벌어진 그릇.

봇나무 북부의 높은 산지대에 절로 나는 잎 지는 키나무의 한 가지.

부대기 일정한 군부대를 나타내는 깃발 수.

부잇하다 빛깔이 조금 부연 듯하다.

분지나무 산초 과에 속하는 잎 지는 넓은 잎떨기 나무의 한 가지.

삽삽하다 ① 매끄러운 맛이 없고 껄껄하다. ② 말이나 글이 분명하지 못하여 이해하기 어렵다.

석쉼하다 목소리가 조금 웅숭깊고 쉰 듯하다.

설핏하다 해가 져서 밝은 빛이 약하다.

쇠다 ① 푸성귀 등이 제철이 지나 연했던 잎이나 줄기가 뻣뻣해지다. ② 병 따위가 한도를 지나쳐 좋지 않게 심해지다. ③ 사람의 성질이 곧지 아니하고 비뚤어지다.

숙보다 실제보다 낮추어 보다.

시뜻하다 ① 마음이 내키지 않아 시들하다. ② 같은 일을 여러 번 겪어 물리거나 지루해지다.

아가위/산사자 산사나무의 열매. 껍질이 단단하고 둥글며 신맛이 남.

악마디 결이 몹시 꼬여서 모질게 된 마디.

알찌근하다 좀 알짝지근하다.

어뜩하다 갑자기 정신이 어지러워 까무러칠 듯하다.

억실억실 얼굴이나 생김생김이 선이 굵고 시원시원한 데가 있는 모양.

언터구/언턱거리 말썽을 피울 만한 핑계.

얼혼 얼 또는 넋을 힘주어 이르는 말.

엇서다 조금도 양보하지 않고 모질게 맞서서 대항하다.

용두레 물을 퍼 올리던 기구의 한 가지. 지레 모양으로 만든 긴 장대의 한 끝에 두레박을 매달았다.

용두레채 용두레의 두레박이 달린 긴 장대.

우격으로 억지로. 무리하게.

우듬지 나무 꼭대기 줄기.

울장 말뚝 같은 것을 죽 벌여 박아 놓은 울.

웅글다 소리가 깊고 우렁우렁 울리는 힘이 많다.

웅숭깊다 도량이 넓고 크다. 되바라지지 않고 깊숙하다. 야하지 않다. 천하지 않다.

이깔나무 전나무 과에 속하는 낙엽 교목.

이와실이 산판에서 베어 놓은 통나무들을 소발구 같은 것으로 찻길까지 실어 나르는 삯일.

인차 탄광, 광산에 사람이 타고 들어갈 수 있게 만든 차.

작탄 항일무장투쟁 시기 김일성이 직접 화약 제조법을 창안해 만들었다는 수류탄.

장바 혼자서 다루기 알맞게 사려 놓은 긴 밧줄.

재밤중 깊은 밤중.

재우리 재를 모아 두기 위해 만든 헛간.

주접 사람이나 생물이 쇠하여 제대로 자라지 못하는 일.

짜개신발 엄지발가락과 나머지 발가락이 따로 들어가게 된 신발.

쪼프리다 눈이나 이맛살을 매우 좁히거나 작아지게 하다.

쪽잠 짧은 틈을 타서 불편하게 쪼그리고 자는 잠.

쭈밋거리다 자꾸 쭈밋쭈밋하다.

찌글사하다 한쪽으로 좀 찌그러진 듯하다.

참지 조선 종이를 달리 이르는 말.

처서판 막벌이를 하는 험한 일판.

초간하다 시간적으로 조금 사이가 뜨다. 한참을 걸을 정도로 떨어져 있다.

타래 실, 고삐, 노끈 등을 사려서 뭉쳐 놓은 것.

탕개 물건의 동인 줄을 죄는 기구. 동인 줄의 중간에 비녀장을 질러서 비틀면 줄이 졸아들게 됨.

토피 나무나 풀로 덮인 땅의 거죽.

틀스럽다 틀거지가 있게 보이다.

파리우리하다 파란빛이 은은하다.

포치 배치.

푸수하다 성품이 까다롭지 않고 수더분하다.

함실 부넘기가 없이 불길이 그냥 곧게 고래로 들어가게 한 아궁이.

허궁 ① 어떤 물체가 공중에 번쩍 떠들리거나 뜨이는 모양. ② 어떤 사물이나 현상이 아주 터무니없이 없어지거나 보람 없이 되어 버리는 모양.

허양 맥없이 그냥. 또는 곧바로 손쉽게.

호호바다 넓은 바다.

혼솔 홈질로 꿰맨 옷의 솔기.

홀태바지 통이 썩 좁은 바지.

홈타기 움푹하게 팬 자리나 갈라진 샅.

홍찌 피똥을 달리 이르는 말.

화승대 불심지에 달린 불이 화약을 터뜨리면서 총알이 나가게 만든 옛날 식의 총.

황철나무 산지대의 개울가나 골짜기에 나는 잎 지는 귀나무의 한 가지.

후과 뒤에 나타나는 좋지 못한 결과나 영향.

강학태의 작품

1. 소설 대동여지도

가달 가다리. 갈려 나가는 갈래.

가시물 설거지물.

각근히 진실로, 성의 있게.

감새 무엇을 만들기 위한 거리.

감탕 물에 풀어져 곤죽같이 된 흙.

갑자르다 힘겨워 끙끙거리다.

강구어듣다 귀기울여 듣다.

게바르다 지저분하게 바르다.

게발리다 '게바르다'의 피동형.

겨끔내기 번갈아 하기.

계선 경계선.

고대 이제 방금.

고패 물건을 달아 올렸다 내렸다 하는 줄을 걸치는 도르래나 고리.

고패치다 ① 세차게 올렸다 내렸다 하다. ② (심정이) 격하게 굽이치다.

골살 이맛살.

과남하다 과람하다. 분수에 넘치다. 정도에 지나치다.

구름노전 귀룽나무, 참나무 껍질 따위를 좁고 길게 잘라서 엮은 깔개.

구멍수 (애로나 난관을 해결할 만한) 수단이나 방도.

구새먹다 크게 자란 나무의 속이 썩어서 구멍이 뚫리다.

궁냥 사물을 처리하거나 밝히기 위해 이리저리 깊이 헤아리는 생각.

그쯘히 빠짐없이 충분히.

 깇다 기침을 하다.

깨도 깨달아 알아차리는 짐작.

꺽두룩하다 키가 멋없이 크다.

꼬물 보잘것없이 아주 적은 분량을 이르는 말.

꾹돈 남에게 뇌물로 주는 돈.

끌끌하다 생기있고 듬직하다.

나무랍다 (대해 주는 태도 같은 것이) 못마땅하고 섭섭하게 생각되어 언짢다.

내우하다 내외하다.

넌떡 재빠르게, 냉큼.

노구 노구솥. 놋쇠로 만든 작은 솥.

북한에서 쓰는 말 중 살려 쓸 우리말

노죽 남의 마음에 들도록 말, 표정, 몸짓, 행동 등을 일부러 지어내서 하는 짓.

눅잦히다 도로 누그러지게 하다.

눈굽 눈구석이나 눈의 가장자리.

눈덕 눈두덩.

눈뿌리 눈알의 안쪽으로 달려 있는 부분.

다심하다 걱정이나 마음 쓰는 일이 많다.

달비 여자들이 머리숱이 많아 보이라고 덧넣었던 머리.

덕대 덕. 기둥을 세우고 그 위에 막대기나 널 등을 올려 만든 시렁이나 선반 같은 것.

도담하다 도도하고 떳떳하며 대담하다.

돌아치다 몹시 바쁘게 서두르며 이리저리 왔다 갔다 하다.

동뚝 크게 쌓은 뚝.

동자질 부엌일.

뒤더수기 뒷덜미.

뒤번지다 이리저리 넘기다.

들장나다 ① 낱낱이 드러나다. ② 다 털어먹고 끝장이 나다.

등대하다 대령하다. 대기하다.

등판 등성이의 평평하게 넓은 곳.

때식 끼니. 세끼 식사.

떡돌 떡을 칠 때에 쓰는 넓적하고 반반한 돌.

떼군 떼몰이꾼. 뗏목을 모는 사람.

떼무이 통나무들을 붙여 떼를 만드는 일.

띠여보다 눈결에 잠깐 보다.

로문 벼슬아치가 도착할 날짜를 그가 가는 앞길의 필요한 곳들에 미리 알리는 공문.

말구다 마르다.

말코지 물건을 걸기 위해 벽에 달아 놓거나 박아 놓은 나무 갈고리나 걸개.

망돌 맷돌.

망탕 되는대로 마구.

맞춤하다 알맞다.

맞톱 둘이서 마주 밀었다 당겼다 하면서 커는 톱.

매지구름 비를 머금은 검은 조각구름.

모대기다 ① (괴로워) 몸을 뒤척이다. ② 고심하다.

모재비 모로 누운 상태.

모지름 괴로움을 견뎌 내거나 이겨 내려고 기를 쓰는 것.

목고채 목도채. 목도를 할 때에 어깨에 메는 굵은 막대기.

무등 그 이상 더 할 수 없을 정도로.

무연하다 아득하게 넓다.

묵새기다 ① 애써 참으며 잊어버리다. ② 아무렇지도 않은 듯이 슬쩍 넘겨 버리다.

물멀기 바다의 큰 물결.

물역 물가의 언저리.

뭇다 ① 여러 개를 한데 붙여 어떤 물건을 만들다. ② (조직체, 짝 등을) 만들다.

밑굽 밑의 굽도리.

반죽좋다 비위 좋다.

방치 빨래, 다듬이질 같은 것에 쓰이는 방법.

방치질 방치로 두드리는 일.

백청 빛깔이 흰 꿀.

번지다 ① (종이를) 한 장씩 넘기다. ② (시간이나 차례 등을) 거르다.

보꾸레미 보자기에 물건을 싼 꾸러미.

보리저녁 (저녁밥 짓기 전에) 보리쌀을 안쳐야 할 저녁 무렵. 곧 해가 지기 전의 이른 저녁.

부대 화전농사나 그런 밭.

비다듬다 ① 곱게 매만지거나 빗어서 다듬다. ② 곱게 단장하다.

사까스르다 남의 비위를 상하게 놀리다.

사품 여울목 같은 데서 세차게 흐르는 물살.

사품치다 ① 물살이 어울려서 세차게 흐르다. ② 어떤 생각이나 느낌으로 가슴속이 세차
게 설레다.

산말기 산마루.

산발 여러 갈래로 뻗은 산의 줄기.

삿자리 갈대나 구름나무 껍질 같은 것으로 결어서 만든 자리.

새빠지다 ① (생각이나 행동이) 가볍고 실없거나 주책없다. ② 경우와 기대에 어긋남이 있다.

서덜밭 강가나 냇가의 자갈밭.

설레발 지나치게 서둘러 대며 부산하게 구는 짓.

북한에서 쓰는 말 중 살려 쓸 우리말

설레발치다 지나치게 서둘러 대며 부산을 피우다.

셈평좋게 넉살스럽고 태평하게.

쇠통 ① 자물쇠. ② 광맥의 넓이.

수태 부끄러워하는 태.

습배다 조금씩 스며들어 안으로 배다.

신칙 단단히 일러서 다잡거나 경계하는 것.

썩살 굳은살을 달리 이르는 말.

쑥새풀 높은 산지대에 나는 여러해살이풀의 한 가지.

아근 일정한 곳을 기준으로 하여 그 근처.

아닌보살하다 시치미를 떼고 모르는 척하다.

아수하다 아쉽다.

아지 식물의 어린 가지나 가는 가지.

아츠럽다 ① 보거나 듣기에 견디기 어려울 정도로 거북하다. ② (소리가) 신경을 몹시 자극할 정도로 듣기 싫고 날카롭다.

앞탁 앞턱.

어망결에 얼떨결에.

엇서다 엇나가며 맞서다.

에두르다 ① 에워서 두르다. ② (말을) 둘러대다.

에우다 다른 음식으로 끼니를 때우다.

열통 담찬 마음이나 기상을 이르는 말.

오륙 몸과 팔다리, 곧 온몸을 이르는 말.

올롱하다 (눈이) 좀 오목하고 동그랗다.

올방자 책상다리. 반가부좌.

옹근 제대로 다 있는. 조금도 축나지 않은.

왝댁거리다 거리낌 없이 함부로 떠들거나 듣기 싫게 자꾸 고함을 지르다.

외뜰 갑자기 소스라쳐 놀라는 모양.

운혜 구름무늬를 놓아 만든 여자의 신.

은 보람 있는 값이나 결과.

* 은을 내다 어떤 일이나 행동이 보람 있는 결과를 나타내다.

이악하다 기를 쓰고 달라붙는 기세가 굳세고 끈덕지다.

다시 살려 쓸 우리말

인차 시간을 오래 끌지 않고 곧.

일매지다 한결같이 다 같거나 고르고 가지런하다.

작시미 지게작시미의 준말. 지겟작대기.

잠박 누에를 기르는 그릇.

잡도리 ① 단단히 준비하거나 대책을 세우는 것. 겪고 치를 각오하는 것. ② 어떤 일을 하거나 치를 작정이나 기세.

재우치다 빨리 몰아치거나 재촉하다.

적은이 시동생이나 손아랫사람을 다정히 부르는 말.

전수 모두 다. 온통 다.

조기다 ① 마구 두들겨 패다. ② 되게 쳐부수다. ③ 일을 해치우다.

조련찮다 만만치가 않다. 또는 대수롭지 않거나 간단하지가 않다.

종주먹 ① 쥐어지르거나 을러대는 주먹. ② 단단히 쥔 주먹.

지내 너무 지나치게.

지청구 ① 핀잔이나 책망. ② 짓궂게 조르며 못살게 구는 짓.

질정 갈피를 잡아서 확정하는 것.

쭈밋거리다 우물쭈물하다.

채심 ① 정신을 가다듬어 주의하는 것. ② 마음속 깊이 새겨 두는 것. ③ 마음으로 타산하는 것.

촉한 피로가 한도를 넘어 몸이 극도로 쇠약해졌을 때에 모진 추위의 침습을 받아 생긴 위급한 병.

터슬터슬하다 거칠거칠하다.

톺다 (가파른 곳을 오르거나 내리려고) 매우 힘을 들여 더듬다.

퉁 퉁명스러운 핀잔.

퍼더버리다 아무렇게나 앉아 다리를 편하게 뻗다.

푸접 사람을 대하는 데서의 붙임성.

허구프다 허망하고 어이없다.

허궁 공중에 번쩍 떠들리거나 뜨이는 모양.

허턱 아무런 생각 없이 문뜩 나서거나 행동하는 모양.

홈채기 움푹하게 팬 자리나 곳.

홍찌 피똥.

화락하다 물이 뚝뚝 떨어질 정도로 흠뻑 젖다.

북한에서 쓰는 말 중 살려 쓸 우리말

회자수 망나니. (봉건사회에서) 사형 집행인.

흥클하다 엉뚱하게 능글맞다.

희떱다 실속은 없어도 손이 크며 마음이 넓다.

* 현대조선말사전(과학백과사전출판사, 평양, 1981)에 의거함.

순화 대상 일본어 및 일본식 어휘

1. 순화 대상 일본어

순화 대상 용어	순화한 용어	순화 대상 용어	순화한 용어
가쿠목(角木)	각목, 각재	다마치기	구슬치기
가다(形) 밥	틀밥, 찍은밥	다반사(茶飯事)	예삿일, 흔한 일
가다와쿠	거푸집	다이(臺)	(경매)대
가도기레(角布)	모서리천	다쿠앙(澤庵)	단무지
가라(柄)	무늬, 바탕	단도리(段取)	채비
가라(から)	가짜, 헛	단수(端數)	우수리, 거스름
가리(かり, 假)	임시	담합(談合)	짜다
가리방(かり版)	줄판	데모도(手許)	허드레꾼, 조수
가이바시라	조개관자	도키다시(研ぎ出し)	갈기
(かいばしら, 貝柱)		마도와쿠	문틀
가자리(飾り)	꾸밈, 장식	마에가리(前借)	가불
겐치석(犬齒石)	축댓돌	마도메	끝손질
고데	인두, 인두질, 흙손	모도리	되살아남
고오바이(勾配)	물매, 기울기	모도시(もどし)	되돌리기
공장도가격	공장에서 내는 값,	미다시(見出紙)	찾음표
(工場渡價格)	공장값	미소시루	된장국
구루마(クルマ)	수레	미아이(見合)	맞선
구미타데(組立)	짜기, 맞추기	부지(敷地)	터
기리카에(切替)	바꿔 대기, 바꾸기	분주(分株)	포기, 나눔
기소(基礎)	기초	빠꾸(←back)	뒤로, 퇴짜
기중(忌中)	상중	빵꾸(←puncture)	구멍내기
기지(きじ, 生地)	천	뻬빠(←paper)	페이퍼, 사포
기합(氣合) 넣다	정신차리게 하다	뻰찌(pinchers)	자름집게
나라시(均)	고루놓기, 길들이기	사비도메	녹막이
나라즈케(奈良漬)	참외 절임	사시미(刺身)	생선회
나카마(仲間)	한패, 중간시세	사시코미	꽂개
나카토비라	속표제지	사진가쿠(寫眞額)	사진틀
내역(內譯)	명세	사캉(左官)	미장이
내역서(內譯書)	명세서	사쿠라(さくら)	벚꽃
노가다(←土方)	(공사판) 노동자	석발미(石拔米)	돌 고른 쌀
노견(路肩)	길어깨, 갓길	센방(せんばん)	선반
노깡(←土管)	토관	셈베이(煎餅)	전과자
다마(たま)	알 구슬	소오멩(素麵)	실국수

순화 대상 용어	순화한 용어	순화 대상 용어	순화한 용어
수주(受注)하다	주문받다	우라(裏)	안(감)
시다(した)	밑 일꾼, 보조원	이서(裏書)	배서
시로오도(素人)	서툰 이, 서툰 사람	우와기(上衣)	(양복) 저고리
시마이(仕舞)	마감	운전수(運轉手)	운전사
시아게(仕上)	끝손질, 뒷손질	이타바(板場)	조리사, 숙수
시타바리(下針)	시침	자부동(座布團)	방석
시타바리(したばり)	아랫종이	쟈바라(蛇腹)	주름, 주름상자,
신마이(新前)	풋내기, 애송이		주름대롱
신병(身柄)	몸체, 신분	지라시(散らし)	낱장 광고
신병인수	사람 넘겨 받음	취입	녹음, 불어넣기
신삥(新品)	신품, 새것	코노와타(海鼠腸)	해삼 창자(젓)
십장(什長)	감독, 반장, 조장	곤로	풍로, 화로
십푸(新品)	찜질	곤색(紺色)	감색
스키다시(附出)	곁들이 안주	곤죠오(根性)	근성, 본성
스메키리(爪切)	손톱깎이	쿠리이시(栗石)	(밤) 자갈
스미(積み)	벽돌공	쿠사리(腐り)	면박
아국(我國)	우리나라	쿠세(癖)	버릇
아카지(赤字)	손해, 결손	기도(木戶)	문지기
아나고(穴子)	붕장어	기마에(氣前)	선심, 호기
아시바(足場)	발판, 비계	타라이(たらい)	함지, (큰) 대야
아다리(あたり)	수, 적중	다다키(たたき)	다진 양념
에리(襟)	깃	단스	장롱, 옷장
역할(役割)	소임, 구실, 할 일	덴푸라	튀김
오뎅(おでん)	꼬치(안주)	텟팡	철판
오봉(御盆)	쟁반	파지(破紙)	홈종이, 도련종이,
오야(親)	우두머리, 계주		종이 부스러기
오야봉(親分)	우두머리, 두목	하물(荷物)	짐
오야지(親爺)	어른, 우두머리	한빠(半端)	보조원, 찌꺼기
오차(お茶)	차	호리가다	땅속틀
와리(割)	구문	후리다시(振出し)	첫상영(일)
와리캉(割勘)	나눠 내기	히네리(捻り)	틀어치기(당구)
와쿠	틀, 테두리	히야시(冷やし)하다	채우다, 차게 하다
요오지(楊枝)	이쑤시개	히키(引き)	끌기
우동	가락국수		

2. 순화 대상 일본식 어휘

순화 대상 용어	순화한 용어	순화 대상 용어	순화한 용어
가건물(假建物)	임시 건물	구보(驅步)	달리기
가결의(假決議)	임시 결정	고정(苦情)	불만, 고초
가교(假橋)	임시 다리	구좌(口座)	계좌
가금(假金)	가짜 금, 개금	금반(今般)	이번
가면(假面)	탈, 거짓	금번(今番)	이번
가명(假名)	가짜 이름	궁(亘)하다	걸치다
가봉(假縫)	시침질	나대지(裸垈地)	빈 집터
가석방(假釋放)	임시 석방	나맥(裸麥)	쌀보리
가수금(假收金)	임시 받은 돈	낙승(樂勝)하다	쉽게 이기다
각개점호(各個點呼)	인원점검	납기일(納期日)	내는 날
간수(看守)	교도관	납득(納得)하다	이해하다
개찰구(改札口)	표 보이는 곳	납부(納付)토록	내도록
거중조정(居中調停)	중간조정	납입(納入)	냄
거치기간(据置期間)	예치기간	녹비(綠肥)	풋거름
건구상(建具商)	문짝 가게	녹지대(綠地帶)	푸른 지대
건답(乾畓)	마른 논	대금(貸金)	꾸어 준 돈
견본(見本)	본(보기)	대부(貸付)하다	빌려 주다
견적(見積)	보임셈, 어림셈	대절(貸切)	전세
견지(見地)	처지, 관점	대출(貸出)	빌려 줌
견출장(見出帳)	찾음장	대합실(待合室)	기다리는 곳
견출지(見出紙)	찾음표	도구(道具)	연장, 연모
계출(屆出)	신고	도벽(盜癖)	훔치는 버릇
고참(古參)	선임자	도선(渡船)	나룻배
골절(骨折)	뼈 부러짐	도선장(渡船場)	나루터
골조(骨組)	뼈대	동파(凍破)되다	얼어 터지다
공가(空家)	빈집	등청(登廳)	출근
공병(空瓶)	빈 병	매도인(賣渡人)	판 사람
공전(空轉)하다	헛돌다, 겉돌다	매도(賣渡)하다	팔아 넘기다
공(共)히	같이, 모두, 함께	매매(賣買)	팔고 사기
과납(過納)	더 냄	매물(賣物)	팔 물건, 팔 것
과년도(過年度)	작년도	매상고(賣上高)	판매량/액
과도(過度)한	지나친	매수(買受)하다	사들이다
관저(官邸)	관사	매입(買入)하다	사들이다
괘도(掛圖)	거는 도표	매표구(賣票口)	표 파는 곳
교대(交代)하다	번갈다	명도(明渡)하다	넘겨주다
교부(交付)하다	내(어)주다	묘상(苗床)	모(종)판

순화 대상 용어	순화한 용어	순화 대상 용어	순화한 용어
미강	쌀겨	승차권(乘車券)	차표
미아(迷兒)	길 잃은 아이	시말서(始末書)	전말서, 경위서
반려(返戾)	되돌려 보냄	시방서(示方書)	설명서
벽지(僻地)	외딴 곳	시합(試合)	경기, 겨루다
본건(本件)	이 사건, 이 일	식부면적(植付面積)	심은 면적
본인(本人)은	나는, 저는	신승(辛勝)	가까스로 이김
부상(浮上)하다	떠오르다	신입/신입서	신청, 청약/청약서
불입(拂入)	납입, 납부	신입하다	신청하다
불입자본(拂入資本)	납입 자본	심득사항(心得事項)	알아 둘 일
불하(拂下)	매각	심인(尋人)	사람 찾음
비행(非行)	못된 짓, 잘못	아측(俄側)	우리 측
사입가격(仕入價格)	살 값	액면(額面)대로	적힌 대로, 말대로
사입선(仕入先)	산/살 곳	양복지(洋服地)	양복감
사입시(仕入時)	살 때	언도(言渡)	선고
사입(仕入)하다	사들이다	여입금	회수금
산간오지(山間奧地)	두메산골	연돌(煙突)	굴뚝
삽목(挿木)	꺾꽂이	연착(延着)하다	늦게 도착하다
삽목묘(挿木苗)	꺾꽂이모	연하(年下)	손아래(사람)
삽목상(挿木床)	꺾꽂이 모판	엽연초(葉煙草)	잎담배
삽입(挿入)하다	끼워 넣다	예찰(豫察)	미리 살핌
상신(上申)하다	올리다	오지(奧地)	두메
상정(上程)하다	회의에 부치다	요금(料金)	값
상하(床下)	바닥	요사(寮舍)	생활관
상회(上廻)하다	웃돌다	요장(寮長)	생활관 반장
생방송(生放送)	현장방송	용도(用途)	쓰이는 곳
생맥주(生麥酒)	날맥주	용례(用例)	보기
생과자(生菓子)	과자	용무(用務)	볼일
석식(夕食)	저녁(밥)	용법(用法)	쓰는 법
선매(先賣)하다	미리 팔다	원목(原木)	통나무
선적(船積)하다	배에 싣다	유수(幼穗)	어린 이삭
송부(送付)	(물건) 보냄	유지(溜池)	연못, 웅덩이
송부(送付)하다	부치다, 보내다	유착(癒着)	엉겨 붙음
수발(受發)하다	받거나 보내다	익년(翌年)	다음 해, 이듬해
수순(手順)	순서, 절차	익월(翌月)	다음 달
수부(受付)	접수	익일(翌日)	다음 날, 이튿날
수입(手入)	손질	인도(引導)하다	넘겨주다
수취인(受取人)	받는 이	인부임(人夫賃)	품삯
수취(受取)하다	받다	인상(引上)	거둬들임, 올림
수하(手下)	손아래	인수증(引受證)	받음표

순화 대상 용어	순화한 용어	순화 대상 용어	순화한 용어
인양(引揚)하다	건져 내다	정호(井戶)	우물
인입선(引入線)	끌어들임줄	정호수(井戶水)	우물물
인출(引出)해 가다	(돈을) 찾아가다	조견표(早見表)	얼른표
일부인(日附印)	날짜 도장	조상(繰上)	앞당김
일신상(一身上)	본인 형편	조상매도(繰上賣渡)	당겨 팔기
일익(日益)	날로, 더욱	조상(繰上)배정	(앞)당겨 배정
일조(日照)	볕	조하매도(繰下賣渡)	물려 팔기
일조점호(日照點呼)	아침 점호	조회(照會)하다	알아보다
일족(一足)	한 켤레	주식(晝食)	점심
일착(一着)	한 벌	증발(蒸發)하다	사라지다
입목(立木)	나무, 선나무	지급(至急)	빨리
입장(立場)	처지	지분(持分)	몫
입체(立替)하다	대신 내다	지불(支拂)	지급
입하(入荷)	들어옴, 들여옴	지양(止揚)하다	피하다
입하(入荷)되다	들어오다	지입	갖고 들기
입하(入荷)하다	들여오다	지입제	몫 들기
입회(立會)	참여, 현장 출석	지출(持出)하다	가지고 나가다
입회서기(立會書記)	참여 주사	차관선(借款先)	차관 공여자
입회(立會)시키다	참여시키다	차방(借方)	차변
입회인(立會人)	참여인	차압(差押)	압류
잔고(殘高)	잔액	차인(差引)	뺌
잔무(殘務)	남은 일	차인잔액(差引殘額)	뺀 나머지
잔업(殘業)	시간 외 일	차입(差入)	넣어 줌(교도소)
장족(長足)의	(크나)큰, 빠른	차입금(借入金)	꾸어 들인 돈
적부(適否)	알맞기	차입(借入)하다	꾸어 들이다, 꾸다
적자(赤字)	모자람	차출(差出)하다	뽑아 내다
적체현상(積滯現狀)	밀려 있는 상태	차하(差下)	돌려줌(교도소)
적출(積出)하다	실어 내다	천기(天氣)	일기
적하(積荷)	(화물 따위를) 실음, 쌓음	첨서(添書)하다	덧붙여 쓰다
적하(積下)	내리기	청부(請負)	도급
전도(前渡)	선급, 미리 지급	청취(聽取)하다	듣다
전조등(前照燈)	앞등	촌지(寸志)	작은 뜻
전향적(前向的)	진취적, 앞서 보는	최기(最寄)한	가장 가까운
절간(切干)	썰어 말리기	추심(推尋)	챙겨 받음
절상(切上)	가치 높임	추심(推尋)하다	챙기다
절하(切下)	가치 내림	출구(出口)	나가는 곳
절취선(切取線)	자르는 선	출입구(出入口)	나들문, 출입문
절하(切下)하다	내리다	출찰구(出札口)	표 파는 곳
		출하(出荷)	실어내기

순화 대상 일본어 및 일본식 어휘

순화 대상 용어	순화한 용어	순화 대상 용어	순화한 용어
출하기(出荷期)	제철	품신(稟申)	건의
취급(取扱)하다	다루다	하마평(下馬評)	물망
취득(取得)한	얻은	하청(下請)	아랫도급, 밑 도급
취조(取調)	신문, 조사	하회(下廻)하다	밑돌다
취하(取下)	철회, 취소	할당(割當)	배정
치환(置換)	바꿔 놓음	할당(割當)요금	배당 요금
타합(打合)	협의	할당(割當)하다	배정하다
토족(土足)	흙발	할증료(割增料)	웃돈, 추가금
투입구(投入口)	넣는 곳	행선지(行先地)	가는 곳
투자선(投資先)	투자자	화신(花信)	꽃 소식
편도(片道)	한쪽 길	환승(換乘)하다	갈아타다
편승(便乘)하다	붙여 타다	횡령(橫領)하다	가로채다
품귀(品貴)	딸림	흑판(黑板)	칠판

다시 살려 쓸 우리말